CARNET DE GUERRE 2023

EAN : 9782373012019
ISBN : 978-2-37301-201-9

Site Internet : www.editions-jpo.com
Email : shop@editions-jpo.com

Révision : Caractère Essentiel / Valérie Éveillé

Thomas Hernault

CARNET DE GUERRE 2023

L'embrasement

Éditions JPO

Préface
du général Gomart

Dans son quatrième *Carnet de guerre*, Thomas Hernault suit, jour après jour, du 1er janvier au 31 décembre 2023, les grands événements du monde mais aussi ceux qui présentent moins d'importance mais n'en ont pas moins de conséquences. Spécialiste du monde de la défense et des affaires internationales, l'auteur nous présente, comme le faisait François Mauriac dans ses *Blocs-notes* en livrant à chaud ses commentaires, toute l'actualité quotidienne dans le monde. Il nous livre ici des clés de compréhension de l'histoire en marche, l'évolution des rapports de force, la faiblesse militaire d'une Europe dont la puissance économique tend à décliner, une Chine qui se voit réunifiée en 2049, date du centenaire de la République populaire de Chine, des États-Unis pour lesquels l'isolationnisme redevient un *credo* même si le marché européen reste pour eux un débouché économique majeur, une fragilité de l'Iran du fait de manifestations d'ampleur sans précédent, des BRICS qui en dépit de leurs différences politiques ou économiques veulent peser dans les affaires du monde, un cancer islamiste qui se propage dans la douceur via le « Frèrisme » ou par la violence via le jihadisme.

Son ouvrage, véritable éphéméride, nous permet, comme il permettra aux futurs historiens, de garder une trace de l'histoire en cours. Au moment où celle-ci nous donne l'impression de s'accélérer, cette succession de faits et d'événements nous aide à ne pas subir, et à analyser grâce à une série de fiches explicatives en conclusion ou en éclairage des faits qui se déroulent sous nos yeux de contemporains. Cette mise à disposition pour chacun d'entre nous d'un verbatim utile à notre compréhension du monde, de la défense, des affaires militaires, des relations internationales, des acteurs impliqués... nous permet d'éclairer les événements en cours. Comme le disait lui-même le général de Gaulle, cité par Thomas Hernault, « *la véritable école du commandement est la culture générale* ». D'où la nécessité de pouvoir se référer à des livres comme celui-ci pour approfondir sa culture des événements géopolitiques mondiaux, les mettre en perspective et les analyser pour mieux les comprendre.

« *La politique est l'art du triomphe de la volonté* », nous dit l'auteur dans son livre. C'est justement la succession des événements tout au long d'une année qui permet ce regard en arrière, ce coup d'œil dans le rétroviseur, utile à l'éclairage du présent. 2023 est l'année qui succède au lancement de l'opération militaire spéciale et de l'invasion de l'Ukraine par la Russie de Vladimir Poutine. Elle est surtout l'année de *l'embrasement*, comme si cette attaque avait libéré les énergies : pogrom du 7 octobre lancé par les Palestiniens du Hamas contre l'État d'Israël, attaques menées par les Houthis contre le trafic commercial maritime en mer Rouge, la volonté du Venezuela d'annexer le Guyana... Oui, l'année 2023 a été l'année de tous les dangers. C'est l'année de la lutte pour la domination de l'ordre mondial, l'année de l'affrontement entre blocs, l'année des tentatives de résurgence des empires russe, ottoman, perse ou chinois. 2023 est aussi synonyme de volonté de « désoccidentaliser » et de « dédollariser » le monde par ce que l'on appelle le « Sud global », appellation qui ne recouvre aucune réalité.

Le retour de la guerre en Europe, l'instabilité chronique en Afrique, les conflits au Proche et Moyen-Orient, les tensions en Indopacifique sont là pour nous rappeler que le monde bouge et évolue. Une donnée majeure semble néanmoins avoir changé, le peu d'appétit de Washington pour se lancer dans une entreprise les conduisant à se réengager militairement au Proche-Orient ou ailleurs. Les États-Unis semblent plus préoccupés par ce qui se passe en mer de Chine que par le conflit en Ukraine. Cette guerre russo-ukrainienne dont l'année 2023 aura vu l'échec de la contre-offensive lancée par l'armée ukrainienne aura été l'année d'une certaine stabilisation du front. En dépit de victoires maritimes grâce à leurs drones navals, de victoires aériennes, les Ukrainiens reculent par manque de munitions et d'hommes sous la poussée d'une artillerie russe surpuissante. Cette année de guerre 2023 aura aussi été l'occasion de commencer à voir comment l'Intelligence artificielle et la transparence du champ de bataille allaient bouleverser les conflits actuels et à venir.

Qu'en sera-t-il en 2024 ?

La Russie et l'Ukraine seront-elles toujours en guerre ou entrées en phase de négociations ? La guerre contre le Hamas lancée par Israël à la suite des massacres du 7 octobre se terminera-t-elle après la libération des otages et la neutralisation des chefs militaires du Hamas ? Les réponses à ces questions et à bien d'autres sont en suspens...

Général de corps d'armée (2S) Christophe Gomart
Commandant du COS de 2011 à 2013 et
directeur de la DRM de 2013 à 2017

Avant-propos

Les États ont « la politique » de leur géographie. Ils ont la politique de leurs intérêts. Nul attachement en relations internationales. Les chefs d'État n'ont pas d'amis, ni de frères. L'émotion n'a pas sa place à la table des dirigeants. La quête de puissance explicite le sort final de l'histoire faite par les hommes et le ressort des relations interétatiques. C'est elle qui définit la place de chacun en ce haut lieu terrestre. C'est elle, appuyée par les alliances, qui traduit la valeur de votre décision et les considérations données à votre parole. La puissance fait les circonstances, quand l'impuissance les subit. La puissance rythme la partition, quand l'impuissance est spectatrice. L'une permet d'écrire des lignes sur le fronton des édifices, l'autre de les observer.

Aux intérêts, il y a la géographie, la géopolitique, l'étude des espaces façonnés par le temps. Terrestres, maritimes, aériens, sous-marins, spatiaux, cyber... N'en ignorez aucun, ou vous risquez d'être surpris en pleine bataille.

Ajoutez à cela la pensée. Sun Tzu, Clausewitz, Jomini, Foch, Fuller, von Manstein, de Gaulle... Les nations sont toutes différentes, gouvernées par leurs morts. Elles pensent diversement. Les autres de ce monde, ne pensent pas comme vous. Les nations ont chacune leur façon de voir et percevoir les choses. À *De l'esprit des lois* de Montesquieu, on pourrait proposer *De l'esprit des peuples.*

Les intérêts, les us et coutumes, les religions, les psychismes, les cultures, les langues, les mythes et mythologies, les histoires tant que les légendes, les organisations du travail et les manières de décider varient selon que l'on soit en Allemagne, avec les Allemands, en Italie, avec les Italiens, en Chine, avec les Chinois, en Russie, avec les Russes ou aux États-Unis, avec les Américains. L'harmonie recherchée, ne peut venir qu'en respect des réflexions d'autrui, qu'avec la compréhension des éléments qui font l'homme, même s'il est demandé à tout chef d'État et diplomate d'œuvrer toujours en adéquation avec les intérêts de son pays. Avec la « raison d'État » substituée en France par Richelieu, aux « valeurs morales universelles[1] ».

Talleyrand disait « la politique est l'art du possible ». La politique est donc, vous l'aurez compris, surtout et par-dessus tout, l'art du triomphe de la volonté.

Aussi, dans cette machinerie des manœuvres, vous verrez à travers les lignes qui vont suivre, qu'à chaque événement, qu'à chaque conflit, crise ou épreuve climatique, qu'aux migrations et innovations technologiques, que la rhétorique fait son lit, comme le cours d'eau qui repousse à petit pas les roches et s'impose dans le paysage. Ainsi, viennent se sculpter par l'éveil des instincts et l'écho des violons, les politiques étrangères.

1. Henry Kissinger, *Diplomatie*, Paris, Fayard, 1994, p. 49.

Dans ce culte des hydres étatiques arrangé d'alliances et de ruses, où les peuples s'observent et se côtoient, l'individu se voit alimenté par les propagandes. Le dieu Hermès en figure de proue. L'influence des médias, la lutte des perceptions, la bataille cognitive et l'hilarante entrée des réseaux sociaux abreuvés d'intelligence artificielle de plus en plus déstabilisatrice, participent au bouleversement des ordres. La guerre de l'information bat son plein.

Point de morale à tout cela.

D'un simple trait de plume poussons cette recommandation gaullienne : « La véritable école du commandement est la culture générale. » Restons d'alerte, informé, méthodique, maître de notre raison, pour ne point subir le choc des réalités.

Thomas Hernault, 31 décembre 2023

La politique des États est dans leur géographie.

Napoléon Bonaparte

Correspondance de Napoléon

Janvier

« On est toujours plus enclin à surestimer la force de l'adversaire et à sous-estimer la sienne ; la nature humaine est ainsi faite. Une appréciation imparfaite de la situation, avouons-le, contribue sérieusement à enrayer l'action militaire et à en modérer le principe. »
Carl von Clausewitz

Dimanche 1er janvier

La Chine et la Russie qui entonnent le chant de l'union des armes : un communiqué de presse commun indique la double intention de « renforcer la coopération entre les forces armées ». Taïwan rétablit le service militaire pour une durée d'un an à partir de 2024. Quant à la Corée du Nord, elle réalise un tir de missile balistique en direction de la mer du Japon. Bienvenue, vous êtes bien en train de lire *Carnet de guerre 2023, l'embrasement.*

***

« *L'une des meilleures manières de recréer la pensée d'un homme : reconstituer sa bibliothèque*[1]. »

***

Pour les passionnés que vous êtes et les fins lecteurs que nous sommes, consacrons ce premier jour de l'année à la complétude de notre bibliothèque stratégique. Le génie est dans les livres.

Souvenons-nous des paroles de Heinrich Stumcke évoquant Napoléon dans la *Revue biblio-iconographique* de juillet 1901 : « Car ce génie extraordinaire, tout en étant absorbé par ses projets universels, ne perdait de vue ni la littérature, ni le théâtre. Oui, cet homme qui, à Moscou en flammes trouva encore le temps pour renouveler les statuts de la Comédie-Française, cet homme fut pendant ses voyages un lecteur infatigable. »

De l'état des relations internationales aux analyses prospectives, de l'ordre du monde et des affaires diplomatiques, de la Chine aux États-Unis, des métaux rares aux semi-conducteurs, une liste non exhaustive des ouvrages pouvant faire l'objet de votre curiosité[2]...

- Thomas Gomart, *Les ambitions inavouées*
- Bruno Tertrais, *La guerre des mondes*
- David Colon, *La guerre de l'information*
- Dr Laurent Alexandre, *La guerre des intelligences*

1. Marguerite Yourcenar.
2. Les références des ouvrages sont à retrouver en bibliographie.

- Pierre Servent, *Le monde de demain*
- Maurice Gourdault-Montagne, *Les autres ne pensent pas comme nous*
- Claude Martin, *Quand je pense à l'Allemagne la nuit*
- Henry Kissinger, *L'ordre du monde*
- Alice Ekman, *Rouge vif, l'idéal communiste chinois*
- Pierre Grosser, *L'autre guerre froide ? La confrontation États-Unis / Chine*
- Matthieu Auzanneau, *Or noir, la grande histoire du pétrole*
- Guillaume Pitron, *La guerre des métaux rares : la face cachée de la transition énergétique et numérique*
- Guillaume Pitron, *L'enfer numérique*
- Nicolas Baverez, *Démocraties contre empires autoritaires*
- Michel Goya et Jean Lopez, *L'ours et le renard : Histoire immédiate de la guerre en Ukraine*
- Isabelle Mandraud et Julien Théron, *Poutine, la stratégie du désordre jusqu'à la guerre*
- Isabelle Lasserre, *Macron-Poutine, les liaisons dangereuses*
- Sylvie Kauffman, *Les aveuglés : Comment Berlin et Paris ont laissé la voie libre à la Russie*
- Galia Ackerman et Stéphane Courtois, *Le Livre noir de Vladimir Poutine*
- Françoise Thom, *Poutine ou l'obsession de la puissance*
- François Heisbourg, *Les leçons de la guerre*
- Hubert Védrine, *Une vision du monde*

Fiche n°1 : La France de 2023

Statistiques générales :
- Nombre d'habitants : 68 millions
- Budget militaire : 43,9 milliards d'euros (1,9 % du PIB)
- Classement SIPRI vente d'armes : Troisième pays exportateur au monde
- PIB : 2 639,1 milliards d'euros en 2022
- PIB par habitant : 37 431 euros en 2021 (25e rang mondial)

Exécutif :
- Chef d'État : Emmanuel Macron
- Première ministre : Élisabeth Borne
- Ministre des Armées : Sébastien Lecornu
- Ministre des Affaires étrangères : Catherine Colonna

Alliances et organisations internationales :
- Membre des Nations unies
- Membre de l'Otan
- Membre de l'Union européenne
- Membre du G7
- Partenaires économiques principaux : Allemagne, États-Unis, Italie, Belgique, Espagne, Royaume-Uni, Pays-Bas, Suisse, Pologne, Chine

Zones d'influence et géopolitique :
- Europe
- Méditerranée
- Afrique du Nord et de l'Ouest
- Indopacifique

Forces :
- Deuxième plus grande zone économique exclusive (ZEE) au monde : 11 691 000 km²
- Puissance nucléaire militaire et civile
- Membre du Conseil de sécurité de l'ONU
- Réseau diplomatique
- Puissance aéronautique
- Puissance spatiale
- Industrie du luxe
- Automobile
- Puissance agricole

Faiblesses :
- L'industrie (ne représente que 9 % de sa création de richesse)
- Métaux rares
- Semi-conducteurs
- Économie
- Dépenses sociales
- Informatique
- Intelligence artificielle
- Énergies renouvelables
- Démographie

Axes à développer :

• **L'outil militaire comme instrument de puissance** : La France doit tirer les leçons de l'évolution des relations internationales. Elle est membre du Conseil de sécurité de l'ONU, or son budget d'État consacré aux armées est inférieur à 3 % de son PIB ; cela paraît insuffisant. L'absence d'instances d'instruction et de formation de la jeunesse au combat et aux valeurs patriotiques est également un sujet à mettre sur la table.

• **Redéfinition des moyens diplomatiques** : La réforme du corps diplomatique pourrait s'avérer une catastrophe à court, moyen et long terme. L'outil diplomatique doit être combiné à l'instrument militaire, et bénéficier d'un véritable renforcement en moyens financiers, en acteurs et en formations.

• **Renforcement de l'industrie** : Sans industrie nationale, ni indépendance, ni souveraineté. « C'est dans le domaine de l'industrie que l'effort le plus grand reste à faire » disait Pompidou en 1969. En 2023, la France pèche sérieusement dans ce domaine. Dans les années 60, le général de Gaulle avait fait le pari du nucléaire, de l'aéronautique, des télécoms et de l'industrie (Airbus, CEA, DGA, CENT, « plan Calcul »...). La France doit réaliser des choix, en consolidant son pré-carré (nucléaire, aéronautique, spatial) et en investissant des champs tels que l'IA, le numérique... Elle doit mettre sa puissance publique au service du système productif, libérer les banques des carcans administratifs et favoriser les partenariats privé-public.

• **Le nucléaire comme moyen d'indépendance nationale :** Les errements, depuis la présidence Mitterrand, coûtent cher à la France (voir à ce sujet la fiche n°33, consacrée à l'audition d'Henri Proglio par la commission d'enquête visant à « établir les raisons de la perte de souveraineté et d'indépendance énergétique de la France »). La fusion nucléaire en ligne d'horizon, la France doit réinvestir pleinement cette énergie qui lui permettra à la fois de répondre aux besoins nationaux (électricité, défense et spatial) aussi bien qu'aux enjeux de lutte contre le dérèglement climatique.

• **L'alimentaire :** L'agriculture française subit depuis des décennies les foudres de la bureaucratisation et des normes contraignantes franco-françaises. « Labourage et pâturage sont les deux mamelles de la France » dit Sully sous Henri IV. Il faut libérer l'agriculture française et faire confiance aux agriculteurs.

• **L'intelligence artificielle et le numérique :** Le monde se transforme sous l'influence de l'intelligence artificielle et du numérique La renaissance industrielle française ne pourra se faire sans composer avec ces deux outils. Sans remédier aux problématiques démographiques qui nécessitent de véritables politiques natalistes, l'IA reste un moyen pour assister les entreprises françaises.

Leçons :

La puissance française, 7e économie mondiale, vit d'incertitudes. N'assumant point une identité culturelle et politique forte, le pays n'arrive plus à se positionner clairement et de manière stable dans le jeu des relations internationales. Manquant au principe grec du « connais-toi toi-même », ou à la pensée de Sun Tzu selon laquelle « connais ton ennemi et connais-toi toi-même ; eussiez-vous cent guerres à soutenir, cent fois vous serez victorieux », la France semble perturber dans un monde en mouvement. Son exécutif plaide pour une « puissance d'équilibre » ou « puissance partenariale » dont les définitions restent évasives et incompréhensibles au plus grand nombre. Et ce, au point de créer des doutes chez ses voisins, alliés et partenaires tout autant qu'au sein de sa population. Ces dernières années, que ce soit en Afrique du Nord, au Sahel, en Ukraine, au Liban, en Europe, dans le Pacifique ou lors de l'attaque du 7 octobre 2023, l'État français, par la voix de ses représentants, n'a su ni rassurer ses alliés, ni trancher réellement en faveur d'une ligne diplomatico-militaire intelligible. Cela s'est traduit par des déclarations publiques ambiguës, répétitivement complétées par des communiqués de presse de précision. Boileau n'a-t-il pas écrit : « ce que l'on conçoit bien s'énonce clairement, Et les mots pour le dire arrivent aisément. »

Cette absence de vision et cette inconstance remarquée, nous poussent à plaider en faveur d'une forme d'isolationnisme régénérateur. La croissance est faible, la protection sociale mobilise 34 % du PIB, l'absence de contrôle de la dépense publique ronge l'État, la bureaucratisation nuit à l'innovation, l'éducation se dégrade année après année, l'immigration massive détruit toute politique d'intégration raisonnée et raisonnable, l'Islam politique menace les fondements de la société républicaine française, l'insécurité s'étend à travers toutes les régions métropolitaines et d'outre-mer, les mafias se font de plus en plus nombreuses et omnipotentes, la pauvreté ne cesse de monter et les élites françaises manquent à leurs devoirs patriotiques.

La France doit donc reprendre en main son existence, en retrouvant un État fort, acteur des seules priorités dites « d'État ». Celles répondant du principe d'indépendance nationale. Ces axes d'actions – le fameux domaine dit régalien – doivent être la défense, la diplomatie, la sécurité, la recherche et l'innovation, la production, l'éducation, la formation et la connaissance ainsi que l'investissement dans les grandes infrastructures (routières, ferroviaires...). Aux autres champs, doivent répondre les principes de subsidiarité et de concurrence. Enfin, l'élite politique, celle qui est amenée à diriger, doit revenir à l'esprit de la Ve République, régime gaullien taillé pour résister aux crises et agir souplement dans les relations internationales.

Lundi 2 janvier

La menace nord-coréenne alliée à une Chine guerrière, contraint la Corée du Sud à repenser sa politique de défense et de sécurité. Le Président, Yoon Seok-youl, indique vouloir regarder de plus près le rôle de l'atome à des fins militaires. À la vue de la double situation régionale et internationale, l'effet dissuasif du parapluie nucléaire américain ne suffit plus. La Corée du Sud, puissance nucléaire civile, membre du Groupe de propriétaires de Candu, pourrait donc s'orienter vers le développement de l'arme atomique pour sauvegarder son intégrité et assurer sa survie dans le concert des nations. L'idée d'un « Otan » des pays d'Asie promue par la Maison-Blanche sous l'ère Trump, pourrait devenir réalité. Lorsque la guerre lorgne, les puissances se livrent au jeu des alliances.

Fiche n°2 : Les États-Unis de 2023

Statistiques générales :

- Nombre d'habitants : 331 millions
- Budget militaire : 858 milliards d'euros (3,5 % du PIB)
- Classement SIPRI vente d'armes : Premier pays exportateur au monde
- PIB : 23 320 milliards de dollars en 2022
- PIB par habitant : 80 034,58 dollars en 2023

Exécutif :

- Chef d'État : Joe Biden
- Vice-présidente : Kamala Harris
- Secrétaire à la Défense : Lloyd Austin
- Secrétaire d'État : Antony Blinken

Alliances et organisations internationales :

- Membre des Nations unies
- Membre de l'Otan
- Membre de l'OMS
- Membre du G7
- Alliance Aukus
- Five Eyes
- Sommet États-Unis, Corée du Sud et Japon

Zones d'influence et géopolitique :
- Europe
- Amérique centrale
- Pacifique
- Moyen-Orient
- Méditerranée
- Arctique
- Asie

Forces :
- Puissance militaire
- Puissance diplomatique
- Alliances militaires
- Complexe militaro-industriel
- Renseignement technique et humain
- Maîtrise des câbles sous-marins
- Le dollar
- Le droit national et international
- Réglementation ITAR
- Les plates-formes numériques (GAFAM)
- L'avance technologique
- La Recherche et le Développement (R&D)
- Matières fossiles

Faiblesses :
- Semi-conducteurs
- Les divisions en politique intérieure
- L'évolution de l'ordre mondial

Leçons :

Les États-Unis doivent consolider leurs alliances politico-militaires, s'assurer d'une supériorité technologique sur la Chine et ses alliés, attirer les talents du monde entier pour garantir le développement de son économie, remporter la bataille de la science et des brevets et réussir le pari de ne plus dépendre de Taïwan et de la Chine pour la production de semi-conducteurs et l'usage de métaux rares. Le *Chips and Science Act*, l'*Inflation Reduction Act* (IRA) et le *Chips Act* engagent les États-Unis dans un tournant historique.

Si les États-Unis arrivent à protéger leur avance technologique, scientifique et militaire, ils sauvegarderont leur richesse nationale grâce à leur classe moyenne et surclasseront leurs concurrents par la médiation de leurs alliances. L'avenir pour eux, est à « l'alignement stratégique de l'Atlantique au Pacifique », dépassant les concepts de Rimland et de Heartland, et assurant à l'Empire américain une capacité de projection synonyme de leur domination.

Mardi 3 janvier

« Le prince dont le pouvoir n'a pour appui que des troupes mercenaires, ne sera jamais ni assuré ni tranquille ; car de telles troupes sont désunies, ambitieuses, sans discipline, infidèles, hardies envers les amis, lâches contre les ennemis ; et elles n'ont ni crainte de Dieu, ni probité à l'égard des hommes. Le prince ne tardera d'être ruiné qu'autant qu'on différera de l'attaquer. Pendant la paix, il sera dépouillé par ces mêmes troupes ; pendant la guerre, il le sera par l'ennemi[3]. »

***

Avec la place médiatique prise par Evgueni Prigojine et le groupe Wagner, nous en aurions presque oublié l'existence d'autres sociétés militaires privées. Pourtant, Wagner n'est pas la seule SMP russe. Et le mercenariat est même bien plus développé à Moscou que dans d'autres pays. Or, en Ukraine dans la région de Donetsk, les forces conventionnelles nationales ont repéré des membres d'une seconde SMP, très utilisée par le ministère de la Défense russe : la SMP Patriot. Déployée généralement pour mener des missions relevant du renseignement militaire, sa présence est officialisée depuis peu. Que comprendre, et quelles conclusions pouvons-nous tirer de cette présence ? Une opinion simple : les faiblesses de l'armée russe, les pertes matérielles et humaines – ce week-end encore, des centaines de soldats ont été tués le jour du réveillon au moyen d'un lance-missiles Himars et le renseignement américain chiffre désormais à plus de 100 000 le nombre de Russes blessés ou tués en Ukraine depuis le 24 février 2022 – poussent le pouvoir à la guerre totale. Poutine mute en Ludendorff. Ou serait-ce Néron ? Le Kremlin engage tous les moyens existants pour remplir ses objectifs.

Fiche n°3 : La Chine en 2023

Statistiques générales :
- Nombre d'habitants : 1,42 milliard
- Budget militaire : 292 milliards de dollars
- Classement SIPRI vente d'armes : Quatrième pays exportateur au monde
- PIB : 17 450 milliards de dollars en 2022
- PIB par habitant : 9 608 dollars en 2021 (72ᵉ rang mondial)

Exécutif :
- Chef d'État : Xi Jinping
- Premier ministre : Li Kequiang
- Ministre des Affaires étrangères : Wang Yi
- Ministre des Armées : Chang Wanquan

Alliances et organisations internationales :
- Membre des Nations unies
- Membre de l'Organisation de coopération de Shanghai (OCS)

3. Machiavel, *Le Prince*.

- Membre de l'OMC
- Membre des BRICS
- Banque asiatique d'investissement pour les infrastructures (BAII)

Zones d'influence et géopolitique :
- Asie
- Indopacifique
- Europe
- Afrique

Forces :
- Démographie
- Économie
- Membre du Conseil de sécurité de l'ONU
- Puissance nucléaire militaire et civile
- Réseau diplomatique
- Puissance maritime
- Puissance spatiale
- Puissance cyber
- BATX (Baidu, Alibaba, Tencent et Xiaomi)
- La place grandissante du yuan dans les échanges internationaux
- Coopération sino-russe
- Nouvelles Routes de la soie
- Le Parti communiste chinois
- Énergies renouvelables
- Automobile
- Agriculture
- Ressortissants
- Métaux rares
- Semi-conducteurs

Faiblesses :
- Incertitudes économiques
- Incertitudes immobilières
- Incertitudes démographiques
- Absence de Retex dans le domaine militaire
- Dépendance aux échanges économiques avec l'Occident
- Taiwan
- Politique partenariale encore limitée par rapport aux États-Unis
- Yuan
- Droit international

Leçons :

La Chine veut dominer le monde. Son autoritarisme politique, une forme ce césarisme asiatique, imposé par le Parti communiste chinois, est incarné par la volonté de puissance. L'ambition de devancer les États-Unis et de mettre un terme à l'ordre mondial tel qu'il existe depuis 1945 sont des faits indéniables et explicitement promus par les dignitaires et représentants de l'État chinois.

La Chine de Xi Jinping, qui représente près de 20 % du PIB mondial et rejette entre 20 % et 25 % des émissions de gaz à effet de serre mondiales. Elle a lancé un certain nombre de chantiers qui doivent la mener vers la notion « d'hyperpuissance » telle que définie par Hubert Védrine en 1998 – capacité d'un État d'imposer sa volonté par l'usage du *hard power* (force brute) et du *soft power* (culture...).

En politique intérieure, cela passe par :
• un développement exponentiel des grandes entreprises telles que les BATX ;
• des investissements massifs dans les domaines de la science, de l'industrie, de l'intelligence artificielle, du développement et de la recherche de nouvelles technologies, du numérique, du cyber et du spatial ;
• l'accélération de l'installation de nouvelles centrales nucléaires, dont 22 nouveaux réacteurs sont actuellement en construction.
• un monopole d'État confirmé au cours du XIXe congrès du Parti communiste chinois en 2017 – puis au XXe en octobre 2022 – façonné par la pensée marxiste et maoïste de Xi Jinping. Lequel a fait triompher sa propre doctrine en faveur d'une « révolution socialiste » à laquelle tout Chinois doit adhérer. « L'édification idéologique constitue un volet fondamental de l'édification du Parti. Rien n'est plus élevé que les idéaux révolutionnaires. L'idéal noble du communisme et l'idéal commun du socialisme à la chinoise sont le pilier moral et l'âme politique des communistes chinois, et constituent le fondement idéologique de la cohésion et de l'unité du Parti[4]. »

À l'échelle internationale, pour réussir son pari de devenir la première puissance économique en 2030, et la première puissance mondiale en 2049, la Chine a pris des orientations strictes qui passent par :
• le développement d'une armée capable de rivaliser et de dépasser celles des États-Unis d'Amérique et de leurs alliés ;
• la mise en place d'une véritable stratégie navale mondiale ;
• la création de la Banque asiatique d'investissement pour les infrastructures (BAII) ; la Belt and Road Initiative (BRI) ;
• le développement d'alliances et de partenariats avec l'Iran, la Corée du Nord et même certaines nations alliées des États-Unis comme l'Australie, le Japon et la Nouvelle-Zélande avec le *Regional Comprehensive Economic Partnership* ;
• une alliance d'abord de circonstance, puis de convergence d'intérêts politiques avec la Russie ;
• des importations énergétiques en forte hausse et diversifiées (lancement notamment en février 2022 par Pékin et Moscou de « Force Sibérie 2 » qui devrait fournir 50 milliards de mètres cubes de gaz à la Chine à l'horizon 2030) ;
• la volonté de substituer le yuan au dollar et de se séparer du système économique international en développant des copies du réseau Swift, en accélérant la montée en puissance des BRICS et en reprenant les sommets de l'Organisation de coopération de Shanghai ;
• le choix délibéré de peser sur l'avenir de l'Arctique malgré l'absence de ZEE ;
• de voir enfin un nouvel ordre mondial émerger par l'exercice d'une stratégie internationale de coalitions et de partenariats – pour Xi Jinping, les valeurs et normes occidentales doivent disparaître au profit de celles promues par la Chine ;

4. Discours de Xi Jinping prononcé au XIXe Congrès, dans Alice Ekman, *Rouge vif, L'idéal communiste chinois*, Champs actuel, p. 42.

• l'indiscutable engagement dans la guerre de l'information et des perceptions, en offrant l'image d'un monde post-occidental, décrit selon la langue, les yeux et les oreilles du Parti communiste chinois (PCC).

La Chine a une stratégie de long terme. La Chine veut effacer l'influence occidentale. La Chine veut être prête à mener la grande confrontation qui l'oppose à l'Occident. La Chine jongle de jour comme de nuit entre Confucius, Sun Tzu, Marx, Mao et Xi : elle sait où elle va, elle sait ce qu'elle doit faire pour élever une nouvelle ère aux couleurs du Dragon, et elle sait par-dessus tout, quelles sont les failles de ses ennemis. Mais connaît-elle parfaitement les siennes ?

Mercredi 4 janvier

En décembre 2022, un rapport publié par un groupe d'experts des Nations unies mandatés par le comité des sanctions des Nations unies sur la République démocratique du Congo (RDC) a conclu que le Rwanda soutenait le M23 dans sa politique de déstabilisation de l'Est de la RDC. Conclusions réfutées par Paul Kagame, président du Rwanda, mais que tendent à confirmer les acteurs occidentaux présents sur place.

L'Est de la RDC est le fruit de concurrences entre pays et groupes rebelles, en raison des ressources minières présentes – diamants, cuivre, zinc, et coltan. Or, face aux groupes armés, Félix Tshisekedi, président de la RDC paraît bien en difficulté pour assurer la sécurité et l'intégrité de son territoire. Disons-le, même si la Mission des Nations unies pour la stabilisation en République démocratique du Congo (Monusco) a été renouvelée, la violence et les risques humanitaires prennent de l'ampleur. Ils s'étendent comme une tache d'huile.

Fiche n°4 : Extraits des vœux du ministre des Armées Sébastien Lecornu[5]

• **Menaces hybrides :** « (...) les nouveaux dangers nous obligent (...) à engager de nécessaires transitions. Ces menaces sont hybrides, elles mettent simultanément à l'épreuve nos intérêts politiques, sociaux, économiques, technologiques et énergétiques ; tout autant civils que militaires. Elles créent un terrain favorable pour ceux qui tentent de diviser la Nation. Les transitions qui découleront de ces menaces appellent des lignes d'efforts dans les champs du cyber, du spatial, des fonds marins, du renseignement, des drones, ou de la guerre informationnelle. De la maîtrise de ces domaines dépendent désormais notre souveraineté et notre indépendance. »

• **Honorer la mémoire de nos soldats :** « Mais ces transitions, que nous allons engager, sont tout autant thématiques que géographiques. En Afrique notamment, où le combat contre le terrorisme demeure une priorité. Nous devons continuer à défendre jalousement le bilan de nos opérations au Sahel et à honorer la mémoire des cinquante-huit soldats qui y sont tombés, et des blessés qui en sont revenus. »

• **Wagner et les SMP russes :** « Les tensions que nous connaissons dans le monde ne

5. https://www.vie-publique.fr/discours/287752-sebastien-lecornu-04012023-politique-de-defense

sont pas cloisonnées. Ce qui se joue en Afrique est directement lié à la guerre que mène la Russie à l'Ukraine. Les groupes mercenaires pseudo-privés qui agissent là-bas sont aujourd'hui également engagés aux côtés des armées russes en Ukraine. Ce n'est donc pas sans impacts sur notre sécurité. »

• **Évolution du monde :** « Plus de soixante années après les grandes transformations décidées par le général de Gaulle, les choix que nous nous apprêtons à faire seront lourds de conséquences. Ils engageront la Nation pour des décennies et devront résister sans aucun doute aux épreuves de ce monde instable. »

Jeudi 5 janvier

La France confirme son soutien à l'Ukraine. Elle livrera bientôt des AMX-10 RC[6]. Le président ukrainien en avait fait le vœu. Le président Emmanuel Macron l'a entendu et exaucé. Volodymyr Zelensky a été prévenu par téléphone le 4 janvier dernier. Notre pays est donc le premier du bloc occidental à livrer ce type de chars légers. Il sera accompagné par l'Allemagne, qui livrera des Marder, et les États-Unis, qui donneront des blindés de type Bradley. La détermination occidentale est assumée et cohérente avec les positions prises par les présidents Emmanuel Macron, Olaf Scholz et Joe Biden. La Russie guerrière et déstabilisatrice de Poutine est un défi pour l'Occident.

***

Vladimir Poutine déclare un cessez-le-feu unilatéral le long de la ligne de front russo-ukrainienne les 6 et 7 janvier, pour respecter la demande du patriarche Kirill. Soutenu par Recep Tayyip Erdogan, Poutine demande le respect du Noël orthodoxe. Mais pour Kiev et les démocraties occidentales, ce n'est que cynisme. Le cessez-le-feu est refusé. La guerre continue.

Fiche n°5 : La Russie en 2023

Statistiques générales :
- Nombre d'habitants : 143 millions
- Budget militaire : 86,4 milliards de dollars
- Classement SIPRI vente d'armes : Deuxième pays exportateur au monde
- PIB : 1 778 milliards de dollars en 2022
- PIB par habitant : 11 500 dollars en 2021 (65e rang mondial)

Exécutif :
- Chef d'État : Vladimir Poutine
- Premier ministre : Mikhaïl Michoustine

6. Arrivé en même temps que le président Mitterrand (1981), l'AMX-10RC a fait ses preuves lors de la guerre du Golfe. Il était encore présent lors de la dernière décennie sur le théâtre sahélien. On le retrouvera certainement dans des missions d'appui à l'infanterie, mais non en première ligne, faute de protections défensives lourdes. Ce type de blindé est peu propice pour l'offensive.

- Ministre des Affaires étrangères : Sergueï Lavrov
- Ministre de la Défense : Sergueï Choïgou

Alliances et organisations internationales :
- Membre des Nations unies
- Membre de l'Organisation de coopération de Shanghai (OCS)
- Membre des BRICS
- Banque asiatique d'investissement pour les infrastructures (BAII)
- Membre de l'Organisation du traité de sécurité collective (OSTC)

Zones d'influence et géopolitique :
- Europe
- Asie
- Orient
- Afrique

Forces :
- Puissance pétrolière et gazière
- Puissance nucléaire militaire et civile
- Membre du Conseil de sécurité de l'ONU
- Armée
- Wagner et autres SMP
- Puissance spatiale
- Puissance cyber
- Coopération sino-russe
- Terres en Arctique
- Agriculture (l'arme du blé)
- Métaux rares
- Plus grand pays au monde

Faiblesses :
- Démographie
- Dépendance à la Chine
- Économie
- Intelligence artificielle
- Absence de leadership dans le numérique
- Plus grand pays au monde

Leçons :

La Russie de Poutine, au pouvoir depuis plus de vingt ans, se pense en un nouvel empire eurasiatique. Contestant l'ordre occidental, faisant converger ses intérêts et sa vision du monde avec l'État voisin chinois, la Russie a engagé un pivot stratégique en direction de l'Asie et de l'Orient. La « Nouvelle Russie » théorisée par Alexandre Douguine se veut indépendante de l'Europe. Elle veut écrire sa propre « Destinée manifeste[7] ».

7. Référence au concept de « Destinée manifeste » théorisé par John Lee O'Sullivan en 1848 selon laquelle les États-Unis auraient eu une « Destinée manifeste » les conduisant à s'étendre à travers tout le continent américain par la puissance et la force pour « assurer le libre épanouissement de millions de personnes. »

C'est la raison pour laquelle depuis plusieurs années – cela s'est accéléré avec la guerre russo-ukrainienne et la mise en place de sanctions occidentales et notamment avec la fermeture des gazoducs Nord Stream 1 et 2 – la Russie a multiplié les partenariats avec la Chine, l'Inde, la Turquie, les ex-pays de l'URSS, la Corée du Nord et l'Iran. Dans un document dénommé, *Stratégie énergétique 2035*, Moscou promouvait déjà une réorientation de ses exportations et importations énergétiques vers l'Asie à l'horizon 2030. Désormais, la réorganisation de l'ordre mondial se faisant à marche forcée, la Russie a démultiplié ses carnets de commandes en provenance des États cités, et à engager de grands projets industriels ou partenariats économiques avec les pays asiatiques et orientaux. Le rapprochement sino-russe est le plus marquant de tous.

Les deux pays partagent des intérêts communs, au point de faire valoir une « amitié sans limite ». Ceux-ci se traduisent par un accommodement formel entre les deux personnalités et chefs d'État que son Xi Jinping et Vladimir Poutine. Leur « partenariat stratégique » se concrétise dans les faits par une volonté d'annihiler toute influence américaine dans les affaires du monde. Lesquelles ont été marquées ces dernières années par des événements mis en avant par les propagandes des deux nations que sont entre autres : la guerre du Kosovo, la guerre d'Irak, la guerre en Libye, les Révolutions de couleur et les Printemps arabes.

La menace occidentale est clairement identifiée dans le *Document 42* – présenté en mars 2023 par Sergueï Lavrov –, comme le principal défi. Les États-Unis, jugés centre de gravité de « l'Occident collectif », sont l'ennemi numéro un. Pour leur faire face, la Russie et la Chine font converger leurs positions au sein du Conseil de sécurité de l'ONU, veulent se faire leader dudit « Sud Global », se lient d'amitié avec le dirigeant coréen Kim Jong-un, renforcent leur coopération militaire, promeuvent les BRICS et l'OCS comme des organisations d'influence et de convergence, signent de nouveaux contrats énergétiques, se font tous deux acteurs de la déstabilisation du monde occidental à travers notamment l'usage de l'intelligence artificielle, du cyber et des réseaux sociaux, et engagent une politique commune devant amener à l'effacement du dollar et du droit international existant. L'avènement du monde post-occidental voulu par les deux États explique pour les années à venir cette confluence des efforts et des volontés.

En Russie, dans un pays fortement marqué par :

• l'influence du KGB ; par un monopole du pouvoir du président Vladimir Poutine et de ses plus proches fidèles (Choïgou, Lavrov, Guerassimov...) ;

• le culte du chef ;

• le fait nucléaire ;

• une propagande nationaliste, religieuse et impérialiste promouvant l'*homo sovieticus* ;

• une politique internationale de déstabilisation incarnée par des agressions, invasions et un usage désinhibé de la force que ce soit en Europe, en Afrique ou au Moyen-Orient ;

• la guerre en Ukraine et ses conséquences...

il sera intéressant de voir quel avenir s'écrira pour le pays héritier de Pierre IV, de Catherine II et de Nicolas II. Poutine en tant qu'acteur global des relations internationales commande le passé de son pays, mais il détient aussi en partie, une des clés de l'avenir de la Russie, de la sécurité européenne et du visage du futur ordre mondial. Si la stratégie de déstabilisation et du chaos a fonctionné durant vingt ans, il pourrait s'avérer que les mécanismes utilisés jusqu'à maintenant connaissent à l'avenir, des limites.

Enfin, la Russie est submergée par de véritables défis. Elle doit régler sa dépendance au gaz, à l'or noir et au blé : il en va de sa sécurité énergétique et alimentaire. Elle doit prendre en compte son déclassement démographique, s'assurer de ne pas perdre de terrain dans les domaines du nucléaire, du numérique et de l'intelligence artificielle. La Russie ne peut également se risquer à une trop grande dépendance envers Pékin. En effet, nombre de ses choix font peser le risque expressément caricatural d'un processus de « vassalisation » – comme celui subi par les membres de l'Union européenne à l'égard des États-Unis. En effet, pour la politique poutinienne – façonnée par l'esprit du « vainqueur » hérité de l'ère stalinienne, par le révisionnisme largement divulgué par les initiatives du « Régiment immortel », les « académies militaires » et l'endoctrinement de toute une jeunesse au culte de la force –, ce serait un échec des moyens en vue des fins.

Aussi, quel avenir pour Nord Stream 1 et 2 ? Quelle relation ce pays entretiendra-t-il avec l'Ukraine alors que Rosatom se livrait depuis 2014 à une lutte indéniable avec Westinghouse ? Quelle Biélorussie pour demain ? Quelles relations pour la France et ses industriels comme TotalEnergies lié à Novatek ? Quel destin pour ce pays si européen, désormais tourné vers l'Asie ? Autant de questions qui doivent prendre en compte l'idée que la Russie est là, et que géographiquement, elle ne bougera pas ou peu...

Vendredi 6 janvier

La loi américaine *Inflation Reduction Act*, ou IRA, est un plan de 370 milliards de dollars visant à faire des États-Unis la première puissance « verte » d'Occident.

Adopté par le 117ᵉ Congrès des États-Unis, il prévoit donc plusieurs volets de simplification administrative et promeut l'investissement dans les entreprises américaines « vertes ». Washington veut réduire ses émissions de gaz à effet de serre de 50 % d'ici 2030. Pour cela, l'administration Biden pousse les Américains à consommer des produits moins énergivores et surtout, issus des industries nationales. Ainsi, le crédit d'impôt d'investissement solaire est prolongé de dix ans et un crédit d'impôt de 7 500 dollars est mis à disposition des citoyens achetant des véhicules répondant à trois critères : ils doivent être neufs, électriques et américains. Pour les nations européennes, la crainte repose sur la perte de compétitivité des États membres et une concurrence déloyale déguisée et assumée d'un allié attractif et libre de règles communes. Le défi est donc finalement d'éviter une fuite des capitaux de l'UE vers l'Amérique.

Par un bref retour dans l'histoire, indiquons qu'en décembre 2022, le président Emmanuel Macron avait alerté sur les risques encourus par la France et ses alliés membres de l'UE. La décision a depuis été prise de mettre en place un sommet politique qui se tiendra à Bruxelles les 9 et 10 février prochains. But : apporter une réponse stratégique venant *booster* les avantages comparatifs du Vieux Continent. Si l'Europe veut faire face aux États-Unis et à la Chine, il lui faut définir son propre IRA. Sinon, elle risque gros dans ce siècle modelé par la guerre des métaux rares, des semi-conducteurs et de l'IA.

Samedi 7 janvier

La France pourrait quitter le Burkina Faso. La junte au pouvoir a demandé le départ de l'ambassadeur de France, Luc Hallade. La relation entre nos deux pays s'est dégradée. La France pourrait dès lors concentrer pleinement ses forces militaires présentes en Afrique sahélienne, au Niger. Le piège africain semble fonctionner à merveille.

Dimanche 8 janvier

La planche à billets ne cesse de tourner. La Fed manœuvre. Wall-Street sourit. Quant au complexe militaro-industriel américain, il acquiesce. En effet, Washington vient d'annoncer un nouveau programme d'aide de 3,75 milliards de dollars. Comme pour se préparer à une répétition d'offensives russes et anticiper la contre-offensive ukrainienne, le Pentagone livre ses armes à Kiev. Le nouveau plan prévoit, entre autres, la livraison de centaines de véhicules blindés, dont une cinquantaine de M2A2 Bradley évoqués plus en amont dans ce *Carnet*.

Lundi 9 janvier

Le blocage du corridor de Latchine par les Azéris est la preuve que Bakou veut exclure les Arméniens du territoire de l'Artsakh. Le cessez-le-feu obtenu par les Russes n'est qu'une illusion. Le panturquisme, guidé depuis Ankara, n'a guère de respect pour le *just ad bellum* et le *just in bellum*. Ce qu'il veut, c'est la guerre et les fruits de la victoire. Lesquels ne seront acquis que par une politique de dépeuplement. Symbolisant la disparition des Arméniens chrétiens de l'Artsakh.

***

Les B-52 américains vont bénéficier d'un nouveau souffle. Le Pentagone envisage de remplacer l'intégralité des moteurs des 76 B-52 Stratofortress par de nouveaux moteurs F130. Le F130 développé par Rolls-Royce devrait pousser ces machines volantes, produites durant la guerre froide, jusqu'en 2050.

Fiche n°6 : Extraits du rapport de l'Ifri : « Stocks militaires : une assurance vie en haute intensité ? » par Léo Péria-Peigné[8]

• **Définitions :** « Un stock "stratégique" désigne des matières, premières ou raffinées, indispensables au maintien d'une chaîne de production (matériaux et métaux) ou au fonctionnement global des armées (essence). Un stock "opérationnel" concerne du matériel destiné à un usage courant, tandis qu'un stock de "long terme" ou de "grande prévoyance" renvoie à du matériel préservé pour une situation d'urgence. »

• **La Russie, une puissance continentale marquée par d'importants stocks de matériels terrestres :** « Davantage axée sur le matériel terrestre, la stratégie de stockage russe est le fruit d'une conception industrielle spécifique, héritée de l'URSS et focalisée sur le combat continental. »

8. https://www.ifri.org/sites/default/files/atoms/files/peria-peigne_stocks_militaires_2022.pdf

• **En Europe, entre qualité à l'Ouest, et quantité à l'Est :** « Les États européens de l'Ouest, dotés d'outils militaires performants mais aux formats limités par les contraintes budgétaires se différencient des États européens de l'Est, disposant encore de larges quantités de matériel héritées du Pacte de Varsovie à des niveaux divers de modernisation et de mise en conformité avec les normes Otan. »

• **La France, une nation militaire en flux tendus :** « En abolissant la logique de stock, l'impératif budgétaire s'est traduit par la montée en puissance d'une logique de fonctionnement en flux tendus, dépassant très largement le seul cadre des biens réservés pour s'étendre à celui des munitions et des parcs opérationnels. Initialement développée dans le cadre industriel, la logique de flux tendu cherche à limiter au maximum la déperdition et l'inactivité de la valeur par l'optimisation du flux, mobile, au détriment du stock, inactif. Les livraisons doivent ainsi coïncider au mieux avec l'utilisation des éléments livrés afin d'abolir les coûts de stockage interne. »

• **Des stocks limités et une politique du minimum intenable :** « Le conflit en Ukraine, prenant la suite de la crise sanitaire, a douloureusement souligné les conséquences d'une généralisation de la logique de flux tendu adoptée pour faire face aux difficultés financières. Les forces armées n'ont pu dégager de soutien matériel qu'au prix d'un amoindrissement durable de leurs propres capacités, en l'absence de stocks préservés. Les taux de perte constatés sur le terrain et l'importante consommation de munitions ont également mis en lumière l'insuffisance des parcs opérationnels français, réduits au strict minimum après deux décennies de disette budgétaire. »

Mardi 10 janvier

Le ministère de la Défense britannique dévoile l'implication d'avions de combat russes Soukhoï Su-57 Felon dans le ciel ukrainien. Concurrents du F-35 et du F-22 Raptor américains, ces avions furtifs de 5e génération seraient au nombre de cinq. Ils mèneraient principalement des missions air-sol (bombardements stratégiques) et d'intelligence surveillance & reconnaissance (ISR). Ils stationneraient sur la base aérienne d'Akhtubinsk, située à 450 km de la frontière ukrainienne, là même où seraient également présents des drones de dernière génération de type S-70 Okhotnik-B.

On se souvient qu'en Syrie, la Russie avait utilisé un certain nombre de ses nouveaux armements. Tels que des missiles de croisière Kalibr, des Soukhoï Su-34, des Su-30SM et des drones Dozor 600. Le Su-57 connaîtrait donc ses premières expériences à l'épreuve du feu, en présence d'une défense sol-air nourrie de matériels occidentaux.

***

Les États-Unis sanctionnent quinze banques irakiennes affiliées à des partis politiques entretenant des liens de proximité avec Téhéran. Ces banques serviraient les politiques d'influence des Gardiens de la Révolution (Pasdaran) en Irak. De quoi agacer Washington, qui a classé l'organisation paramilitaire de la République islamique d'Iran sur la liste des organisations terroristes.

Mercredi 11 janvier

Recep Tayyip Erdogan est incontestablement l'un des grands gagnants du conflit russo-ukrainien. Médiateur dans le transport de blé et ayant fait de la Turquie un *hub* gazier permettant la livraison de gaz de la Russie vers l'Europe et l'Orient, le président turc n'en finit pas de remporter des batailles diplomatiques et économiques. Aujourd'hui, la Russie et l'Ukraine lui demandent d'accompagner l'évacuation de femmes et d'enfants blessés, en ouvrant un couloir humanitaire en direction de la Turquie.

Pendant ce temps, la Suède et la Finlande patientent dans l'antichambre de l'Alliance atlantique. Pal Jonson, ministre de la Défense suédois, refuse cette situation. Il a entamé des négociations bilatérales avec les États-Unis afin d'obtenir un accord militaire et une coopération accrue entre les deux armées.

Fiche n°7 : Extraits du rapport d'information[9] sur « la réforme du corps diplomatique » présenté par les co-rapporteurs et députés, Arnaud Le Gall et Vincent Ledoux

• **Disparition du corps diplomatique** : « Désormais, tous les postes jusqu'ici réservés aux conseillers des affaires étrangères et aux ministres plénipotentiaires, à savoir les emplois de conception, d'expertise et d'encadrement à l'administration centrale du MEAE ainsi que les emplois concourant à la politique extérieure de la France, notamment dans les postes diplomatiques, peuvent être pourvus par des administrateurs de l'État, au-delà des seuls postes d'ambassadeurs sur lesquels le président de la République dispose d'un pouvoir de nomination discrétionnaire. Ainsi, les administrateurs de l'État issus du nouvel INSP ou de l'un des quinze corps mis en extinction par la réforme, ainsi que les 2 600 administrateurs civils qui ont été versés au corps des administrateurs de l'État sans droit d'option, peuvent notamment être nommés aux postes d'ambassadeurs, de directeurs, de chefs de service, de sous-directeurs et de consuls généraux. »

• **Une évolution dans la formation des diplomates** : « Aujourd'hui, tous les diplomates ne reçoivent pas le même niveau de formation initiale. Ceux recrutés par le Quai d'Orsay (secrétaires des affaires étrangères et conseillers des affaires étrangères "cadre d'Orient") bénéficient de deux mois de formation initiale à l'Institut diplomatique et consulaire (IDC). Les élèves fonctionnaires appelés à devenir conseillers des affaires étrangères "cadre général" bénéficient pour leur part d'une formation de deux ans à l'ENA. La réforme de l'encadrement supérieur de l'État, qui se traduit par le remplacement de l'ENA par l'INSP, a des conséquences sur la formation des diplomates. D'une part, l'INSP formera un plus grand nombre de diplomates, puisque cette école intègre les lauréats du concours d'Orient de catégorie A+. D'autre part, l'INSP devrait accorder une place plus importante aux compétences managériales dans la formation des hauts fonctionnaires. »

• **Appariement** : « Avant la réforme, les lauréats des concours organisés par le Quai d'Orsay (secrétaires des affaires étrangères et conseillers des affaires étrangères "Orient") revenaient automatiquement au ministère. Pour les élèves de l'ENA, en revanche, le classement de sortie déterminait qui pouvait rejoindre le MEAE. Sans modifier le régime

9. https://www.assemblee-nationale.fr/dyn/16/rapports/cion_afetr/l16b0687_rapport-information

applicable aux secrétaires des affaires étrangères, la réforme remplace le classement de sortie à la sortie de l'ENA par un principe d'« appariement » à la sortie de l'INSP qui conduira, d'un côté, l'employeur public à choisir et à classer les élèves, sur la base de curriculum vitae anonymisés, et de l'autre côté, les étudiants à classer les employeurs publics par ordre de préférence. Lorsqu'un appariement sera constaté, un entretien aura lieu entre l'étudiant et l'employeur public. Les lauréats du concours d'Orient de catégorie A+ organisé par l'INSP, en revanche, ne seront pas soumis à ce principe d'appariement et reviendront automatiquement au Quai d'Orsay. »

• **Concurrence d'autres acteurs et manque d'attractivité du MEAE :** « Le MEAE a subi dans le même temps une concurrence accrue – de l'Élysée, d'autres ministères, d'opérateurs ou d'acteurs non étatiques – qui tend à réduire son poids dans la conduite de l'action extérieure. »

• **Conclusion du rapporteur Vincent Ledoux pour qui la réforme est une opportunité :** « Le Quai d'Orsay a tout à gagner à une réforme qui lui permettra de recruter plus facilement des administrateurs de l'État ayant démontré, dans l'exercice de leurs missions, qu'ils ont des compétences utiles pour les métiers de la diplomatie. À titre d'exemple, rien ne s'opposerait ainsi à ce qu'un administrateur de l'État qui n'aurait pas choisi le Quai d'Orsay comme première affectation mais qui aurait ensuite multiplié les expériences de négociations européennes ou multilatérales au sein d'un ministère technique puisse poursuivre son parcours professionnel au sein du MEAE, en administration centrale ou dans un poste diplomatique. »

• **Conclusion du rapporteur Arnaud Le Gall pour qui la réforme va affaiblir la diplomatie française :** « Plus que l'ouverture, cette réforme semble motivée par une envie de "fluidifier" la gestion de la haute fonction publique, perçue comme excessivement rigide. (...) Par ailleurs, les diplomates sont des "ensembliers". À l'étranger, où le MEAE a le rôle de chef de file de l'action extérieure de l'État, les diplomates acquièrent une profonde connaissance de l'interministériel. Par exemple, la gestion des conséquences de la guerre en Ukraine, qu'elles soient migratoires, alimentaires ou énergétiques, implique l'intervention d'ensembliers capables de synthèse et de coordination. Contrairement aux agents d'autres ministères, le propre des diplomates, du moins quand ils sont en poste à l'étranger, est d'agir dans des territoires relevant d'autres souverainetés où ils n'ont pas d'autorité, ce qui exige une forte capacité à la négociation pour, entre autres, y faire valoir les intérêts de la France. La réussite d'une négociation d'un traité complexe, par exemple sur les pandémies, le climat ou les grands fonds marins, nécessite aussi bien la compétence de l'expert que celle du diplomate. (...) Pour toutes ces raisons, le métier de diplomate se construit sur le temps long, au fil des affectations, par la sédimentation des expériences. Celles-ci apportent une capacité à comparer, à distinguer de ce qui est important de ce qui est contingent et à éviter la répétition des erreurs passées. »

Jeudi 12 janvier

Le programme franco-allemand d'avion de patrouille maritime, MAWS, étant définitivement enterré, la DGA se passera donc de Berlin pour le futur successeur de l'ATL2. C'est la raison pour laquelle elle a validé auprès de Dassault Aviation et d'Airbus Defence and

Space, deux études d'architecture de système de patrouille maritime futur (Patmar). Dassault Aviation basera sa recherche et développement (R&D) sur le Falcon 10X, et Airbus Defence and Space sur l'A320neo. Le calendrier nous oriente désormais vers de premières livraisons à l'aube de l'année 2035.

***

La Russie effectue un test de sa torpille nucléaire Poseidon. C'est le SNLE Belgorod qui a mené l'essai. Les informations sont classées, et il est impossible de dire à cette heure si l'essai a été une réussite ou non.

***

Changement à la tête de l'État-major russe. Sergueï Sourovikine est remplacé par le général Valéri Guerassimov. Un visage qui n'est pas inconnu, tant ce dernier est un proche de Vladimir Poutine. Le cercle rapproché de Poutine se renforce de ces hommes de cour.

Fiche n°8 : Extraits de l'audition du général d'armée Thierry Burkhard, chef d'État-major des Armées, sur « la dissuasion nucléaire[10] »

• **La guerre russo-ukrainienne modifie l'approche française :** « Je vous l'ai dit en octobre dernier, l'attaque de l'Ukraine par la Russie le 24 février 2022 constitue un point de bascule qui nous fait changer de monde. La recomposition de l'ordre stratégique est toujours en cours et personne ne mesure encore exactement l'étendue des changements. Pourtant il importe d'ores et déjà de réinterroger systématiquement nos choix antérieurs. Cela ne signifie pas que tout ce que nous faisions auparavant n'a plus lieu d'être mais une interrogation générale s'impose sur la pertinence de notre action aujourd'hui, et y compris en matière de dissuasion. »

• **Trois commandements :** « J'estime que les modalités de mise en œuvre de la dissuasion nucléaire française par les armées demeurent crédibles parce qu'elles se sont en permanence adaptées aux évolutions des menaces et de la technologie. (...) À cette fin, je dispose d'une division de l'État-major des armées, la division Forces nucléaires, qui inclut notamment le centre d'opérations des forces nucléaires. J'ai sous mes ordres trois commandants de force nucléaire : le général commandant les forces aériennes stratégiques (FAS), l'amiral commandant la Force océanique stratégique (FOST) et l'amiral commandant la Force aéronavale nucléaire (FANU). »

• **Principes de la dissuasion nucléaire française :** « Sur quels principes repose notre dissuasion ? Le premier principe est celui d'une dissuasion par représailles, qui a pour avantage de porter le doute chez l'adversaire. La question qui se pose à lui est : "Une agression vaut-elle la peine d'être tentée au regard des risques encourus ?". Les présidents de la République française ont choisi cette forme de dissuasion parce qu'elle répond à une aspiration exclusivement défensive. Plus concrètement, pour donner la preuve de sa crédibilité, notre dissuasion doit s'exercer en permanence. Ensuite, elle maintient une ambiguïté : sur la nature de nos intérêts vitaux et l'acceptation des formes de menaces qui pourraient s'appliquer sur eux et sur la nature de la riposte et des dommages inacceptables pour l'ennemi. Elle ne s'articule pas autour de la notion de seuil,

10. https://www.assemblee-nationale.fr/dyn/16/comptes-rendus/cion_def/l16cion_def2223031_compte-rendu

car cela permettrait à nos adversaires de manœuvrer autour en conscience et de contourner notre dissuasion "par le bas". Notre capacité de dissuasion garantit les possibilités de frappe en second par la redondance des moyens et l'invulnérabilité de la composante océanique. L'éventualité d'utiliser l'arme nucléaire en premier est assumée : notre doctrine n'est ni celle du non-emploi en premier ni celle de la finalité unique, selon laquelle l'arme nucléaire ne s'adresse qu'à la menace nucléaire. Là est toute l'ambiguïté voulue pour permettre la pleine efficacité de notre dissuasion. »

• **Objectifs de la dissuasion nucléaire française :** « À quoi sert la dissuasion ? La dissuasion sert à empêcher la guerre. La stratégie nucléaire française vise fondamentalement à empêcher une guerre qui porterait atteinte à nos intérêts vitaux. Le rôle de la dissuasion est donc circonscrit aux circonstances extrêmes de légitime défense. Les armes nucléaires françaises ne sont pas conçues comme des outils d'intimidation offensive, de coercition ou de déstabilisation. La dissuasion nucléaire ne vise ni à gagner une guerre ni à empêcher de la perdre. Cela nous permet aussi d'assumer les responsabilités d'un État doté vertueux et d'une puissance d'équilibres. La France, puissance nucléaire, est aussi un moteur de l'intégration européenne et un allié de premier rang au sein de l'Otan. La dissuasion est également un outil d'influence et de rayonnement international, notamment par la valorisation de notre crédibilité technologique dans le domaine de la recherche scientifique et des industries de pointe, qui nous tirent vers le haut ; le délégué général pour l'armement abordera certainement ces points plus précisément. (...) La dissuasion sert enfin à signifier notre détermination. D'une part, les armes nucléaires sont des armes de non-emploi, c'est-à-dire que ce ne sont pas des armes du champ de bataille. En revanche, les forces nucléaires sont des forces employées en permanence pour le signalement stratégique dans les phases de compétition, de contestation et d'affrontement vis-à-vis de nos alliés et de nos adversaires. D'autre part, notre statut d'État doté nous permet d'activer des canaux de communication directs pour dialoguer avec des parties au conflit, en complément des messages de portée plus générale qui passent par d'autres relais. »

• **Dimension européenne de la dissuasion nucléaire française :** « Nos forces nucléaires ont une dimension authentiquement européenne. Tout d'abord, elles renforcent la sécurité de l'Europe en compliquant notablement l'équation d'un adversaire potentiel qui serait confronté à la fois aux dissuasions nucléaires américaine, britannique, otanienne et française. Avec les difficultés d'appréciation qui en résulteraient, les possibilités que s'exerce une menace nucléaire en retour s'en trouveraient ainsi évidemment multipliées. De plus, les intérêts vitaux de la France, puissance continentale, ont une dimension européenne, comme l'a expressément rappelé le président de la République. C'est l'expression la plus naturelle et la plus forte du constat que notre indépendance de décision est pleinement compatible avec la solidarité à l'égard de nos partenaires européens. »

• **Sur la banalisation du fait nucléaire dans les médias par les forces russes :** « Cette rhétorique offensive s'accompagne d'une banalisation du fait nucléaire très sensible dans le traitement de l'information. (...) La manœuvre de sanctuarisation agressive menée par la Russie est un dévoiement de la doctrine de la dissuasion, arme visant à empêcher la guerre. Aujourd'hui comme en 2014, la Russie dévoie sa dissuasion pour conduire une agression sous protection nucléaire. Notre liberté d'action est impactée par la menace nucléaire de l'agresseur. C'est une déclinaison de la logique des engagements imposés que j'ai eu l'occasion d'évoquer devant vous lors de mes précédentes auditions. »

Vendredi 13 janvier

Le programme *Scorpion* – il vise à moderniser les capacités terrestres de l'Armée française – doit aboutir à la rénovation de l'intégralité des 200 chars Leclerc français. La DGA valide une nouvelle tranche de modernisation de 50 chars Leclerc XLR[11] auprès de Nexter.

***

La Mitteleuropa se porte bien : l'industriel allemand Rheinmetall vient d'entamer en Hongrie la production en présérie du véhicule de combat d'infanterie Lynx, destiné à l'Armée de terre hongroise. Près de deux cents véhicules devraient sortir des usines.

Fiche n°9 : Extraits de l'audition de l'amiral Pierre Vandier, chef d'État-major de la Marine sur « la dissuasion nucléaire »[12]

• **La dissuasion, une menace illimitée** : « La dissuasion procède de la puissance considérable des armes nucléaires : leur capacité de destruction surpasse tout ce que l'homme a pu inventer. (...) Raymond Aron résumait les choses de la manière suivante : "C'est la possibilité de la violence illimitée qui, sans même que la menace en soit proférée, restreint la violence effective." La dissuasion pose la question d'être ou de disparaître. Dans une guerre conventionnelle, une fois que le premier coup a été tiré, on envisage toujours la possibilité de s'en sortir ; une guerre nucléaire ne laisse entrevoir aucune issue. »

• **Une continuité depuis de Gaulle** : « Pour la Marine, la dissuasion est une mission structurante, définie dans les années 1960. En 1965, dans un discours prononcé sur le parvis de l'École navale, le général de Gaulle déclarait : "La Marine est exceptionnellement appropriée à cet armement nucléaire". Non seulement son intuition n'a pas été démentie, mais elle apparaît d'une actualité frappante. »

• **L'incertitude comme facteur de la dissuasion** : « La dissuasion repose sur des paradoxes. L'arme nucléaire est une force infinie, qu'on ne souhaite pas utiliser, mais qui existe. La dissuasion doit être d'une fiabilité absolue pour celui qui la met en œuvre, afin de plonger l'adversaire dans l'incertitude. Le général Beaufre le rappelait dès 1963 : "C'est en fin de compte l'incertitude qui constitue le facteur essentiel de la dissuasion." La dissuasion nucléaire consiste à rendre impossible le pari de l'adversaire. A contrario, pour le CEMM, la dissuasion signifie un impératif de certitude et de fiabilité – nous parlons de "sûreté de la mise en œuvre" et de "crédibilité". C'est la garantie absolue de la mise en œuvre, quels que soient les aléas techniques ou humains et les difficultés. Il ne s'agit pas de s'entraîner à être prêt, il s'agit d'être prêt en permanence. »

11. Ce dernier disposera notamment d'un tourelleau téléopéré T2B de la FN Herstal.
12. https://www.assemblee-nationale.fr/dyn/16/comptes-rendus/cion_def/l16cion_def2223032_compte-rendu

Samedi 14 janvier

Le Royaume-Uni franchit une nouvelle étape dans son soutien à l'Ukraine. Londres intensifie sa guerre par proxy en soutenant la politique de livraison de blindés. Après les AMX-10 français, Rishi Sunak tranche en faveur de la livraison de Challenger 2. Une information divulguée un peu plus en amont par le *Sun*[13], confirmée par le 10 Downing Street. Au total, c'est donc 14 chars qui sont transférés Kiev. Ce coup de pouce incitera-t-il l'Allemagne à valider le transfert de Leopard II ? Notre petit doigt nous dit que Berlin suivra. Pour fabriquer le consentement, d'abord on pose le sujet. Ensuite on développe les arcanes de l'argumentation. Puis on persuade, et enfin, on convainc les masses.

Dimanche 15 janvier

La guerre en Ukraine, une aubaine pour les États occidentaux de l'Arctique ? C'est ce que pensent les gouvernements d'Amérique du Nord, du Danemark, de la Finlande, de l'Islande, de la Norvège et de la Suède. En effet, l'ensemble de ces États a pris du retard sur la Russie, qui a fait de l'Arctique son pré-carré. En faisant sortir de ses usines plusieurs brise-glaces, le Kremlin s'est assuré une place prédominante pour profiter de la fonte des glaces et s'ouvrir de nouvelles voies afin d'extraire les richesses souterraines. L'Occident doit donc tirer profit de l'embourbement russe dans ce nouvel « Afghanistan » qu'est l'Ukraine, pour produire des brise-glaces, moderniser ses bases militaires et scientifiques, tracer de nouvelles pistes d'atterrissage et déployer des drones maritimes et aériens afin de prospecter les sols et les fonds marins.

***

Les renseignements occidentaux s'attendent à une nouvelle offensive russe d'ici février. Une nouvelle vague de mobilisation devrait être annoncée par les autorités nationales de la Fédération de Russie. Le ministre des Armées, Sébastien Lecornu, le signifiait il y a peu : « Il est clair que nous allons rentrer dans un moment de massification, lors duquel les Russes vont jeter toutes leurs forces dans la bataille. »

Lundi 16 janvier

Shahriar Heidari, membre de la commission de la sécurité nationale du Parlement iranien laisse fuiter dans les médias, l'acquisition à venir de 24 avions de combat Su-35 russes par Téhéran. La rumeur courait depuis un peu plus d'un an. Elle quitte le champ de l'hypothèse.

L'Iran et la Russie entretiennent des relations économiques soudées. Depuis l'ouverture du front en Ukraine, Téhéran s'est montré un allié fidèle et engagé. Livrant notamment des drones Shahed-136. Ce nouveau partenariat économique démontre la volonté partagée des deux États à travailler ensemble, en utilisant le même type de machine pour une interopérabilité plus efficiente.

Les mois et années à venir seront marqués par des exercices militaires communs entre les deux armées.

13. https://www.thesun.co.uk/news/21040610/rishi-sunak-send-tank-squadron-ukraine/

Mardi 17 janvier

La Maison-Blanche, le Pentagone et les médias américains alertent d'une même voix : il faut stopper l'utilisation de TikTok. Après Huawei, les États-Unis veulent interdire l'application chinoise sur son territoire. Une loi dénommée « Anti-Social CCP Act » a ainsi été déposée par les Républicains et Démocrates pour bloquer totalement cet « outil de renseignement » jugé au service du PCC. Pour le moment l'application est interdite des appareils gouvernementaux.

Mercredi 18 janvier

La Corée du Sud est en train de devenir une puissance industrielle militaire de renom. Entre les chars lourds, les blindés légers, les canons d'artillerie et les avions de combat, Séoul met le paquet au point d'avoir remporté plusieurs marchés européens, autrefois réservés à Washington, Paris, Londres ou Berlin. Par ailleurs, le Korean Aerospace Industries KF-21 Boramae vient d'entrer dans l'histoire de l'aviation en rejoignant la catégorie des machines ailées supersoniques. À l'état de prototype, le KF-21 va bientôt venir concurrencer le Rafale, le Gripen, l'Eurofighter, le F-15 et F-16 Viper. À ce titre, les forces aériennes sud-coréennes ont déjà passé commande pour près de 120 exemplaires et l'Indonésie pour 40 unités.

***

À la lecture du *Canard enchaîné*[14] de ce mercredi 18 janvier, on se plaît à lire l'article « Le maître-espion de la DGSE vissé à son fauteuil ». Le maître-espion, c'est Bernard Emié, actuel directeur général de la Direction générale de la sécurité extérieure (DGSE). Ce dernier aurait refusé le poste d'ambassadeur de France aux États-Unis, pour se maintenir à la tête des services de renseignement extérieur. Alors qu'il vient de lancer une réforme du fonctionnement de la structure – « la réforme (...) prévoit de fusionner les directions du renseignement et des opérations » –, Bernard Emié veut la mener jusqu'au bout. Au-delà des places qui s'échangent et changent, que ce soit Bernard Emié pour la DGSE ou l'énarque Stéphane Bouillon pour le SGDS, cette situation pousse à s'interroger : quel renseignement pour quel objectif ? Quelle place pour le renseignement opérationnel ? Quelle place pour le renseignement économique ? Et quelle place pour nos armées dans ce jeu de pouvoir ?

Jeudi 19 janvier

La France peut le constater : retrait de l'Allemagne du programme visant à mettre à niveau les Tigre au standard III ; fin du programme MWS ; difficultés rencontrées autour du SCAF et du MGCS ; mise en place du programme European Skyshield visant à développer un système de défense antimissile avec quatorze partenaires de l'Otan à l'exception de la France ; choix d'engager une véritable politique spatiale en mer du Nord indépendante de Kourou ; absence de Paris dans le discours de Prague.

L'Allemagne regarde la France comme un partenaire, mais point de lune de miel entre les deux nations. Erreur d'analyse d'une partie des élites politiques françaises depuis madame de Staël.

14. D.H et C.L, « Le maître-espion de la DGSE vissé à son fauteuil », *Le Canard enchaîné*, 18 janvier 2022, p. 4.

Vendredi 20 janvier

La société militaire privée Wagner, aux mains d'Evgueni Prigojine, est inhérente à la stratégie politico-militaire russe en Ukraine et dans le monde. Présent à Soledar et sur d'autres théâtres de guerre, le groupe Wagner remporte des batailles qui font la joie des ingénieurs du chaos : les propagandistes du Kremlin. Wagner est ainsi devenue l'outil de propagande de Moscou. Une SMP servant à justifier les fins expansionnistes et militaristes de la Russie d'aujourd'hui. Qui plus est, nous ne savons rien des pertes de cet instrument du pouvoir russe qui se « fout » des usages conventionnels de la guerre. Il est fort probable que la France ait à faire avec Wagner dans les prochains jours au Sahel.

***

La loi de programmation militaire 2024-2030 (LPM) prévoit une hausse du budget de la défense. Un budget de 400 milliards d'euros est attendu. Tenant compte des défis identifiés dans la nouvelle *Revue nationale stratégique* présentée en 2022, le Gouvernement entend majorer ainsi d'un tiers ses dépenses consacrées à la défense. La guerre russo-ukrainienne, l'influence russe au Sahel, la montée des tensions en mer de Chine, le terrorisme international, le budget de l'Allemagne en augmentation, les enjeux spatiaux et sous-marins, le renseignement et le champ informationnel, les grands programmes industriels... Les axes de lutte ne manquent pas. N'oublions jamais : « La défense ! C'est la première raison d'être de l'État. Il n'y saurait manquer sans se détruire lui-même[15]. »

Selon Sébastien Lecornu, les choix engagés sont comparables à ceux entrepris durant l'ère gaullienne. « C'est une somme historique. Si l'on devait trouver une comparaison sur cet effort politique, budgétaire, militaire, technologique, il faudrait remonter aux gaullistes dans les années 1960, lorsqu'ils ont transformé notre modèle d'armée et se sont lancés seuls dans la course à l'atome pour faire de la France une puissance dotée[16]. »

Comparaison et action sont deux mots bien distincts. La LPM sera une LPM de continuité plus que de basculement. Rappelons que 30 % des fonds supplémentaires viendront dans un premier temps combler les déficits causés par l'inflation. « Ah, la belle affaire[17] » !

Fiche n°10 : Extraits des vœux aux Armées sur la base aérienne de Mont-de-Marsan du président de la République, Emmanuel Macron[18]

• **Une LPM de continuité** : « (...) La loi de programmation constitue le chemin collectif sur lequel nous allons nous engager. C'est le geste stratégique par excellence, celui qui, fondé sur l'analyse de nos forces, de nos spécificités, des menaces et des vulnérabilités, incarne des choix qui nous obligent pour des décennies. »

• **Gagner la guerre avant la guerre** : l'idée de la LPM est « ne jamais être en retard d'une guerre. (...) Nous devons donc avoir une guerre d'avance. Nous revenons là à

15. Charles de Gaulle.
16. https://www.lemonde.fr/international/article/2023/01/20/sebastien-lecornu-la-loi-de-programmation-militaire-permet-a-la-france-de-rester-une-puissance-mondiale_6158684_3210.html
17. Référence aux propos d'Emmanuel Macron.
18. https://www.vie-publique.fr/discours/287928-emmanuel-macron-20012023-politique-de-defense

cet impératif : cette loi de programmation militaire devra donc tirer les conclusions de ce que notre époque porte en germe, avec naturellement cette part de ruse de l'histoire qu'on ne peut prédire. Et je souhaite ici conforter l'assurance de chacun, de nos forces, de tout un peuple, que face aux métamorphoses de la guerre, la France dispose et disposera d'armées prêtes aux périls du siècle. »

• **Prolifération des menaces :** « En effet, comme la *Revue nationale stratégique* le détaillait, les menaces sont multiples et s'agrègent plutôt qu'elles ne se succèdent. D'une part, des conflits de haute intensité en Europe, un raidissement des volontés de puissance sur fond de crise du multilatéralisme. Il n'y a plus de dividendes de la paix du fait de l'agression lancée par la Russie contre l'Ukraine. Et ce sont devant nous les frais brutaux de la violence de l'époque. En Europe, en Asie et dans l'Indopacifique, l'ordre international cède à un état de nature entre les Nations telles que nous n'en avions pas vu depuis des décennies. La Méditerranée orientale, les détroits de l'océan Indien, la mer de Chine méridionale ou les abords de Taïwan, parmi d'autres. Ce sont des lieux de régulières tensions. Nos Outremers sont, dans ce contexte, de plus en plus exposés. Et le conflit porte désormais dans tous les espaces, dans tous les domaines, y compris Internet, les réseaux sociaux et le champ impalpable de l'information. D'autre part, le surgissement de menaces nouvelles advient et lesquelles sont liées aux mutations globales, climatiques, énergétiques, technologiques, avec des risques de déstabilisation que ces bascules peuvent faire naître. Enfin persévèrent les risques à bas bruit, anciens, ceux des attaques terroristes et de la violence djihadiste qui, bien que résorbées, n'ont pas disparu. »

• **Course à la technologie :** « Ces formes de conflit prennent toutefois un nouveau visage qui oscille souvent entre la sophistication et la simplicité brutale. Sophistication avec une course technologique, du cyber au quantique, en passant demain par l'intelligence artificielle. (...) Le réarmement mondial se fait donc aux deux bouts d'un spectre polarisé. Entre la technologie de pointe et le rudimentaire, qui peuvent malmener une armée puissante et bien équipée, mais vulnérable en haut et en bas de son champ d'action. L'un des pièges serait de s'épuiser en ne cherchant que le raffinement technologique, l'autre serait de ne pas investir ces nouveaux moyens. »

• **La dissuasion nucléaire, clé de la stabilité :** « Au moment où la dissuasion peut-être n'a jamais paru si nécessaire, il nous faut la défendre avec force et cela signifie aussi mieux la faire comprendre à ceux qu'elle interroge. (...) Le cœur de souveraineté, c'est aussi le renforcement des postures permanentes. Cela suppose des capacités accrues de renseignement qui nous permettent d'anticiper les crises ou les menaces. »

• **Le renseignement français :** « J'ai constamment insisté sur la nécessité pour la France d'avoir un renseignement en propre, permettant notre autonomie de décisions et d'actions. C'est ce qui nous a permis, entre autres, ces dernières années, l'opération *Hamilton* en 2018. Cette loi de programmation militaire à venir, augmentera massivement les crédits de renseignement de près de 60 % au total, avec, entre autres le doublement du budget de la DRM et de la DRSD, capacité accrue aussi de surveillance, avec des drones notamment, et des moyens d'action dans nos espaces de souveraineté, des moyens d'intervention en particulier dans nos DROM et COM, ou des capacités apportant une première réaction locale doivent pouvoir être complétées par la projection de renforts conséquents. »

• **Le pivot vers la haute intensité :** « Nous devons être capables d'agir plus vite, d'être plus réactifs : en renforçant l'échelon en national d'urgence et disposer ainsi de moyens nécessaires pour une intervention sous court préavis même loin de la métropole. (...) Mais face à des adversaires plus forts, nous devrons agir plus fort aussi pour obtenir rapidement des effets militaires décisifs. Cela implique de durcir notre outil. Nous passerons ainsi au tout Rafale et maintiendrons cet avion d'exception au meilleur niveau mondial ; nous poursuivrons résolument la modernisation de nos forces terrestres par une numérisation accélérée du champ de bataille et une contribution particulière dans les nouveaux combats cyber, nous augmenterons la puissance et la protection de nos frégates et bien sûr, nous développerons le porte-avions de nouvelle génération ; nous devrons également innover en développant des munitions guidées à distance, en élargissant l'usage des drones par un doublement à cet égard de nos investissements. »

Samedi 21 janvier

Le capitaine Ibrahim Traoré, à la tête du Burkina Faso depuis septembre 2022, demande le retrait des forces françaises du sol burkinabè. *Deadline* : un mois. En effet, la France déploie des forces spéciales au sein de ce pays de l'ancien G5 Sahel. On évoque entre 400 et 500 hommes sur place. En poussant la France au départ, Ouagadougou va accélérer le processus de concentration des forces françaises au Niger et au Tchad.

Dimanche 22 janvier

« C'est par l'esprit que nous créerons notre force, c'est par l'expansion de l'idée d'Europe unie, le rassemblement de ceux qui y croient (...) que nous parviendrons, non pas à prendre des décisions exécutoires, mais à jouer un rôle actif et prépondérant dans la renaissance du plus grand des continents, tombé dans la plus profonde détresse[19]. »

***

La relation franco-allemande, en tension, a connu de longs précédents depuis 1945. En 1951, fut créée la CECA. Puis la France rejeta la création de la CED, craignant le retour d'une Allemagne militariste à ses frontières. En 1957, fut signé le traité de Rome instituant la CEE. Enfin, en 1963, Charles de Gaulle et Konrad Adenauer apposèrent leurs plumes sur le traité de l'Élysée, institutionnalisant la concertation franco-allemande. Soixante ans après, le président de la République française Emmanuel Macron et le chancelier allemand Olaf Scholz instaurent un nouveau partenariat, pour marquer le sens de l'histoire. Et Yaël Braun-Pivet, présidente de l'Assemblée nationale, de citer Simone Veil en introduction de cette journée mémorielle : « L'Europe, c'est avant tout la fin des conflits entre la France et l'Allemagne. C'est déjà acquis depuis maintenant un peu plus de vingt ans. Mais il faut poursuivre dans cette voie et dans une perspective de confiance et de construction, ensemble. »

19. Discours de Winston Churchill, le 17 août 1949.

Fiche n°11 : Extraits du discours du président de la République, Emmanuel Macron, pour le 60e anniversaire du traité de l'Élysée[20]

• « Le 22 janvier 1963, l'Allemagne de Konrad Adenauer et la France du général de Gaulle accomplissaient un immense geste de courage. Ce jour-là, nos deux pays qui avaient été les plus âpres ennemis, décidaient de devenir les plus étroits alliés. Ils refermaient presque cent ans de guerre moderne et de tragédie universelle que nous rappellent encore aujourd'hui les rangées de croix s'étendant à l'infini dans nos cimetières militaires. »

• « Ce jour-là, en scellant leur réconciliation, nos deux pays décidaient d'ouvrir "toutes grandes les portes d'un avenir nouveau pour l'Allemagne, pour la France, pour l'Europe et par conséquent pour le monde", selon les mots du général de Gaulle. Soixante ans après sa signature, le traité de l'Élysée demeure le socle de ce lien inaltérable, exemplaire entre nos deux pays, unis pour la paix, la liberté, la défense de nos valeurs démocratiques. Unis dans le rêve commun de l'Europe à la faveur de mille fibres tissées d'une rive à l'autre du Rhin à travers ces routes millénaires. »

• « Le couple franco-allemand est un couple pour lequel rien n'était écrit. Et si tout était simple, ce couple n'aurait ni à être célébré ni à constamment se réinventer. Il est grand quand il arrive en quelque sorte à bousculer la fatalité, à revisiter les intérêts d'un côté et l'autre du Rhin et à bâtir un chemin plus grand que ceux qui le composent, celui d'une unité, d'une fusion entre nos peuples, nos histoires pour rendre notre Europe plus forte. »

Lundi 23 janvier

La Pologne se dit prête à guider « une coalition plus petite » de pays souhaitant livrer des chars lourds à l'Ukraine, sans attendre l'approbation allemande. Ainsi dans un tweet, le Premier ministre, Mateusz Morawiecki, écrit : « Nous ne resterons pas les bras croisés et ne regarderons pas l'Ukraine être saignée à mort. Si nous n'obtenons pas l'accord de l'Allemagne sur les Leopard, nous construirons une « coalition plus petite » de pays prêts à faire don de certains de leurs chars modernes pour une Ukraine combattante. »

Pour Berlin, il y a encore quelques réticences. « Il y a de bonnes raisons pour la livraison et de bonnes raisons contre elle, tous les arguments doivent être soigneusement pesés[21]. » Une prudence qui repose sur plusieurs explications :

• Berlin craint de voir ce conflit s'étendre à travers le continent, jusqu'à l'Allemagne.

• Le refus de devenir un adversaire direct de la Russie : un jour, il faudra bien négocier la paix et envisager la réouverture de Nord Stream I et II.

• L'existence de stocks limités de Leopard II au sein de la Bundeswehr, avec un taux de disponibilité faible. La Bundeswehr est à « sec ».

• Les doutes quant à la capacité du complexe militaro-industriel allemand à augmenter ses cadences de production de chars Leopard II et à remplacer les pièces pour un maintien en condition opérationnelle (MCO).

20. https://www.elysee.fr/emmanuel-macron/2023/01/22/celebration-du-60eme-anniversaire-du-traite-de-lelysee-a-la-sorbonne
21. Boris Pistorius, ministre de la Défense allemand.

• Enfin, les risques économiques que font peser les menaces américaine et coréenne : les États-Unis et la Corée du Sud ont remporté plusieurs contrats d'armements avec des États européens pour la vente de chars lourds (chars Abrams et K2 à la Pologne) et légers (blindés légers Bradley M2A2 à la Croatie). Si Berlin accepte que des chars Leopard II soient livrés à l'Ukraine par les nations possédantes, elle risque de perdre des parts de marché. Ces mêmes États pourraient privilégier, pour remplacer les chars transférés à Kiev, des Abrams américains ou des K2 coréens au détriment du Leopard et/ou de ses successeurs. Ce serait donc une perte d'influence, mais surtout une perte économique pour l'industrie allemande. Avant d'autoriser la livraison, il faut s'assurer que ces partenaires vont acheter allemand.

Mardi 24 janvier

Pour leur première rencontre, Sébastien Lecornu et Boris Pistorius, tous deux ministres de la Défense de la France et de l'Allemagne, confirment la volonté respective des gouvernements des deux pays à développer et à mener jusqu'à son terme le programme SCAF. Dans la foulée, l'Espagne s'est jointe à la déclaration commune pour affirmer que le SCAF est au « centre des systèmes de combat aérien européens du XXIe siècle ». Sans le SCAF, les grandes puissances du continent européen n'auront pas d'avions de combat à proposer à leurs armées, à l'exception des modèles américains soumis à la réglementation ITAR. Le SCAF est donc une affaire de souveraineté, surtout pour la France et Dassault Aviation qui dominent le champ de l'aviation. Sans ce programme, la France devra se donner les moyens de produire seule. Au nom de la raison d'État.

***

Un rapport de plus tend à illustrer les difficultés que rencontrera l'Amérique dans un état de guerre avec la Chine. Ainsi, selon une étude réalisée par le Center for Strategic and International Studies (CSIS), l'armée américaine serait à court de munitions de longue portée en moins d'une semaine en cas de conflit de haute intensité avec la Chine[22]. Pour cela, le CSIS se base sur le cas de la guerre en Ukraine. En effet, la guerre russo-ukrainienne illustre plusieurs enjeux, défis et difficultés à venir pour lutter contre une Chine continentale mais aussi, régionalement maritime. On le constate, pour livrer de l'armement à une puissance, il faut aux États-Unis une logistique puissante. Or, déjà en Ukraine, les livraisons prennent du temps et ne connaissent pas de réels dangers jusqu'à leur arrivée sur le territoire ukrainien : le bouclier « Otan » oblige. Aussi, dans le cadre de Taïwan, comment livrer de l'armement sans des points logistiques comme le sont actuellement la base de Ramstein, les ports européens de Hambourg, d'Anvers et de Marseille ?

De plus, il faut ajouter à cela, qu'une guerre entre hyperpuissances sera une guerre d'hommes (quantité), de matériels (quantité et qualité) et d'industries. Ainsi, le rapport souligne que comme « l'illustre la guerre en Ukraine, une guerre entre grandes puissances est susceptible d'être un conflit prolongé, de type industriel, qui nécessite une industrie de défense robuste capable de produire suffisamment de munitions et d'autres systèmes d'armes pour une guerre prolongée ». À ce jour, précise Seth Jones du Center for Strategic and International Studies, l'industrie américaine ne peut augmenter sa production, faute de main-d'œuvre suffisante, de matières et métaux rares disponibles en quantités.

22. https://www.defensenews.com/industry/2023/01/23/us-defense-industry-unprepared-for-a-china-fight-says-report/

Le rapport propose donc d'augmenter massivement les commandes, de réduire les limites bureaucratiques et de gonfler les stocks de munitions en Javelin, obus de 155 mm, missiles sol-air et missiles côtiers.

***

Dans son rapport annuel en date de 2018, l'Agence internationale de l'énergie (AIE) indique que « le risque de resserrement de l'offre est particulièrement prégnant pour le pétrole. (...) Le nombre moyen de nouveaux projets de production de pétrole conventionnel ne représente que la moitié du volume nécessaire pour équilibrer le marché[23]. » D'après les projections de l'AIE, écrivent Matthieu Auzanneau et Hortense Chauvin dans *Pétrole le déclin est proche*, la production de pétrole russe – la Russie partage le podium des plus grands producteurs de pétrole au monde avec les États-Unis et l'Arabie Saoudite – va donc décroître au cours de la décennie 2020-2030. « La Russie pourrait voir disparaître entre 7 % et 20 % de sa production d'ici à 2030 par rapport à 2019, et entre 34 et 38 % d'ici 2040[24]. » Autant dire que pour ce pays, dont la richesse nationale repose sur les hydrocarbures, les risques économiques sont sérieux.

Aussi, même si l'économie générale de la Russie semble tenir, malgré les sanctions occidentales et la guerre en Ukraine, les perspectives sont douteuses. Voire très incertaines. Si notre analyse repose sur une part de probabilités, nous pouvons prédire que la Russie perdra en influence dans les années à venir. Une partie de son destin reposera alors sur la bonne volonté du voisin chinois.

Nous avons évoqué le pétrole, il y a aussi l'enjeu du gaz. Or, le marché européen s'est refermé (embargo sur le gaz russe) et la création de pipelines en direction de Pékin va prendre plusieurs années. Ajoutons à cela le plafonnement des prix du brut par Washington, et nous avons un panel de faisceaux nous permettant d'écrire les défis et risques présents pour la Russie de demain.

Mercredi 25 janvier

« *L'Allemagne, notre mère à tous*[25]. »

Feux au vert : le chancelier Olaf Scholz déclare au Bundestag que l'Allemagne va livrer des chars Leopard au nombre de 14, et autorise par ricochet ses alliés à faire de même. Berlin, qui en janvier 2022 avait refusé des canons automoteurs, est devenu un an après le plus gros fournisseur d'armements européen de Kiev. « Nous faisons ce qui est nécessaire et possible pour soutenir l'Ukraine, mais nous empêchons en même temps une escalade de la guerre, vers une guerre entre la Russie et l'Otan. » Pour l'Ukraine, laquelle vient d'officialiser la perte de Soledar, l'annonce est majeure. Elle a également résonné dans tout l'Occident, de Madrid à Varsovie, d'Oslo à Paris. Et surtout, à Washington, étant donné que les États-Unis ont pris l'engagement de livrer aussi des chars lourds.

En effet, le président Joe Biden, entouré de Lloyd Austin, secrétaire à la Défense, et d'Antony Blinken, secrétaire d'État, a annoncé officiellement la mise en production de 31 chars Abrams M1 pour l'Ukraine. Ajoutant : « Ils sont (...) extrêmement complexes à utiliser et à entretenir. C'est pourquoi nous donnons également à l'Ukraine les pièces et les

23. https://www.lemonde.fr/blog/petrole/2019/02/04/pic-petrolier-probable-dici-a-2025-selon-lagence-internationale-de-lenergie/
24. Matthieu Auzanneau et Hortense Chauvin dans Pétrole le déclin est proche, éd. du Seuil, 2021, p.82.
25. Nerval.

équipements nécessaires pour maintenir efficacement ces chars sur le champ de bataille. »

Mais entre l'annonce et la livraison, il y aura un espace-temps. Boris Pistorius, le ministre de la Défense allemand est dans le doute : « Je ne sais pas quand les premiers chars allemands seront là, nous allons très vite commencer l'entraînement et très vite clarifier les voies de ravitaillement. Je pense que les premiers chars Leopard pourront être en Ukraine dans trois mois environ. » Pour la Maison-Blanche, les chars n'étant pas prélevés sur les stocks américains, mais répondant de l'Ukraine Security Assistance Initiative (USAI), il faudra attendre leur assemblage par General Dynamics, suivi de leur livraison et transfert. Pas de livraisons prévues donc, avant la fin de l'année.

Jeudi 26 janvier

« *La politique internationale est un élément fluide qui, par intervalles et selon les circonstances, se solidifie, mais que les changements atmosphériques ramènent à son état primitif*[26]. »

***

C'est définitif, le président Emmanuel Macron annonce le départ des soldats français stationnés au Burkina Faso. Après le Mali, l'influence française au Sahel se réduit comme peau de chagrin. Le sommet de Pau est bien loin.

Depuis 2008, avec la Task Force *Sabre*, les forces spéciales sont présentes au Sahel. D'abord en Mauritanie, comme l'a longuement explicité Jean-Marc Tanguy dans ses ouvrages consacrés au COS, puis au Mali, Tchad, Niger et Burkina Faso. C'est dans ce dernier État africain que la France avait placé son état-major des forces spéciales. Tel que le précise le général Christophe Gomart : « Le Burkina Faso était le mieux placé pour installer l'État-major, car il occupait la position la plus centrale, permettant de rayonner facilement dans les pays de la région[27]. » Aussi, le délai d'un mois précisé par les nouvelles autorités burkinabè répond de l'accord passé entre la France et le Burkina Faso en 2010.

Dans cette lutte à grande échelle, ce qui chagrine, ce n'est pas tant le départ de la France. C'est l'expansion d'un islamisme organisé autour de groupes armés proliférant, et l'emprise de plus en plus grandissante de la Russie à travers la SMP Wagner. La France doit défendre coûte que coûte ses intérêts. Pas d'amitié et de fragilité dans ce genre de situation.

Vendredi 27 janvier

Le Danemark va faire don de ses 19 canons Caesar commandés en 2017 et 2019. Jusque-là rien d'étonnant. Mais la suite l'est : plutôt que de passer une nouvelle commande auprès de l'industriel français Nexter, Copenhague a décidé d'engager des discussions avec le groupe israélien Elbit Systems. Pourquoi une telle décision ? Lobbying puissant de la part d'Israël ? Tensions avec le groupe Nexter ? Influence des États-Unis ? Bien loin est l'idée d'Europe de la défense. Bien éloigné est le paradigme d'une « économie de guerre » européenne selon les vœux du président français. Nexter s'est fait doubler ce mois de janvier en Colombie par Atmos. Le Danemark est un second échec pour l'industriel français.

26. Otto von Bismarck, *Mémoires*.

27. https://www.lepoint.fr/editos-du-point/jean-guisnel/burkina-faso-pourquoi-les-forces-speciales-francaises-sont-sommees-de-partir-23-01-2023-2505855_53.php

Fiche n°12 : Extraits du rapport de la Cour des comptes : « Le soutien aux exportations de matériel militaire[28] »

• **La France, un État souverain et autonome :** « La volonté d'indépendance stratégique et l'étroitesse du marché national de défense, conjuguées à la nécessité de bâtir des alliances et coopérations militaires solides et durables, et d'équilibrer des rapports de force locaux ou régionaux, ont conduit la France à développer une ambitieuse politique d'exportation de matériel militaire. »

• **La France, parmi les cinq premiers pays exportateurs d'armements :** « Cette stratégie française s'insère dans un contexte international marqué par des tensions et des conflits armés accrus, la progression des dépenses d'armement et un marché mondial dominé par cinq pays (États-Unis, Russie, France, Allemagne et Chine). Au cours de la période 2017-2021, ces derniers ont réalisé 78,5 % du volume des échanges militaires internationaux. »

• **La France, un modèle de défense industriel organisé autour de grands groupes :** « Cette performance à l'exportation repose essentiellement sur les succès de grandes entreprises dans deux secteurs. En premier lieu, l'aviation et ses systèmes d'armes, principalement portés par Dassault Aviation, Thales, Safran, MBDA et, dans une moindre mesure, Airbus ; en second lieu, le secteur naval, entraîné par Naval group. Le secteur de l'armement terrestre reste encore loin derrière, malgré les succès de Nexter au cours des deux derniers exercices. »

• **La vente d'armement sous l'influence de l'opinion publique et des lobbies opposés à la vente d'armes :** « La sensibilité des opinions publiques au caractère éthique des exportations d'armement peut gêner la vente d'équipements militaires conçus et produits en commun. (...) Afin de prendre en compte ces préoccupations, la ministre des Armées a mis en place en janvier 2020 un comité d'éthique de la défense, composé de dix-huit personnalités qualifiées et présidé par un conseiller d'État, un ancien chef d'État-major des armées en assurant la vice-présidence. Ce comité émet des propositions ou des recommandations en matière d'éthique sur l'évolution du métier des armes, l'émergence de nouvelles technologies dans le domaine de la défense, excepté sur les questions directement liées à la conduite des engagements opérationnels ou à des contentieux. »

• **Conclusion de la Cour des comptes :**

- si la coopération entre acteurs institutionnels et autres est plus satisfaisante, selon la Cour des comptes, celle-ci souligne que le « SBDU et la délégation ministérielle aux partenariats, aux stratégies et aux innovations de sécurité ne sont toutefois pas assez associés aux actions de Soutex, en particulier aux réunions "Brenne", compte tenu du poids économique à l'export des matériels de sécurité et des biens à double usage, comme de leurs liens connexes avec les matériels d'armement. » De plus, la Cour préconise « d'amplifier les efforts réalisés en faveur des PME via des structures dédiées aux moyens accrus et des lignes directrices d'analyse des marchés export, notamment pour réduire la dépendance aux grands contrats d'armement. »

- Sur le respect du droit et des normes internationales et nationales, mais également en considérant l'influence des ONG, la Cour des comptes précise que l'État français doit être vigilant. « Il s'agit de préserver, sur des enjeux régaliens relevant d'actes de gouvernement, la capacité de l'industrie française d'armement et de sécurité à pouvoir exporter dans des conditions sereines et égales à ses concurrents, au service de la BITD et du maintien de la souveraineté de la France. »

• **Parmi les propositions de la Cour des comptes, deux retiennent notre attention :** Réduire le délai moyen d'instruction des demandes de licence soumises à la CIEEMG (SGDSN, ministère des Armées) ; et « le lancement d'un programme conjoint de formation à l'exportation des TPE et PME des secteurs de la défense et de la sécurité (procédures, classement des matériels, stratégie et risque pays, soutiens financiers, contrôle interne, enjeux juridiques, interlocuteurs) (ministère des Armées, ministère de l'Économie, des Finances et de la Souveraineté industrielle et numérique). »

Samedi 28 janvier

On s'en souvient, en 2022, les programmes Tempest et F-X ont été regroupés dans un programme commun : le Global combat air programme (GCAP). Ce dernier rassemble trois nations cadres : le Royaume-Uni, l'Italie et le Japon. Objectif : développer un avion de sixième génération à l'horizon 2035 et concurrencer les programmes américain et franco-allemand Next Generation Air Dominance (NGAD) et SCAF. Or, l'industriel Leonardo vient de rendre officiel sa participation au programme. Il rejoint donc plusieurs acteurs partenaires que sont Elettronica, Avio Aero et MBDA Italia.

Lundi 30 janvier

« *Toutes les inventions qui rapprochent les hommes en supprimant les distances favorisent les mouvements impulsifs, et par là multiplient les occasions de heurts et de conflits*[29]. »

***

« Nous avons contribué à ce qu'il n'y ait pas d'escalade du conflit, car cela aurait de graves conséquences pour le monde entier. Cela conduirait, par exemple, à une guerre entre la Russie et les pays de l'Otan, cela n'arrivera pas, nous l'empêcherons par tous nos efforts, nous avons réussi jusqu'à présent et nous continuerons à le faire. (...) Il s'agit de soutenir l'Ukraine, il s'agit d'avoir un débat sérieux pour prendre les décisions qui doivent être prises et cela ne devrait pas être une compétition » entre nations alliées, à qui envoie le plus d'armes. Le chancelier Scholz ne veut pas de guerre avec la Russie. Il ne veut pas voir son territoire, comme celui des membres de l'UE, devenir un vaste champ de ruines. Une guerre avec la Russie, serait une guerre Russie-Otan. Ce serait une guerre nucléaire. Dans ce genre de guerre, la pensée humaine s'effondre devant l'insolence du chaos. L'atome est plus fort que la réflexion et rien n'y fait : personne n'en sortira vainqueur. C'est pour éviter une guerre Russie-Otan, c'est pour balayer le front d'une apocalypse, que le chancelier Scholz se refuse à la livraison d'avions de combat. Il l'a assuré à ses concitoyens – déjà mitigés sur l'envoi de chars Leopard – en répondant au journal *Tagesspiegel*[30] : « La question des avions de combat ne se pose même pas. Je ne peux que déconseiller d'entrer dans une guerre d'enchères constante quand il s'agit de systèmes d'armes. »

29. Jacques Bainville.

30. https://www.tagesspiegel.de/politik/kanzler-olaf-scholz-im-interview-wir-lassen-einen-krieg-zwischen-russland-und-nato-nicht-zu-9255777.html

Mardi 31 janvier

Le ministre de la Défense français officialise la livraison de 12 nouveaux canons Caesar à l'Ukraine. Ils se joignent aux 18 livrés en 2022 ainsi qu'aux 19 annoncés par le Danemark. À cela, s'ajoute un radar Ground Master 200 de Thales.

Février

« La justice n'entre en ligne de compte dans le raisonnement des hommes que si les forces sont égales de part et d'autre ; dans le cas contraire, les forts exercent leur pouvoir et les faibles doivent leur céder. »
Thucydide, *La Guerre du Péloponnèse*

Mercredi 1er février

« La politique est plus dangereuse que la guerre... À la guerre, vous ne pouvez être tué qu'une seule fois. En politique, plusieurs fois[1]. »

***

Le général estonien Martin Herem, chef d'État-major des armées estoniennes, délivre une analyse sur le conflit russo-ukrainien. Il démontre à la fois les divergences d'analyses tant que les antagonismes d'intérêts selon les États. Avant le début de l'*opération spéciale*, les Russes « produisaient 1,7 million d'obus d'artillerie. Leurs stocks en contiennent assurément plus de 10 millions. Avec la mobilisation, ils peuvent doubler la production. Ensuite, il leur reste beaucoup de missiles différents. Ils ont des missiles antinavires X22 ou des missiles antiaériens S300 qui ne sont pas utilisés de façon très précise. Mais ils épuisent les défenses antiaériennes ukrainiennes. Alors qui sait, dans un mois ou deux, quand les conditions climatiques seront plus favorables, les Russes pourraient de nouveau avancer[2]. » La guerre russo-ukrainienne, est une guerre du XXIe siècle, avec ses enjeux de perception, de nationalisme, d'endoctrinement. Ainsi, « si vous regardez la situation de notre point de vue, la Russie perd tous les jours, elle est même la perdante aujourd'hui de la guerre. Mais du point de vue russe, je n'en suis pas certain. Pour eux, il est acceptable de perdre 600 soldats par jour pour épuiser les ressources ukrainiennes. Nous n'avons pas le même rapport à la mort qu'eux. Depuis que les Russes ont perdu des frères, des pères, des fils, à cause de l'Ukraine et de notre soutien, ils nous haïssent. Aussi étonnant que cela puisse paraître, Vladimir Poutine a davantage de soutien aujourd'hui. Il a gagné les cœurs et des esprits. » La Grande Guerre patriotique voulue par Poutine, ne serait qu'à ses débuts. Elle sera longue. Elle va accélérer la restructuration des rapports de forces dans le monde. De l'Asie à l'Afrique, des Amériques à l'Océanie.

***

2024 : le FMI estime que la croissance russe devrait être supérieure à la zone euro. Le basculement de la Russie vers l'Asie est bien entamé. L'Europe sera-t-elle la grande perdante de la guerre russo-ukrainienne ?

1. Winston Churchill ;
2. Nicolas Barotte, général Herem, chef d'état-major des forces armées estoniennes : « Les Russes ont des ressources », *Le Figaro*, mardi 31 janvier 2023, p. 12.

Les membres de l'Union européenne ne sont pas unanimes sur la position anti-russe. Ce jour, l'Autriche et la Hongrie ont réaffirmé leur neutralité dans le conflit, se refusant à participer aux livraisons d'armements.

Jeudi 2 février

Des sénateurs américains écrivent une lettre à destination du président Joe Biden pour que la vente de 40 avions de chasse Block 70 F-16 produits par Lockheed Martin à la Turquie soit la contrepartie de l'adhésion de la Suède et de la Finlande à l'Otan. Pris dans un autre sens, un quart des sénateurs américains refusent la vente de F-16, si la Turquie s'obstine à bloquer les adhésions de la Suède et de la Finlande à l'Otan. Ils vont même plus loin dans leur missive : si la Turquie refuse l'agrandissement de l'Alliance atlantique, la Turquie devra être sanctionnée par le bloc occidental. Depuis plus d'un an, la Turquie paralyse les négociations. La destruction d'un coran par le feu devant l'ambassade turque en Suède a permis à Ankara d'allonger le facteur temporel et Erdogan veut jouer sur la fibre nationaliste et ottomane pour remporter les élections présidentielles du 14 mai 2023.

Vendredi 3 février

Un vendredi, une fin de semaine pour de nombreux Français, et plusieurs actualités chaudes.

La première et la plus inédite : le Pentagone confirme, grâce à l'envoi de F-22 Raptor et à un suivi par satellite, la présence d'un ballon stratosphérique chinois au-dessus de son territoire. Situé à une hauteur supérieure à 20 km, soit 66 000 pieds, ce ballon de renseignement n'est officiellement pas illégal à la vue du droit international. Son avantage : il offre une permanence opérationnelle. Le ballon peut perdurer des jours au-dessus d'une zone. C'est la raison pour laquelle les grandes puissances militaires ont toutes leurs programmes de ballon stratosphérique.

Deuxième actualité chaude : la Norvège fait le choix de commander 54 chars Leopard IIA7+ pour remplacer ses donations à l'Ukraine et renforcer son parc de blindés. Une décision stratégique forte pour le complexe militaro-industriel allemand. Lequel craignait l'achat de chars américains ou coréens de la part de Stockholm. Il semble qu'Olaf Scholz et les représentants de la BITD germanique aient bien œuvré pour protéger leurs intérêts. C'était une de leurs craintes de perdre en Europe des parts de marché. Or, il n'y aura pas de rupture capacitaire pour la Bundeswehr et les capacités de production de Krauss-Maffei.

Troisième actualité chaude de la journée : comme dans les papiers d'un projet porté par Howard Hugues, la DARPA, agence du département de la Défense des États-Unis chargée de développer des projets secrets, serait en avance dans la réalisation du programme Liberty Lifter. Ce dernier doit aboutir à la livraison d'avions à long rayon d'action, de type C-17 Globemaster, capables d'atterrir sur terre et sur mer. Ce second point est prioritaire puisque le dessein est de livrer un outil aérien ayant l'aptitude de débarquer du matériel militaire sur des plages. Plages chinoises ? Pas seulement...

Quatrième actualité chaude : Poutine fait resurgir le danger allemand et la menace germanique : « C'est incroyable mais vrai, nous sommes à nouveau menacés par des chars allemands avec des croix dessus. » L'Occident collectif ou le retour du IIIe Reich dans une nouvelle forme : tel est le credo de la politique de communication du Kremlin. Non loin de son Président, Sergueï Lavrov évoque le risque d'une extension du conflit à la « Moldavie ». Prochain objectif territorial de cette nouvelle géographie dessinée par la Russie de Poutine ?

Fiche n°13 : Extraits de l'audition d'Emmanuel Chiva, délégué général pour l'armement, sur la dissuasion nucléaire[3]

• **La dissuasion comme pilier de l'indépendance nationale** : « Un lien indéfectible existe entre la DGA et la dissuasion. Vous l'avez rappelé, Monsieur le président, la DGA est née autour de la dissuasion et, le 5 avril 1961, le général de Gaulle expliquait que la délégation ministérielle pour l'armement (DMA) avait pour mission de "construire une défense nationale indépendante fondée sur la dissuasion". Depuis lors, la dissuasion n'a cessé de structurer nos méthodes, nos compétences et nos moyens, ainsi qu'une grande partie de la base industrielle et technologique de défense (BITD). Alors que, soixante ans plus tard, la dernière *Revue nationale stratégique* évoque le retour du fait nucléaire, la DGA continue de relever ce défi permanent, qui consiste d'abord à garantir au président de la République, dans la durée, la crédibilité, la juste adéquation à la doctrine et la performance des systèmes constituant les deux composantes nucléaires. Il s'agit aussi d'assurer la supériorité opérationnelle de nos armées, pour permettre à la France de figurer parmi les grandes puissances militaires mondiales et donner au pouvoir politique les marges de manœuvre dont il a besoin pour peser dans le concert des nations. Enfin, la France est un État doté d'une dissuasion autonome, ce qui a des implications sur lesquelles je reviendrai. »

• **La dissuasion, un coût** : « En termes financiers, 25 milliards d'euros ont été consacrés à la dissuasion pour la période 2019-2023. La loi de finances initiale pour 2022 y dédiait 5,3 milliards d'euros, et le projet de loi de finances pour 2023 prévoit 5,6 milliards d'euros de crédits de paiement. La part des crédits consacrés à la dissuasion dans le budget de la mission défense hors pensions reste stable : 12,8 % en 2023 pour 12,9 % en 2022. En 2023, 4,65 milliards d'euros seront dédiés au maintien et au renouvellement des composantes, auxquels s'ajoutent 211 millions d'euros consacrés aux études, dans le cadre du programme 144. »

• **Composante océanique et aérienne** : « Par ailleurs, cet agrégat a la responsabilité de renouveler les composantes. En ce qui concerne la composante océanique, il s'agit de remplacer les SNLE et de développer de nouvelles versions du missile M51, selon une logique incrémentale. S'agissant de la composante aéroportée, il faut assurer le remplacement du missile air-sol moyenne portée amélioré (ASMPA), l'enjeu étant de maintenir notre capacité à conduire des missions en dépit de l'évolution permanente des menaces. Enfin, les systèmes de transmissions nucléaires sont également modernisés pour améliorer leur robustesse et leur fiabilité, mais aussi pour les rendre compatibles avec les nouveaux porteurs MRTT (*Multi Role Tanker Transport*, avion multirôle de transport et de ravitaillement) et le dernier standard du Rafale. »

• **Modernisation du matériel maritime et sous-marinier français** : « Le missile M45 a été retiré du service en septembre 2016 et tous les SNLE sont désormais pourvus de missiles M51.1 et M51.2. Des travaux lancés en 2014 portent actuellement sur la version M51.3, dont la mise en service est prévue à l'horizon 2025, les premiers exemplaires ayant été commandés en 2019. (...) En ce qui concerne les SNLE de deuxième et troisième générations (2G et 3G), les quatre SNLE-2G opérationnels ont été admis au service actif entre 1997 et 2010. Les trois premiers ont été adaptés au missile M51 et *Le Terrible*, dernier exemplaire produit, a été construit pour cette version. (...) Le renouvellement fait l'objet du programme SNLE-3G, dont les phases d'élaboration et de réalisation ont été

3. https://www.assemblee-nationale.fr/dyn/16/comptes-rendus/cion_def/l16cion_def2223040_compte-rendu

lancées respectivement en 2016 et 2021. Par ailleurs, afin de maintenir les capacités opérationnelles des SNLE-2G jusqu'à leur retrait, des travaux de modernisation ont été engagés. Les premières mises en service auront lieu dans le courant de la décennie 2030-2040. Les SNLE-3G répondront à l'évolution de la menace en matière d'invulnérabilité et embarqueront les versions à venir des missiles M51. »

• **Composante aéroportée :** « J'en viens à la composante nucléaire aéroportée, qui relève du programme d'ensemble Horus et repose aujourd'hui sur les ASMPA et dans le futur sur les missiles air-sol nucléaires de quatrième génération (ASN-4G). L'ASMPA, missile supersonique muni d'une tête nucléaire, est porté par le Rafale F3. Il a été mis en service en 2009 et connaît aujourd'hui une rénovation à mi-vie, qui s'attaque aux péremptions pyrotechniques et à ses obsolescences, pour lui permettre de faire face à l'évolution des menaces. La phase de réalisation de cette rénovation a été lancée en décembre 2016, pour une mise en service opérationnel prévue fin 2023. Le programme ASN-4G, qui vise à remplacer l'ASMPA rénové, garantira la pérennité de la composante nucléaire aéroportée et permettra de répondre aux menaces adverses, en s'appuyant sur des performances et des capacités de pénétration accrues. Le missile est hypervéloce, ce qui signifie qu'il est à la fois hypersonique – vitesse supérieure à Mach 5 – et manœuvrant. »

– –

Samedi 4 février

« Les foules ont toujours joué dans l'histoire un rôle important, jamais cependant aussi considérable qu'aujourd'hui. L'action inconsciente des foules, substituée à l'activité consciente des individus, représente une des caractéristiques de l'âge actuel[4]. »

***

« J'ai dit au Pentagone de l'abattre. » L'armée américaine, par l'intermédiaire d'un F-22 Raptor, a détruit le ballon stratosphérique chinois. Était-il composé de capteurs ? Sincèrement, le doute est mineur : tester la défense US et renseigner sous couvert de programmes météorologiques le Parti communiste chinois, telle était la destinée de ce ballon.

À Pékin on joue la carte du mensonge. L'Amérique délire. Overdose belliciste. « Émettre des conjectures et monter les choses en épingle avant même que les faits ne soient établis n'aide pas à une résolution appropriée du dossier. (...) En tant que pays responsable, la Chine a toujours strictement respecté le droit international et n'a aucune intention de violer le territoire et l'espace aérien d'un État souverain » a estimé Mao Ning, porte-parole du ministère chinois des Affaires étrangères.

Lundi 6 février

Le président Narendra Modi décide d'une augmentation de 13 % du budget des armées indiennes. L'Inde doit se moderniser, se structurer et rattraper son énorme retard sur la Chine et le Pakistan. Cette hausse servira à l'achat de matériels et aux infrastructures. Les dépenses militaires atteindront donc 5,94 trillions de roupies (72,6 milliards de

4. Gustave le Bon, *Psychologie des foules*.

dollars). Elles devraient représenter près de 17 % du budget total d'État. Dans le même temps, le gouvernement de Bharatiya Janata Party entend développer fortement les infrastructures ferroviaires et portuaires du pays. Des nœuds logistiques sont à l'étude et le pays veut se mailler d'un important réseau routier, qui plus est, moderne.

Mardi 7 février

« L'Allemagne, des Allemagnes : c'est cette somme de grandeur, d'horreurs, de souffrances, de tiraillements, héritée d'une Histoire hors normes, dépassée par la conscience d'hommes et de femmes appartenant à une nation qui a su se relever, se reconstruire, redevenir une puissance qui compte et sur laquelle repose la construction européenne. La transition générationnelle à laquelle on assiste progressivement en Allemagne, perceptible dans la société au sein des grands partis, comme l'ont montré les dernières consultations électorales en 2021, témoigne d'une prise de relais de la mémoire et d'une grande vigilance sur les acquis démocratiques. L'Allemagne assume son Histoire de façon exemplaire[5]. »

***

En Ukraine, les responsables politiques s'attendent à une offensive. La fameuse offensive du mois de février, préparée par la Russie depuis novembre. Sera-t-elle décisive ? Aura-t-elle lieu ? Quand ? Le 15 février ? Le 24 février ? La Russie en a-t-elle les moyens ? Le front n'est-il pas figé comme durant la guerre de 14-18 ? Le dénouement ne viendra-t-il pas d'ailleurs ?

En tout cas, comme en 2022, le mois de février est la fenêtre de tir. Après, ce sera compliqué : le climat va évoluer. Néanmoins, les services de renseignement britanniques doutent d'une attaque de grande ampleur. Nous en doutons aussi. L'heure est plutôt à la consolidation des structures défensives sur les territoires conquis. Place à la « stratégie indirecte » pour épuiser l'adversaire selon les concepts développés par Basil Henry Liddell Hart.

Mercredi 8 février

The Times[6] dévoile une hypothèse sur la destruction des Nord Stream 1 et 2 : « La destruction des gazoducs sous-marins Nord Stream en mer Baltique était une opération secrète commandée par la Maison-Blanche et menée par la CIA ». Le lauréat du prix Pulitzer, Seymour Hersh, est à l'origine de cette position. Il affirme que les États-Unis sont à l'origine du sabotage des pipelines Nord Stream 1 et 2. Ils auraient reçu le soutien de la Norvège dans la réalisation de leur opération.

Pourquoi une telle action ? L'Europe dépend du gaz russe. Le gaz est une source de revenu primordiale pour la Russie qui en a fait une des clés de sa *Stratégie énergétique 2035*. Trump comme Biden ont toujours considéré que ces pipelines allaient à l'encontre des intérêts de l'Alliance atlantique. Donc des intérêts américains ; rappelons-le, les États-Unis sont devenus le premier pays exportateur de gaz naturel liquéfié.

Attention, nous sommes sur une hypothèse.

***

5. Maurice Gourdault-Montagne, *Les autres ne pensent pas comme nous*, Paris, 2022, Bouquins, p. 229.

6. https://www.thetimes.co.uk/article/us-bombed-nord-stream-gas-pipelines-claims-investigative-journalist-seymour-hersh-s730dnnfz

La Pologne : voilà un État européen qui dépense pour sa défense. Après les Abrams, Varsovie vient d'obtenir la validation du département d'État américain pour l'achat de 18 lanceurs Himars, 45 missiles Atacms et 1 000 roquettes GMLRS. La défense, c'est le premier devoir des États.

***

Narendra Modi et la patrie indienne : les États-Unis et la Russie se l'arrachent à tout prix. Les uns pour en faire un allié contre la Chine et contrebalancer sa puissance – les États-Unis ont octroyé le statut de partenaire majeur en matière de défense en 2016 à l'Inde. Les autres, pour en faire un partenaire militaire d'exception en lui proposant du matériel de qualité et une position de « favori » dans la réalisation de programmes militaires. En effet, la Russie par la médiation du groupe Rostec, propose à l'Inde de se joindre au projet Su-75 Checkmate. Si Moscou réussit à obtenir l'aval de l'Inde dans le développement de ce chasseur tactique léger, ce sera une bonne opération pour des raisons économiques, mais également sur le terrain de la guerre des perceptions. Obtenir un soutien de l'Inde, c'est valider son ticket de puissance non isolée sur l'échelle internationale. New-Delhi devrait accepter. Elle qui, dans la longue tradition de Jawaharlal Nehru, se place en position de non alignée dans le conflit russo-ukrainien, préférant sauvegarder son autonomie stratégique plutôt que d'apporter un soutien à un bloc, un pays ou une tendance.

Fiche n°14 : Extraits du rapport d'information[7] sur « la préparation opérationnelle » présenté par les co-rapporteurs, les députées Brigitte Liso et Anna Pic

• **Définition de la notion de préparation opérationnelle** : « La préparation opérationnelle est le produit de plusieurs facteurs : une doctrine, des équipements performants et des personnels entraînés selon les bonnes tactiques. En effet, selon la définition donnée par Morgan Paglia de l'Institut français des relations internationales (Ifri) : « De la formation initiale à la conduite d'exercices interalliés, la préparation opérationnelle vise à mettre en cohérence les capacités militaires (équipements, doctrines, savoir-faire) avec les contrats opérationnels décidés au niveau stratégique ». Pour atteindre cet objectif, la préparation opérationnelle s'articule autour d'un continuum formation-entraînement-engagement. Elle est à la fois individuelle et collective, interarmées et, souvent, interalliés ».

• **AAE** : « En 2021, l'AAE a ainsi retrouvé un niveau d'activité globalement équivalent à celui de 2019. L'activité moyenne des unités est même légèrement supérieure aux prévisions initiales pour l'aviation de chasse, malgré des disparités internes importantes (par flotte et niveau de qualification) et 20 heures de vol d'écart avec le standard Otan. L'activité globale a été maintenue, soutenue par les projections en opérations extérieures et la gestion des crises. En revanche, l'activité moyenne des équipages de transport doit encore progresser afin de rejoindre les standards de l'Otan. De même, l'activité moyenne des pilotes d'hélicoptère en 2021 reste en deçà des prévisions du contrat opérationnel ».

7. https://www.assemblee-nationale.fr/dyn/16/rapports/cion_def/l16b0822_rapport-information.pdf

• **Un niveau de disponibilité de certains équipements trop faible, qui freine la préparation opérationnelle des armées. Notamment au sein de l'Armée de l'air et de l'espace :** « L'activité de l'aviation de chasse s'est réduite ces dernières années du fait de deux facteurs. D'une part, les Mirage 2000C ont été retirés de la flotte de l'Armée de l'air et de l'espace en 2022. D'autre part, certains contrats à l'exportation pour l'avion Rafale ont entraîné des prélèvements directement sur le parc exploitable de l'Armée de l'air et de l'espace pour fournir rapidement les avions d'occasion commandés. »

• **Les nouveaux pilotes connaissent des difficultés dans leur parcours dit de formation :** « Les effets les plus significatifs de la baisse du nombre d'heures d'activité se font sentir sur les équipages les plus jeunes. Le personnel naviguant en cours de formation est le plus pénalisé par la baisse du nombre d'heures de vol réalisable sur aéronef, du fait notamment d'un fort engagement opérationnel des cadres. »

• **La Marine, moins touchée que l'Armée de l'air, mais avec un matériel insuffisant et vieillissant :** « La disponibilité des bâtiments est globalement très bonne dans le domaine naval. Toutefois, elle est obérée par l'ancienneté de certaines unités, comme les patrouilleurs de haute mer (PHM), dont la flotte est vieillissante, ou encore les chasseurs de mines. (...) Aujourd'hui, le format de la Marine souffre de restrictions temporaires de capacités (RTC) qui concernent les sous-marins nucléaires d'attaque (SNA) et les frégates. Pour autant, le nombre d'opérations n'a pas diminué. La baisse d'activité des SNA, liée au remplacement progressif des six SNA de classe Rubis par des SNA de classe Suffren et aux conséquences de l'incendie du SNA *Perle* en 2020, réduit par exemple les possibilités d'entraînement en matière de lutte anti-sous-marine pour toute la Marine (SNLE, frégate, avion de patrouille maritime). »

• **Le cas de l'Armée de terre :** « (...) l'effet conjugué de la hausse structurelle des coûts de MCO et de la hausse conjoncturelle du coût des facteurs fait peser un risque sur les ressources consacrées à la préparation opérationnelle. » De plus, la préparation opérationnelle sur matériel majeur demeure un point de préoccupation fort. Le segment de décision, essentiel en haute intensité, surtout la cavalerie et l'infanterie (chars Leclerc, véhicules blindés de combat d'infanterie, VBCI) sont les plus affectés. De plus, de manière conjoncturelle, il apparaît que les cessions de matériels militaires à l'Ukraine (notamment des systèmes de canons Caesar) ont eu un effet certain sur la formation des artilleurs.

• **Constat global :** « En définitive, nos armées sont prêtes mais la transition vers la haute intensité constitue un défi permanent. Au-delà de la dimension quantitative, soit le volume d'activité réalisé par les armées, la qualité de la préparation opérationnelle et, notamment, son réalisme face à l'évolution des menaces et aux mutations technologiques doit également constituer une priorité. »

Jeudi 9 février

Comment venir concurrencer l'*Inflation reduction act* – investissement de 369 milliards de dollars pour favoriser notamment le développement des énergies renouvelables – adopté par les États-Unis ? C'est le dossier chaud traité par le Conseil européen. Le Vieux Continent connaît un déclassement et une perte de compétitivité par rapport aux entreprises d'Amérique du Nord et de Chine. Subissant une concurrence déloyale et marquée par l'absence de choix stratégiques forts, l'industrie européenne craint des jours noirs en l'absence de réponses adaptées. Réponses qui doivent être à la fois juridiques, économiques et monétaires, tant les États-Unis ne lésinent pas sur l'usage du dollar, du droit et du renseignement (modèle ITAR). Rappelons-nous la phrase de Florence Parly : « la clause de solidarité de l'Otan est l'article 5, pas l'article F-35. » À Washington, le Département d'État est un acteur clé de cette politique agressive. Lequel dispose d'instruments financiers lui permettant de faire infléchir les alliés occidentaux.

***

La Chine est l'adversaire des États-Unis. Joe Biden n'a pas manqué de le faire savoir en déclarant que le président Xi Jinping rencontrait de nombreux problèmes économiques et que personne ne souhaiterait être à sa place : « Trouvez-moi un seul dirigeant mondial prêt à échanger sa place avec Xi Jinping… Moi je n'en trouve pas. » Modérant ensuite ses propos en ajoutant à l'intervieweuse de la chaîne PBS : « Il a aussi un grand potentiel. » Précisant quelques minutes plus tard : « Je l'ai appelé cet été pour lui dire : "Ce n'est pas une menace, juste une observation : regardez ce qui est arrivé à la Russie. 600 sociétés américaines se sont retirées de Russie, de McDonalds à Exxon. Et vous m'avez toujours dit que la raison pour laquelle vous avez besoin d'une relation avec les États-Unis et l'Europe est qu'ils investissent en Chine. Qui va investir en Chine si vous vous engagez dans le même type d'accord." » Pour Mao Ning, porte-parole du ministère chinois des Affaires étrangères, le président américain manque de décence et de responsabilité. Son comportement est contraire aux règles diplomatiques qui régissent les relations internationales. Talleyrand disait : « La parole a été donnée à l'homme pour déguiser sa pensée. »

Vendredi 10 février

La société allemande Hensoldt sera un acteur clé du programme SCAF. Elle vient d'être chargée de développer les capteurs et l'IA permettant la saisie, la gestion et le transfert des données réceptionnées par le NGF. Le SCAF est un programme en réseau, connecté et reposant sur une architecture.

***

Le président polonais, Andrzej Duda, se livre sur la guerre russo-ukrainienne et interpelle le psychisme des Français. « En Pologne, nous comprenons que l'impérialisme russe est un fait. Excusez-moi, mais la dernière fois que vous avez vu des soldats russes à Paris, c'était après la retraite de Napoléon, alors qu'ils ont quitté la Pologne en 1993 ! Notre perception est absolument différente. Celle des pays Baltes est encore plus dure, car ils ont été des républiques soviétiques et ont vécu un enfer. Lorsque l'Europe fêtait la victoire sur Hitler, nous, en Pologne, nous tombions sous une autre occupation, celle de l'armée de Staline. Jusqu'à aujourd'hui, nous recherchons les corps des soldats polonais assassinés par le pouvoir communiste et soviétique. À cause de cette expérience commune, les pays de l'Europe orientale sont solidaires face à Moscou[8]. »

Le sens de l'histoire est la destinée des nations.

8. Interview Andrzej Duda par Laure Mandeville, « Le président polonais au *Figaro* : "Nous n'avons pas oublié ce qu'est l'invasion russe" », *Le Figaro*, 10 février 2023.

Samedi 11 février

Entre la SMP Wagner et la SMP Patriot, la lutte d'influence est totale. C'est une concurrence affirmée par l'opposition de deux personnalités : Evgueni Prigojine pour la première, et Sergueï Choïgou, ministre de la Défense, pour la seconde. La SMP Wagner est surtout présente dans le Donbass. Mais les difficultés rencontrées poussent le Kremlin à envoyer de nouveaux mercenaires de la SMP Patriot à Vouhledar. Les deux SMP se battent pour remporter des contrats. Si la société Patriot a été perçue en Syrie, c'est bien Wagner qui domine les marchés en Afrique pour les missions de sécurité et de protection des mines d'or, notamment en République centrafricaine.

Mais Prigojine, en s'étant plusieurs fois montré critique à l'égard du pouvoir central et de l'institution militaire russes, pourrait en subir les conséquences. Lorsque le prince du Kremlin ne soutiendra plus son vassal, alors il pourra le faire disparaître afin que son nom soit oublié. Telle est la loi darwinienne qui s'exprime en terre slave.

Lundi 13 février

Rheinmetall aurait la volonté de livrer à l'Ukraine des chars KF-51 Panther. Pour Armin Papperger, PDG de Rheinmetall, c'est l'occasion de soutenir directement et militairement ce pays européen envahi par la Russie ; de tester son dernier né à l'épreuve du feu et des terrains boueux de l'Ukraine en vue d'établir du Retex ; et pourquoi pas à long terme, remporter plusieurs marchés ukrainiens et d'Europe de l'Est tout en envisageant l'installation d'usines en Ukraine. Le Panther, présenté pour la première fois lors du salon Eurosatory de 2022, est un char entièrement numérisé. Le plus numérisé du monde à ce jour, même s'il est toujours en phase de développement. Il est basé sur le châssis du Leopard II et dispose de composantes modernes. Équipé d'un canon de 130 mm dénommé Future Gun System, ce dernier est prodigieux puisqu'il est alimenté par un dispositif automatique de chargement, permettant de tirer trois obus en moins de 20 secondes. Si pour l'industrie européenne, cette option est reluisante, limitant les risques d'arrivée du K2 coréen, elle met en difficulté la France et le programme MGCS. En effet, si le KF-51 Panther venait à s'imposer sur le théâtre de guerre, cela pourrait convaincre la Bundeswehr et le chancelier Scholz que l'Allemagne n'a pas besoin de Paris pour son futur char... *Business is business.*

Mardi 14 février

L'économie française est rongée par un déficit extérieur notoire. 164 milliards d'euros de déficit, soit 7 % du PIB, en 2022 (en 2021, le déficit français était de 85 milliards d'euros). La France sombre, en s'étant elle-même tiré une balle dans le pied. Paris a abandonné son avantage comparatif qu'était son industrie nucléaire au profit du triomphe d'une idéologie nauséeuse. Et Paris se refuse à prendre des décisions stratégiques en matière d'agriculture pour protéger ses producteurs et éleveurs. Ces deux raisons expliquent pour partie la situation actuelle, et l'accroissement de notre déficit commercial de l'ordre de 93 % entre 2021 et 2022. Pour preuve, en 2022, l'importation d'électricité est à l'origine de l'augmentation de 40 % du déficit français. Alors de s'interroger : comment le pays de Pierre Mendès-France, de Charles de Gaulle et de Pierre Messmer a-t-il pu en arriver là ? Qu'enfin, le débat sur l'industrie française ne peut être négligé. Mais que fait la France ? Où est passée la nation colbertiste, florissante de Michelin, Renault, Peugeot, Danone, Évian, Dassault... La France, première partout. La France dont Jean Monnet disait qu'elle était

« vouée au commerce international ». Où est-elle ? Car les statistiques sont tombées il y a deux semaines et elles parlent d'elles-mêmes : l'industrie manufacturière ne représente plus que 9 % en part des PIB français, quand en Italie et en Allemagne ce chiffre tourne autour de 20 %. Du tragique au comique, il n'y a qu'un pas...

Jens Stoltenberg quittera ses fonctions en octobre prochain. Mais d'ici là, il aura fort à faire avec la guerre en Ukraine. Notamment sur la problématique de ravitaillement et de gestion des stocks de munitions. Il l'a lui-même annoncé : « Le rythme actuel d'utilisation de munitions par l'Ukraine est beaucoup plus élevé que notre rythme actuel de production. » Les industries occidentales, et notamment américaines, sont « sous pression ». Cela est stratégiquement terrible à entendre, et en dit long sur l'état de délabrement des industries européennes. Ces dernières, faute de soutien politique à « hauteur d'homme » si l'on s'amuse à reprendre les mots de l'ancienne ministre de la Défense Florence Parly, sont en incapacité d'alimenter à la fois les armées nationales et de soutenir dans le même temps un front comme celui de l'Est. Sans politique de remilitarisation globale, avec des budgets à hauteur de 3, 4 ou 5 % du PIB *a minima*, comment fera l'Occident pour contenir la Chine ? Répondre aux défis russes, iraniens, coréens, turcs, ceux de l'État islamique...

Mercredi 15 février

« *Mieux vaut prendre le changement par la main avant qu'il ne nous prenne par la gorge*[9]. »

Fiche n°15 : Extraits du rapport d'information sur « les stocks de munitions » dont les deux co-rapporteurs sont Vincent Bru et Julien Rancoule[10]

• **Introduction** : « Alors que l'histoire des conflits est marquée par une tension récurrente sur les munitions, la dégradation globale des stocks français de munitions depuis la fin de la guerre froide semble devenue intenable tant au regard du contexte stratégique actuel que des ambitions militaires de la France. Conséquence des « dividendes de la paix », cette dégradation a entraîné une structuration de la filière munitionnaire selon une logique de flux et non plus de stocks. Décidées lors de la professionnalisation des armées et amplifiées par la revue générale des politiques publiques puis par la crise économique de 2008, la réduction drastique du format des armées et l'adoption d'un modèle d'excellence échantillonnaire ont fait des munitions une variable d'ajustement budgétaire. »

• **Trois enseignements à tirer de la haute intensité et du conflit russo-ukrainien** : « Le premier, le plus évident, est que la constitution de stocks permet de faire face à un taux élevé d'attrition, caractéristique de la haute intensité. Comme le soulignait le lieutenant-colonel Briant dès avant le conflit ukrainien, « l'intensité d'une opération varie dans le temps : les premiers jours sont souvent caractérisés par une consommation importante de munitions, avec au premier rang les armements technologiques de haut de spectre utilisés pour les frappes dans la profondeur (missiles de croisière) et les missions de neutralisation des défenses sol-air. La variabilité des contextes d'engagement impose de disposer d'une large gamme de munitions aux effets variés ». Le deuxième atout

9. Winston Churchill.
10. https://www.assemblee-nationale.fr/dyn/16/rapports/cion_def/l16b0865_rapport-information

réside dans la capacité des États disposant de stocks de systèmes d'armes et de munitions conséquents de s'en servir pour peser dans la négociation diplomatique. Le troisième, évident tout au long de la guerre froide comme dans le conflit en cours, est que la possession ou la constitution de stocks importants est facteur de stabilité dans un contexte de compétition. »

• **Les États-Unis, une puissance industrielle :** « Le budget américain de la défense permet aux forces américaines de disposer de munitions en qualité et en quantité et l'intrication des acteurs militaro-industriels permet à Washington de relancer beaucoup plus rapidement des lignes de production efficaces dans le secteur munitionnaire. (...) Ainsi, au cours de l'exercice 2022, le Congrès américain a programmé environ 3,8 milliards de dollars pour l'achat de munitions, dont 588 millions de dollars pour des investissements dans les installations industrielles. Il a aussi affecté 540 millions de dollars à l'augmentation de ses capacités de production en septembre 2022 afin de poursuivre ses investissements et de répondre à l'augmentation soutenue de la demande. Afin de moderniser son outil de production, l'Army a élaboré un plan en trois phases d'investissement de 16 milliards de dollars entre 2024 et 2038. »

• **Les nations de l'UE, de la qualité mais en petites quantités :** « Les « grandes puissances » militaires européennes, France incluse, – qui ont réduit drastiquement leurs stocks tout en fournissant des efforts de modernisation afin de maintenir une interopérabilité dans le cadre de l'Alliance atlantique ainsi qu'une capacité de projection dans le cadre de missions de stabilisation ou de gestion de crise – disposent de munitions de qualité sans avoir les moyens de les acheter en grande quantité. »

• **La France et le petit calibre :** « Comme le rappellent nos collègues Jean-Pierre Cubertafon et André Chassaigne dans un rapport de notre commission sur les petits équipements, "depuis 1999, la France a cessé de produire [des munitions de petit calibre], s'en remettant à des fournisseurs étrangers, au prix de quelques déconvenues (...). C'est pour des raisons de compétitivité-coût des munitions, et donc de viabilité économique de leur filière de production, que Nexter a cessé sa production de munitions de moins de 20 mm en 1999. L'offre de fournisseurs étrangers était alors jugée suffisamment abondante et assez diversifiée pour offrir aux armées une multitude d'alternatives en cas de défaillance ou de rupture d'approvisionnement." »

• **La France et le moyen calibre :** Le moyen calibre correspond aux munitions de 20, 25, 30 et 40 mm. Le 20 mm arme les canons à terre et les hélicoptères (Gazelle, Puma) tandis que le calibre de 25 mm arme les véhicules blindés de combat d'infanterie (VBCI). Le calibre de 30 mm arme les Tigre et les avions de chasse. Quant au gros calibre, il correspond aux munitions de 90, 105, 120 et 155 millimètres. (...) Nexter Munitions est le principal producteur des moyens et gros calibres dans les trois milieux (terre, air et mer).

• **La France et sa politique actuelle de gestion des stocks de munitions :** « Les rapporteurs tiennent à insister sur le fait que les stocks de l'État ont vocation à être une force de réaction dans un premier temps et que par la suite, les industriels doivent agir pour permettre l'approvisionnement. »

• **Augmenter les stocks pour faire face à la haute intensité :** « Les rapporteurs jugent donc indispensable de rehausser les stocks de munitions – sur toute la gamme, depuis le petit calibre jusqu'au missile en passant par la roquette – pour soutenir une augmentation globale du volume de l'entraînement des forces. »

• **La France s'impose un cadre normatif contraignant :** « C'est la raison pour laquelle les rapporteurs plaident pour que les exigences normatives et réglementaires soient mieux proportionnées aux enjeux de sécurité réels. Ce d'autant que les normes françaises ont tendance à être plus contraignantes que celles appliquées par d'autres pays de l'Otan ».

• **Réorganiser la BITD :** « (...) réadapter la base industrielle et technologique de défense (BITD) française aux exigences d'une économie de guerre, en lui donnant les moyens de gagner en agilité et en résilience. Il est non seulement nécessaire de garantir la soutenabilité économique des entreprises munitionnaires de notre BITD en venant en appui à leur modèle économique singulier, mais également indispensable de réviser la structure du modèle industriel pour accroître de façon globale sa capacité à augmenter les cadences de production sous un préavis limité sans pour autant sacrifier une indispensable anticipation de l'avenir. »

• **Relancer la production de petits calibres, en partenariat avec des pays membres de l'UE comme la Belgique :** « (...) si une relocalisation doit être effectuée, sa rentabilité doit être garantie par l'export et, en tout état de cause, que la production nationale ne doit pas créer un déficit que l'État aurait à combler. Il estime aussi qu'à défaut d'une filière nationale, une filière de petit calibre en coopération avec un pays européen serait à envisager. Le ministère des Armées met en avant l'idée d'une réflexion globale sur le terrestre avec la Belgique, État qui semble lui avoir proposé le développement d'une production commune de petit calibre. »

• **Les semi-conducteurs au centre de la réflexion globale :** « Les rapporteurs appellent l'attention sur la nécessité de s'attaquer à des dépendances plus structurelles, que seule une action coordonnée à l'échelle européenne pourrait résoudre. Régulièrement évoquée au cours des auditions, la filière des semi-conducteurs – particulièrement critique dans la mesure où elle est largement monopolisée par l'Asie et notamment Taïwan, premier producteur mondial avec 65 % du marché –, constitue un enjeu stratégique de taille pour l'autonomie française mais aussi européenne. À l'instar des États-Unis qui ont annoncé une subvention de 52 milliards de dollars dans le cadre du *Chips and Science Act*, l'Union Européenne, et en particulier la France en son sein doit investir ce segment. Pour mémoire, la production européenne de semi-conducteurs représentait 40 % de la production mondiale en 1990, contre moins de 10 % désormais. Le « paquet législatif sur les semi-conducteurs » annoncé par la Commission européenne en février 2022, accorde un budget de 45 milliards d'euros d'aides à la production de puces et composants électroniques sur le territoire européen à l'horizon 2030. Aux yeux des rapporteurs, cette ambition est prioritaire dans le domaine de l'industrie de défense et touche de près le secteur hautement technologique des munitions, requérant un soutien appuyé de la puissance publique. »

Jeudi 16 février

L'économie de guerre. Vaste sujet.

La Russie de Vladimir Poutine est en état d'économie de guerre. L'Ukraine est passée en économie de guerre. L'Occident en est loin. L'appel de Jens Stoltenberg et de Lloyd Austin va en ce sens. « Il y a une véritable guerre en cours en Ukraine, en Europe, et puis nous voyons la menace persistante du terrorisme et nous voyons aussi les défis que la Chine pose à notre sécurité. Il est donc évident que nous devons dépenser davantage (...), nous devrions cesser de considérer les 2 % comme un plafond et considérer les 2 % du PIB comme un plancher et un minimum. »

Cela signifie que les industries militaires doivent produire, que les voies de ravitaillement en matières premières et métaux rares doivent être sécurisées, et que l'ensemble des économies européennes doit être mis en ordre de marche. À ce propos, la mission flash des députés Vincent Bru et Julien Rancoule est explicite : sans munitions, sans armements, sans industrie organisée et productive, un bombardier, un drone aérien, un sous-marin, un char ou un fusil perd en utilité. C'est pourquoi il faut que les États occidentaux soutiennent hautement l'industrie militaire, simplifient les accès aux financements, établissent de la boucle courte entre extraction et production, et permettent au bout du processus un usage de la force continu. Car en guerre de haute intensité, des munitions, des obus et des missiles balistiques on en tire.

En Allemagne, le message est reçu cinq sur cinq pour la partie industrielle. En effet, juste après la prise de parole de Jens Stoltenberg, le ministre de la Défense allemand Boris Pistorius s'est empressé d'annoncer que Rheinmetall AG allait commencer la production de munitions pour les canons antiaériens automoteurs Gepard. Le nombre annuel de 300 000 obus pourrait être atteint par le site installé en Basse-Saxe. Rappelons qu'à ce jour, l'industrie américaine ne produit pas plus de 240 000 obus de 155 mm par an. Le défi est total pour l'Occident. La course pour la victoire entre les blocs, ne fait que commencer...

Samedi 18 février

À Munich, se tient depuis hier la traditionnelle Conférence de Munich sur la sécurité. Olaf Scholz n'hésite plus à répéter que « l'Allemagne est le pays européen qui apporte le plus de soutien financier et humanitaire à l'Ukraine. » Il a d'ailleurs introduit la conférence par un appel à la continuité dans l'aide consacrée à l'Ukraine : « cela implique que tous ceux qui peuvent fournir de tels chars de combat le fassent vraiment. » Concluant que l'Allemagne soutiendra l'Ukraine dans la guerre comme dans la reconstruction.

Fiche n°16 : Extraits du discours du président Emmanuel Macron prononcé à la Conférence de Munich sur la sécurité[11]

• **Un an de conflit :** « Alors un an après, le bilan est considérable, d'un conflit catastrophique et injustifié. Et je voudrais ici, au fond, insister sur un point, c'est que cette guerre, contrairement à ce que je lis trop souvent, n'est pas simplement la guerre des Européennes et des Européens. Elle touche la planète entière. D'abord, parce que c'est une agression privée de toute justification et que je qualifierais, comme je l'ai fait à la tribune de l'Assemblée générale des Nations unies il y a quelques mois, de néocoloniale et d'impérialiste. C'est bien cette vision du monde qui domine dans cette agression qui dénie l'identité à un voisin, qui considère qu'on peut prendre une part de son territoire, voire la totalité de celui-ci, sans respect, et qui s'arroge une forme de droit de tutelle sur un autre peuple. »

• **L'Ours et le Renard :** « (...) Il y a bien un agresseur et un agressé et il y a surtout des principes qui sous-tendent cette agression, qui sont clairs et que nous ne pouvons pas laisser gagner si nous souhaitons un ordre international stable et une paix durable. »

11. https://www.elysee.fr/emmanuel-macron/2023/02/17/deplacement-en-allemagne-a-loccasion-de-la-59eme-conference-de-munich-sur-la-securite

• **Les échecs russes :**

– « La deuxième grande remarque que je souhaitais faire, c'est que d'ores et déjà, l'agression russe a été consacrée, couronnée, si je puis dire, par quatre échecs clairs. Le premier échec, c'est celui du terrain. L'hypothèse de base, c'était que cette agression serait rapide, que l'Ukraine ne résisterait pas et que c'était une affaire de quelques jours, voire de quelques semaines. (...) Le deuxième échec, c'est celui de la mentalité coloniale, très clairement. Il y a eu un discours qui a cherché à créer la confusion entre zone d'influence et zone de coercition et à expliquer qu'il y avait une légitimité à ce conflit. Cela n'a pas réussi un an après. (...) Je veux ici dire clairement que notre devoir à tous est de continuer ce travail consistant à expliquer et expliciter le fait que la Russie aujourd'hui est une puissance de déséquilibre et de désordre, pas simplement en Ukraine, mais dans le Caucase, au Proche, Moyen-Orient, en Afrique, par le truchement de Wagner. Parce que cette guerre a permis aussi d'expliciter ce qui était une ambiguïté, voire une hypocrisie qu'on connaissait ces dernières années. Moi-même, il y a un an, j'étais en Russie pour essayer de plaider la paix. Et le président Poutine me disait, avec une confiance que je croyais relative mais à laquelle je croyais quand même : « Ces gens de Wagner, ils ne sont pas à nous. Ils nous posent aussi des problèmes en Russie ». Ils ont maintenant officialisé le fait que Wagner était un truchement explicite, direct, diplomatico-militaire, néo-mafieux, de la Russie partout dans le monde, et va continuer au fond l'Internationale du crime et du désordre. »

– « (...) Le troisième échec de la Russie, c'est un échec à lire l'avenir. Résultat concret, c'est la consolidation de l'Ukraine et de sa force, c'est le choix fait par la Finlande et la Suède de rejoindre l'Otan, et je veux dire ici aux dirigeants, combien nous sommes à leurs côtés sur ce chemin. »

– « (...) Et puis, quatrième échec, qui est sans doute le plus troublant, c'est aujourd'hui celui du président Poutine à rendre à la Russie ce qu'il lui a promis, c'est son autorité dans le monde. Car au fond, comment la Russie peut-elle se satisfaire d'être un producteur de matières premières plutôt qu'une économie de création, peut se satisfaire d'un produit intérieur brut médiocre malgré les atouts d'une puissance mondiale, et maintenant d'une suspicion généralisée de tous les voisins ? »

• **La Russie doit échouer :** « La conclusion de court terme de ce schéma est simple : la Russie ne peut ni ne doit gagner cette guerre. Et l'agression russe doit échouer. »

• **Le président lance plusieurs appels aux Européens :**

– « (...) Le premier appel, est l'appel à réinvestir massivement dans notre défense. (...) renforcer la base industrielle de défense. (...) Et si l'Europe veut pouvoir défendre l'Europe, elle doit aussi s'armer, profiter de l'interopérabilité de l'Otan, mais accélérer sa capacité à produire sur le sol européen. Je souhaite donc que nous adoptions avant l'été un ambitieux programme européen d'investissement de défense et, dans l'immédiat, que nous tirions le meilleur parti du Fonds européen de défense. »

– L'atome et les risques d'emballement : « Le second appel est un appel à prendre en compte le facteur nucléaire dans cette crise. (...) L'agression russe a été menée à l'ombre de la dissuasion, et la dissuasion a constitué un élément important de l'autre côté de la protection des alliés. Cette situation est un rappel à l'ordre sur l'importance du rôle que joue et doit continuer de jouer l'arme nucléaire dans l'Union européenne et dans l'Otan. La dissuasion française occupe une place spécifique qui contribue en Europe, de même que celle du Royaume-Uni, au renforcement global de la sécurité de l'Alliance. Évidemment, nos alliés américains jouent un rôle essentiel aussi à cet égard et je souhaite que nous réaffirmions le caractère nucléaire de l'Alliance atlantique et que nous en tirerions toutes les conséquences dans l'ensemble des enceintes internationales. Je souhaite également réitérer mon offre formulée à l'École de guerre en février 2020, d'un dialogue avec les partenaires européens qui le souhaitent sur la dissuasion nucléaire française et la conception qu'a la France de la dimension européenne de ses intérêts vitaux. »

– L'Union européenne et les leçons de la guerre : « Mon troisième appel est un appel à repenser notre doctrine de sécurité pour assurer la place de l'Europe dans toute future discussion de maîtrise des armements. (...) C'est pourquoi, je souhaite qu'avec nos partenaires allemands, italiens, britanniques et tous ceux qui souhaiteront s'y joindre en Europe, nous puissions lancer à Paris une conférence sur la défense aérienne de l'Europe, qui permettra d'aborder ce sujet sous l'angle industriel, avec la participation de tous les industriels européens qui ont des solutions à offrir, mais aussi sous l'angle stratégique, et je dirais peut-être d'abord sous l'angle stratégique, en incluant la question de la dissuasion et celle de la frappe dans la profondeur. »

– Du soldat au diplomate : « Mon quatrième appel est un appel à imaginer quels genres de mécanismes permettront durablement d'éviter le cycle d'agression qu'a connu notre continent ces dernières décennies. » Des mécanismes qui seront étendus à la Communauté politique européenne (European Political Community).

– Les différentes formes de menaces : « Le cinquième appel, c'est qu'au-delà de ce conflit, aujourd'hui, nous devons continuer d'agir ensemble sur d'autres formes de conflictualité qui sont déjà en train de nous toucher et peuvent nous menacer. (...) N'oublions pas le cyber, le spatial, les espaces maritimes et les vulnérabilités de nos démocraties en matière de désinformation et de déstabilisation. »

– La paix en conclusion des guerres : « Et puis ma dernière remarque, mon dernier appel à tous les Européens et au-delà, je dirais, c'est un appel aux Européens et aux Américains : engageons-nous aussi dans la préparation de la paix. À court terme nous devons être forts. (...) Mais nous devons en préparer les termes et le faire, c'est le faire en réengageant celles et ceux qui aujourd'hui en Asie, dans le Pacifique, au Proche et Moyen-Orient, en Afrique, en Amérique latine, ne pensent pas tout à fait dans les termes que je viens d'expliquer, et qui malgré ce que je disais au début de mon propos, continuent de dire : "il y a des doubles standards, vous dépensez énormément pour l'Ukraine et vous continuez de ne pas dépenser pour nous. Vous vous battez avec beaucoup de force contre la guerre, là, pas suffisamment contre la pauvreté chez nous. On a une guerre chez nous depuis des décennies, vous n'en avez pas fait le 100e !" Sachons les entendre. Donc il nous faut réengager diplomatiquement toutes ces géographies pour les convaincre de rejoindre notre effort de pression sur la Russie et de préparation de la paix. »

Dimanche 19 février

La guerre est un affrontement de volontés. Elle inclut naturellement l'intégralité des forces d'un État, des soldats aux diplomates, avec une pointe essentielle qui est l'économie. L'économie et ses rouages.

Dans la guerre russo-ukrainienne, c'est là que le bât blesse pour le monde occidental : l'économie russe se porte plutôt bien. Reprise en 2023. Hausse du PIB de l'ordre de 2,4 % en 2024. Depuis la fin de la décennie 2000, la Russie a engagé un basculement de sa politique extérieure vers l'Asie et l'Orient. Même si l'Occident a bien pu bannir la Russie du système international Swift, la Russie a réussi à stabiliser sa monnaie, contenir l'inflation, soutenir son système social tout en définissant de nouvelles routes d'approvisionnement qui balaient ainsi son isolement. Autrement dit, Poutine qui savait depuis de longues années qu'il envahirait un jour l'Ukraine pour des raisons géopolitiques et économiques (nucléaire, céréales, épuisement du pétrole et des réserves gazières...), a réussi la transformation de l'économie russe, en économie de guerre.

Pour l'Occident, les constats sont aussi variés que le nombre de fromages produits en France ! En effet, une partie de la politique occidentale a consisté à mener une guerre par proxy avec la Russie – en méditant son effondrement. Après une année de guerre d'usure et d'attrition, il y a un bilan à effectuer sur la stratégie globale guidée par les États-Unis. 70 % de l'aide militaire fournie par l'Occident à l'Ukraine est financée et livrée par les États-Unis. Or à Washington, les voix sont de plus en plus discordantes. Au 118e Congrès des États-Unis, Jim Jordan dont nous citions le nom dans *Carnet de guerre 2022*, a posé le débat : « Il est urgent de faire le point sur l'argent envoyé à l'Ukraine ». L'Amérique voulait la ruine économique de la Russie, elle n'a pas eu lieu et elle ne devrait pas avoir lieu. Alors, l'Amérique réorganise son approche stratégique et sa propagande. Nous remarquons qu'ils sont de plus en plus nombreux, les généraux et représentants politiques américains, à promouvoir dans les médias l'idée d'une paix négociée, avec une Ukraine abandonnant les territoires conquis par la Russie.

Non, pour les États-Unis, Kiev ne reprendra ni la Crimée, ni le Donbass, ni tous les autres territoires conquis par Moscou. Pourquoi ? Car, sauf engagement de l'Otan dans la guerre, l'Ukraine ne dispose ni de la masse humaine nécessaire, ni d'une industrie suffisamment puissante pour approvisionner ses soldats en munitions, ni d'une Europe suffisamment industrielle et armée pour se substituer à l'Amérique.

La RAND Corporation est transparente sur ce point : la guerre doit cesser. Quant à l'Occident, précise-t-elle, il doit se concentrer sur son véritable concurrent : la Chine. L'ambition hégémonique du Parti communiste chinois, façonnée par la pensée lénino-marxiste et maoïste incarnée par la figure de Xi Jinping, est bien plus cristallisante que l'ambition russe en Ukraine, en mer Noire ou en Arctique. La seconde peut être contenue, voir refoulée dans certains champs. L'autre, profite des fruits des guerres occidentales et s'étend à travers tous les continents. Elle est la seule à pouvoir remettre en cause, par une combinaison d'alliances et de partenariats, la structuration de l'ordre mondial actuel.

Fiche n°17 : Qu'est-ce que la Géopolitique ?

La *Géopolitique*, est la politique des États en lien avec leur géographie. Le terme politique prend un sens global, incluant dans sa définition tous les champs d'action d'un État (les espaces, les ressources, les populations...).

Au fondement de la géographie politique, autrement appelée la géopolitique, il y a le Suédois Kjellén, l'Anglais Mackinder, les Allemands Ratzel et Haushofer... puis vinrent Ancel, Spykman, Lacoste, Thual...

La géopolitique a été pensée à l'origine par Kjellén comme une science globale.

Elle a fait l'objet de nombreux écrits et d'études, au point qu'Yves Lacoste ait estimé que la matière était inépuisable.

Aussi, la géopolitique a pu être utilisée dans l'histoire des hommes, pour des usages théoriques et idéologiques. De nos jours, on pense naturellement à Brzezinski ou Huntington aux États-Unis, ou à la notion d'eurasisme développée par Alexandre Douguine en Russie.

Le cas de la géopolitique française est intéressant tant il démontre que cette dernière n'est pas figée. En effet, sous Louis XIV, la géopolitique française fut incarnée par le « pré carré » de Vauban qui s'illustra par d'infernaux travaux de fortification aux frontières de la France – lesquels font encore aujourd'hui la gloire de son auteur et de ses ingénieurs. Au « pré carré » succéda à nouveau le danger venu d'outre-Rhin. En effet, après la défaite de 1870, pour de nombreux hommes politiques, la reprise de l'Alsace-Lorraine fut l'objectif prépondérant de la politique extérieure française.

Enfin, de nos jours, la géopolitique française se veut plus mondiale, avec une place dominante donnée à l'Europe, l'Afrique et l'Indopacifique. La France est une république qui réfléchit en « empire » en raison de sa zone économique exclusive (ZEE), la deuxième au monde, mais sans aucune ambition territoriale.

Mardi 21 février

Nous ne savons quelle valeur donner à ces documents, mais plusieurs feuillets en provenance de Russie ont été dévoilés par le journal allemand *Süddeutsche Zeitung*. 17 pages regroupées en un ensemble dénommé : « Objectifs stratégiques de la Fédération de Russie en Biélorussie ». Le document précise plusieurs étapes d'annexion. Une soumission économique et culturelle dans un premier temps, puis une prise de contrôle du territoire biélorusse à l'horizon 2030. L'Empire russe est le rêve du tsar du Kremlin.

Fiche n°18 : Extraits du discours à la nation prononcé par Vladimir Poutine

• **L'avenir de la Russie** : « Je parle à un moment difficile et clé pour la Russie, dans une période de changements cardinaux partout dans le monde (...) qui va définir l'avenir de notre peuple. (...) Il y a un an, pour assurer la sécurité de notre pays, pour assurer la sécurité de nos concitoyens sur certains territoires de l'Ukraine (...) nous avons accompli les actes nécessaires pour assurer le droit à vivre. Au Donbass, nous avons tout fait pour régler ce conflit de manière pacifique (...) mais derrière notre dos se passait un scénario tout à fait différent. Les gouvernements de l'Occident agissaient pour gagner du temps, pour donner la possibilité au régime de Kiev de mener ses assassinats politiques et déstabiliser le Donbass. Depuis longtemps, et avant le lancement de l'opération militaire spéciale, les autorités de Kiev négociaient la livraison d'armes lourdes. »

• **L'Occident, responsable du chaos mondial** : « (...) le format Normandie était un bluff (...) les Occidentaux jouaient avec la vie et la mort. (...) ils ont détruit l'Irak, la Yougoslavie, la Libye (...) et ils ont le même mépris pour les peuples de leurs propres pays. Ils ont trompé leurs propres peuples en assumant publiquement vouloir trouver des solutions pacifiques. (...) Nous, nous ne défendons pas seulement nos intérêts, nous nous battons pour mettre un terme à la distinction entre les pays dits civilisés et les autres. »

• **L'élargissement de l'Otan :** « (...) Nous avons cherché à travailler avec l'Occident, mais les réponses ont toujours été hypocrites. (...) Et puis il y a eu l'élargissement de l'Otan et la mise en place d'un parapluie antibalistique contre la Russie. »

• **L'ennemi américain :** « Il n'y a aucun pays dans le monde qui ait autant de bases que les États-Unis d'Amérique. Ils ont des centaines de bases, toute la planète en est constellée. »

• **L'Occident collectif :**

– « Ce sont les Occidentaux qui ont lancé la guerre et nous, nous utilisons la force pour arrêter la guerre. »

– « L'Occident a déjà dépensé plus de 150 milliards pour apporter un soutien à l'Ukraine (...) et en 2021 il n'y a que 60 milliards de dollars qui ont été versés pour apporter un soutien aux pays les plus démunis. (...) Ces pays qui recevaient de l'aide devaient se soumettre aux volontés occidentales. »

– « Lors de la conférence de Munich, il y a eu des attaques constantes contre la Russie. On aurait dit que cela a été fait pour faire oublier les guerres américaines. (...) Or, cela, personne ne l'oubliera. »

– « Au XXe siècle, les pays occidentaux ont ouvert la voie aux nazis. (...) On voit qu'il y a un retour de cette volonté. (...) Ce rêve de voler l'Ukraine à la Russie, c'était celui de l'Autriche-Hongrie, puis de l'Empire allemand. (...) C'est la russophobie qui caractérise tout cela. »

– « (...) les élites occidentales veulent infliger une défaite stratégique à la Russie. (...) L'Ouest cherche à transformer ce conflit en conflit mondial (...) Ils ont l'intention de traduire le conflit local en une confrontation mondiale, nous le comprenons ainsi et réagirons en conséquence. (...) mais il est impossible pour eux de vaincre la Russie sur le terrain militaire. Alors ils s'attaquent à nous par les médias, les réseaux et notamment en s'en prenant aux jeunes. »

– « Regardez ce qu'ils font de leur propre peuple : la destruction de la famille, de l'identité culturelle et nationale, la perversion et la maltraitance des enfants, jusqu'à la pédophilie, sont déclarées en norme. Et les prêtres sont obligés de bénir les mariages homosexuels... Comme on l'a appris, l'Église anglicane envisage l'idée d'un Dieu neutre en matière de genre... Des millions de personnes en Occident comprennent qu'elles sont conduites à une véritable catastrophe spirituelle. »

– « Relisez les Écritures saintes, regardez toutes les religions : la famille c'est l'alliance entre un homme et une femme. (...) Les textes sacrés sont remis en cause par les élites occidentales. (...) Chez eux il y a maintenant des genres indéterminés. Pourtant, des millions de citoyens occidentaux sont conscients qu'on les mène vers une démence intellectuelle. »

• **Politique d'annexion :** « La mer d'Azov va être développée. Mer qui est de nouveau une mer russe. (...) Nous ferons tout pour que cette terre qui est la nôtre redevienne une terre de paix. Pour nos ancêtres (...) pour une restauration de la justice historique, pour tout cela, nos soldats combattent. »

• **Retrait du traité sur les armes stratégiques (traité New Start) :**

– « À cet égard, je suis obligé d'annoncer aujourd'hui que la Russie suspend sa participation au traité sur les armes stratégiques offensives. »

– « Nous allons développer la coopération avec des amis, avec tous ceux qui sont prêts à travailler ensemble. Nous adopterons tout ce qu'il y a de mieux, mais comptons avant tout sur notre propre potentiel, sur l'énergie créatrice de la société russe, sur nos traditions et nos valeurs. »

– « Les États-Unis développent de nouveaux types d'armes nucléaires... Dans cette situation, le ministère russe de la Défense et Rosatom doivent s'assurer qu'ils sont prêts à tester les armes nucléaires russes (...) bien sûr, nous ne serons pas les premiers à le faire. Mais si les États-Unis organisent des tests, nous le ferons aussi. Personne ne devrait avoir de dangereuses illusions sur le fait que la parité stratégique mondiale peut être détruite. »

– –

Qu'est-ce que le traité New Start auquel souhaite mettre fin Vladimir Poutine ? Le 10 avril 2010, Barack Obama et Dmitri Medvedev ont signé ledit traité New Start, lequel succédait à Strat I (signé en 1990) et au traité Sort (2002). Toujours en vigueur, il vise à contraindre les deux parties à un contrôle des armements. Il implique de :

- limiter à 700 le nombre de missiles mer-sol balistiques stratégiques[12] (SLBM) et missiles balistiques intercontinentaux (ICBM) ;
- limiter le nombre de lanceurs nucléaires stratégiques et bombardiers stratégiques à 800 ;
- limiter le nombre de têtes nucléaires installées sur ces mêmes lanceurs à 1 550.

En complément de l'annonce du président Poutine, une note a été remise à l'ambassadrice américaine présente à Moscou. Note dans laquelle le Kremlin demande la fin de la livraison de matériels militaires des membres de l'Otan à l'Ukraine et le retrait des forces occidentales présentes sur place. Deux conditions qui, si elles sont respectées, précise le ministère des Affaires étrangères russe, réorienteraient la position de Moscou quant à New start...

– –

Fiche n°19 : Qu'est-ce que la Géographie ?

La Géographie ça sert d'abord à faire la guerre. Nul n'a oublié l'ouvrage d'Yves Lacoste. Ce dernier lia cette matière qu'est « la géographie » à l'idée intemporelle que le monde des hommes est fait par l'épée. Napoléon ne disait-il pas que « la politique des États est dans leur géographie. »

La géographie c'est l'étude des espaces, des ordres spatiaux. En relations internationales, elle est précieuse tant elle est au centre des ordres politiques animant les peuples et leurs États. L'histoire de l'homme, des cités, des États et des États-nations selon la fameuse dynamique développée par Norbert Elias, se fait naturellement en rapport avec les milieux, et donc à travers la géographie. Laquelle devient « géopolitique » quand elle fait l'objet de rivalités avec des fins politiques.

Que disait Carl Schmitt ? Que « chaque époque de l'histoire a son *nomos*, son organisation spatiale ». Notre ère est en train de voir la tectonique des plaques reprendre le mouvement.

12. Missile lancé à partir d'un SNLE. Pour la France c'est par exemple le missile M-51.

Mercredi 22 février

Après le discours très agressif à l'encontre de « l'Occident collectif » du président de la Fédération de Russie prononcé hier au Gostinyj Dvor de Moscou, l'hôte du Kremlin a réitéré ses propos cet après-midi en appelant la Russie à reprendre son droit de propriété sur les terres d'Ukraine. Terres dont elle aurait été dépossédée à la suite de la chute de l'URSS.

Terres qui lui appartiendraient. Terres qui lui reviendraient. « Terres historiques » comme il s'est plu à les appeler aujourd'hui dans le stade Loujniki à Moscou, au cours d'un concert intitulé « Gloire aux défenseurs de la patrie ». Près de 200 000 personnes étaient présentes. Majoritairement des membres de son parti Russie unie : « Aujourd'hui, l'État-major m'a dit que des combats sont en cours au sein de nos terres historiques pour notre peuple. »

De Varsovie en Pologne – pays de 313 000 km^2, membre du groupe des neuf de Bucarest, membre de l'UE, membre de l'Otan, pays frontalier de la Russie avec l'enclave de Kaliningrad, et État qui consacre 4 % de son budget national à sa défense –, Joe Biden lui a répondu que l'Alliance atlantique était solide, prête au combat, et que la Russie commettait une « grave erreur. » Un peu plus tôt, Josep Borrell, chef de la diplomatie européenne, avait demandé aux États membres de l'UE de répondre au discours de Vladimir Poutine par l'envoi de munitions. Que ce soit des munitions de petits calibres ou des obus de 155 mm. Car la Russie de son côté a obtenu un soutien désormais clair et entier de la Chine, de l'Iran et de la Corée du Nord.

***

On apprend en fin de matinée que Vladimir Poutine vient de révoquer par un arrêté, un décret de 2012 reconnaissant la souveraineté de la Moldavie dans le cadre d'une Moldavie réunifiée, comprenant la région de Transnistrie.

***

De la poudre et des canons : Sébastien Lecornu annonce officiellement l'installation de l'entreprise Eurenco à Bergerac pour produire 1 200 tonnes de poudre par an. Celle-ci devrait faciliter la fabrication de charges modulaires. Tout au long de l'année, ce type d'information devrait tomber, le ministre ayant fait de « l'économie de guerre » par le développement de procédés de « réindustrialisation » son *credo* de communication et d'action. On remarquera la présence d'Emmanuel Chiva dans la plupart des prises de parole du ministre des Armées. L'industrie – elle représente 9 % de la création de richesse en France – peut se transformer sous l'impulsion des pouvoirs publics, du numérique et de l'IA.

Fiche n°20 : Le groupe des neuf de Bucarest

Regroupement en organisation politique de neuf pays d'Europe centrale et d'Europe de l'Est formée en 2015 à la suite de la prise de la Crimée par la Russie, afin d'engager une coopération en matière de défense et de sécurité. Le groupe des neuf de Bucarest rassemble : la Pologne, la République tchèque, la Bulgarie, l'Estonie, la Hongrie, la Roumanie, la Lettonie, la Lituanie et la Slovaquie.

Jeudi 23 février

La Chine s'apprête à présenter un dit « plan » pour faciliter le retour à la paix en Ukraine. Annonce qui tombe alors que Xi Jinping refuse toujours de recevoir Volodymyr Zelensky. Trêve d'illusions. La Chine reste une puissance politique. Dans cette guerre, elle a ses intérêts. Elle a ses alliés. Dans la lutte russo-ukrainienne, elle a choisi la Russie.

***

La Turquie a accru ses exportations vers la Russie de l'ordre de 83 % en 2022. Elle est devenue avec les Émirats arabes unis, Hong Kong, et la Chine, un pays médiateur des marchandises occidentales. Berlin veut contrecarrer cela, en mettant en place un dispositif afin que les produits européens n'entrent pas en Russie par l'intermédiaire de pays tiers. Ce dispositif pourrait reposer sur un formulaire de déclaration indiquant la destination finale de l'achat. Enfin, les pays ou entreprises aidant Moscou pourraient faire l'objet de sanctions : vaste fumisterie à l'heure de la mondialisation.

Fiche n°21 : Extraits du rapport d'information sur « la défense sol-air en France et en Europe[13] » présenté par les co-rapporteurs et députés, Jean-Louis Thiériot et Natalia Pouzyreff

• **Définition de la défense sol-air :** « La défense sol-air représente la portion terrestre de la défense surface-air. Elle est un élément constitutif de la défense aérienne regroupant les activités pouvant être menées de manière coordonnée à partir du sol pour défendre une zone ou des forces déployées contre des menaces évoluant dans le milieu aérien. »

• **Son rôle prépondérant en raison de l'évolution des menaces aériennes :** « L'évolution de la nature des affrontements, notamment marquée par la rupture imposée par les dangers contemporains que sont les drones et l'hypervélocité, constitue un réel défi capacitaire. Sur les théâtres d'opérations, la supériorité aérienne n'est plus acquise, elle s'obtient par l'efficacité de notre défense antiaérienne. Combinée aux capacités offensives, elle permet de préserver la liberté de manœuvre et les centres d'intérêt stratégiques. La défense sol-air est multicouche, elle s'organise autour de systèmes de détection et d'effecteurs de différente portée adjoints à des capacités de commande-contrôle. »

• **Organisation de la défense aérienne de la France au quotidien :**

– « La protection aérienne du territoire national se définit de la manière suivante : détecter, identifier, classifier (objet inconnu, ami, douteux ou hostile) et intervenir. Chaque jour, en moyenne 12 000 avions sont sous surveillance dans l'ensemble de l'espace aérien français. »

– « L'Armée de l'air et de l'espace dispose de quatre EDSA, unités de combat tactiques de type "expéditionnaire", qui répondent directement à une ou plusieurs capacités du contrat capacitaire. Ils sont stationnés sur les trois BAVN et sur la base aérienne de Mont-de-Marsan. Cette dernière dispose d'un centre de formation et d'expertise de la défense sol-air (CFEDSA) et d'un escadron de soutien à la défense

13. https://www.assemblee-nationale.fr/dyn/16/rapports/cion_def/l16b0866_rapport-information

sol-air tous deux stationnés à Avord. Six centres de management de la défense dans la 3e dimension (CMD3D) permettent la conduite et la coordination des engagements sol-air lorsque plusieurs systèmes d'armes sont déployés pour protéger un site, tout en assurant la protection des aéronefs amis. Un ensemble de 445 aviatrices et aviateurs – la réalisation du référentiel en organisation est d'environ 75 % – met ainsi en œuvre 12 unités de systèmes Crotale et 8 systèmes SAMP/T Mamba. »

– « La défense sol-air de l'Armée de terre est composée de 2 batteries de commandement tactique et 10 batteries sol-air très courte portée réparties en un régiment d'appui spécialisé, le 54e régiment d'artillerie stationné à Hyères, et 6 batteries intégrées à des régiments d'artillerie de brigade interarmes. Employant le CMD3D, les batteries de commandement tactique permettent de déployer sur les théâtres d'opérations une capacité de coordination dans la 3e dimension et de coordination des feux sol-air. Les batteries de tir sont quant à elles dotées de NC1-30 et 40, moyens de détection, commandement, et de coordination des unités de tir, ainsi que d'effecteurs Mistral portés sur des plateformes véhiculées ou en véhicules de l'avant blindé ; elles emploient également le système Arlad (adaptation réactive pour la lutte antidrones) acquis de façon échantillonnaire en urgence opérationnelle et en cours de développement. »

• **La France dispose d'un modèle complet de défense sol-air :** « La France est l'un des rares pays à avoir maintenu une série complète de capacités de manière souveraine avec les systèmes Mistral (MBDA), Crotale (MBDA, Thales) et SAMP/T (MBDA, Thales) ».

– « Les systèmes Mistral ainsi que les radars et postes de commandement associés sont dédiés à la défense très courte portée. Portés sur des véhicules inadaptés à l'accompagnement des forces et/ou obsolescents (plateformes sur camionnette, VAB), les systèmes Mistral actuels verront leur parc opérationnel amorcer une décroissance à partir de 2030. Les 16 NC1-30 et 14 NC1-40, portant les postes de commandement et les radars des sections de tir, ne seront quant à eux plus soutenus respectivement en 2025 et 2030. »

– « Les systèmes d'armes courte portée Crotale NG sont destinés à lutter contre les menaces volant à basse et très basse altitude, en mesure d'engager des cibles à une dizaine de kilomètres. Eu égard à la fin de vie du missile VT1 en 2026, le Crotale NG fait l'objet d'études de remplacement. Deux systèmes ont été cédés à l'Ukraine. »

– « Le système de défense antiaérien Aster 30 SAMP/T (Mamba) protège les sites sensibles et les forces déployées contre les menaces de missiles et aéronefs. Conçu pour répondre aux besoins de défense aérienne à moyenne et longue portées (projection de forces, protection de zones à forte valeur et protection de zone), il peut fonctionner selon un mode autonome ou bien s'intégrer dans un réseau coordonné. La version Aster B1NT EC, en cours de développement, combinée au successeur du radar de conduite de tir Arabel, fournira au SAMP/T NG la capacité de traiter des menaces de nouvelle génération d'ici 2030. Sa mise en service est prévue à horizon 2027. »

• **La menace hypersonique :** « L'hypervélocité est un défi majeur pour l'industrie militaire. Les missiles hypersoniques en tant que balistiques tactiques peuvent être de nature offensive (frappe dans la profondeur) comme défensive (déni d'accès). (...) Une capacité initiale d'interception de cibles hypersoniques en phase terminale est étudiée par Thales dans le cadre d'une évolution possible du SAMP/T NG et l'équipement d'un radar GF-300, implantable dans le standard OC2 (portée maximum de 1 500 km). Il s'agit potentiellement d'une défense de point face à des menaces dont les trajectoires présentent des similitudes avec celles prises en compte par le SAMP/T NG. Un projet d'intercepteur endo-atmosphérique appelé Twister est porté par MBDA dans le cadre de la Coopération structurée permanente (CSP) de l'Union européenne. Il constitue, avec l'alerte avancée spatiale, l'un des deux piliers du projet. Il vise à développer en coopération européenne un missile endo-atmosphérique multirôle, Aquila, capable de protéger les forces et unités projetées ainsi que les sites sensibles contre les menaces hypersoniques à l'horizon 2035. »

• **Pour faire face aux menaces futures, plusieurs pistes proposées par les co-rapporteurs :**

- Les drones intercepteurs ;
- Les armes à énergie dirigée ;
- artillerie antiaérienne dotée de munitions spécialisées.

Vendredi 24 février

« Peu d'êtres savent voir les choses comme elles sont. Les uns aperçoivent seulement ce qu'ils veulent voir, les autres ce qu'on leur fait voir[14]. »

***

Anniversaire du lancement de l'*opération spéciale* russe par Vladimir Poutine. Anniversaire funèbre. Le brouillard de la guerre perdure, et le royaume d'Hadès se remplit d'âmes russes et ukrainiennes. Cerbère mène la danse. Le Styx est inondé. Pour ce jour symbolique, nous pouvons faire le bilan médiatique d'une semaine bien remplie. Commencée par la Conférence sur la sécurité de Munich avec un Occident uni derrière le : « La Russie doit échouer », la semaine s'est poursuivie avec le discours à la nation de Vladimir Poutine. « Occident collectif », Occident dépravé, Occident menteur, Occident pédophile... la diatribe s'est avérée violente, mais la propagande du mage n'a pas changé depuis plusieurs années. Quoique le terme « peuple frère » pour évoquer les Ukrainiens, a disparu au profit de « terres historiques ». Colonnes de Turreau tenez-vous prêtes ! Au discours de Poutine, la visite de Joe Biden chez le premier partenaire de l'Amérique en Europe : la Pologne. La Pologne et son budget de la défense à 4 % de son PIB, la Pologne qui achète américain, la Pologne qui vibre au son de « America, America ». Puis, après Biden et Poutine, ce fut à la Chine de faire parler d'elle. Wang Yi, chef de la diplomatie chinoise, a reçu son homologue Sergueï Lavrov. Le Metternich russe, à la tête des Affaires étrangères depuis 2004. Tous deux sont convenus d'accentuer les relations économiques des deux pays, et selon le journal *Der Spiegel*, l'entreprise chinoise Xian Bingo Intelligent Aviation Technology, avec l'aval du parti communiste, pourrait vendre des drones de type ZT-180 à la Russie. N'ayons pas d'illusions sur la Chine : le dragon a faim de revanche sur l'Occident.

Puis ce vendredi, dans la guerre des mots, la Chine a sorti sa baguette magique – tel le président des États-Unis Woodrow Wilson avec ses quatorze points en janvier 1918 – en rendant public un document intitulé « Position de la Chine sur le règlement politique de la crise ukrainienne ». Elle y détaille 12 points pouvant ramener la paix entre les deux protagonistes. Feu de paille. La Chine en a surtout profité pour incendier les États-Unis à travers des messages diffusés par ses ambassades. Évoquant l'Amérique comme un pays génocidaire et massacreur.

14. Gustave le Bon.

Et comme si la journée organisée sur l'adhésion des masses à la peur de la guerre mondiale ne suffisait pas, nous apprenons qu'en Israël, Benjamin Netanyahou mènerait actuellement des réunions tenues secrètes pour préparer une action militaire en Iran. Cinq réunions au total[15] se seraient tenues en présence des chefs de l'État-major de Tsahal, les représentants du renseignement militaire et le chef du Mossad.

***

Nous l'exprimions dans *Carnet de guerre 2022*[16] : la guerre sur terre n'empêche pas les pays en concurrence, que sont les États-Unis et la Russie, d'œuvrer ensemble sur les affaires spatiales. La preuve avec l'envoi d'un vaisseau Soyouz MS-23 en partance de Baïkonour prenant la direction de la Station spatiale internationale (ISS) afin de ramener trois astronautes : deux cosmonautes russes et un astronaute américain.

Fiche n°22 : 12 points de la Chine en vue de l'ouverture de négociations entre l'Ukraine et la Russie pour un retour à la paix[17]

1. Respecter la souveraineté de tous les pays.
2. Renoncer à la mentalité de la guerre froide.
3. Cesser les hostilités
4. Lancer les pourparlers de paix.
5. Régler la crise humanitaire.
6. Protéger les civils et les prisonniers de guerre.
7. Préserver la sécurité des centrales nucléaires.
8. Réduire les risques stratégiques. Les armes nucléaires ne doivent pas être utilisées et la guerre nucléaire ne doit pas être menée.
9. Faciliter l'exportation des céréales.
10. Mettre fin aux sanctions unilatérales.
11. Assurer la stabilité des chaînes industrielles et d'approvisionnement.
12. Promouvoir la reconstruction post-conflit.

Samedi 25 février

Après l'affaire du ballon météorologique chinois au-dessus des États-Unis, voici que l'armée canadienne fait état de la présence de bouées chinoises en Arctique. Leur nombre aurait sensiblement augmenté. Mais là encore, pour le pouvoir communiste chinois, c'est à des fins environnementales que ces dernières ont été placées. Et pour bien étudier l'environnement, elles ont été placées sur des voies très précises...

15. https://www.foxnews.com/world/netanyahu-readies-strike-iran-nuclear-facilities-secret-meetings-report
16. Thomas Hernault, Carnet de guerre 2022, Comment Poutine a défié l'Occident en Ukraine, 2022, éd. JPO.
17. https://www.fmprc.gov.cn/fra/zxxx/202302/t20230224_11030718.html#:~:text=Mettre%20fin%20aux%20sanctions%20unilat%C3%A9rales,de%20S%C3%A9curit%C3%A9%20des%20Nations%20Unies.

Dimanche 26 février

La tournée asiatique du chancelier Olaf Scholz en 2022 porte ses fruits. Elle a été confirmée par un retour en Inde ces 25 et 26 février, conclu par une série de contrats. Pour l'industrie allemande dont l'intention est d'investir les marchés de l'indopacifique, c'est une tournée bénéfique du chancelier. En effet, ce dernier a obtenu la vente pour 5,2 milliards d'euros de six sous-marins conventionnels. Ce devrait être des sous-marins de Type 214 ou 216. ThyssenKrupp Marine Systems (TKMS) est l'heureux gagnant.

Lundi 27 février

L'accord de Windsor !

Des mois de négociations, une nouvelle ministre, puis un nouveau ministre, venant tous deux succéder à Boris Johnson, et voilà que le 10 Downing Street et l'Union européenne s'unissent à nouveau dans un courant libéral pour promouvoir des partenariats économiques. L'accord de Windsor va permettre d'atténuer les contrôles sur les biens destinés au marché de l'Irlande du Nord, en provenance de l'UE. Il n'y aura donc pas de frontières entre l'Irlande et l'Irlande du Nord. Ni frontières terrestres, ni frontières maritimes. Le protocole nord-irlandais[18] signé par Boris Johnson vise à éviter une fragilisation de la paix trouvée en 1998 entre les deux Irlande.

Fiche n°23 : Extraits du discours du président Emmanuel Macron sur le partenariat Afrique-France[19]

• **Évolution de l'ordre mondial** : « (...) il y a un peu moins de six ans, en novembre 2017, dans un amphithéâtre de l'université Joseph Ki-Zerbo à Ouagadougou, j'avais débuté mon discours en citant les mots de Thomas Sankara et en annonçant qu'il n'y avait plus de politique africaine de la France. Ces mots sont toujours d'actualité. Mais ils ne sont certainement plus suffisants face aux bouleversements et aux transformations profondes que nous avons vécus ces dernières années. »

• **Le refus de la France de rejoindre la compétition pour la puissance** : « (...) beaucoup voudraient nous inciter à rentrer dans une compétition, c'est la première voie. Une compétition que je considère pour ma part anachronique. C'est le piège qui consisterait à répondre à l'injonction de puissance ou à l'appel de démonstrations de force. Regardez, certains arrivent avec leur armée ou leurs mercenaires ici et là. Plongez-y, vous Français, c'est là que vous êtes attendus, c'est le rôle qui est le vôtre. »

• **Une nouvelle stratégie franco-africaine** : « Pour éviter la répétition de l'histoire, il existe une autre voie que nous poursuivons désormais depuis six ans. Une autre voie qui consiste à ne pas réduire l'Afrique à un terrain de compétition ou de rente et à considérer les pays africains comme des partenaires avec qui nous avons des intérêts et des responsabilités partagées. Et, au fond, de bâtir une nouvelle relation, équilibrée, réciproque et responsable. »

18. Protocole nord-irlandais : vise à éviter l'installation d'une frontière terrestre et maritime entre l'Irlande du Nord et l'Irlande. Le protocole comprenait donc des dispositions de contrôles de marchandises provenant soit du marché commun, soit de la Grande-Bretagne.

19. https://www.vie-publique.fr/discours/288411-emmanuel-macron-27022023-france-afrique

• **Une approche partenariale :** « Premièrement, marqué par la centralité de la question sécuritaire et militaire et la prééminence du sécuritaire comme cadre. Cette prééminence, le rôle qu'elle a continué d'avoir, a été une ombre portée encore une fois ces dernières années ou un prétexte utilisé par beaucoup de nos opposants ou de celles et ceux qui voulaient pousser leur propre propagande pour dire : "La France est là et n'a qu'un agenda sécuritaire". L'objectif de cette nouvelle phase dans laquelle nous rentrons, de cette nouvelle ère, est de déployer sous forme partenariale notre présence sécuritaire pour qu'elle s'insère dans ce nouveau partenariat. »

• **Une logique d'investissement :** « (...) Le deuxième grand changement que nous allons faire, c'est passer d'une logique d'aide à une logique d'investissement solidaire et partenariale. Je crois que c'est à cette condition, en continuant et en amplifiant l'action qui a déjà été lancée, que nous pourrons conjurer cette opposition qui est en train de s'installer entre un Nord supposément occidental et un Sud global qui n'auraient plus de logiciel commun. »

• **Défendre et promouvoir le modèle politique de la démocratie :** « Notre intérêt, c'est d'abord la démocratie. La France est un pays qui soutient, en Afrique comme ailleurs, la démocratie et la liberté. Un pays qui parle à tout le monde, y compris aux opposants politiques. Un pays qui préfère les institutions solides aux hommes providentiels. Un pays qui considère que les putschs militaires ne seront jamais des alternances démocratiques. »

– –

Mardi 28 février

« La France n'a plus de pré carré en Afrique ; elle a des devoirs, des intérêts, des amitiés. » Voici résumée en une phrase, la pensée du chef d'État français. Fini la France « nounou ». Retour à la realpolitik. Cela devrait passer par une présence accrue de forces spéciales et de drones. Au cours de son discours, le Président s'en est pris directement à l'influence russe et à ses « armées de mercenaires » qui viennent bousculer la présence française en Centrafrique et au Mali. Sur le plan politique, le Président souhaite une « africanisation » de nos implications, ce qui signifie qu'il veut que les actions françaises soient réalisées en coordination avec les forces locales et nationales des pays concernés. Le rôle de la France étant d'apporter « une solution crédible ». Il faut « bâtir une nouvelle relation équilibrée, réciproque et responsable. »

Mars

« Connais l'adversaire et surtout connais-toi toi-même et tu seras invincible. »
Sun Tzu

Mercredi 1er mars

La RAND Corporation publie un nouveau rapport d'analyses sur le dossier Chine-Taïwan. Ainsi, elle estime que si l'Armée populaire de libération (APL) n'a toujours pas envahi son voisin taïwanais, ce serait notamment en raison des défaillances technologiques, techniques et doctrinales touchant les forces armées chinoises. C'est en tout cas le constat qu'aurait fait Xi Jinping, après plusieurs entretiens avec ses chefs d'État-major : « Les dirigeants chinois reconnaissent des améliorations qualitatives et quantitatives des armes et technologies de l'APL » mais « dans des domaines clés (...) il subsiste des lacunes importantes ». La guerre de haute intensité impose aux armées de disposer de matériels certes de qualité, mais aussi en quantité, et ce, dans toutes les dimensions : terre, air, mer, spatial, cyber, quantique... Or, selon le constat réalisé par l'institution américaine, les améliorations nécessaires à une victoire chinoise pourraient prendre plus de temps que les analyses prospectives établies lors de la précédente décennie.

***

Josep Borrel, Haut représentant de l'UE pour les Affaires étrangères et la politique de sécurité, assure à Zelensky que l'UE va consacrer 1 milliard d'euros de la dotation de la Facilité européenne pour la paix (FEP) à l'achat d'obus de 155 mm. À 4 000 euros l'obus, on serait sur une dotation de 250 000 obus.

***

Extension de la vision gaullo-mitterrandienne aux nations membres de l'UE. En effet, onze d'entre elles viennent d'appeler à une meilleure coopération dans le domaine du nucléaire. L'annonce est tombée hier en conclusion du Conseil informel des ministres de l'Énergie. « Les ministres sont convenus de favoriser une coopération plus étroite entre leurs secteurs nucléaires nationaux afin d'assurer les meilleures coopérations à travers les chaînes d'approvisionnement et d'explorer des programmes de formation et des projets industriels communs, afin de soutenir de nouveaux projets, notamment basés sur des technologies innovantes, ainsi que l'exploitation des centrales existantes. Ils ont également discuté des possibilités de coopération scientifique accrue et du déploiement coordonné des meilleures pratiques dans le domaine de la sécurité. L'énergie nucléaire est l'un des nombreux outils permettant d'atteindre nos objectifs climatiques, de produire de l'électricité de base et de garantir la sécurité de l'approvisionnement[1]. » On a bien reculé, puis on repart. C'est comme avec les tramways dans les villes. On les a enlevés, pour finalement les remettre. C'est cela, l'art de bien faire les choses...

1. Communiqué de presse conjoint : Onze États membres de l'Union européenne appellent à un renforcement de la coopération européenne en matière d'énergie nucléaire (28 février 2023).

Jeudi 2 mars

Du Gabon, Emmanuel Macron revient sur la notion de Françafrique. Le temps passe mais l'abcès ne semble pas percé. Alors on radote. « Cet âge de la Françafrique est bien révolu et j'ai parfois le sentiment que les mentalités n'évoluent pas au même rythme que nous quand je lis, j'entends, je vois qu'on prête encore à la France des intentions qu'elle n'a pas, qu'elle n'a plus. On semble encore aussi attendre d'elle des positionnements qu'elle se refuse à prendre et je l'assume totalement. Au Gabon comme ailleurs, la France est un interlocuteur neutre qui parle à tout le monde et dont le rôle n'est pas d'interférer dans des échanges de politique intérieure[2]. »

À lire en complément le livre *Le piège africain de Macron : Du continent à l'Hexagone*[3] d'Antoine Glaser et Pascal Airault. Ils écrivent notamment que sur « un continent mondialisé redevenu géostratégique, la France ne pèse guère plus que par son armée dans le Sahel et quelques empires économiques familiaux. Pour échapper à cette perte d'influence globale, Emmanuel Macron joue un joker inédit : « l'Afrique » en France. Il crée un Conseil présidentiel pour l'Afrique composé essentiellement de Français originaires du continent, dans le dessein de dépoussiérer la politique africaine de l'Hexagone. »

***

Pendant que le président Macron est en déplacement sur le continent africain, le chef d'État-major des armées, le général Thierry Burkhard est avec son homologue italien pour renforcer la coopération franco-italienne concrétisée par le traité du Quirinal le 26 novembre 2021. Le Traité comporte une partie consacrée aux affaires de défense et de sécurité. Il pourrait servir de palliatif au couple franco-allemand qui rencontre des lenteurs dans plusieurs domaines. Plus précisément, dans celui de l'industrie, où les programmes SCAF et MGCS patinent. Rappelons ici les paroles du président Macron : « Quand la France et l'Allemagne ne savent pas se mettre d'accord, l'Europe ne sait pas avancer. Mais le couple franco-allemand n'est pas exclusif. Notre lien avec l'Italie a une nature spécifique. »

En tout cas, pour le chef d'État-major, l'objectif est de « s'engager sans réserve dans la voie tracée par le traité du Quirinal, en donnant une plus grande profondeur stratégique à la coopération politique et militaire entre la France et l'Italie. » Reste à savoir de quelle nature elle sera. Industrielle ? Opérationnelle ?

Fiche n°24 : Article 2 du traité de Trianon consacré à la « sécurité et à la défense »

1. « Dans le cadre des efforts communs visant à maintenir la paix et la sécurité internationale, et conformément aux objectifs des organisations internationales auxquelles elles participent et à l'Initiative européenne d'intervention, les Parties s'engagent à renforcer les coopérations et les échanges tant en ce qui concerne leurs forces armées que les matériels de défense et les équipements, et à développer des synergies ambitieuses sur les plans capacitaire et opérationnel partout où leurs intérêts stratégiques se rejoignent. Ce faisant, elles contribuent à la sauvegarde de la sécurité commune européenne et au renforcement des capacités de l'Europe de la Défense,

2. Macron au Gabon : « L'âge de la Françafrique est révolu », extrait d'une dépêche de l'AFP.
3. Antoine Glaser et Pascal Airault, Le piège africain de Macron : Du continent à l'Hexagone, éd. Fayard, 2021, 272 pages.

œuvrant ainsi également à la consolidation du pilier européen de l'Otan. En vertu de l'article 5 du traité de l'Atlantique nord et de l'article 42, paragraphe 7, du traité sur l'Union européenne, elles se prêtent assistance en cas d'agression armée sur leurs territoires. Les Parties contribuent aux missions internationales de gestion de crise en coordonnant leurs efforts.

2. Les Parties se consultent de manière régulière sur les sujets traités respectivement par l'Union européenne et l'Otan, et coordonnent dès que possible leurs positions, en particulier sur les sujets relatifs aux initiatives de défense de l'Union européenne, pour lesquelles toutes les possibilités de coopération sont recherchées. Elles intensifient le dialogue commun dans le secteur technique et opérationnel de la défense. À cet effet, en plus des rencontres bilatérales institutionnalisées dans le domaine de la défense, elles tiennent des consultations régulières au sein du Conseil franco-italien de Défense et Sécurité, associant leurs ministres de la Défense et des Affaires étrangères.

3. Les Parties développent leur coopération dans le domaine du renforcement des capacités d'intérêt mutuel, en particulier en ce qui concerne la conception, le développement, la production et le soutien en service, afin d'améliorer l'efficacité et la compétitivité de leurs systèmes industriels respectifs et de contribuer au développement et à l'approfondissement de la base industrielle et technologique de défense européenne.

4. Les Parties s'engagent également à renforcer la coopération entre leurs industries de défense et de sécurité, en promouvant des alliances structurelles. Elles facilitent notamment la mise en œuvre de projets communs, bilatéraux ou plurilatéraux, en lien avec la constitution de partenariats industriels dans des secteurs militaires spécifiques, ainsi que des projets conjoints au sein de la coopération structurée permanente, avec le soutien du Fonds européen de Défense.

5. Les Parties renforcent leur coopération dans le domaine spatial en améliorant leur capacité à opérer conjointement dans l'espace à des fins de sécurité et de défense. Elles participent activement au développement d'une culture stratégique européenne dans ce domaine.

6. Les Parties s'engagent à renforcer les échanges déjà fructueux de personnel militaire ainsi que leurs actions conjointes en matière de formation et d'apprentissage dans le domaine de la sécurité et de la défense.

7. Les Parties s'engagent à faciliter les transits et les stationnements des forces armées de l'autre Partie sur leur propre territoire. »

En amont de la réunion du G20 qui se tiendra en Inde, le secrétaire d'État américain Antony Blinken et son homologue Sergueï Lavrov, se sont entretenus. Selon le communiqué américain, le secrétaire d'État aurait demandé la fin de l'agression russe. Mais sur quels standards ? Quelles conditions ? Washington serait prêt à laisser au Kremlin les républiques autoproclamées, reconnues le 21 février 2022 par Poutine comme souveraines.

Sur le terrain, la situation est critique à Koupiansk. La ville, tombée dans les mains russes au début de « l'opération spéciale » puis reprise par les forces ukrainiennes, va repasser sous le contrôle russe. L'administration militaire de la région de Kharkiv a demandé aux citoyens ukrainiens d'évacuer les lieux.

À Kreminna les combats sont également rudes. Les Ukrainiens sont confrontés aux forces spéciales d'Akhmat, répondant du leader tchétchène Ramzan Kadyrov.

Samedi 4 mars

Pékin augmente son budget des armées de 7,2 %. Un rendez-vous annuel pour la Chine, qui malgré une croissance prévue à hauteur de 5 % en 2023 – elle était de 3 % en 2022 –, garde le cap en matière de dépenses militaires. En moyenne, l'augmentation de ces dix dernières années tourne autour de 7 %.

***

Le terrain de jeu de Mahan et Corbett, la haute mer, était nu de réglementations. Voilà la chose close. Les membres des Nations unies viennent de conclure le premier traité international de protection de la biodiversité en haute mer. Les États seront désormais acteurs au-delà de leur ZEE. Les eaux internationales vont faire l'objet d'une protection remarquée. Rappelons que les océans couvrent 71 % de la surface de la Terre, et captent 30 % du CO2.

Dimanche 5 mars

Donald Trump est en campagne. Devant un parterre de républicains, il s'est dit le seul candidat à pouvoir faire la promesse d'empêcher « la Troisième Guerre mondiale. » Ajoutant : « ma personnalité nous a évité la guerre. Avec moi, la Russie n'y serait pas allée. Et même maintenant, je pourrais régler ça en 24 heures. » Cocasse.

Lundi 6 mars

Le marché de l'or noir est ouvert ! La Norvège voit ses revenus liés aux achats pétro-gaziers augmenter. 131 milliards d'euros de bénéfices pour le trésor norvégien en 2022, soit trois fois plus que l'année précédente.

Mardi 7 mars

Xi Jinping s'en prend directement aux États-Unis. Selon lui, Washington mène contre Pékin, une politique de *containment* en mobilisant l'ensemble des acteurs d'Asie pour contrer l'influence chinoise. Un état régional sous-tensions faisant dire à Xi Jinping : « L'environnement externe du développement de la Chine a connu des changements rapides. Les facteurs incertains et imprévisibles ont considérablement augmenté. (...) Des pays occidentaux, menés par les États-Unis, ont mis en œuvre une politique d'endiguement, d'encerclement et de répression contre la Chine, ce qui a entraîné des défis sans précédent pour le développement de notre pays. » Le défi occidental passera par plusieurs clés, dont trois sont essentielles : les clés militaires, agricoles et industrielles. Sur les deux dernières, le dirigeant chinois qui entamera bientôt son troisième mandat à la tête de la Chine, scinde : « Je dis souvent qu'il y a deux choses à assurer : la première, c'est le bol de nourriture de la Chine. (...) La seconde, c'est de bâtir un secteur manufacturier fort ». Quant à l'outil militaire, sans le citer, il bénéficiera comme nous l'indiquions, d'une hausse de 7,2 %. Du pain et des canons pour répondre au piège de Thucydide.

***

Pour ceux qui doutaient de la volonté chinoise de soutenir la Russie, et pour ceux qui pensaient que la Chine resterait isolationniste, enfermée derrière sa muraille, lisons ensemble une série de tweets publiés ce jour sur le compte de l'ambassade de Chine en France[4]. Dans la même lignée que le *Document numéro 9*, intitulé « De la situation dans la sphère idéologique » :

- « Avec la Chine et la Russie travaillant ensemble, le monde aura la force motrice vers la multipolarité et une plus grande démocratie dans les relations internationales, et l'équilibre et la stabilité stratégiques mondiaux seront mieux assurés. »
- « Les relations sino-russes sont basées sur la non-alliance et la non-confrontation, et ne visent aucune tierce partie. Elles ne constituent une menace pour aucun pays et ne sont soumises à aucune ingérence ou discorde semée par un tiers. »
- « Plus le monde devient instable, plus il est impératif pour la Chine et la Russie de faire progresser leurs relations de manière constante. »
- « La perception et les opinions des États-Unis sur la Chine sont sérieusement déformées. Ils considèrent la Chine comme leur principal rival et le plus grand défi géopolitique. Résultat : la politique américaine vis-à-vis de la Chine a complètement dévié de la voie rationnelle et saine. »
- « La soi-disant "concurrence" des États-Unis signifie contenir et réprimer la Chine à tous égards et enfermer les deux pays dans un jeu à somme nulle. »

***

Les forces ukrainiennes sont-elles à l'origine du sabotage de Nord Stream 2 ? C'est la thèse que nous avions soutenue en *off*, auprès d'un journaliste de *La Nouvelle République* en 2022. Pourquoi ? Sans preuve, mais simplement par faisceaux d'indices, nous avions estimé qu'avec un soutien occidental et un geste final ukrainien, le risque d'emportement du conflit resterait limité. L'acte de sabotage étant le fait d'Ukrainiens. Mais cela n'était qu'une hypothèse. Elle ressort aujourd'hui dans le *New York Times*[5] : « De nouvelles informations étudiées par les autorités américaines suggèrent qu'un groupe pro-ukrainien a mené l'attaque contre les gazoducs Nord Stream l'année dernière (...) L'Ukraine et ses alliés ont été considérés par des autorités (...) comme disposant de motifs légitimes pour mener une telle attaque. Ils s'opposent au projet depuis des années, le qualifiant de menace pour la sécurité nationale parce qu'il permet à la Russie de vendre directement du gaz à l'Europe. »

Mercredi 8 mars

« La défense ! C'est là, en effet, la première raison d'être de l'État. Il n'y peut manquer sans se détruire lui-même[6]. »

***

Avec une photo pour nourrir la propagande, Prigojine assure que les « unités Wagner ont pris toute la partie orientale de Bakhmout, tout ce qui est à l'est de la rivière Bakhmoutka. » Si Zelensky veut, coûte que coûte, que les soldats ukrainiens tiennent, il s'avère que la tactique russe d'encerclement prendrait forme, que l'étau se resserrerait au point que Jens Stoltenberg estime ne « pas exclure que Bakhmout tombe finalement dans les prochains jours ». À la guerre, on ne peut jamais rien exclure. Et rien n'est définitif. Ce qui est pris aujourd'hui, peut retomber demain.

4. https://twitter.com/AmbassadeChine
5. https://www.nytimes.com/2023/03/07/us/politics/nord-stream-pipeline-sabotage-ukraine.html
6. De Gaulle.

Fiche n°25 : Extraits de l'audition conjointe de Thomas Gomart, directeur de l'Institut français des relations internationales (Ifri) et de Bruno Tertrais, directeur adjoint de la Fondation pour la recherche stratégique (FRS) sur « les enjeux de la loi de programmation militaire »[7]

Thomas Gomart :

• « Nous sommes à mon sens, face à une situation très paradoxale (...) le président de la République se distingue très clairement de ses prédécesseurs en ayant augmenté la dépense militaire lors de son mandat précédent et en voulant continuer à le faire. Et pourtant, la LPM qui se dessine donne une impression au mieux de pouvoir se maintenir au niveau qui était le nôtre précédemment. Et ce paradoxe qui est très difficile à expliquer politiquement (...) rappelle une évidence historique (...) c'est qu'on ne rattrape jamais sur quelques années, des décennies de désarmement. »

• « Il est frappant de constater le décalage entre les sommes en jeu, l'effort considérable (...) l'effort demandé à la nation et l'effort analytique pour le concevoir et le justifier. Juste pour prendre une image, on peut se remémorer les *Livres blancs* de jadis et les 52 pages de la *Revue nationale stratégique* présentée en novembre dernier qui oriente nos réflexions. »

• « Cette *Revue nationale stratégique* n'est ni une tentative de grande stratégie impliquant toutes les composantes nécessaires à une réflexion sur une ou deux générations et en particulier la composante énergie-climat, ni une stratégie de défense parce qu'elle aborde un certain nombre de sujets assez fragmentés. »

• « Le premier point de critique, c'est que la notion d'endurance doit être remise dans le débat ; la deuxième critique c'est que cette notion d'économie de guerre (...) ne correspond pas à la manière dont les choses sont ressenties à la fois par les industriels et plus largement par nos concitoyens. La loi de programmation militaire insiste sur la nécessité de « mettre sous tension la BITD » pour au fond l'encourager à produire plus et moins cher. Cette mise sous tension (...) est très compréhensible, mais elle n'a pas de sens si elle n'est pas accompagnée d'une mise sous tension du secteur bancaire qui est censé la financer ; troisième point de critique, nous avons pris l'habitude de nous présenter comme la première armée d'Europe et je pense que c'est un trompe-l'œil très dangereux. Un trompe-l'œil à la fois vis-à-vis de nos concitoyens, et un trompe-l'œil vis-à-vis de nos partenaires. »

• « La Russie a deux ennemis affichés et présentés comme tels. Premier ennemi c'est la nation ukrainienne, il s'agit d'asservir. Et le deuxième ennemi c'est l'Occident collectif. (...) L'Ukraine, à mon sens, doit se lire comme une guerre d'entraînement, et il me semble parfaitement illusoire de croire qu'un arrangement territorial pourrait mettre fin aux desseins néo-impériaux de Vladimir Poutine. Le sujet et la pression vont s'exercer très fortement dans les semaines qui viennent, à la fois sur la Moldavie et la Géorgie. (...) Parallèlement, on notera toujours une volonté de la part de la Russie de tester la solidité de l'article 5 ou de se livrer à des stratégies indirectes par l'intermédiaire de ces proxys. C'est un enseignement à tirer de notre présence au Sahel : comment se fait-il que nous n'avons pas vu ou nous n'avons pas voulu analyser à ce point la main russe derrière Wagner, au Mali notamment. »

• « Quel est le degré de convergence entre la Chine, la Russie et l'Iran ? »

7. https://www.senat.fr/compte-rendu-commissions/20230306/etr.html

• « Au début des années 90, l'économie européenne était supérieure à l'économie américaine, ce n'est plus le cas ; et deuxième fait important, la Chine en 2021, est devenue le premier partenaire économique de l'Union européenne. »

• « L'heure n'est pas à chercher une position de surplomb, mais bien plutôt de se préparer au plus vite au choc que nous allons subir. (...) Qu'avons-nous fait du temps stratégique que les Ukrainiens nous ont offert depuis un an. »

Bruno Tertrais :

• « Il y a trois pièges à éviter. (...) Le premier est de considérer que le monde est toujours plus dangereux. (...) Je vais citer quelqu'un qui est aussi un des maîtres pour Thomas, Raymond Aron, qui nous invite toujours à nous méfier de l'illusion rétrospective de la stabilité. On a toujours le sentiment qu'il y a cinq, qu'il y a dix, qu'il y a trente ans que la guerre froide c'était plus stable, c'était plus prévisible... Je le rappelle, ce n'était pas du tout le sentiment qu'on avait à l'époque. »

• Bruno Tertrais appuie comme second piège sur la nécessité de se méfier du « toujours plus » dans les dépenses militaires. (...) Le troisième piège (...) « c'est de préparer la guerre d'aujourd'hui et de ne pas préparer celle de demain. »

• « Sur la question des conséquences de la guerre d'Ukraine. Parler de conséquences c'est dire qu'on se projette dans l'après. Nous ne savons pas quand sera l'après, et nous ne savons pas s'il y aura un après. Se projeter dans l'après, signifie que nous pouvons déjà envisager (...) un après. (...) Le scénario d'une Russie en guerre permanente, pour très longtemps (...), le scénario dans lequel la Russie préparerait ses guerres d'après, c'est un scénario qui nous empêche de nous projeter après l'Ukraine. Dans le meilleur des cas pour nous, nous aurions une Russie affaiblie militairement. Mais même une Russie affaiblie, serait encore une Russie revenchiste, et donc encore un problème stratégique pour l'Europe. (...) Et par ailleurs, ce serait une Russie (...) qui chercherait à reconstituer son potentiel classique. »

• Pour l'Europe, cela signifie « que nous avons une véritable translation à l'Est de la défense collective de l'Europe qui n'est pas terminée, puisqu'après-demain la défense de l'Europe se fera sur le Don et pas sur le Rhin. »

• Sur l'Amérique : « Il y a sur la présence américaine et sa garantie (...) trois récits erronés. Le premier récit erroné, le récit français. L'Amérique s'en va. Oui, l'Amérique est toujours là (...) elle revient même. (...) Le deuxième récit erroné, c'est le récit allemand, qui consiste à dire que l'Amérique sera toujours là, d'ailleurs elle est revenue. Évidemment, cet excès de confiance a été quelque peu érodé par la présidence Trump. (...) Le troisième récit erroné, c'est le récit polonais, qui consiste à dire que du moment qu'on a les forces américaines chez nous (...) eh bien on est tranquilles. »

Jeudi 9 mars

Que l'on soit au Pentagone ou à la Maison-Blanche, le scénario d'une opération militaire technique d'Israël sur l'Iran est envisagé. Plusieurs années qu'une telle opération est évoquée. Et plusieurs années qu'on disserte sur l'enrichissement d'uranium par Téhéran à des fins militaires. Or, on sait qu'aucune offensive d'Israël en Iran n'aura lieu sans l'approbation américaine.

Quel serait le rôle des États-Unis dans une telle situation ? Washington pourrait appuyer Tsahal dans son offensive en mettant à disposition ses moyens cyber, spatiaux, numériques et sous-marins. Ce serait également une présence accrue de moyens humains et matériels dans les eaux et bases militaires de la région.

Néanmoins, pèse le risque d'une déflagration du conflit au niveau régional et mondial.

Le sujet est vital pour Israël. Le « hasard de la guerre » pèse sur le choix.

Vendredi 10 mars

La Chine est un acteur de premier rang des relations internationales. Médiatrice, influente, implantée sur l'ensemble des continents, douée d'une diplomatie active et d'un *soft-power* grandissant. Elle vient de le prouver en devenant l'intermédiaire de la relation Iran-Arabie Saoudite. Les deux pays viennent en effet d'annoncer rétablir leurs relations. Dans un délai de deux mois, les ambassades des deux pays vont rouvrir.

Pékin jubile. Le message des trois nations est explicite. Il s'adresse à Washington et au monde occidental : une autre voie existe.

Enfin, remarquons le rapprochement de l'axe sunnite-chiite. L'aspect religieux, le sacré, l'alliance des croissants sont présents dans ce nouveau partenariat réalisé sous la protection mystique de Confucius.

Fiche n° 26 : Qu'est-ce que la Diplomatie ?

« La parole a été donnée à l'homme pour déguiser sa pensée » disait Talleyrand.

La *Diplomatie* est un des outils dont disposent les hommes pour traiter des affaires politiques. On dit bien souvent que les deux grands instruments des États sont le soldat et le diplomate. Autrement dit, l'armée et la diplomatie.

En relations internationales comme dans les guerres, la diplomatie a toujours le dernier mot. Cette dernière répond de principes dont la finalité reste en grande majorité dépendante de « la raison des États ».

Parmi les diplomates les plus célèbres, retenons Richelieu, Mazarin, Metternich, Talleyrand, Bismarck, Disraeli ou Kissinger.

Ce dernier a rédigé un ouvrage de référence intitulé *Diplomatie*, lequel conte l'histoire des relations diplomatiques et de ses rouages, du XVIIe au XXe siècle. L'écrit est introduit par le siècle de Richelieu où apparaît la diplomatie européenne – incarnée par le traité de Westphalie –, la raison d'État et la recherche de l'équilibre entre les puissances, pour se finaliser par le siècle des États-Unis d'Amérique, façonné par un ordre mondial composé d'organisations internationales, de coopérations entre puissances et du développement de principes tels que la sécurité humaine.

Samedi 11 mars

« *Nous ne prenons les armes que pour défendre notre liberté et notre honneur*[8]. »

***

2022, une année record pour le groupe Dassault Aviation. Comme Thales, l'industriel français engrange contrat sur contrat, victoire sur victoire. Au centre de ses réussites ? Le Rafale, naturellement. Mais aussi le Falcon. Pour Dassault, cette année historique fut donc marquée par des commandes à hauteur de 92 Rafale – dont 80 pour les Émirats arabes unis – et un carnet de commandes d'un montant total de 35 milliards d'euros : « le plus important de son histoire ». Carnet qui comporte 125 Rafale à livrer à des partenaires étrangers et 39 à la France auxquels vont venir s'ajouter 42 autres appareils avec une nouvelle commande à venir (tranche 5). Aux 164 Rafale, s'ajoutent 87 Falcon.

Dimanche 12 mars

Lors de la 14e Assemblée populaire nationale, le président Xi Jinping a nommé Li Shangfu, Liu Zhenli, Miao Hua et Zhang Shengmin, aux postes de membres de la Commission militaire centrale (CMC). Le premier, Li Shangfu a ensuite été nommé ministre de la Défense. Un choix stratégique pour le président chinois, car Li Shangfu est dans le viseur américain depuis plusieurs mois pour son rôle dans la coopération militaire sino-russe.

***

« Il faut suivre les principes suivants : servir le peuple et le socialisme ; « que cent fleurs s'épanouissent, que cent écoles rivalisent » ; et réaliser une transformation créative et un développement innovant, pour assurer un nouveau rayonnement splendide de la culture chinoise[9]. »

Lundi 13 mars

Joe Biden, en présence de Rishi Sunak et d'Anthony Albanese, apporte des détails sur le programme Aukus. Les États-Unis vont dans un premier temps vendre des sous-marins de la classe Virginia. Au nombre de cinq. Puis les trois partenaires mèneront à bien le programme SSN-Aukus qui doit aboutir à la livraison de SNA vers 2040. Dans le même temps, Joe Biden a demandé que le budget militaire américain soit augmenté de 3,2 % en 2024, afin d'assurer une modernisation accélérée des moyens de dissuasion nucléaire dont disposent les États-Unis, notamment maritimes et sous-marins. La somme totale de 842 milliards de dollars pour le ministère américain de la Défense a été pointée, sans prendre en compte les programmes secrets.

***

La guerre en Ukraine dope les ventes d'armements. En Europe, selon le dernier rapport du SIPRI, les importations d'armes ont pratiquement doublé en 2022. L'Ukraine est devenue cette même année le troisième plus grand importateur mondial d'armements, derrière l'Inde et le Qatar. Et que dire de la Pologne, portée par un budget de la défense

8. Philippe Auguste.
9. Xi Jinping, dans Alice Ekman, Rouge vif, l'idéal communiste chinois, Champs actuel, p. 16.

à hauteur de 4 % de son PIB, qui ne cesse de passer des contrats avec le complexe militaro-industriel américain.

La France renforce et conforte sa position de troisième pays exportateur d'armements. On l'écrivait il y a peu, Dassault et Thales notamment, ont remporté d'importants contrats avec le Rafale.

Aussi, les trois quarts du total des ventes sont réalisés par cinq pays.

Part en pourcentage de ces pays dans la vente totale des armes dans le monde :

- États-Unis (40 %)
- Russie (16 %)
- France (11 %)
- Chine (5 %)
- Allemagne (4 %)

Fiche n°27 : Extraits du rapport sur SIPRI : « Hausse des importations d'armes en Europe ; Domination accrue des États-Unis sur le commerce mondial des armes[10] »

• « Les exportations d'armes américaines ont augmenté de 14 % entre 2013-2017 et 2018-2022, les États-Unis représentent 40 % des exportations mondiales d'armes en 2018-2022. »

• « Les exportations d'armes de la Russie ont chuté de 31 % entre 2013-2017 et 2018-2022. Sa part dans les exportations mondiales d'armes est passée de 22 % à 16 %, tandis que la part de la France est passée de 7,1 % à 11 %. (...) Le nombre des principaux destinataires d'armes russes est passé de dix à huit entre 2013-2017 et 2018-2022. »

• « Les exportations d'armes de la France ont augmenté de 44 % entre 2013-2017 et 2018-2022. La plupart de ces exportations étaient destinées aux États d'Asie, d'Océanie et du Moyen-Orient. L'Inde a reçu 30 % des exportations d'armes françaises en 2018-2022. La France a supplanté les États-Unis en tant que deuxième plus grand fournisseur d'armes de l'Inde, après la Russie. »

• « L'Asie et l'Océanie ont reçu 41 % des transferts d'armes majeures en 2018-2022, une part légèrement inférieure à celle de 2013-2017. (...) Les importations d'armes par les États d'Asie de l'Est ont augmenté de 21 % entre 2013-2017 et 2018-2022. Celles de la Chine ont augmenté de 4,1 %, la plupart provenant de Russie. Cependant, les augmentations les plus importantes en Asie de l'Est ont été enregistrées par les alliés des États-Unis : la Corée du Sud (+61 %) et le Japon (+171 %). L'Australie, plus grand importateur d'armes d'Océanie, a augmenté ses importations de 23 %. »

• « Trois des dix principaux importateurs en 2018-2022 se trouvaient au Moyen-Orient : l'Arabie Saoudite, le Qatar et l'Égypte. »

Mardi 14 mars

Un article du journal *Le Monde*[11] interpelle. Le titre : « Dans leur conflit avec la Chine,

10. https://www.sipri.org/sites/default/files/2023-03/at_press_release_fre.pdf
11. Virginie Malingre, « Dans leur conflit avec la Chine, les États-Unis entraînent un peu plus l'Europe », Le Monde, 14 mars 2023.

les États-Unis entraînent un peu plus l'Europe ». La journaliste laisse à penser que l'UE et ses États membres ne seraient que des vaches à lait du grossiste et berger américain. Ce n'est pas totalement faux. Souvenez-vous de ce que dit de Gaulle à Peyrefitte : « L'Europe occidentale est devenue sans même s'en apercevoir, un protectorat des Américains[12]. »

Pour autant, au-delà de savoir si les États membres vont suivre l'Amérique dans leur course à l'armement engagée avec la Chine, ou plutôt dirions-nous, la course à la domination des relations internationales, il serait plus judicieux de se questionner sur les dangers que fait peser la Chine sur l'Europe. Sur notre économie, notre industrie, nos entreprises, nos terres, nos ports... nos intérêts, notre souveraineté, notre intégrité. En effet, la Chine ne cesse, sans bruit mais avec un marteau bien forgé, de réaliser des missions d'espionnage, de pillage technologique, d'influence... que ce soit à l'égard de nos entreprises ou du monde politique. Le port du Pirée est tombé. Kuka, le fleuron allemand des robots industriels est passé sous pavillon chinois. Le port de Hambourg a vu la participation chinoise atteindre 25 % en décembre dernier. Les terres en région bordelaise sont sclérosées par les portefeuilles chinois. Une partie de la classe politique européenne ne cesse de répondre aux exigences déguisées de Pékin. TikTok et les géants du numérique chinois s'étendent à travers le continent pour récolter les fruits des populations européennes... Aussi, n'oublions jamais la phrase de Xi Jinping : « qui domine l'Europe, domine le monde ». Alors, si l'Europe et la classe dirigeante ont tendance, il est vrai, à s'aligner sournoisement et candidement sur la position américaine, il est primordial de s'interroger avant tout sur l'Europe, l'UE et les intérêts des États membres qui subissent de plein fouet l'expansion chinoise. Réécoutons le fondateur de la Ve République : « Tout système qui consisterait à transmettre notre souveraineté à des aréopages internationaux serait incompatible avec les droits et les devoirs de la République française. »

La République française aussi, a le devoir de protéger les intérêts des Français de l'espionnage économique américain...

Fiche n°28 : La doctrine Truman

La « doctrine Truman » est une doctrine géopolitique énoncée le 12 mars 1947 par Harry S. Truman, 33e président des États-Unis d'Amérique. Elle officialise la politique de *containment* des États-Unis d'Amérique à l'encontre de l'URSS et instaure une bipolarisation analytique entre les régimes démocratiques, défenseurs de la liberté des peuples, et les régimes totalitaires, soutiens de l'asservissement de ces derniers.

« Je crois que les États-Unis doivent pratiquer une politique d'aide aux peuples libres qui résistent actuellement aux manœuvres de certaines minorités armées, ou à la pression extérieure. Je crois que nous devons aider les peuples libres à accomplir leurs propres destinées, selon leur mode de vie propre. Je crois que notre aide doit se manifester en tout premier lieu sous la forme d'une assistance économique et financière indispensable à la stabilité économique et au fonctionnement régulier des institutions politiques. Le monde n'est pas statique, et le statu quo n'est pas une chose sacrée. (...) Les germes des régimes totalitaires sont nourris par la misère et le besoin.

12. Alain Peyrefitte, *C'était de Gaulle.*

Ils se répandent et grandissent dans la mauvaise terre de la pauvreté et de la guerre civile. Ils parviennent à maturité lorsqu'un peuple voit mourir l'espoir d'une vie meilleure. Nous devons faire en sorte que cet espoir demeure vivant. Les peuples libres de la Terre attendent de nous que nous les aidions à conserver leurs libertés. Si nous manquons à notre rôle directeur, nous pourrons par là même mettre en péril la paix du monde, et nous porterons certainement atteinte aux intérêts de notre propre pays. De lourdes responsabilités ont été placées sur nos épaules par la marche rapide des événements. »

Mercredi 15 mars

Quel calme pour le mage du Kremlin. Vladimir Poutine reçoit à Moscou Bachar al-Assad. Architecte de la diplomatie russe, l'abeille Poutine colmate les brèches d'une Syrie usée par la guerre et touchée dernièrement par le séisme meurtrier qui a fait des dizaines de milliers de morts. C'est aussi l'occasion pour lui de marcher dans les pas de Xi Jinping, et d'organiser le rapprochement entre la Syrie et la Turquie, en vue de contrecarrer l'influence de ce qu'il dénomme discours après discours : « l'Occident collectif ». Nous prenons le pari, ici, d'une future rencontre entre Erdogan et Al-Assad dans les prochaines semaines.

***

Le ministre Lecornu fait face à la représentation nationale par la médiation de la Commission de la défense et des forces armées de l'Assemblée nationale[13]. Ordre du jour : l'Ukraine.

Le soutien français à l'Ukraine est « une aide de légitime défense ». Dans cette guerre par proxy, la France est attendue sur plusieurs segments :

- « La première des choses (...) c'est évidemment la défense sol-air. (...) La sol-air est un des besoins sur lequel l'Ukraine nous attend massivement. »
- « Le deuxième segment sur lequel nous sommes attendus, ce sont les équipements terrestres. » Cela se traduit par des livraisons de TRF1, d'AMX-10 et de VAB.
- « L'enjeu maintenant c'est la soutenabilité » des moyens sur la durée. La France doit prendre des dispositions : il faut privilégier « l'achat direct » de matériels de l'Ukraine à la France, plutôt que de prélever du matériel sur les moyens de nos armées ; lorsque la France a « des prélèvements, elle doit être capable de recompléter le plus vite possible » ; « la soutenabilité et le MCO » ; et « l'économie de guerre ».
- « La facilité européenne pour la paix[14] » est un enjeu majeur.

Jeudi 16 mars

Le président Emmanuel Macron annonce plusieurs mesures en conclusion des États généraux de la diplomatie. Devant des ambassadeurs, Michèle Alliot-Marie et Philippe Douste-Blazy, le Président dit « répondre favorablement aux demandes formulées » par Catherine Colonna, et en particulier, celle « d'une augmentation sur quatre ans des effectifs de 700 ETP. » Précisant que le budget alloué au ministère des Affaires étrangères augmenterait, pour atteindre 7,9 milliards d'euros en 2027.

13. http://videos.assemblee-nationale.fr/video.13084742_6411e94349022.commission-de-la-defense-nationale-et-des-forces-armees--m-sebastien-lecornu-ministre-des-armees-15-mars-2023

14. Instrument qui facilite le financement d'actions extérieures de l'UE dans le domaine militaire et de défense.

Emmanuel Macron assume vouloir mettre les moyens en conformité avec les ambitions de la France. Cela passera obligatoirement par « un réarmement complet de notre diplomatie ».

Parmi les autres annonces, une nous intéresse particulièrement : celle relative à la dotation par l'État français, « d'un instrument de formation continue et d'une académie diplomatique, au service de l'ensemble de l'État » ainsi que la mise en place d'une « réserve diplomatique citoyenne ».

Fiche n°29 : Extraits du discours du président Emmanuel Macron aux États généraux de la diplomatie[15]

• **Sur la réforme du corps diplomatique** : « J'ai entendu aussi les préoccupations concernant la réforme de la fonction publique et de la haute fonction publique qui sont venues sur ce terreau propice, celui du doute, parce que les moyens étaient de plus en plus réduits. Je veux ici le redire avec beaucoup de clarté : je pense que cette réforme est bonne pour l'État et je pense qu'elle est en particulier bonne pour votre ministère et pour ses agents. Je veux ici être très clair : aussi vrai que je reconnais l'existence d'un métier, un métier n'a pas besoin de corps pour exister. Je vous parle avec beaucoup de simplicité, moi qui, sortant de l'ENA, ai rejoint un métier et un corps, j'ai totalement assumé de supprimer ce même corps. Ça n'a rien à voir. Et dans toutes les meilleures diplomaties du monde où le métier est reconnu et existe, il existe dans une filière professionnelle avec un jugement des pairs, des carrières qui doivent être sanctuarisées, ça ne veut pas dire pour autant qu'il faille pour cela un corps, c'est différent. »

• **L'autonomie stratégique** : « Nous devrons être sans cesse sur le qui-vive, capable d'assembler des cercles de solidarité : l'Europe, bien évidemment, et cette autonomie stratégique que nous avons imposée dans le paysage ces dernières années, et l'alliance bien entendu, mais L'Indopacifique aussi pour être au pivot, pour assurer notre souveraineté, notre liberté de manœuvre, et beaucoup d'autres alliances que nous sommes en train de rebâtir aussi dans des cadres régionaux totalement rénovés. Notre diplomatie devra donc s'équiper pour cela. Il faudra renforcer la capacité d'analyse des directions politiques, consolider notre culture stratégique, nous doter de capacités d'anticipation. Et pour tout cela, c'est un point cardinal, davantage valoriser l'innovation, questionner nos habitudes, revoir nos dogmes, utiliser l'intelligence artificielle et le traitement de sources ouvertes. »

• **Qu'est-ce qu'un bon diplomate et une bonne diplomatie** : « Je voudrais simplement souligner quatre traits dominants qui relèvent de ces convictions établies ces dernières années, des grands travaux poursuivis à vos côtés ces dernières années et des États généraux.

– (...) Le premier, c'est un cœur de métier profondément rénové. Le monde change, personne ne nous attend, la géopolitique de notre siècle sera un système contradictoire, fait de coalitions mouvantes et d'inévitables polarisations, un monde au fond querelleur et tenté par la renationalisation. Alors nous devrons y rivaliser tout à la fois de cohérence et d'agilité pour trouver notre place.

15. https://www.elysee.fr/emmanuel-macron/2023/03/16/cloture-des-États-generaux-de-la-diplomatie#:~:text=Je%20veux%20ici%20%C3%AAtre%20tr%C3%A8s,de%20supprimer%20ce%20m%C3%AAme%20corps.

– (…) Le deuxième trait, c'est une diplomatie qui se structure autour de la capacité d'influence.

– (…) Le troisième trait, c'est une diplomatie qui prend pleinement le tournant des enjeux globaux.

– (…) Le quatrième trait, c'est une diplomatie plus proche des Français. »

Vendredi 17 mars

Vladimir Poutine fait l'objet d'un mandat d'arrêt émit par la Cour pénale internationale. « Aujourd'hui, 17 mars 2023, la Chambre préliminaire II de la Cour pénale internationale a émis des mandats d'arrêt contre deux personnes dans le cadre de la situation en Ukraine : M. Vladimir Vladimirovitch Poutine et Mme Maria Alekseyevna Lvova-Belova. » Le président de la Fédération de Russie est présumé « responsable du crime de guerre de déportation illégale de population (enfants) et de transfert illégal de population (enfants) des zones occupées d'Ukraine vers la Russie. »

Fiche n°30 : Communiqué du ministère de l'Europe et des Affaires étrangères[16]

« La France prend note de l'émission par la Cour pénale internationale de mandats d'arrêt contre Vladimir Poutine, président de la Fédération de Russie et Maria Lvova-Belova, commissaire russe pour les droits de l'enfant.

La Cour estime qu'il existe suffisamment d'éléments pour établir leur implication dans la déportation et le transfert d'enfants ukrainiens.

La Cour, qui a ouvert son enquête le 2 mars dernier à la demande d'une quarantaine d'États, dont l'ensemble des États membres de l'Union européenne sous présidence française de l'UE, agit en toute indépendance. Elle estime que ces actes constituent des crimes de guerre et ne peuvent à ce titre rester impunis.

Fidèle à son engagement de longue date pour lutter contre l'impunité, la France continuera d'apporter son appui à l'indispensable travail de la justice internationale pour assurer que les responsables de tous les crimes commis en Ukraine rendent des comptes. Elle apporte son plein soutien à la CPI, ainsi qu'aux juridictions ukrainiennes qui concourent à cet objectif. »

Recep Tayyip Erdogan et Victor Orban autorisent la Finlande à rejoindre l'Otan. La Suède attendra.

16. https://www.diplomatie.gouv.fr/fr/politique-etrangere-de-la-france/justice-internationale/evenements/article/lutte-contre-l-impunite-emission-de-mandats-d-arret-de-la-cour-penale

Samedi 18 mars

22,3 milliards d'euros : c'est le total du carnet de commandes du missilier français MBDA. Le complexe militaro-industriel se porte bien. Il ne demande qu'à obtenir des simplifications de financements, pour permettre à la France de dépasser la Russie au tableau des exportateurs d'armements mondiaux.

L'Amérique, premier exportateur mondial d'armes, a solidifié sa place en 2022 selon le rapport annuel du SIPRI. L'année 2023 ne devrait pas déroger aux bons chiffres. Regardons Boeing : si l'entreprise est en difficulté dans le domaine du développement d'avions de combat – distancée par Lockheed Martin –, il en est tout autrement dans le domaine héliporté. Le constructeur aéronautique de Seattle vient de se voir attribuer un contrat pour la production de 184 exemplaires de l'hélicoptère d'attaque Apache AH-64E. Une partie sera destinée à l'Australie. Ce pays est en train de devenir un porte-avions continental américain en Océanie-Asie.

Lundi 20 mars

« La Chine et l'Occident restent deux planètes, deux astres aux civilisations éloignées, qui ont besoin de "passeurs" pour trouver un terrain d'entente et nouer des coopérations fructueuses[17]. »

***

À distance, les blocs se défient. D'un côté, Poutine et Xi Jinping. De l'autre l'Occident et ses alliés – Corée du Sud, Japon, Australie et Nouvelle-Zélande. Chacun y va de son mot, de sa propagande, de sa perception, de ses orientations.

Côte à côte à Moscou, Xi et Poutine rassurent leurs partenaires, les non-alignés, les nations d'Afrique et d'Amérique latine : « Je suis convaincu que cette visite sera fructueuse et qu'elle donnera un nouvel élan au développement sain et stable des relations sino-russes. » Poutine en profite pour annoncer au continent africain que la livraison de céréales sera maintenue même si l'accord sur les exportations négocié sous la houlette de la Turquie d'Erdogan, n'aboutit pas. Sur l'Ukraine, on s'interroge : quelle place pour les 12 points présentés par Xi Jinping il y a trois semaines ? Quelle implication de la Chine dans la résolution de crise. Quels accords diplomatiques sur l'économie, la diplomatie, la redéfinition des normes internationales ?

Au sein du bloc occidental, les politiques sont en action pour contrebalancer l'alliance sino-russe. Washington annonce la livraison de nouveaux lance-roquettes Himars pour 365 millions d'euros. Quant à la Commission européenne, Ursula von der Leyen devrait officialiser une nouvelle aide de 2 milliards d'euros – milliard pour « recompléter » les stocks des pays donateurs en obus de 155 mm et 1 milliard pour l'achat d'obus pour l'Ukraine. L'Occident est en difficulté malgré les apparences trompeuses. Les économies ne sont pas en phase avec la réalité.

Mardi 21 mars

« En ce moment même, il y a des changements comme nul n'en a vu depuis cent ans, et c'est nous qui les pilotons ensemble » déclare Xi Jinping, pour son neuvième voyage à Moscou et sa quarantième rencontre avec Vladimir Poutine

17. Maurice Gourdault-Montagne, *Les autres ne pensent pas comme nous.*

« La Chine aspire à un multilatéralisme profondément différent, c'est-à-dire “renouvelé” par rapport à celui qui existe aujourd'hui, qu'elle juge dépassé par l'évolution du monde, car reposant sur des bases décidées au sortir de la Seconde Guerre mondiale. Elle ne se contente pas de critiquer l'ordre international actuel, elle s'attache à bâtir une architecture multilatérale concurrente fondée sur le financement et le rachat d'infrastructures nouvelles ou existantes dans des pays tiers, jusque dans l'Union européenne, où les Chinois ont pris possession du port du Pirée en Grèce et signé avec l'Italie un mémorandum bilatéral en 2019 qui n'a certes pas débouché sur de grands projets. Mais partout, c'est le fameux projet des “routes de la soie” qui continue de servir de catalyseur à cette stratégie de remise en cause de la domination de l'Occident sur le monde[18]. »

***

Deuxième journée du déplacement de Xi Jinping en Russie. Le chef d'État chinois et son homologue russe défient l'Occident en faisant tomber, goutte à goutte, des annonces économiques, politiques, militaires, de partenariats énergétiques... Parmi les points précisés publiquement en conférence de presse, nous apprenons que la *Stratégie énergétique 2035* de la Russie qui vise notamment à concentrer les ventes en gaz et pétrole vers l'Asie, et surtout vers la Chine, s'accélère. En effet, à l'horizon 2030, la Chine pourrait percevoir 98 milliards de mètres cubes de gaz russe. Comment ? Par la médiation entre autres, du pipeline qui passera par la Mongolie. Projet de gazoduc dénommé *Force de Sibérie 2* dont nous nous faisions l'écho dans *Carnet de guerre 2022*, à la date du 28 février. L'accord porte sur le transfert annuel de 50 milliards de mètres cubes de gaz.

Autre sujet clé, l'Arctique et les routes polaires. La Chine va profiter des faiblesses russes, conséquences de la guerre russo-ukrainienne, pour s'octroyer par accord bilatéral, des gages et des droits sur une partie du monde où elle n'a pas de terres. Pas de ZEE.

Sur le nucléaire, les deux partenaires se refusent à une guerre nucléaire entre puissances dotées. Pourquoi ? Parce qu'une guerre nucléaire se conclurait par un retour à l'âge de pierre. Pour Poutine, une telle guerre « ne doit jamais être déclenchée ».

Enfin, les deux États se sont entendus sur divers partenariats économiques afin de protéger la Russie d'une éventuelle crise, et de garantir aux entreprises chinoises de nouveaux débouchés.

Un partenaire fiable est un partenaire du temps long. Xi Jinping veut que Poutine soit réélu en 2024. Poutine a besoin de Xi pour protéger la nation russe. Xi a besoin de Poutine pour influer sur la balance des puissances mondiales. Poutine a besoin des métaux rares et de semi-conducteurs pour sa guerre en Ukraine.

Les deux alliés peuvent sourire : ils avancent sereinement et sûrement dans la décennie à venir tant leurs économies sont liées. Elles se répondent en besoins et en offres – même si l'économie chinoise domine largement par sa puissance et sa diversité. Leur avenir converge, et que dire de leur lutte commune : vaincre l'Occident sur tous les fronts, vaincre l'américanisme à tout prix.

***

Selon l'INPI, l'entreprise Safran remporte la palme de l'entreprise française ayant

18. Maurice Gourdault-Montagne, *Les autres ne pensent pas comme nous.*

déposé le plus grand nombre de brevets en 2022. 931 demandes au total. Contre 924 pour le constructeur automobile Stellantis.

Fiche n°31 : L'Organisation de coopération de Shanghai (OCS)

Créée en 2001 par la Chine, l'OCS est une organisation intergouvernementale qui regroupe des États membres, des États observateurs et des États partenaires.

Parmi les États membres, on compte la Chine, la Russie, le Kirghizistan, l'Ouzbékistan, le Tadjikistan, le Kazakhstan, l'Inde, le Pakistan et l'Iran.

Parmi les membres observateurs, on retrouve la Mongolie, la Biélorussie et l'Afghanistan.

Les objectifs définis par le texte fondateur intitulé *Déclaration sur la création de l'Organisation de coopération de Shanghai* : faciliter les échanges économiques, politiques et commerciaux. C'est une organisation de coopération et de réflexions mutuelles qui permet d'aborder sereinement les enjeux et problématiques géopolitiques communes à la région des pays cités.

En raison de sa puissance, de son influence et de ses objectifs mondiaux, la Chine prend une place prépondérante dans les diverses résolutions prises.

Mercredi 22 mars

Le Royaume-Uni évoque de potentielles livraisons à venir de munitions à uranium appauvri à l'Ukraine. Un nouveau stade de soutien militaire de Londres à Kiev, après la livraison de missiles Stinger, Milan, de chars Challenger... Au Kremlin, la nouvelle n'a pas tardé à faire réagir son hôte. Poutine a indiqué que « l'Occident » avait donc bien « décidé de combattre la Russie jusqu'au dernier Ukrainien, non pas en paroles mais en actes ». Que la Russie répliquera, et qu'on entrerait encore dans une nouvelle phase du conflit, avec désormais l'usage d'armes « à composante nucléaire ». Les munitions à uranium appauvri sont destinées à perforer les blindages du matériel blindé. Notamment des chars lourdement blindés. L'aspect très négatif de ce type d'armement, est la dispersion de l'uranium. Ce dernier va pénétrer dans le sol. Sa présence dans la nature a donc des conséquences désastreuses pour les espèces végétales, animales et humaines sur le court, moyen et long terme.

Vendredi 24 mars

Le 14-Juillet 2023 sera naturellement aux couleurs tricolores, mais il revêtira également les couleurs blanc, vert et orange de l'Inde. Dans la tribune présidentielle, Narendra Modi, le président indien, sera assis à la droite de son homologue français, Emmanuel

Macron. Précisons que l'Inde est l'un des grands partenaires stratégiques de la France. Et ce, notamment dans le cadre de la politique d'exportation d'armements et de transfert de technologies militaires. En effet, depuis un premier contrat de vente de trente-six Rafale validé en 2016 après dix ans de négociations – conclues par une cérémonie en présence de Jean-Yves le Drian –, les possibilités de contrats se sont succédé. Mais malgré les besoins exponentiels de l'Inde – ce pays compte 18 % de la population mondiale – peu de contrats réels ont été signés. La France doit aider l'Inde à acquérir une « autonomie stratégique » partagée. Drôle de concept, mais il relève d'une volonté d'un pays à disposer d'une autonomie, sans avoir néanmoins les capacités d'être pleinement souverain et indépendant dans tous les domaines. Aussi, pour la France et l'Occident, l'Inde est le pays qui doit permettre de contrebalancer la puissance chinoise. L'Inde permet de finaliser le premier cercle périphérique du *containment*, lequel lie : Inde, Corée du Sud et Japon. Suivi d'un second cercle comprenant l'Amérique du Nord, l'Europe, l'Australie et la Nouvelle-Zélande.

Dimanche 26 mars

La Biélorussie d'Alexandre Loukachenko avait modifié sa Constitution afin d'autoriser l'installation d'armements nucléaires russes sur ses terres. Un an après, Poutine annonce qu'il fera stationner des armes nucléaires tactiques en Biélorussie pour répondre à la menace otanienne. S'adressant à ses concitoyens à partir d'une chaîne de télévision russe, il s'en est pris directement à Washington : « Il n'y a rien d'inhabituel ici : les États-Unis font cela depuis des décennies. Ils déploient depuis longtemps leurs armes nucléaires tactiques sur le territoire de leurs alliés. » La Russie en fera de même.

***

L'interview de Christian Lindner pour *Challenges* est d'un réalisme politique inspirant. Que nous dit-il ? Que l'Allemagne défendra ses intérêts. Lisons : « Lorsque nous prenons des décisions technologiques concernant la protection du climat, nous devons toujours penser aux conséquences que cela aura sur la vie quotidienne des gens et sur la sécurité de l'emploi. Je suis surpris que le gouvernement français prenne si clairement position sur une seule option technologique, celle de la propulsion électrique. De mon point de vue, nous devons garder ouvertes différentes voies technologiques, y compris celle du moteur à combustion interne fonctionnant avec un carburant neutre pour le climat. (...) Manifestement, seuls certains membres de l'Union n'ont pas pris notre position au sérieux et ont pensé pouvoir passer outre celle-ci. Il ne s'agit pas seulement d'une préoccupation de l'Allemagne. Il est important que l'Europe reste ouverte aux technologies en matière de protection du climat. Nous devons atteindre la neutralité climatique, cet objectif est clair. Mais ce ne sont pas les politiciens qui doivent définir les moyens techniques pour y parvenir. Nous devons au contraire laisser la force d'innovation de l'économie de marché s'en charger[19]. »

Lundi 27 mars

La contre-offensive ukrainienne viendra-t-elle ? Les forces conventionnelles et spéciales se prépareraient à prendre la route de Rikihiv à proximité de Zaporijjia. Melitopol, Marioupol et la mer d'Azov figurent parmi les objectifs. Pour réussir, près de 80 000

19. Interview de Sabine Syfuss-Arnaud, « Certains pays européens n'ont pas pris l'Allemagne au sérieux », *Challenge* n°779, 23 au 29 mars 2023, p. 25.

Ukrainiens ont été formés et appelés. Ils bénéficient du soutien occidental et notamment des chars lourds promis par plusieurs nations européennes, dont l'Allemagne. Selon des informations recueillies[20], Berlin aurait livré ses premiers chars lourds Leopard II à l'Ukraine. On évoque 18 blindés.

***

Les élections en fond de jeu, le besoin de redorer son blason, faire passer le message de l'homme fort : le président Erdogan est en campagne. En déplacement au centre national d'Özdemir Bayraktar, il est apparu en photo à proximité du drone Bayraktar Kizilelma de l'UCAV Bayraktar TB3. Le Bayraktar Kizilelma, drone à propulsion, devrait pouvoir embarquer sur des porte-aéronefs, et emportera des missiles air-air, air-sol et de croisière. Il ressemble étrangement aux F-20 chinois. Le Bayraktar TB3 est plus petit, mais lui aussi est létal. La Turquie a fait un saut technologique dans le domaine des drones tueurs depuis les années 2000. C'est un véritable choix industriel, stratégique et de puissance.

Mardi 28 mars

Le regard du jour se pose sur la société Prométhée. Prométhée est une start-up française qui cherche à développer une constellation de satellites d'observation. Son dessein repose sur la mise en orbite basse d'une vingtaine de satellites. La constellation serait nommée *Japetus*. Elle permettra de suivre des zones terrestres précises, à intervalle de deux heures, ce qui est stratégiquement utile pour les États qui sont exposés aux risques de catastrophe naturelle - de plus en plus fréquentes - mais aussi pour les armées, lesquelles ont besoin d'un suivi continu sur des espaces étendus des zones d'opérations, comme au Sahel.

En comparaison, la constellation *OneWeb* compte 618 satellites en orbite basse, couvrant l'intégralité du globe selon Sunil Bharti Mittal, le président du conseil d'administration. Connectivité, mise en réseau d'objets connectés, accès à Internet et captation de données à des fins militaires, *OneWeb*, comme *Starlink* ou le projet de la société Prométhée sont prometteurs et révélateurs de la puissance des États occidentaux en matière d'innovation et de maîtrise du champ spatial.

***

Antoine Bondaz, chercheur à la Fondation pour la recherche stratégique (FRS), intervenait ce soir sur la chaîne *Public Sénat* pour donner un éclaircissement sur la relation sino-russe. « La Chine n'a aucun intérêt de signer une alliance avec la Russie. Il y a une convergence d'intérêts politiques entre les deux régimes. Plus même qu'entre deux pays. Il y a deux pays, et surtout deux régimes politiques, qui considèrent que la préservation de leur modèle politique, c'est la priorité en matière de sécurité nationale. À partir de là on voit le rapprochement sino-russe. Mais ce n'est pas pour cela qu'on a un alignement entre les deux pays. Ils ne sont pas alliés, donc ils sont encore moins alignés[21]. »

20. https://www.spiegel.de/politik/deutschland/deutsche-leopard-panzer-in-der-ukraine-angekommen-a-a275a157-d33a-4df0-a43e-bd57a0a7b6f9
21. https://twitter.com/publicsenat/status/1640770602888724480

Mercredi 29 mars

Fiche n°32 : Extraits du rapport d'information sur « l'économie de guerre » présenté par Christophe Plassard[22]

• **Souveraineté :** « L'économie de guerre demandée par le président de la République ne signifie pas que nous sommes en guerre : ce n'est pas une "urgence perpétuelle" qui nous ferait dépenser mal, c'est bâtir les conditions d'une souveraineté durable où l'on dépense mieux car l'expression des besoins est plus claire, l'engagement d'adaptabilité, plus constant, les coûts, mieux maîtrisés. »

• **Réflexions et pistes d'améliorations :** « Plusieurs axes d'améliorations demeurent cependant. D'une part, les procédures sont encore lourdes. Le niveau des budgets alloués par le ministère des Armées à la recherche et à l'innovation oblige à la sélectivité et à la rigueur, afin d'éviter les fausses pistes, d'où une comitologie génératrice de délais peu adaptés aux PME et aux start-up. D'autre part, les outils de soutien à l'innovation restent basés sur des subventions. C'est le cas du programme Astrid (accompagnement spécifique des travaux de recherche et d'innovation défense) opéré par l'Agence nationale de la recherche (ANR), et du dispositif Rapid (régime d'appui pour l'innovation duale), piloté par l'AID. »

• **Les TPM-PME :** « Parmi les crédits consacrés par l'État à l'innovation de défense – plus d'un milliard d'euros par an depuis 2022 et même 10 milliards prévus pour la période 2024-2030 –, une partie gagnerait à être utilisée, pour de petits montants, au profit des PME et start-up, afin de tester des matériels sans nécessairement attendre qu'ils soient pleinement finalisés, pour mieux accompagner les innovations rapides et accélérer le développement des innovations de rupture. »

• **Dépendance étrangère :** « L'industrie de défense – comme l'industrie civile – est dépendante d'un certain nombre de flux d'approvisionnement provenant de l'étranger. Ainsi l'Union européenne dépend à 97 % d'approvisionnements extérieurs pour un groupe de vingt-sept matières premières considérées comme critiques. C'est le cas pour la plupart des matières premières utilisées dans la fabrication d'équipements militaires : par exemple, le titane (40 % de la consommation française de titane provient de Russie), l'acier, l'aluminium, les terres rares, le cobalt, le tungstène ou encore le nickel. C'est également le cas de certaines pièces détachées essentielles dans la production de matériels de guerre, notamment les composants électroniques (pas moins de 90 % des semi-conducteurs utilisés en Europe sont importés, notamment d'Asie ou des États-Unis, alors que la production européenne représentait 40 % de la production mondiale en 1990). »

• **Les stocks stratégiques :** « L'économie de guerre impose de rompre avec la logique de flux tendus qui prévaut aujourd'hui dans l'industrie, et de reconstituer des stocks stratégiques. Il s'agit tout d'abord de renforcer les stocks de consommables initiaux à la disposition des armées pour tenir dans les premières phases d'un conflit (munitions, pièces détachées). »

• **Sécurisation des approvisionnements :** « Pour l'industrie de défense, la sécurisation des flux d'approvisionnement suppose de reconstituer des stocks de matières premières,

22. https://www.assemblee-nationale.fr/dyn/16/rapports/cion_fin/l16b1023_rapport-information

ou de trouver d'autres solutions de sécurisation des approvisionnements, telles que la signature de contrats d'approvisionnement de long terme garantis par l'État, la prise d'options sur des livraisons ou la prise de participations dans des entreprises spécialisées dans la fourniture de matières premières. Il est également nécessaire de constituer des stocks de composants essentiels à la production des équipements mais dont l'approvisionnement peut être long ou complexe. En effet, le délai de livraison de certaines pièces peut représenter jusqu'à la moitié du cycle de production du produit fini. Les stocks sont indispensables pour accélérer et augmenter la production. »

• **Mutualisation des moyens en vue des fins :** « Pour réduire le coût de la sécurisation des chaînes d'approvisionnement, des mutualisations peuvent aussi être envisagées. L'approvisionnement en matières premières et en composants critiques ne concerne pas uniquement la défense mais aussi de nombreux autres secteurs économiques. Aussi, il conviendrait d'identifier les besoins communs à plusieurs filières industrielles afin de mutualiser les solutions permettant de sécuriser l'approvisionnement, qu'il s'agisse de constituer des stocks, de réaliser des achats mutualisés, de signer des contrats communs de long terme, ou de procéder à des prises d'options ou de participations. »

• **Relocalisation :** « La sécurisation des chaînes d'approvisionnement implique aussi, lorsque cela est possible, la relocalisation de certaines productions réalisées en dehors du territoire, dans un objectif de réduction de nos dépendances vis-à-vis d'États étrangers et de diminution des risques logistiques ou de priorisation économique. (...) Tandis que la France avait perdu sa filière de production de poudre à explosifs et était contrainte de s'approvisionner notamment en Allemagne, Eurenco a annoncé son intention de relocaliser, à Bergerac, la production de poudre destinée à la propulsion des obus d'artillerie (155 millimètres). Plus récemment, le ministère des Armées a annoncé son intention de relocaliser la production des disques des turbines haute pression, des pièces critiques pour les moteurs d'hélicoptères, jusqu'ici élaborées aux États-Unis et forgées en Angleterre, qui seront désormais produites par Aubert & Duval dans le Puy-de-Dôme. Le contexte favorise aussi des relocalisations décidées sur initiative privée. Ainsi, Vistory envisagerait de relocaliser, dans la région de Bourges, ses activités de fabrication et production d'impression en trois dimensions (3D), ce qui contribuerait à la montée en puissance d'une filière souveraine de fabrique additive. »

• **Standardisation des équipements :** « Les impératifs de l'économie de guerre poussent à accélérer la consolidation des besoins des armées et la standardisation des équipements. Pour ce qui est des hélicoptères, le programme d'hélicoptères interarmées légers (HIL) vise précisément à doter les trois armées d'une flotte unique d'hélicoptères H160M Guépard, modulaires, polyvalents et aptes à réaliser un large spectre de missions opérationnelles. De même, l'hétérogénéité de la flotte de l'Armée de l'air et de l'espace tendra à diminuer avec le retrait des Mirage 2000 C, confirmé par le président de la République et le ministre des Armées en janvier 2023, et leur remplacement progressif par des Rafale. »

Jeudi 30 mars

Le ministre de l'Économie, Bruno Le Maire, et le ministre des Armées, Sébastien Lecornu, livrent quelques messages sur la mise en forme de ladite « économie de guerre » voulue par le président de la république[23]. On remarquera trois points : la mise en place d'un référent défense à destination des banques françaises ; un appel à la Banque européenne d'investissement afin qu'elle soutienne les programmes industriels militaires et civilo-militaires ; et l'augmentation du budget de la défense de 3 milliards d'euros par an sur les trois prochaines années.

Extraits :

• **Bruno Le Maire sur les financements :** « (...) il ne peut pas y avoir d'industrie sans financement. Nous avons demandé que dans chaque banque française il y ait désormais un référent défense pour que les banques françaises s'engagent, elles aussi, dans le financement de notre industrie de défense. Nous voulons que ce soit la même chose au niveau européen. Nous ne pouvons pas vouloir défendre l'Ukraine, lui apporter des armements et refuser que l'Europe finance des investissements dans la défense. Voulons-nous être un grand continent souverain, indépendant, puissant, y compris sur le plan militaire ? Oui la France le souhaite. Dans ce cas-là, il faut que la Banque européenne d'investissement puisse investir aussi dans la défense. La perte d'autonomie industrielle commence par l'absence de financements. »

• **Sébastien Lecornu sur la LPM et la trajectoire à venir :** « La trajectoire – à la hausse depuis 2017 – de cette future LPM doit être sincère et fiable, donc soutenable, afin de poursuivre son exécution à l'euro près. Cela restera notre marque de fabrique et c'est d'autant plus indispensable que cet effort est aussi important que celui que les gaullistes ont décidé dans les années 1960. Dans le passé, pour d'autres programmations, les promesses étaient parfois alléchantes mais la réalité n'était pas toujours au rendez-vous. Nous présenterons donc une trajectoire pour ces 413 milliards d'euros entre 2014 et 2030 qui collera à la fois à nos besoins militaires immédiats mais aussi qui préparent ceux de demain. Par ailleurs, avec Bruno Le Maire, nous avons proposé à la Première ministre qui l'a accepté, de sortir de cette LPM les dépenses liées à l'aide militaire à l'Ukraine. Une loi de programmation militaire doit servir à définir le format des armées françaises. »

• **Sébastien Lecornu sur l'aide à l'Ukraine :** « La réassurance du flanc oriental de l'Otan ne se confond pas avec l'aide militaire à l'Ukraine. Nous sommes ici dans le cadre des missions de nos armées telles qu'elles sont prévues dans les provisions des budgets initiaux. Pour 2022, c'est ainsi 530 millions d'euros qui ont été engagés pour les missions en Roumanie, en Pologne ou dans les pays Baltes. (...) Nous allons fournir très prochainement à Kiev un système de défense antiaérienne sol-air SAMP/T qui permet d'assurer autant la protection du champ de bataille que de la population civile dans les villes. Ce système, développé avec l'Italie, représente une valeur de plusieurs centaines de millions d'euros. Nous allons aussi livrer des équipements terrestres nécessaires à la contre-offensive de l'Ukraine : nous doublons ainsi la livraison d'obus de 155 mm pour la porter à 2 000 par mois à partir de cette fin mars. Et nous étudions, avec Élisabeth Borne, le réabondement du fonds de soutien à l'Ukraine voulu par la majorité présidentielle à l'Assemblée nationale, dont les 200 millions ont été intégralement affectés. »

***

23. Interview de Bruno Le Maire et Sébastien Lecornu par Nicolas Barotte et Véronique Guillemard, « *Il serait irresponsable de ne pas réinvestir dans le domaine militaire* », *Le Figaro*, mardi 28 mars 2023, p. 12.

En 2017, Vladimir Poutine s'exprimait ainsi : au XXIe siècle, « celui qui dominera l'intelligence artificielle, dominera le monde. » Ajoutant : « L'intelligence artificielle représente le futur, pas uniquement pour la Russie mais aussi pour toute l'humanité. Cela viendra avec des responsabilités majeures, mais aussi des menaces qui sont difficiles à prédire. » Hier, mercredi 29 mars, une lettre ouverte, signée par plus de 1 100 personnes – avec à leur tête Elon Musk et Steve Wozniak, cofondateur d'Apple – demande aux États une régulation de son développement et de son utilisation. L'IA pourrait avoir des conséquences nocives si les gouvernements ne la modèrent pas. « Les systèmes d'IA dotés d'une intelligence capable de concurrencer celle de l'homme posent de graves risques pour la société et l'humanité. (...) Nous demandons à tous les laboratoires d'intelligence artificielle d'interrompre immédiatement, pour une durée d'au moins six mois, la formation de systèmes d'intelligence artificielle plus puissants que GPT-4. (...) Les systèmes d'IA puissants ne devraient être développés qu'une fois que nous serons certains que leurs effets seront positifs et que leurs risques seront gérables. » On se croirait dans l'ouvrage *Origine* de Dan Brawn. Les auteurs de s'interroger : « Devons-nous laisser les machines inonder nos canaux d'information de propagande et de mensonges ? Devrions-nous automatiser tous les emplois, y compris ceux qui sont gratifiants » ?

L'IA est une véritable opportunité si l'homme ne subit pas son développement. L'IA est un danger si elle devient cet outil « qui pour la première fois dans l'humanité » pourrait être « supérieur à l'homme » dit Elon Musk. Laurent Alexandre, Raphael Doan, Aurélie Jean... nous vous renvoyons vers les spécialistes du sujet pour comprendre les enjeux, les dangers et les opportunités.

Fiche n°33 : Extrait de l'audition d'Henri Proglio, président d'honneur d'EDF, 13 décembre 2022[24], réalisée par la commission d'enquête visant à « établir les raisons de la perte de souveraineté et d'indépendance énergétique de la France »

• Deux décisions qui viennent ravager EDF, la souveraineté française, et les intérêts des Français :

– « Lorsque je suis arrivé à la tête de cette maison, on ne nous parlait que d'une chose, traumatisme absolu, la mise en concurrence des barrages. Formidable idée ! Un barrage étant essentiellement un outil d'optimisation du système électrique puisqu'il est la seule "pile combustible" intelligente et efficace dont nous disposons aujourd'hui : un barrage sert d'abord à stocker bien plus qu'à produire. La mise en concurrence consistait à supprimer le stockage. C'est génial ! Et nous voyions débarquer sur nos sites des Canadiens, des Allemands, des Russes, des Chinois, le monde entier, qui venaient visiter les barrages. »

– « La deuxième loi géniale est la loi du 7 décembre 2010 sur la nouvelle organisation du marché de l'électricité dite loi NOME, qui consiste à imposer à EDF la vente à prix cassé de 25 % de sa production électronucléaire à ses propres concurrents pour que ces derniers puissent vendre leur énergie aux clients d'EDF. Ce fut une réussite, nos concurrents sont devenus riches. C'est d'une pertinence absolue. J'ai dénoncé cette

24. https://www.assemblee-nationale.fr/dyn/16/comptes-rendus/ceindener/l16ceindener2223017_compte-rendu

pratique pendant des années avec l'efficacité que vous constatez ! Pour couronner le tout, il fallait définir un prix de marché, puisqu'il n'y avait pas de marché. Le prix du marché a été indexé sur le gaz. Vous me demanderez pourquoi, puisque nous n'en utilisons pas : tout simplement parce que les Allemands utilisent le gaz. Toute cette démarche est une démarche allemande, toute l'argumentation européenne est une réglementation allemande. »

- **Le cas allemand :** « Les Allemands ont compris leur problématique énergétique et ont tenté *l'Energiewende*, la transition allemande – ils ont inventé le mot avant nous –, qui s'est transformée en catastrophe absolue puisqu'elle s'est traduite par un affaiblissement historique des opérateurs allemands. Les deux grands, VEBA et RWE, se sont quasiment ruinés. J'ai d'ailleurs profité de l'occasion pour vendre notre propre filiale allemande aux Allemands avant qu'il ne soit trop tard. Je l'ai très bien vendue, pour sept milliards d'euros, ce qui m'a valu un procès, que j'ai gagné. Les énergéticiens étaient totalement dépassés et ruinés, et l'Allemagne vulnérable en matière énergétique. Comment voulez-vous que ce pays qui a fondé sa richesse, son efficacité, sa crédibilité sur son industrie accepte que la France dispose d'un outil compétitif aussi puissant qu'EDF à sa porte ? Depuis trente ans, l'obsession allemande est la désintégration d'EDF ; ils ont réussi ! »
- **La France depuis 1997, entre mauvais choix, et choix mauvais :** « Le second acteur du paysage est la politique nationale française. Vous connaissez le sujet bien mieux que moi. On a assisté à la recherche pathétique d'un accord électoral avec un parti antinucléaire, dont la seule doctrine était celle-là. On en voyait les prémices dès 1997-1998, avec l'abandon des réacteurs à neutrons rapides, première infraction dans le système, qui remettait en cause la logique du système nucléaire français. Ont suivi Fukushima et la formidable opération médiatique autour de la catastrophe : les 20 000 morts de Fukushima qui n'ont jamais existé, sauf à confondre le tsunami et l'accident nucléaire. L'apogée a été la campagne de 2012 avec son cortège de joyeusetés : la fermeture envisagée et annoncée de vingt-huit réacteurs nucléaires, qui a évolué progressivement, car il fallait trouver une sortie, vers l'engagement pris sur la fermeture de Fessenheim, mais l'engagement était de baisser de 50 % la part du nucléaire dans la production électrique. Plus encore, j'ai assisté avec grand désespoir à la mise au point de la théorie absurde de la décroissance électrique, qui m'a été imposée à l'époque avec beaucoup d'insistance par les pouvoirs publics. Il était de bon ton d'accepter l'idée, de gré ou de force, selon laquelle la demande électrique allait baisser en France, et que, par conséquent, le nucléaire était surpuissant et qu'il fallait en diminuer la puissance. »

Vendredi 31 mars

« Le révolutionnaire est un homme perdu d'avance. Il n'a pas d'intérêts particuliers, d'affaires privées, de sentiments, d'attaches personnelles, de propriété, il n'a même pas de nom. Tout en lui est absorbé par un seul intérêt à l'exclusion de tout autre, par une seule pensée, par une passion – la Révolution. Au fond de son être, non seulement en paroles, mais en actes, il a rompu tout lien avec l'ordre public et avec le monde civilisé tout entier, avec toutes les lois, convenances, conventions sociales et règles morales de ce monde. Le révolutionnaire en est un ennemi implacable et il ne continue à y vivre que pour le détruire sûrement[25]. »

25. Serge Netchaïev, *Catéchisme du révolutionnaire.*

Sergueï Lavrov, ministre des Affaires étrangères russes depuis 2004, a présenté le document 42 – doctrine de la politique étrangère de la Russie – au président Vladimir Poutine. Sans avoir encore accès aux détails de ce dernier, nous avons écouté la présentation publique de Lavrov. Que dit-il ? Que l'Occident est le principal ennemi de la sécurité intérieure russe. Que l'Occident vise, non pas à faire disparaître la Russie, ce serait trop prétentieux, mais à la contenir, la réduire à la taille de son PIB, à en faire un pays régional, affaibli. Aux desseins, nous dit Lavrov, il y a les moyens : la guerre hybride. « L'opération spéciale » lancée par la Russie le 24 février 2022 aurait servi l'Occident pour assouvir ses passions.

Un Occident guidé par Washington. Cette situation, explicite Lavrov, justifie la désignation des États-Unis comme la principale menace. Partant de ce constat : « La Russie entend accorder une attention prioritaire à l'élimination des vestiges de la domination des États-Unis et d'autres États hostiles dans les affaires mondiales. » La politique étrangère russe doit donc, précise Lavrov, se concentrer sur l'élimination de ses liens directs avec l'Occident, consolider ses alliances avec la Chine et l'Inde, et étendre son influence en Asie et Afrique. Dans cette guerre totale d'un nouvel ordre, prenant en compte l'outil militaire, les moyens diplomatiques, le soft-power, l'intégralité des instruments numériques et ceux relevant de l'IA, l'État russe cherchera à annihiler les « principes idéologiques pseudo-humanistes et néolibéraux, qui conduisent à la perte de la spiritualité traditionnelle et des principes moraux ».

Au-delà d'une réelle nouvelle stratégie russe, on comprend que nous vivons là l'expression d'un sentiment, celui de l'ours, qui ne fait que traduire ses intentions réelles exprimées par la force depuis plusieurs années, dans un document ministériel, qui officialise la position de Moscou à l'égard de ses citoyens. Alea jacte est...

Fiche n°34 : Extrait de l'ouvrage *Poutine, la stratégie du désordre jusqu'à la guerre*[26] d'Isabelle Mandraud et Julien Théron

« Vladimir Poutine, mû par un désir de revanche après l'effacement de la Russie comme acteur central d'un monde bipolaire, n'a cessé d'accroître son emprise sur la société russe tout comme sur les pays voisins relevant de son "étranger proche". En 2008, au terme d'une guerre éclair de quelques jours, la Géorgie a été amputée de 20 % de son territoire après la reconnaissance unilatérale par Moscou de l'indépendance de l'Ossétie du Sud et de l'Abkhazie, venant ainsi grossir les rangs des conflits post-soviétiques comme celui de Transnistrie en Moldavie. En 2014, l'Ukraine a perdu la Crimée, purement et simplement annexée, tandis qu'un conflit armé a ravagé le Donbass, à l'est du pays, dominé par des insurgés pro-russes. Le chef du Kremlin dénonce l'encerclement de la Russie par les forces de l'Organisation du traité de l'Atlantique nord (Otan), mais il dénie surtout le droit aux anciennes républiques et satellites de l'URSS de choisir librement leur adhésion. Et l'antagonisme ancien ravivé contre les États-Unis s'étend à toute l'Europe lorsque Vladimir Poutine constate qu'il ne parvient pas, malgré tous ses efforts, à briser le consensus des Vingt-Huit, puis des Vingt-Sept, sur les sanctions décidées en réaction aux événements d'Ukraine. »

26. Isabelle Mandraud et Julien Théron, *Poutine la stratégie du désordre jusqu'à la guerre*, éd. Tallandier, 2022, p. 17-21.

Avril

« Le courage est la première des qualités humaines car elle garantit toutes les autres. »
Aristote

Samedi 1er avril

Des doutes s'étaient installés dans les armées, depuis que Bercy avait fait fuiter les volontés d'Élisabeth Borne de réduire le budget consacré à la défense pour la période 2024-2030 à 395 milliards d'euros – en lieu et place de 413 milliards d'euros –, de repousser le lancement de la construction du porte-avions de nouvelle génération (Pang), de décaler le développement des cinq frégates d'intervention, de ne disposer que de 7 patrouilleurs océaniques contre 10 initialement ou de ne valider l'achat que de 3 chasseurs de mines – 6 initialement prévus. Nous n'étions alors, non pas en « économie de guerre », mais plutôt à faire des « économies de guerre ». Aux doutes, le ministre Sébastien Lecornu, qui présentera mardi prochain en Conseil des ministres la LPM, a souhaité répondre. Le budget initial de 413 milliards d'euros pour LPM 2024-2030 est toujours l'ambition du Gouvernement ; la deuxième c'est que les travaux du futur porte-avions débuteront au début de l'année 2026 et que les premiers essais en mer sont prévus pour 2037 – une bonne nouvelle pour la société MO Porte-avions, qui regroupe Naval Group et les Chantiers de l'Atlantique, et TechniAtome en charge des chaufferies ; la troisième, que le ministre et les chefs d'État-major des Armées veulent soumettre tout soldat voulant s'engager au profit d'un État étranger dans le cadre de missions de formation, à une « autorisation préalable » délivrée par l'État français. La globalisation faisant son chemin, les militaires français sont devenus les cibles des SMP étrangères mais aussi des États concurrents ou alliés. Nous pensons aux États-Unis, à la Chine, à l'Inde, ou à la Russie… Dans la lutte darwinienne, le détail compte.

Fiche n°35 : Extraits du rapport de l'Ifri : « Chine/États-Unis : l'Europe en déséquilibre[1] » sous la direction de Thomas Gomart et Marc Hecker

• **L'UE déclassée économiquement par les États-Unis et la Chine :** « Pour l'UE, la situation est particulièrement délicate : l'Europe appartient au monde occidental, mais une rupture avec Pékin serait économiquement redoutable. En 2022, la Chine représentait plus de 20 % des importations des différents membres de l'UE, et les États-Unis environ 12 %. À l'horizon 2030, les prévisions du produit intérieur brut s'élèvent à 20 500 milliards de dollars pour l'UE, 30 500 milliards pour les États-Unis et 33 700 milliards pour la Chine. »

1. https://www.ifri.org/fr/publications/etudes-de-lifri/chineÉtats-Unis-leurope-desequilibre

• **La Chine se veut le leader du monde non occidental :** « La Chine mise sur l'attraction de son modèle, mêlant autoritarisme politique et croissance économique, mais également sur sa puissance de frappe financière, notamment via des prêts dans le cadre des Nouvelles routes de la soie. Elle exploite aussi la fatigue d'un "Sud Global", en expansion économique et démographique, face à des puissances occidentales perçues comme déclinantes et "donneuses de leçons". Pékin s'affiche ainsi comme le représentant d'une "toute nouvelle forme de civilisation humaine" – selon l'expression de Xi Jinping –, en proposant "deux initiatives mondiales" relatives au développement et à la sécurité, et visant à refonder l'ordre international. »

• **La course à l'IA pour dominer le monde :** « La Chine et les États-Unis sont les deux principaux producteurs de publications académiques conjointes sur l'IA entre 2010 et 2021, leur nombre ayant été multiplié par cinq au cours de cette période. En outre, Huawei, bien que placée sur liste rouge par Washington en 2020, est aujourd'hui la principale entreprise contributrice aux codes du "noyau" du système d'exploitation Linux, pierre angulaire du *cloud*, de l'Internet des objets, des supercalculateurs, etc. »

• **Les semi-conducteurs, une lutte intense entre les puissances :** « Depuis déjà près de dix ans, la Chine déploie ainsi subventions massives (estimées à plus de 150 milliards de dollars depuis 2015) et incitations politiques pour développer ses capacités nationales, dans le but de réduire sa forte dépendance à l'égard des circuits intégrés étrangers. » Les États-Unis « ont eux aussi décidé d'importants investissements dans ce secteur. La loi Chips and Science votée à l'été 2022 alloue ainsi 52 milliards de dollars de subventions sur cinq ans pour renforcer les capacités de recherche et développement (R&D) ainsi que de fabrication de semi-conducteurs aux États-Unis. »

• **La guerre des métaux rares dominée par la Chine :** « La Chine extrait plus de 60 % des ressources en terres rares du monde, qui sont utilisées dans de nombreuses applications critiques, notamment les aimants permanents qui sont un composant essentiel des moteurs de véhicules électriques ou des éoliennes en mer. Plus largement, parmi les 35 minéraux que le département de l'Intérieur des États-Unis a qualifiés en 2018 de « critiques » pour son économie et sa sécurité nationale, 13 sont produits principalement par la Chine ; pour sept d'entre eux, les mines chinoises produisent plus de 70 % des ressources mondiales. (...) La Chine effectue près de 90 % du traitement des terres rares. Elle produit 92 % des aimants permanents du monde. Elle traite 40 % du cuivre mondial, 35 % du nickel, 58 % du lithium, 65 % du cobalt et 70 % du graphite. »

– –

Dimanche 2 avril

Dans « America's Dangerous Short War Fixation[2] », La RAND Corporation revient sur le mythe de la « guerre courte » qui règne aux États-Unis. Les auteurs indiquent ainsi que depuis la création de l'Amérique en tant qu'État-nation, les chefs militaires comme les chefs d'État ont régulièrement été leurrés par la croyance de pouvoir remporter dans un espace-temps allégé, des conflits militaires. Guerre de sécession, guerre hispano-américaine, guerre de Corée, guerre d'Irak... les cas sont nombreux. Et pourtant, nous disent les auteurs : « Dans l'histoire des États-Unis, les guerres rapides sont rares. »

La même analyse peut être portée sur le conflit russo-ukrainien : « En 2022, lorsqu'il

2. https://www.rand.org/blog/2023/03/americas-dangerous-short-war-fixation.html

est devenu certain que la Russie se préparait à envahir l'Ukraine, le général Mark Milley, chef d'État-major des armées américaines, la communauté du renseignement américain et la plupart des analystes ont prédit une victoire russe en l'espace de quelques jours. Lorsque l'avancée russe s'est essoufflée, une poignée d'experts ont alors prédit une victoire rapide de l'Ukraine. Puis, beaucoup d'autres commentateurs ont estimé la guerre ingagnable et ont appelé à une fin par négociations. » Une fin rapide, naturellement... L'ère du tout, tout de suite. L'ère à l'américaine... Celle qui réfute les principes naturels de la guerre et de l'espèce humaine.

***

Le blogueur russe Vladlen Tatarskiï, proche du Kremlin et de Evgueni Prigojine, a été tué dans un attentat à la bombe dans un bar de Saint-Pétersbourg.

Lundi 3 avril

Tout un symbole : Rheinmetall, le producteur entre autres de chars Leopard et de blindés Puma, vient de faire son entrée à l'indice Dax. Armin Papperger a fait résonner la cloche à 8 heures ce matin dans la salle des marchés.

Mardi 4 avril

Le ministre des Armées Sébastien Lecornu a présenté la loi de programmation militaire (LPM) 2024-2030 en Conseil des ministres ce matin. Pour un montant total de 413 milliards d'euros, étalé sur sept années, la LPM devrait permettre de disposer d'un budget des armées de 69 milliards d'euros en 2030. La trajectoire financière est la suivante : + 3 milliards d'euros pour les années 2024, 2025, 2026 et 2027, puis un saut à 4,8 milliards d'euros à partir de 2028. Mais attention aux plaisirs des statistiques. Nous l'écrivions précédemment : les coûts liés à l'inflation sont estimés à 30 milliards d'euros.

Les forces de cette LPM : maintenir une hausse continue du budget des armées – dans la lignée de la précédente – et valider le développement de programmes clés tel que le Porte-avions de nouvelle génération ; financer la production des satellites *Celeste* (renseignement électromagnétique) ; permettre le développement du programme Yoda ; mettre en place des satellites en orbite basse ; porter l'âge limite pour être réserviste à 70-72 ans selon les spécialités.

Les faiblesses : des programmes décalés dans le temps (30 A400M en 2030 pour l'Armée de l'air en lieu et place de 50, et la production de Rafale étirée sur la période post-2030 ; des Jaguar en moins pour l'Armée de terre ; quant à la Marine nationale, elle ne disposera que de trois FDTI au lieu de cinq, sept patrouilleurs océaniques au lieu de dix, trois chasseurs de mines au lieu de six...). Derrière les chiffres, les doutes sur d'autres besoins sans lesquels on ne peut parler de modèle complet : des missiles sol-air, la production de munitions petits calibres, le nombre limité de matériels stratégiques comme les canons Caesar, le vide sur les hélicoptères lourds et l'éventuel achat sur étagère... L'Ukraine a mis huit ans pour devenir un État-nation prêt à faire face à la Russie. Si la France se donnait les moyens sur dix ans, elle pourrait redevenir une nation en armes.

***

La Finlande devient le 31e pays membre de l'Otan. La Suède attend l'approbation de la Hongrie et de la Turquie pour devenir le 32e membre de l'Alliance.

Aux États-Unis, la Chambre des représentants adopte une loi dénommée « PRC Is Not a Developing Country ». Elle vise à modifier le statut de la Chine. Aujourd'hui, ce pays qui pèse près de 19 % du PIB mondial, est caractérisé comme en voie de développement. Les États-Unis, et donc l'Occident, veulent que la Chine soit reconnue comme un pays développé. Il est invraisemblable que l'Occident finance encore la Chine, deuxième puissance économique mondiale.

Mercredi 5 avril

L'amiral Rolland, actuel chef d'État-major particulier (CEMP) du président de la République, quitte ses fonctions le 30 avril prochain. Lui succédera le général Fabien Mandon, chef de cabinet militaire du ministre des Armées. L'amiral Rolland, qui occupe le poste depuis presque trois ans, avait lui-même succédé à l'amiral Rogel, qui lui-même avait succédé à Benoît Puga... Après de grands noms de la Marine nationale et de l'Armée de terre, c'est donc un aviateur qui reprend le flambeau. Le dernier CEMP issu de l'Armée de l'air remonte à l'année 1987, avec le général de corps Jean Fleury.

Fiche n°36 : Audition du général d'armée Thierry Burkhard, chef d'État-major des Armées, sur « le projet de loi de programmation militaire pour les années 2024 à 2030 »[3]

• **Les leçons de la guerre** : « Pour la France, la situation actuelle est d'abord influencée par l'attaque de l'Ukraine par la Russie d'une part, l'évolution de notre posture en Afrique d'autre part, marquée par notre retrait du Mali il y a six mois. La guerre en Ukraine correspond plutôt aujourd'hui à une guerre de position, avec de part et d'autre la volonté d'épuiser l'adversaire dans des batailles d'attrition massives. Elle se caractérise également par la mise en œuvre de profondeurs stratégiques dont les caractéristiques diffèrent chez les deux belligérants. La Russie joue sa stratégie de long terme et « encaisse les coups » en renouvelant son potentiel. De fait, la profondeur stratégique est probablement la caractéristique et l'atout majeur de la Russie depuis longtemps. À l'inverse, l'Ukraine dispose d'une moindre profondeur stratégique ; elle est donc plus vulnérable aux coups de son adversaire. Si elle est aidée par un certain nombre de pays, elle n'a pas totalement la main sur sa profondeur stratégique. L'Ukraine s'efforce d'agir plus rapidement, afin de ne pas subir sur le long terme la profondeur stratégique russe. »

• **Le soutien français à l'Ukraine** : « Les armées françaises interviennent en appui. Conformément à ce qu'a résumé le président de la République : "l'Ukraine ne peut pas perdre, ne doit pas perdre". Les armées appuient l'action de la France en Ukraine sur deux axes. Le premier concerne des cessions (dites complètes), avec un effort pour céder des matériels immédiatement employables, sur lesquels nous avons formé les soldats ukrainiens. Comme le ministre l'a indiqué hier, nous préparons la cession d'un système sol-air de moyenne portée de capacité importante, qui aura lieu dans les semaines à venir. Le deuxième axe, qui porte sur la formation de l'équivalent d'un bataillon militaire ukrainien (600 militaires), a débuté cette semaine en Pologne.

3. https://www.assemblee-nationale.fr/dyn/16/comptes-rendus/cion_def/l16cion_def2223055_compte-rendu

Ces militaires sont ainsi formés sur du matériel français, dans le cadre de la mission européenne nommée European Union Military Assistance Mission (EUMAM). »

• **La France et l'Afrique** : « En Afrique, la menace terroriste est en expansion, en particulier en direction du golfe de Guinée. La France cherche à changer la forme de sa présence, avec la construction de partenariats plus associatifs, c'est-à-dire d'égal à égal, avec les pays africains. Cela concerne un appui à la montée en puissance de ces armées africaines, si nécessaire jusqu'à l'accompagnement, comme nous le faisons actuellement au Niger. Le deuxième volet porte sur l'adaptation de nos dispositifs pour répondre du mieux possible et de la manière la plus adaptée aux besoins de formation de ces pays. Il s'agit notamment de nouvelles capacités dans le domaine de la troisième dimension, afin que ces pays disposent dans la troisième dimension de capacités adaptées à leurs besoins. Il convient également de mentionner un effort de lutte dans le champ des perceptions, pour contrer la guerre informationnelle que nous livrent un certain nombre de compétiteurs et réussir à donner une image plus vraie de la France. »

Jeudi 6 avril

Sous l'œil de Pékin, Téhéran et Ryad réactivent leurs relations diplomatiques. L'image est forte, le geste significatif. En se serrant la main, le ministre iranien des Affaires étrangères Hossein Amir-Abdollahian et son homologue le prince Faisal ben Farhan al-Saud, marquent l'histoire du Moyen-Orient. C'est un nouveau bond en avant pour l'influence de la Chine.

Fiche n°37 : Extraits de l'audition du ministre des Armées, Sébastien Lecornu, sur « le projet de loi de programmation militaire pour les années 2024 à 2030 »[4]

• **Infrastructures** : « D'abord, la LPM consacre 16 milliards d'euros – contre 12 milliards sur la période précédente – à l'amélioration des projets d'infrastructures, qu'elles soient purement militaires ou non. Leur état reste en effet problématique, et les passoires énergétiques sont encore trop nombreuses. »

• **MCO** : « Le maintien en condition opérationnelle (MCO) est aussi l'un des enjeux majeurs de la LPM. Il est toutefois nécessaire d'imposer une limite à cet objectif budgétaire, afin que le coût d'entretien du matériel n'excède pas démesurément les prix d'acquisition initiaux. »

• **Les stocks de munitions** : « Enfin, le budget consacré au stock de munitions augmente de 45 % par rapport à la précédente LPM – qui était elle-même en augmentation – portant l'effort à 16 milliards sur la période. Il garantit une visibilité inédite sur les munitions tant complexes que non complexes. »

• **Les ressources humaines** : « La masse salariale du ministère des Armées s'établit à 98 milliards d'euros, soit une augmentation de 12 % par rapport aux 87 milliards de la précédente LPM. Elle intègre les revalorisations de point d'indice récemment adoptées.

4. https://www.assemblee-nationale.fr/dyn/16/comptes-rendus/cion_def/l16cion_def2223053_compte-rendu

La LPM s'inscrit dans un schéma d'emploi identique à celui de la précédente, avec une cible de 275 000 militaires et civils – soit une promesse d'augmentation de 6 300 ETP – pour un total d'environ 890 millions d'euros. »

• **Plan famille :** « Les sommes dédiées au plan "famille" sont en augmentation : 750 M€ dédiés intégralement à l'accompagnement des militaires et leur famille pour compenser les absences opérationnelles et les mobilités. Cet effort sera démultiplié avec les collectivités territoriales qui seront sollicitées et associées à nos actions. »

• **La réserve opérationnelle :** « S'agissant des réservistes, la LPM intègre les mesures que vous aviez suggérées sur la simplification des démarches, l'intégration dans l'active et l'évolution des critères d'aptitude physique et d'âge, afin d'atteindre notre cible 1 réserviste pour 2 militaires d'active en 2035. »

• **Missiles sol-air :** « Un total de 5 milliards d'euros sera investi sur la période 2024-2030 pour le renforcement du segment sol et surface-air. Cette augmentation de 300 % est justifiée par les progrès d'ampleur que nous devons accomplir dans ce domaine : le système SAMP/T doit être renouvelé, nos stocks de missiles ne sont parfois pas suffisamment dotés, et nos plans de montée en capacité de lutte antidrones actuels manquent de robustesse. »

• **Le spatial** : « La LPM consacre 6 milliards aux projets purement militaires, tels que *Yoda*, *Iris* ou *Céleste*, soit une augmentation de 45 %, à la hauteur de nos ambitions – bien que la direction du renseignement militaire ait déjà accompli des efforts spectaculaires ces dernières années. Cette stratégie de souveraineté est clé pour garantir l'autonomie de notre compréhension du monde, nécessaire à une diplomatie éclairée. »

• **Le cyber** : « La LPM s'est intéressée à la stratégie sur les fonds marins et à l'innovation. Le budget alloué au cyber augmente de 300 % pour atteindre 4 milliards. »

• Les services de renseignement : « Un budget de 5 milliards sera consacré à l'ensemble des services de renseignement dont j'assure la tutelle, soit une augmentation de 60 %. »

• **Les forces spéciales françaises :** « Un effort de 2 milliards leur est dédié, dont une partie importante est allouée au matériel individuel et aux capacités de projection. Il permettra, notamment, de remédier aux problématiques liées aux hélicoptères. »

• **Drones et robots :** « Ce sont au total 5 milliards qui seront affectés aux drones et robots, soit une augmentation de 100 %. »

• **L'inflation** : « L'impact de l'inflation, estimé à 30 milliards – selon les prévisions les plus pessimistes – a été intégré au budget. Il faudra toutefois actualiser régulièrement la LPM. Je reviendrai devant vous pour demander une ouverture de crédits de 1,5 milliard pour 2023, afin de faire évoluer le budget de 3 milliards à 4,5 milliards, au regard, notamment, de l'inflation. »

Vendredi 7 avril

Un cérémonial grandiose. Des drapeaux rouges en continu. Une armée populaire de Chine alignée et uniformisée. L'accueil du président Macron offert par Xi Jinping illustre l'arrivée d'un président d'une nation périphérique, sur la terre de la future première puissance mondiale. Au son de la musique militaire, le Président a remonté le tapis rouge avant de venir mettre sa main dans celle du chef suprême du Parti communiste chinois. Puis à l'acte diplomatique, s'est envolé le son des tambours. Le grandiose prenant fin, le président français a joué la symphonie de Spinoza en évoquant la « raison ». Une pensée bien européenne : « Je sais pouvoir compter sur vous pour ramener la Russie à la raison et tout le monde à la table des négociations. » Son dessein : la « paix ». Mais l'architecture est incertaine pour celui qui ne dispose pas d'une force militaire pour contraindre la Russie à se placer autour de la table des négociations. Je parle ici du président français. Pour Xi Jinping, empereur en son royaume bien moins agité dans sa gestuelle, « une reprise des discussions de paix le plus tôt possible » est le premier pas d'un long processus historique. Ensuite viendra le temps de parler des conditions et de la durabilité de la paix par un accord négocié liant Ukrainiens et Russes avant tout.

À Moscou, où les faits et gestes diplomatiques sont décortiqués avec précision, on se place en retrait d'une médiation de la Chine. Les mots de Dmitri Peskov ne laissent point de place à la rêverie : « Bien sûr que la Chine dispose d'un potentiel formidable et efficace s'agissant de ses services de médiation. Mais la situation avec l'Ukraine est complexe, il n'y a pas de perspective de règlement politique. Et, pour le moment, nous n'avons pas d'autre solution que de continuer *l'opération militaire spéciale.* » D'ailleurs, on entend ici et là que l'Ukraine se prépare à une contre-offensive, la Russie également. De nouveaux dés seront bientôt jetés, et les observateurs, d'attendre le résultat. À ceux qui l'oublient, la Chine et la Russie sont des partenaires avec des objectifs et vues convergents. Ni pays frères, ni pays amis.

Fiche n°38 : Extrait de l'audition du général d'armée aérienne Stéphane Mille, chef d'État-major de l'Armée de l'air et de l'espace, sur « le projet de loi de programmation militaire pour les années 2024 à 2030 »[5]

• **La modernisation des moyens au nom de la souveraineté nationale :** « Tout d'abord, pour affirmer la souveraineté de la France, notre priorité absolue sera la modernisation des outils de nos deux missions structurantes depuis 1964 : la composante nucléaire aéroportée permanente, d'une part, et les moyens de la posture permanente de sûreté aérienne (PPS-A), d'autre part. Le but est qu'elles restent toutes deux crédibles, robustes et efficaces. »

• **ASMP-A :** « Pour ce faire, le renouvellement de la composante nucléaire aéroportée sera poursuivi, dans une logique de stricte suffisance. Côté armes, la rénovation du missile air-sol moyenne portée amélioré (ASMP-A) s'échelonnera jusqu'au terme de la LPM. (...) Par ailleurs, la LPM prend en compte le développement de la quatrième génération de missiles aéroportés. Côté porteurs, les évolutions du Rafale et les réflexions sur le système de combat aérien du futur (SCAF) permettront de garantir un niveau de pénétration adapté à la mission face à des menaces modernisées, qu'elles soient sol-air ou air-air. »

• **Ravitailleurs :** « La capacité de ravitaillement en vol sera également complétée, dès le début de la période, par la conversion des trois derniers A330 au format *Multi Role Tanker Transport* (MRTT). Cette dynamique permettra un retrait accéléré des vieux

5. https://www.assemblee-nationale.fr/dyn/16/comptes-rendus/cion_def/l16cion_def2223055_compte-rendu

C-135 dès 2025 et optimisera la gestion d'une flotte homogène et polyvalente. Par ailleurs, le ravitailleur MRTT Phénix bénéficiera d'évolutions dans le domaine de la connectivité, en cohérence avec la flotte Rafale, notamment dans les domaines de l'autoprotection et de la résilience de ses moyens de navigation. »

• **Radars tactiques :** « Pour ce qui concerne la PPS-A, nous déploierons, dans le cadre du programme de système de commandement et de conduite des opérations aériennes (Sccoa), des radars tactiques GM200, des radars d'approche et des radars Trac 2400 pour améliorer nos capacités de détection au-dessus du territoire national, y compris dans les hautes altitudes. Le système d'information permettant la planification et la conduite des opérations aériennes, dont la PPS-A, bénéficiera du déploiement de l'*Air Command and Control System* (ACCS) développé au sein de l'Otan. »

• **Le « tout-Rafale » attendra :** « D'ici à 2030, près de soixante Rafale seront livrés. J'intègre dans ce chiffre ceux de 2023 ; sur la stricte période de la LPM (2024-2030), ce sont quarante-cinq Rafale qui seront livrés. Cependant, dix-sept Rafale seront prélevés sur l'existant pour les besoins export – je parle ici du solde des livraisons vers la Grèce et la Croatie. La transition vers le "tout-Rafale" à l'horizon 2035 sera clairement relancée, avec un objectif confirmé de 185 appareils à terminaison. »

• **Rafale F4 :** « Sur le plan qualitatif, qui est au moins aussi important que le nombre d'appareils, vous avez annoncé la qualification du premier Rafale F4. Ce standard sera celui des livraisons effectuées pendant toute la période de la LPM. Décomposé en trois sous-standards dénommés F4.1, F4.2 et F4.3, il est en réalité le premier standard du combat collaboratif, dont les avancées principales sont les suivantes : développement de la connectivité, amélioration de la survivabilité, intégration d'armements rénovés, amélioration de la disponibilité. »

• **Programme SCAF :** « La LPM accompagnera le développement du SCAF, dont la phase 1B a été enclenchée fin 2022. La fin de cette phase, attendue en 2025, aboutira à la définition de l'architecture finale du SCAF et du spectre des capacités du chasseur – sa manœuvrabilité, sa furtivité, sa puissance. Je pense aussi aux "remote carriers", ces drones qui accompagneront le vecteur piloté : nous verrons quels seront leur taille, leurs fonctions et leur degré de connectivité. Les travaux de recherche préciseront les niveaux et types de technologies clés – furtivité, connectivité, moteur. Ils détermineront, entre autres, la forme aérodynamique du démonstrateur. (...) Je rappelle que le SCAF inclura le vecteur piloté, les drones d'accompagnement, les Rafale, qui feront partie intégrante du système futur, ainsi que le *cloud* qui reliera l'ensemble des acteurs. »

• **L'aviation de transport :** « La période 2024-2030 verra la livraison d'au moins douze A400M ; cela nous permettra d'atteindre la cible d'au moins trente-cinq appareils à l'horizon 2030. À cette échéance, nous serons en mesure de transporter cinq fois plus de fret avec deux fois moins d'avions qu'en 2012. Ce chiffre n'intègre pas la capacité du MRTT à participer à la manœuvre de projection. (...) Par ailleurs, le lancement du développement, au niveau européen, du *Future Medium-Size Tactical Cargo* (FMTC), le cargo médian, permettra de pallier le retrait de nos C-130H, puis de nos Casa, au cours de la prochaine décennie. Nous participerons aussi à des travaux de réflexion sur un *outsize cargo* permettant le transport des vecteurs hors gabarit. »

• **L'Espace :** « La LPM consolidera notre action depuis l'espace, renforcera notre action vers l'espace et développera notre action dans l'espace, grâce à un budget de plus de 6 milliards d'euros. Les principales réalisations porteront, pour l'action depuis l'espace, sur la composante spatiale optique (CSO) : le troisième satellite sera lancé, tandis que son successeur, *Iris*, sera développé puis mis en orbite. Cela permettra d'améliorer globalement notre taux de revisite et de bénéficier d'une meilleure résolution ainsi que du recueil d'un nombre d'images plus important. Le successeur de *Ceres*, le satellite *Celeste*, est attendu en orbite à partir de 2029. S'agissant de la communication par satellite (Satcom), les réflexions se sont portées sur la constellation de connectivité sécurisée et multiorbite européenne *Iris* 2. (...) Nos travaux se concentreront sur le radar de nouvelle génération de surveillance de l'espace, attendu pour la fin de la présente décennie. Il prendra la suite du système de grand réseau adapté à la veille spatiale (Graves). Quant à l'action dans l'espace, elle concernera le démonstrateur de patrouilleur-guetteur *Yoda* – yeux en orbite pour un démonstrateur agile –, qui sera lancé en 2025, et ses successeurs, prévus pour 2028. Cette action en orbite géostationnaire sera complétée par un programme innovant d'action en orbite basse, dite LEO (*Low Earth orbit*). Notre objectif sera d'explorer, dès 2023, la question des patrouilleurs en LEO de manière rapide et agile, profitant des opportunités offertes par le "New Space" »

• **Munitions :** « Sur les 12 milliards d'euros que la LPM consacre à l'acquisition de munitions, 7 milliards environ seront affectés à l'Armée de l'air et de l'espace. Ainsi, les stocks de nos munitions complexes seront notablement complétés. À titre d'illustration, le nombre de missiles Aster et Mica sera presque doublé d'ici à 2030, tandis que plus de 100 missiles Meteor seront livrés sur la période. »

Samedi 8 avril

Quel bilan pour le déplacement du président Macron en Chine ? Face au déluge d'éléments de communication organisé par les ingénieurs de la « com », regardons cela de plus près. Dans le domaine diplomatique tout d'abord : ambiguïté et incertitudes. Personne ne comprend la toile tissée par le Président. Ni quelles sont ses volontés. Comment place-t-il notre pays dans le jeu des alliances ? Quelles relations la France va-t-elle entretenir avec la Chine dans les prochaines années ? Quel positionnement à l'égard de Taïwan, allié du bloc occidental ? En d'autres termes, quels sont nos intérêts et comment les promouvoir ?

Dans le domaine industriel ensuite : la France obtient un contrat d'un milliard d'euros pour la production de 50 hélicoptères H160 produits par Airbus group. On pourrait s'en réjouir. Pourtant, à chaque fois que la France vend du matériel à Pékin, qu'il soit scientifique, nucléaire ou militaire, ce dernier est copié, puis il finit sur le catalogue de vente de fin d'année des produits chinois.

Dimanche 9 avril

Emmanuel Macron a quitté l'empire du Milieu. Son avion venant seulement de décoller, Xi Jinping officialise le lancement d'exercices militaires de grande ampleur simulant l'invasion de Taïwan. Une centaine d'avions de chasse chinois, des bombardiers stratégiques, des avions de surveillance, une armada de navires allant du porte-avions *Shandong* aux chalands de débarquement. Sur les télévisions chinoises, des images simulant des frappes sur Taïwan. La stratégie pour préparer la Chine à la guerre est totale. Elle prendra le temps qu'il faut, mais le résultat sera là : Pékin mènera un jour son offensive territoriale sur l'île voisine.

Lundi 10 avril

Dans l'avion qui le ramenait de Chine, le président Emmanuel Macron s'est livré à trois médias sur son voyage de trois jours en Chine. Le journal *Les Echos*[6] était présent. Ses mots ne laissent pas indifférent. En tant que Français, cela nous interroge à la fois sur la politique étrangère de notre pays, notre capacité à paraître crédible en tant que puissance, sur nos engagements à l'égard de nos alliés et de nos partenaires et sur nos intentions quant à des sujets prioritaires comme notre souveraineté, notre indépendance, notre influence, notre positionnement dans le monde, aujourd'hui et demain. À l'interview, qui rejoint le discours de la Sorbonne de 2017, se mêle toute une novlangue bien martelée depuis la crise sanitaire, où le premier des mots est : autonomie. À cela, il faut encore ajouter la façade ripolinée par le concept du « en même temps ». Lequel, appliqué aux relations internationales, sème clairement le doute partout où il est utilisé : personne ne le comprend. Ainsi, après l'Afrique en début d'année, le Liban, la Libye, et l'Océanie les années précédentes, c'est désormais en Asie que nos partenaires se questionnent sur la France, son destin, sa parole, son rôle, sa sincérité. Nous vous livrons quelques extraits. Libre à chacun de se faire sa propre lecture, son opinion... Mais gageons ma commère que lorsque le chancelier évoque l'Allemagne lors des déplacements, le Président substitue « l'Europe » à la « France ». Serait-ce la fable *Le loup et le chien* de Lafontaine ? Ou bien le Président, comme Napoléon avant lui, perçoit les nations européennes comme une seule et même entité qui ne mérite pas une différenciation dans les prises de parole officielles ?

• **Sur la position de la Chine à propos du conflit russo-ukrainien :** « L'Ukraine est-elle une priorité de la diplomatie chinoise ? Peut-être pas. Mais ce dialogue permet de tempérer les commentaires que l'on a pu entendre sur une forme de complaisance de la Chine à l'égard de la Russie. »

• **Sur la place de l'Europe, de la Chine, des États-Unis et Taïwan. Là, le bât blesse :** « Les Chinois aussi sont préoccupés par leur unité et Taïwan, de leur point de vue, en est une composante. Il est important de comprendre comment ils raisonnent. La question qui nous est posée à nous Européens est la suivante : avons-nous intérêt à une accélération sur le sujet de Taïwan ? Non. La pire des choses serait de penser que nous, Européens, devrions être suivistes sur ce sujet et nous adapter au rythme américain et à une sur-réaction chinoise. Pourquoi devrions-nous aller au rythme choisi par les autres ? À un moment donné, nous devons nous poser la question de notre intérêt. Quel est le rythme auquel la Chine elle-même veut aller ? Veut-elle avoir une approche offensive et agressive ? Le risque est celui d'une stratégie autoréalisatrice du numéro un et du numéro deux sur ce sujet. Nous Européens, nous devons nous réveiller. Notre priorité n'est pas de nous adapter à l'agenda des autres dans toutes les régions du monde. Le piège pour l'Europe serait qu'au moment où elle parvient à une clarification de sa position stratégique, où elle est plus autonome stratégiquement qu'avant la covid 19, elle soit prise dans un dérèglement du monde et des crises qui ne seraient pas les nôtres. S'il y a une accélération de l'embrasement du duopole, nous n'aurons pas le temps ni les moyens de financer notre autonomie stratégique et deviendrons des vassaux alors que nous pouvons être le troisième pôle si nous avons quelques années pour le bâtir. »

• **La vision du président Macron de l'autonomie stratégique, qui n'est pas partagée par les nations membres de l'UE :** « L'autonomie stratégique, c'est assumer avoir des

6. Interview d'Emmanuel Macron par Nicolas Barré, « Emmanuel Macron : "L'autonomie stratégique doit être le combat de l'Europe" », *Les Échos*, dimanche 9 avril.

convergences de vue avec les États-Unis mais, que ce soit sur l'Ukraine, le rapport à la Chine ou les sanctions, nous avons une stratégie européenne. Nous ne voulons pas entrer dans une logique de bloc à bloc. Nous devons au contraire “dérisquer” notre modèle, ne pas dépendre de l'autre, tout en gardant partout où c'est possible une forte intégration de nos chaînes de valeurs. »

Mardi 11 avril

Accueilli par le roi des Pays-Bas à La Haye, le président français a réitéré ses propos : « défendre notre souveraineté ne signifie pas se détourner de nos alliés. Mais que nous devons être capables de choisir nos partenaires et de façonner notre propre destin. »

Mais de tels propos sont à la fois sensés pour une partie : la France comme les nations européennes doivent défendre leurs intérêts sans dépendre de ceux des États-Unis. Mais ils marquent un contresens pour l'autre : si les États-Unis n'avaient pas aidé l'Ukraine, Kiev serait tombée, comme la Moldavie et la Géorgie. L'Occident doit jouer collectif face à la Chine en raison du défi que cette puissance autocratique impose à toutes les capitales d'Europe, d'Amérique, d'Océanie et d'Asie. C'est une erreur de laisser penser que l'Europe ne serait pas aux côtés des États-Unis et de Taïwan en cas d'invasion chinoise. Souvenez-vous de celle commise par Joe Biden annonçant en janvier 2022 que l'Amérique n'entrerait pas en guerre contre la Russie en cas d'invasion de l'Ukraine. En diplomatie, il faut jouer de la ruse. Feindre.

***

La manipulation des élections américaines en 2016 avait laissé des traces au sein de la démocratie américaine. Les nouvelles révélations du *New York Times* sur des documents déclassifiés du Pentagone font à nouveau trembler la Maison-Blanche. Qu'apprend-on réellement ? Que les États-Unis espionnent leurs alliés. Ce n'est pas nouveau, tout le monde le sait, tout le monde le fait. Et on se souvient de la « phase Merkel » de 2013, ou de la place stratégique du Danemark pour la NSA. On apprend également que le Mossad aurait joué un rôle dans les manifestations israéliennes contre le pouvoir de Netanyahou. Quelques informations circulent aussi sur l'Ukraine, Bakhmout et la contre-offensive qui se prépare. L'inquiétude n'est pas tant sur les informations divulguées, mais sur celles qui ne le sont pas encore, ainsi que sur les failles des systèmes de sécurité du Pentagone. Cyberattaque ? Taupe ? Nouveau Snowden ? Pas de réponse à donner ce mardi.

***

Après le séisme qui a touché la Turquie, Erdogan porte sur son dos les faillites de l'État turc. À quelques semaines des élections, le leader de l'AKP doit donc regonfler son électorat et persuader son peuple de la puissance retrouvée : tel est le message que lui conçoivent ses *spin doctors*. Pour cela, le chef de l'État a inauguré le premier porte-drones de 27 000 tonnes, le TCG *Anadolu*, de conception nationale. Menacé par Kemal Kiliçdaroglu, son opposant politique, Erdogan n'a pas d'autre choix que brandir l'épée du nationalisme pour se mouvoir en chef ottoman. C'est assez drolatique, mais nous ne doutons pas de sa réélection. L'analyse occidentale nous paraît biaisée. Pourquoi ? Parce qu'aux enjeux économiques et au désastre du séisme de février 2023, il y a le doute de l'après-Erdogan et la peur de voir la Turquie perdre en prestige. Alors le peuple turc préférera le sultan au démocrate.

Mercredi 12 avril

Pour l'Institut Montaigne[7], François Godement livre une analyse des potentielles erreurs du président Macron après son voyage en Chine et ses échanges avec la presse nationale. « Un désastre de communication, sauf bien sûr pour la Chine qui exulte : c'est ainsi que s'est terminée la visite d'État d'Emmanuel Macron en Chine. Les dégâts sont aggravés par les différences entre différentes versions de l'interview donnée à des journalistes sur le chemin du retour. (...) D'abord, un irrésistible penchant pour le "en même temps" et pour des mises en scène héritées du passé. (...) "En même temps", l'association au voyage d'Ursula von der Leyen, présidente de la Commission, avait d'autant plus de sens que la Chine se dérobe aux vraies négociations avec la Commission, et divise autant qu'elle le peut les États membres. Hélas, le fossé a semblé plus large entre l'analyse européenne et les ruminations personnelles d'un Président qui cite les Stoïciens pour faire comprendre qu'il laisse Taïwan à la Chine populaire, et Gramsci pour prétendre qu'il a gagné "la bataille idéologique de l'autonomie stratégique européenne", rien de moins. L'idée séduira Xi et le PCC, adeptes depuis longtemps de la manipulation idéologique du langage et du droit. (...) Il y a pire symbole dans le communiqué conjoint : le point 51, où les deux chefs d'État proclament l'importance de "la promotion et le respect des droits de l'homme et des libertés fondamentales". Là, nous ne sommes plus chez les Stoïciens, mais à l'école du cynisme. » L'abus du verbe est un mal de l'espèce humaine.

***

La dissuasion nucléaire représentera de 2024 à 2030, un investissement de 58 milliards d'euros, soit 8 milliards d'euros par an. Elle sera marquée par la construction du premier sous-marin nucléaire lanceur d'engins de troisième génération (SNLE 3G), la mise à disposition du missile air-sol moyenne portée amélioré rénové (ASMPA-R) sur Rafale Marine, et par l'intégration du ASN-4G d'abord sur Rafale puis sur le New Generation Fighter qui découlera du programme SCAF.

Fiche n°39 : Extraits de l'audition du général d'armée Pierre Schill, chef d'État-major de l'Armée de terre, sur « le projet de loi de programmation militaire pour les années 2024 à 2030 »[8]

• **Munitions** : « La LPM consacre 2,6 milliards d'euros aux munitions de l'Armée de terre aussi bien pour l'entraînement que pour la constitution de stocks, ce qui représente notamment plus de 16 millions de munitions "petit calibre", 300 000 obus de mortiers, 3 000 missiles moyenne portée, 2 000 munitions téléopérées. »

• **Réorganisation du commandement** : « (...) le commandement des forces terrestres sera réorganisé. Un gain de cohérence est recherché avec un poste de commandement de niveau corps – le CRR-FR – et deux PC de division, chaque division possédant en propre son bataillon de commandement et de quartier général, en mesure de préparer le combat et le diriger ; trois commandements pour apporter aux divisions les capacités nécessaires dans les domaines du renseignement, des opérations dans la

7. https://www.institutmontaigne.org/analyses/macron-et-la-chine-les-perils-du-en-meme-temps
8. https://www.assemblee-nationale.fr/dyn/16/comptes-rendus/cion_def/l16cion_def2223061_compte-rendu

profondeur, des actions spéciales, de l'hybridité, du cyber, des appuis et de la logistique. Le tout reposant donc sur des brigades interarmes et spécialisées, plus autonomes. »

• **Renforcement de l'artillerie :** « Pour répondre au durcissement des conflits, la LPM permettra de renouveler les équipements de nos unités d'appui, de combler certaines fragilités. Ainsi, d'ici 2030, chaque régiment d'artillerie disposera de :

– 16 Caesar de nouvelle génération ;

– 8 mortiers embarqués sur Griffon pour l'appui au contact (Mepac) ;

– des premières munitions téléopérées moyenne portée, avec un début de livraison Larinae à l'horizon 2028 ;

– de nouveaux moyens d'acquisition et de renseignement avec une quinzaine de véhicules d'observation artillerie, des radars de surveillance terrestre, et des drones SDT-L complémentaires aux SMDR déjà livrés et au SDT du 61e régiment d'artillerie. »

• **L'aérocombat :** « L'aérocombat réalisera sa mue depuis des parcs hétérogènes vers des parcs modernes et homogènes par segment (hélicoptères de manœuvre, hélicoptères de reconnaissance et d'attaque) avec notamment la finalisation du rétrofit pour 13 Tigre Had, la livraison de 20 hélicoptères NH90 dont 18 au standard Forces spéciales, ainsi que les 18 premiers HIL à horizon 2030 remplaçant progressivement le parc des Gazelle. »

• **Les drones et nano-drones :** « Dans la continuité de ce qui a déjà été initié, les régiments seront massivement équipés de drones allant des nano-drones aux drones opératifs qui seront armés, tout en étant progressivement dotés de munitions téléopérées dont nous voyons déjà le potentiel opérationnel dans les conflits en cours. Il en sera de même dans le domaine de la robotique. L'Armée de terre poursuivra la démarche Vulcain. En 2026, une première unité pilote sera équipée de six à huit plateformes armées dans le but d'expérimenter l'accompagnement de groupes de combat débarqués. La prochaine LPM portera le plus ambitieux programme robotique de l'Armée de terre. Ce dernier a pour objectif la livraison à l'horizon 2030 de plateformes polyvalentes terrestres de combat, de classe deux tonnes probablement équipée d'un canon de moyen calibre, orientées agression. L'enjeu sera de concilier la haute technologie de ces futurs robots avec le pragmatisme et la rusticité de notre Armée de terre pour que la robotique permette de gagner effectivement en masse. »

• **Programme Scorpion :** « La modernisation Scorpion se poursuivra. Au cours des sept prochaines années, plus de 2 300 véhicules seront livrés, soit quatre fois plus que les 600 que nous comptons aujourd'hui dans nos parcs. Avec un flux annuel d'environ 350 véhicules, l'Armée de terre comptera en 2030 : 1 300 Griffon soit 20 compagnies, 745 Serval type infanterie soit 16 compagnies et 200 Jaguar soit 12 escadrons. »

Jeudi 13 avril

Au Maghreb, les États-Unis et la Russie se livrent à une lutte d'influence. L'Algérie achète russe. Le Maroc, américain. Avec l'approbation du département d'État américain, Rabat vient de se doter de 18 systèmes d'artillerie à haute mobilité (Himars). Systèmes dont la réputation n'est plus à faire si l'on tire des enseignements du conflit russo-ukrainien. Ce contrat est suivi d'une intention d'augmenter également le nombre d'entraînements interalliés.

Fiche n°40 : Extraits de l'audition de l'amiral Pierre Vandier, chef d'État-major de la Marine, sur « le projet de loi de programmation militaire pour les années 2024 à 2030 »[9]

• **Le temps long de l'histoire :** « La LPM pour les années 2024 à 2030 arrive à un moment charnière. Une Marine est un objet du temps long : seule la continuité d'effort paie. Les efforts consentis dans le cadre de cette LPM auront des effets bien après 2030. Disposer d'un successeur au *Charles-de-Gaulle* sans discontinuité opérationnelle imposait d'en lancer la réalisation au cours de cette LPM. L'annonce faite par le ministre contient deux points essentiels : la continuité des compétences de l'industrie de la propulsion nucléaire et la continuité de la capacité opérationnelle à l'horizon 2040. Le premier enjeu est technologique : c'est celui de la propulsion nucléaire. Comme l'a rappelé le président de la République au Creusot en décembre 2020, le nucléaire restera la pierre angulaire de notre autonomie stratégique. Le programme PA-NG permettra de former une nouvelle génération de jeunes ingénieurs, qui prendra la relève de celle qui a conçu et qui entretient les chaufferies des sous-marins nucléaires lanceurs d'engins (SNLE) actuels et du *Charles-de-Gaulle*, ainsi que des SNA de classe Rubis et Suffren. Le second enjeu est humain. Il incombe à la Marine de générer les compétences des marins qui seront à bord le jour où débuteront les essais de ce bateau, à l'horizon 2036. »

• **La LPM 2024-2030 et les missions de la Marine nationale :**

– La dissuasion : « Le premier axe est la mise en œuvre d'une dissuasion océanique permanente et souveraine. La LPM prévoit la poursuite de l'effort de conception et de construction du premier SNLE de troisième génération, dont la première tôle sera découpée à Cherbourg en fin d'année, pour une mise en service au cours de la décennie 2030. Assurer la permanence à la mer d'au moins un SNLE demande un effort auquel participent de près ou de loin quasiment toutes les unités de la Marine. Cela suppose un niveau d'excellence technique et opérationnelle qui tire en avant tous les moyens de la Marine, des Fremm aux Atlantique 2, de nos fusiliers marins à nos moyens hydrographiques. C'est avant tout pour remplir cette mission que l'arrivée de nouveaux moyens de guerre des mines, de la composante frégates et du successeur de l'Atlantique 2 sera considérée de près.

– Le groupe aéronaval :

– Le deuxième axe consiste à développer notre capacité à combattre dans un contexte de haute intensité. Elle repose sur la capacité à déployer loin et longtemps un groupe aéronaval (GAN) ou un groupe amphibie, avec un niveau de menace caractérisé par le réarmement massif de nos compétiteurs.

– (...) Le troisième axe consiste à protéger nos concitoyens, de la métropole aux outre-mer. En 2022, la Marine a sauvé 5 000 vies en mer.

– (...) Dernière mission : investir dans les nouveaux champs de conflictualité. En mer, tous les usages se croisent, qu'ils soient civils ou militaires. La mer est par essence le lieu de l'action hybride. Ce constat nous a incités à investir dans le champ cyber et dans la maîtrise des fonds marins, avec l'ambition de disposer d'une capacité d'intervention à 6 000 mètres, permettant de couvrir 97 % des fonds marins, à échéance de la fin de la LPM. Orion 23 comprenait logiquement un volet maîtrise des fonds marins.

9. https://www.assemblee-nationale.fr/dyn/16/comptes-rendus/cion_def/l16cion_def2122010_compte-rendu

Il consistait à tester nos capacités à récupérer un hélicoptère abîmé en mer et à conduire une mission de surveillance de câble. »

• **Démarche Perseus :** « Grâce à la LPM, nous pourrons poursuivre la recherche de capacités et d'armes de rupture. L'objectif est de discerner, dans l'innovation du moment, la capacité qui offrira le meilleur levier et assurera la supériorité en mer. Nous avons lancé cette année, avec la Direction générale de l'armement (DGA), la démarche Perseus, qui vise à fédérer les acteurs de l'innovation et à favoriser la rencontre de trois mondes : celui de l'industrie, celui des ingénieurs et de la DGA, et celui des marins. »

Samedi 15 avril

En Allemagne, comme dans la plupart des pays germaniques, en diplomatie on est plutôt direct. La cheffe de la diplomatie allemande Annalena Baerbock n'a pas dérogé à la tradition lors de son déplacement en Chine. Succédant à Emmanuel Macron, la ministre a clairement exprimé le soutien de l'UE à l'Ukraine ; l'impérative nécessité que la Chine ne livre pas d'armements à la Russie ; l'irresponsabilité d'une guerre entre la Chine et Taïwan – « Une escalade militaire dans le détroit de Taïwan par lequel transitent chaque jour 50 % du commerce mondial serait un scénario catastrophe pour le monde entier. (...) Les conflits ne peuvent être que résolus de façon pacifiste. Pour nous les Européens, un changement de *statu quo* unilatéral, pour ne pas dire violent, serait inacceptable. » – ; et enfin, l'absence de respect des droits de l'homme au sein de l'empire du Milieu. La franchise de la ministre des Affaires étrangères tranche avec la mollesse de certaines autorités européennes. Dans les pays autoritaires, on aime les face-à-face.

Lundi 17 avril

Les ministres des Affaires étrangères du G7[10] sont réunis pour démontrer l'unité des pays des sept démocraties les plus puissantes du monde. Unité face à la guerre menée par la Russie en Ukraine, et unité face aux comportements belliqueux de la Chine à l'égard de Taïwan. Sur le premier dossier, la ministre des Affaires étrangères allemande, Annalena Baerbock, a réitéré ses propos tenus lors de son déplacement à Pékin : « Poutine doit comprendre qu'il ne va pas pouvoir faire sans nous. Il parie sur le fait que si la guerre en Ukraine dure longtemps, les alliés de l'Ukraine vont se diviser. Mais cela n'arrivera pas, nous sommes encore plus unis qu'il y a un an. » Selon le ministre japonais, Yoshimasa Hayashi : « les membres du G7 sont d'accord sur le fait que la Russie doit retirer sans conditions toutes ses troupes et tous ses équipements présents en Ukraine. »

Des déclarations qui interviennent alors que Poutine recevait hier le ministre de la Défense chinois. Ce dernier, Li Shangfu, évoquant des liens qui dépassent désormais « les alliances militaro-politiques de l'époque de la guerre froide. »

10. États-Unis, Canada, France, Allemagne, Royaume-Uni, Italie et Japon.

Mardi 18 avril

La LPM 2024-2030.

Pour Nicolas Baverez[11], même constat que Thomas Gomart en commission de la défense et des forces armées de l'Assemblée nationale. « La revendication du statut de puissance d'équilibre, déclinaison géopolitique du “en même temps”, n'a pas de sens dans un monde en guerre où les démocraties font l'objet d'une menace vitale de la part des empires autoritaires. Elle conduit à multiplier les fautes et les échecs, de la complaisance affichée envers la Russie de Vladimir Poutine ou la Chine de Xi Jinping – en raison du déni entretenu sur la véritable nature des tyrannies du XXIe siècle et sur les ambitions impériales de leurs dirigeants – au retrait chaotique d'Afrique en passant par la distance croissante avec les puissances du Sud global. (...) Le bouleversement du contexte stratégique, la nécessité de remobiliser l'ensemble de la nation autour de sa défense et de son armée appelaient un livre blanc, et non pas une décision solitaire et verticale qui débouche sur une revue stratégique indigente et sur une LPM qui occulte l'urgence d'un véritable réarmement. (...) L'État Providence, qui monopolise 34 % du PIB, a cannibalisé l'État régalien. La dette de plus de 3 000 milliards d'euros interdit de porter le budget de la défense au-delà de 2 % du PIB pour répondre aux menaces vitales qui pèsent sur notre pays. La démagogie a euthanasié notre souveraineté et notre sécurité. » Car en effet, cette LPM ne permet pas à la France de se penser en puissance. Elle autorise simplement les armées à entrevoir des opex en Afrique, des guerres organisées en « alliance », des missions de « sécurité humaine » ou des missions dites « spéciale ». On est loin de la pensée gaullienne livrée lors du discours prononcé au Centre des hautes études militaires, le 3 novembre 1959 : « Il faut que la défense de la France soit française (...) Un pays comme la France, s'il lui arrive de faire la guerre, il faut que ce soit sa guerre. Il faut que son effort soit son effort. »

***

Les États membres de l'UE s'accordent sur 43 milliards d'euros, en approuvant le *Chips Act* : un plan d'action visant à rattraper le retard pris dans le domaine des semi-conducteurs. L'objectif est d'atteindre les 20 % de parts du marché mondial d'ici sept ans. L'UE, continent des semi-conducteurs durant la décennie 90, s'est fait doubler par l'Asie faute d'anticipation et d'investissements.

Mercredi 19 avril

Si Benjamin Netanyahou a mené plusieurs réunions avec ses chefs militaires pour organiser une offensive sur l'Iran, l'Iran – à travers Ismaël Qaani, chef de l'unité Al-Qods et successeur de Qassem Soleimani –, a organisé aussi plusieurs rencontres avec les représentants des groupes armés chiites qui opèrent au Moyen-Orient, notamment en Irak, Syrie, au Liban et au sein de Gaza. Ismaël Qaani prépare, avec ses alliés, des attaques sur l'État hébreu. Les groupes armés s'orientent vers une politique de harcèlement pour mettre en pression la société israélienne. Si l'on se réfère aux théories de Warden III, cette lutte ne pourra prendre fin qu'avec la neutralisation du centre de gravité du commandement. Pour l'un, il se trouve à Téhéran. Pour l'autre, à Tel-Aviv.

11. Nicolas Baverez, « Quand le réarmement fait grève », *Le Point*, n° 2645 - 13 avril 2023.

Jeudi 20 avril

La plus grande fusée au monde, *Starship*, conçue par la société Space X, a explosé après un décollage réussi. « Loin d'être une fatalité, le tir du jour sera source de leçon. SpaceX est connu pour pousser les limites et accepter les erreurs » a tweeté Thomas Pesquet. Pour Elon Musk, le père de Space X et Tesla, un nouvel essai sera envisagé avant la fin de l'année 2023. *Starship* va connaître une nouvelle épopée. *Carnet de guerre* pourrait en écrire l'histoire.

Vendredi 21 avril

Courrier international[12] de cette semaine, nous offre un panorama d'analyses sur le déplacement d'Emmanuel Macron en Chine. Trois regards selon trois journaux, américain, italien et allemand.

Dans *The New York Times*, on peut lire que le président français est « fustigé à l'étranger à cause de sa naïveté, d'abord avec le président russe, Vladimir Poutine, qu'il n'a pas réussi à faire renoncer à la guerre malgré une cour très poussée, et maintenant, avec le président chinois, Xi Jinping, qui veut creuser un fossé entre l'Europe et les États-Unis, en dénonçant la tentative d'endiguement des États-Unis. » Le Président inquiète les cours diplomatiques en « affirmant sa volonté de poursuivre ce qu'une déclaration sino-française a appelé "un partenariat stratégique global avec la Chine". Il a repris les termes du vocabulaire chinois, soulignant un "monde multipolaire", débarrassé des "blocs", libéré de la "mentalité de la guerre froide" et moins dépendant de "l'extraterritorialité du dollar américain" ». Enfin, du point de vue du journal américain, évoquer la construction d'une autonomie stratégique européenne « à un moment où les États-Unis fournissent l'essentiel du soutien militaire à l'Ukraine frise la provocation ».

De New York, on atterrit à Rome où *Il Fatto Quotidiano* fait la différence entre la volonté de porter une autonomie stratégique à l'état de concept, et la capacité à établir une volonté stratégique, en tant que réalité militaire : « L'autonomie stratégique a des coûts économiques et politiques. Et, en ce moment, l'Europe ne semble pas en mesure de les supporter. » D'où l'embarras engendré par les déclarations d'Emmanuel Macron concernant la nécessité pour l'Union européenne de revoir à la hausse son degré d'autonomie et de ne pas être « vassale » des États-Unis.

À l'inverse, pour le journal allemand *Süddeutsche Zeitung*, la France est bien plus en adéquation avec la ligne américaine que l'Allemagne. « La réponse est liée à l'héritage de l'époque coloniale : 1,6 million de Françaises et de Français vivent dans la région. Grâce à ses territoires d'outre-mer – de Wallis et Futuna à la Polynésie française –, la France contrôle d'immenses zones économiques et maritimes près des frontières de la Chine. Et la France craint donc pour sa propre sécurité quand Pékin remet soudain en question les revendications territoriales des Philippines, du Japon et d'autres voisins. » Le journal ajoute : « Paris est beaucoup plus proche de la position inflexible de Washington que Berlin, qui ne cesse de redouter un retour de bâton pour les exportations allemandes. »

Samedi 22 avril

Des sénateurs américains présentent le *Taïwan Cybersecurity Resiliency Act*. Un document de quelques pages proposant au Pentagone d'investir la cyberdéfense

12. https://www.courrierinternational.com/article/vu-des-États-Unis-emmanuel-macron-plus-isole-que-jamais

taïwanaise pour l'aider à faire front face aux offensives quotidiennes de la Chine. Résumé en quelques mots, le rapport vise à « armer Taïwan jusqu'aux dents dans le domaine cybernétique ».

Dimanche 23 avril

La France déclenche officiellement l'opération *Sagittaire* sur ordre du président de la République. Elle vise à évacuer les ressortissants français et d'autres nations de Khartoum.

Fiche n°41 : Communiqué conjoint du ministère de l'Europe et des Affaires étrangères et du ministère des Armées[13]

« Face à la dégradation extrêmement rapide de la situation sécuritaire au Soudan et à la demande du président de la République, nous avons lancé l'opération d'évacuation de nos ressortissants au Soudan.

L'opération en cours permet à nos compatriotes et leurs ayants droit de rejoindre Djibouti où ils sont pris en charge, avant une évacuation vers la France, par les équipes de notre ambassade à Djibouti, du centre de crise et de soutien et les militaires des Forces françaises à Djibouti.

Un premier vol de transport de l'Armée de l'air et de l'espace a permis d'évacuer de Khartoum une centaine de ressortissants français et de nationalités tierces, principalement européennes. Le personnel diplomatique de la délégation de l'Union européenne au Soudan a également été évacué par la France.

Afin de coordonner cette opération, l'ambassade de France au Soudan et le centre de crise et de soutien du ministère de l'Europe et des Affaires étrangères, qui a mis en place une cellule de crise depuis le 15 avril, sont en contact permanent avec nos ressortissants sur place et tous nos partenaires.

L'opération militaire s'effectue à partir de moyens mis en alerte en France et dans nos forces pré-positionnées en Afrique, notamment les Forces françaises stationnées à Djibouti (FFDj) qui fournissent ce soir l'accueil à nos ressortissants et aux personnes évacuées.

L'ensemble de cette opération s'effectue en étroite coordination avec nos alliés et les forces armées djiboutiennes.

(...) La France remercie également tous les acteurs soudanais qui facilitent l'évacuation de nos compatriotes. La France réitère son appel à toutes les parties à un arrêt des combats et au retour au dialogue politique.

13. https://www.diplomatie.gouv.fr/fr/dossiers-pays/soudan/evenements/article/operations-d-evacuation-de-ressortissants-23-04-23-communique-conjoint-du

La France reste en lien permanent et étroit avec ses partenaires européens.

L'ensemble des services de l'État reste pleinement mobilisé pour assurer de nouvelles évacuations dès que possible. »

Djibouti confirme son importance dans notre géopolitique. Détails : tandis que le Soudan sombre dans une guerre civile, en raison des combats qui opposent les forces nationales et les Forces de soutien rapide (les FSR), la France a lancé une opération Resevac avec des troupes conventionnelles, des forces spéciales et des forces de sécurité pour évacuer ses ressortissants (corps diplomatique, entrepreneurs...). Un avion a déjà atterri à Djibouti, et un second devrait bientôt arriver.

Le Soudan, pays limitrophe de la Libye, de l'Égypte, de l'Érythrée, de l'Éthiopie, du Soudan du Sud – le Soudan du Sud est une région devenue autonome à la suite de deux guerres civiles de 1955 à 1972 et de 1983 à 2005 –, de la République centrafricaine et du Tchad, est une ancienne colonie britannique où Lord Kitchener et Churchill firent leurs classes. C'est le troisième plus grand pays d'Afrique. Aujourd'hui, deux forces s'opposent : celles commandées par le général Abdel Fattah al-Burhane, à la tête des forces nationales depuis le putsch de 2021, et les forces de soutien rapide aux ordres du général Mohamed Hamdane Daglo.

***

Thomas Gomart[14] trouve les mots pour caractériser les risques auxquels font face la France et l'UE : « Si la France est en avance au sein de l'UE en matière de réarmement, cette dernière est en retard par rapport aux autres acteurs stratégiques. Les Européens ont commencé à désarmer au début des années 1970 et ont continué à le faire après le 11 septembre 2001, date à laquelle des pays comme les États-Unis, la Chine, la Russie, la Turquie ou l'Inde ont relancé leurs dépenses militaires. Un désarmement structurel ne se rattrape jamais en période de crise aiguë. » Jamais ! C'est la raison pour laquelle « le peuple doit combattre pour sa loi comme pour ses remparts[15] » nous dit Héraclite dans ses *Fragments*.

Lundi 24 avril

Fiche n°42 : Rapport annuel du Sipri sur les dépenses militaires mondiales

L'Institut international de recherche sur la paix de Stockholm[16] (Sipri) publie un rapport sur les dépenses militaires en 2022. L'an passé, les dépenses mondiales ont augmenté de 3,7 %, pour atteindre 2 240 milliards de dollars. Si les trois pays les plus

14. Thomas Gomart, « La France et l'UE risquent de davantage subir la reconfiguration géopolitique globale que de l'orienter », Le Monde, jeudi 20 avril 2023, p. 24.
15. Héraclite, Fragments, DK 44.
16. https://www.sipri.org/media/press-release/2023/world-military-expenditure-reaches-new-record-high-european-spending-surges

dépensiers restent les États-Unis, la Chine et la Russie (à eux trois ils représentent 55 % des dépenses totales), le continent européen n'est pas en reste. « Les dépenses militaires des États d'Europe centrale et occidentale se sont élevées à 345 milliards de dollars en 2022. En termes réels, les dépenses de ces États dépassent pour la première fois celles de 1989, année de la fin de la guerre froide, et sont supérieures de 30 % à celles de 2013. » Les plus fortes augmentations sont constatées du côté des pays frontaliers de la Russie : + 36% pour la Finlande, + 27 % pour la Lituanie, + 12 % pour la Suède et + 11 % pour la Pologne. Cela n'étonne personne, le Sipri constate que les dépenses militaires russes ont également augmenté pour atteindre 86,4 milliards de dollars, soit 4,1 % de son PIB. Un montant peu fiable car le pays est désormais organisé en économie de guerre, ce qui signifie que les budgets consacrés aux affaires militaires sont bien plus globaux que le seul budget militaire. Pour l'Ukraine qui subit l'invasion russe, le montant total des dépenses – sans prendre en compte l'aide occidentale – atteint 44 milliards de dollars en 2022. Avec 640 % de hausse, « il s'agit de la plus forte augmentation des dépenses militaires d'un pays en une seule année jamais enregistrée dans les données du Sipri. » Le budget militaire ukrainien représente désormais 34 % du PIB national.

L'Asie et l'Océanie, deux continents liés dans l'analyse occidentale, atteignent des dépenses militaires combinées de 575 milliards de dollars.

Classement des pays selon leur niveau de dépenses dans le domaine militaire :

- États-Unis : 877 milliards de dollars (39 % des dépenses totales)
- Chine : 292 milliards de dollars (13 %)
- Russie : 86,4 milliards de dollars (3,9 %)
- Inde : 81,4 milliards de dollars (3,6 %)
- Arabie Saoudite : 75 milliards de dollars (3,3 %)
- Royaume-Uni : 68,5 milliards de dollars (3,1 %)
- Allemagne : 50,1 milliards de dollars (2,5 %)
- France : 48,2 milliards de dollars (2,4 %)
- Corée du Sud : 46 milliards de dollars
- Japon : 46 milliards de dollars.

Aux États-Unis, tous les plans stratégiques dévoilés ces dernières années par l'US Navy contiennent une large part de « dronisation » des moyens. Sur les porte-avions, on estime qu'à l'horizon 2045, 60 % des moyens seront des drones sans pilote. Parmi les drones développés ou en cours de développement, le X-47 de Northrop Grumman, le XQ-58A Valkyrie de Kratos et le MQ-25 de Boeing.

Or, dans un conflit avec la Chine, la Russie ou l'Iran, l'ensemble de ces drones serait utilisé en collaboration avec l'US Air Force et notamment avec ses aéronefs parmi lesquels : les F-22, F-35 et le B-21 Raider.

C'est la raison pour laquelle les deux armées coopèrent actuellement dans le but d'imbriquer ces appareils, et de faire en sorte qu'un drone décollant d'un porte-avions américain puisse ensuite passer sous contrôle de l'US Air Force dans le cas d'une mission collaborative, tout en minimisant le risque d'un piratage.

Mardi 25 avril

Que sait-on du déroulement de l'opération *Sagittaire* ? Que les rotations sont organisées à partir de trois A400M appartenant aux forces spéciales et d'un C-130J Hercules. Qu'un militaire a été gravement blessé, mais que ses jours ne sont pas en danger. En effet, le président de la République a indiqué ce matin en Conseil des ministres : « J'ai eu, ce matin, des nouvelles rassurantes du commando des forces spéciales qui a été blessé au cours de cette opération. Et son état est maintenant stabilisé (...) [Il] est en transfert vers les soignants qui lui permettront, dans les prochaines heures, je l'espère, de retrouver l'intégralité de ses facultés. » Le Président a appuyé sur la place stratégique de la base aérienne de Djibouti dans la géopolitique française. « Tout cela confirme si le besoin en était, la nécessité de prédisposer des moyens pour ces évacuations. Je pense que notre base aérienne de Djibouti nous a permis d'être efficaces. »

Fiche n°43 : Extraits du rapport d'information de l'Assemblée nationale portant « recueil d'auditions de la commission sur la dissuasion nucléaire »[17]

• **Thomas Gassilloud, président de la Comdef :**

– Une doctrine : « La dissuasion a pour but de décourager tout agresseur de s'en prendre à nos intérêts vitaux au risque de "dommages absolument inacceptables sur ses centres de pouvoir", ses centres névralgiques, politiques, économiques ou militaires. L'incertaine définition de nos intérêts vitaux vise à empêcher nos adversaires de miser sur des seuils ou des effets de contournement. En cas de méprise sur notre détermination, la France pourrait délivrer à l'éventuel agresseur un "avertissement nucléaire, unique et non renouvelable". Pour garantir sa crédibilité, la force de dissuasion est également capable de frapper "en second", c'est-à-dire de déclencher le feu nucléaire même si la France est préalablement frappée. »

– Des forces et des hommes : « Les forces nucléaires sont organisées en deux composantes. D'un côté, la composante océanique de la Marine (la force océanique stratégique – FOST) repose sur les sous-marins nucléaires lanceurs d'engins (SNLE) et leurs missiles M51. De l'autre, la composante aéroportée, dotée de Rafale et du missile ASMPA, est constituée des forces aériennes stratégiques (FAS) de l'Armée de l'air et de l'espace et de la force aéronavale nucléaire de la marine (FANu) qui n'est activée que sur ordre du président de la République. Les FAS assument depuis 1964 une alerte permanente, dont la crédibilité est sans cesse travaillée au travers d'une série d'exercices, notamment les exercices *Poker* de raid nucléaire. La FOST quant à elle assure une présence continue à la mer d'au moins un SNLE depuis 1972. »

– Une industrie, du matériel, de la recherche et du développement : « Pour garantir la crédibilité durable de sa dissuasion, la France a engagé la modernisation de ses moyens existants (ASMPA rénové, Rafale standard 4, 3e incrément du missile M51, rénovation des centres de transmission de la Marine...). Mais elle prépare aussi leur renouvellement pour disposer à partir de 2035 et jusqu'à 2080 d'une nouvelle

17. https://www.assemblee-nationale.fr/dyn/16/rapports/cion_def/l16b1112_rapport-information

génération de capacités (missile ASN-4G, SNLE de 3e génération, SCAF, renouvellement du réseau de transmissions...). »

– Des essais nucléaires simulés : « En outre, la France poursuit son ambitieux programme de simulation pour concevoir des têtes robustes sans recourir à aucun essai. Ce programme tient ses promesses ; il repose sur des algorithmes, de puissants calculateurs et de grandes installations d'expérimentation (à l'instar de l'installation franco-britannique Epure et du laser mégajoule) et s'appuie aussi sur le succès de la coopération avec le Royaume-Uni lancée en 2010 par le traité Teutates. »

• **Audition du général Thierry Burkhard, chef d'État-major des armées :**

– Le rôle du CEMA : « Il m'incombe d'abord de garantir la tenue de la posture de dissuasion, c'est-à-dire sa crédibilité, son invulnérabilité et son efficacité : en préparant des plans d'emploi ; en fixant les directives opérationnelles des forces nucléaires ; en m'assurant en permanence de leur capacité opérationnelle ; en informant le ministre des Armées et en rendant compte au président de la République de l'état des moyens ; le cas échéant, en m'assurant de l'exécution des ordres d'engagement qui seraient donnés par le président de la République. Au titre du contrôle gouvernemental dont la responsabilité revient à la Première ministre, je m'assure que toutes les mesures sont prises pour garantir au président de la République qu'il dispose en toutes circonstances des moyens de la dissuasion et qu'ils seront mis en œuvre conformément à ses directives. Au bénéfice du ministre des Armées, je m'assure de la bonne exécution de ses décisions au sein des armées, notamment de l'organisation, de la gestion, de la mise en condition d'emploi des forces nucléaires et de l'infrastructure qui leur est nécessaire. »

– Une organisation de commandement : « À cette fin, je dispose d'une division de l'État-major des armées, la division Forces nucléaires, qui inclut notamment le centre d'opérations des forces nucléaires. J'ai sous mes ordres trois commandants de force nucléaire : le général commandant les forces aériennes stratégiques (FAS), l'amiral commandant la Force océanique stratégique (FOST) et l'amiral commandant la Force aéronavale nucléaire (FANu). »

– La France, une puissance nucléaire : « La dissuasion est la clé de voûte de la stratégie de défense française d'abord parce qu'elle se construit à partir des décisions du président de la République, qui tire sa légitimité du suffrage universel. La doctrine est fixée par le chef de l'État au terme d'une réflexion minutieuse. L'expression de la doctrine se fait toujours et uniquement par le biais de la parole présidentielle, seule à même d'énoncer les inflexions éventuelles. Lors de son premier mandat, le président de la République a ainsi rappelé explicitement les contours de la dissuasion nucléaire. Son discours du 7 février 2020, prononcé à l'École militaire, est notre référence de travail, et l'ambition exprimée par le chef de l'État en matière de dissuasion nucléaire se retrouve explicitement dans la *Revue nationale stratégique 2022*, comme le signalent les trente et une occurrences du terme "dissuasion" et l'objectif stratégique n° 1 : "La France est et restera une puissance dotée d'une dissuasion nucléaire robuste et crédible, atout structurant de dialogue stratégique et de protection de nos intérêts vitaux". La grande verticalité de notre dissuasion lui confère sa légitimité et donc sa crédibilité politique. »

– Les principes de la dissuasion nucléaire française : « Le premier principe est celui d'une dissuasion par représailles, qui a pour avantage de porter le doute chez l'adversaire. La question qui se pose à lui est : "Une agression vaut-elle la peine d'être tentée au regard des risques encourus ?" Les présidents de la République française ont choisi cette forme de dissuasion parce qu'elle répond à une aspiration exclusivement défensive. Plus concrètement, pour donner la preuve de sa crédibilité, notre dissuasion doit s'exercer en permanence. Ensuite, elle maintient une ambiguïté : sur la nature de nos intérêts vitaux et l'acceptation des formes de menaces qui pourraient s'appliquer sur eux et sur la nature de la riposte et des dommages inacceptables pour l'ennemi. Elle ne s'articule pas autour de la notion de seuil, car cela permettrait à nos adversaires de manœuvrer autour en conscience et de contourner notre dissuasion "par le bas". Notre capacité de dissuasion garantit les possibilités de frappe en second par la redondance des moyens et l'invulnérabilité de la composante océanique. L'éventualité d'utiliser l'arme nucléaire en premier est assumée : notre doctrine n'est ni celle du non-emploi en premier ni celle de la finalité unique, selon laquelle l'arme nucléaire ne s'adresse qu'à la menace nucléaire. Là est toute l'ambiguïté voulue pour permettre la pleine efficacité de notre dissuasion. »

– Le rôle de l'outil atomique français : « La dissuasion sert à empêcher la guerre. La stratégie nucléaire française vise fondamentalement à empêcher une guerre qui porterait atteinte à nos intérêts vitaux. Le rôle de la dissuasion est donc circonscrit aux circonstances extrêmes de légitime défense. Les armes nucléaires françaises ne sont pas conçues comme des outils d'intimidation offensive, de coercition ou de déstabilisation. La dissuasion nucléaire ne vise ni à gagner une guerre ni à empêcher de la perdre. Cela nous permet aussi d'assumer les responsabilités d'un État doté vertueux et d'une puissance d'équilibres. »

Mercredi 26 avril

L'entreprise Kpler, spécialisée dans la transmission de données en temps réel sur les marchés des matières premières, indique que la Russie – deuxième pays producteur de pétrole au monde derrière les États-Unis mais devant l'Arabie Saoudite – vend son pétrole à l'Arabie Saoudite ainsi qu'aux Émirats arabes unis à des prix bas pour contrebalancer la perte des marchés européens. Ces deux pays membres de l'Opep + revendent ensuite ce pétrole au prix du marché. L'argent ne dort jamais dixit Gordon Gekko.

***

La contre-offensive pour fin mai ? Début juin ? Ce sont les indications transmises par *The New York Times*[18]. Le journal américain a obtenu de la part de certaines sources du Pentagone, plusieurs informations. Informations réalistes ou enjeu de propagande, c'est un bilan que nous ferons une fois la contre-offensive terminée.

Où devrait-elle avoir lieu ? « L'opération devrait se dérouler dans le sud du pays, y compris le long du littoral ukrainien de la mer d'Azov, près de la Crimée annexée par la Russie. » Quand ? « L'Ukraine se prépare à lancer une contre-offensive contre les forces russes dès le mois prochain ». Avec quels moyens matériels ? « Les alliés américains et de l'Otan ont fourni à l'Ukraine une grande quantité de canons d'artillerie et de munitions pour la bataille à venir, et les responsables ukrainiens espèrent que ces approvisionnements vont durer » le temps de l'opération. Sur le plan humain, on a longtemps évoqué le nombre de 70 000 à 80 000 soldats. Parmi eux, des troupes formées en Occident : « douze

18. Julien E. Barnes, « Ukraine's Spring Offensive Comes With Immense Stakes for Future of the War », *The New York Times*.

brigades de combat ukrainiennes d'environ 4 000 soldats chacune devraient être prêtes » et « les États-Unis et les alliés de l'Otan ont entraîné et équipé neuf de ces brigades » selon les sources du Pentagone. Quant au résultat, chacun y va de son pronostic sans laisser de place à la notion de « hasard » et sans prendre en compte les éventuels plans russes : « Alors que les responsables ukrainiens ont déclaré que leur objectif était de percer les défenses russes retranchées et de provoquer un effondrement généralisé de l'armée russe, les responsables américains ont estimé qu'il était peu probable que l'offensive se traduise par un changement radical de dynamique en faveur de l'Ukraine. »

Fiche n°44 : Quelques noms qui ont influencé Poutine ou font partie de son cercle rapproché

- Alexandre Douguine : théoricien de l'eurasisme moderne
- Igor Setchine : président du conseil d'administration de Rosneft et homme politique
- Dmitri Medvedev : vice-président du Conseil de sécurité de Russie
- Sergueï Choïgou : ministre de la Défense
- Valeri Guerassimov : chef d'État-major général des forces armées de la Fédération de Russie
- Victor Tcherkessov : ancien responsable des services de sécurité russes
- Iouri Kovaltchouk : homme d'affaires
- Sergueï Ivanov : ancien homme politique.

Jeudi 27 avril

L'Ukraine aurait cherché à atteindre Vladimir Poutine, le 23 avril dernier, lors de la visite d'un site industriel installé à Rudnevo. Comment ? Par l'usage d'un drone comportant 15 kg d'explosif.

Vendredi 28 avril

Fiche n°45 : Extrait du livre *Macron-Poutine, les liaisons dangereuses*, d'Isabelle Lasserre

Plongé dans le livre passionnant *Macron-Poutine, les liaisons dangereuses*[19] d'Isabelle Lasserre, une citation nous interpelle tant elle paraît actuelle. L'autrice cite un long passage d'un autre ouvrage, *Le Fameux Rouleau compresseur*, publié en 1937 par Emmanuel Berl. Ce dernier évoque la tendance française, bien française : celle de se faire dévorer par le romantisme russe, et ce, au détriment des intérêts réels.

19. Isabelle Lasserre, Macron-Poutine, les liaisons dangereuses, Paris, L'observatoire, 185 pages.

« La première raison à ce fait, c'est que la France, toujours très mal informée de la Russie, pénètre mal les desseins et prévoit mal les réactions de la diplomatie russe. Cette diplomatie que l'opinion publique ne contrôle pas est très secrète, souvent double, presque toujours hypocrite. La France, définie avec une si splendide netteté par la géographie et par l'histoire et qui forme évidemment un royaume, comprend mal que la Russie étant un empire pour lequel la notion de frontières demeure abstraite et confuse, ses ambitions, qui tantôt s'apaisent et tantôt s'exaspèrent, ne sont jamais assouvies, jamais non plus irréductibles et peuvent porter sur des points très divers. À certaines époques, la Russie se sent trop grande plutôt que trop petite et ne souhaite aucun accroissement territorial. À d'autres époques, elle cherche à s'étendre vers la Baltique. À d'autres, ce sont les Balkans qu'elle convoite ; à d'autres, c'est Constantinople, les Détroits, et le souvenir de Byzance qui l'obsède. À d'autres moments, la Caspienne lui fait oublier la mer Noire, elle ne songe qu'à la Perse, à l'Afghanistan même. À d'autres périodes, elle cesse quasiment de s'intéresser à l'Europe, s'étire vers la Chine et porte vers le Pacifique le plus gros de ses énergies. Ces changements surprennent sans cesse la France qui » tantôt « voit dans la Russie une nation barbare et s'étonne de découvrir soudain qu'il y a des écrivains, des musiciens russes. Tantôt, par une exagération inverse, elle imagine la Russie semblable aux nations occidentales, et, dupe alors de faux calculs, elle croit que rien ne peut résister à cet immense territoire et à cette innombrable population. À ces causes générales d'erreur s'ajoute le fait que la Russie, chaque fois qu'elle se trouve dans un rapport diplomatique étroit avec la France, joue avec beaucoup d'astuce et beaucoup de soin des luttes intérieures de la France. »

Dimanche 30 avril

Evgueni Prigojine, qui a menacé à plusieurs reprises de retirer ses mercenaires de Wagner de Bakhmout si l'État russe ne lui fournissait pas plus de munitions, se vante désormais de disposer d'assez d'armes. Lesquelles seraient issues des stocks de l'armée ukrainienne. Rhétorique du chantage et de l'absurde...

Fiche n°46 : Extrait du livre *Les leçons d'une guerre*[20], de François Heisbourg

« La guerre est le malheur des peuples, chaque guerre est singulière, et l'invasion de l'Ukraine ne déroge pas à la règle. Les facteurs qui modèlent ce malheur des peuples connaissent toutefois des facteurs communs. Malgré le bouleversement des techniques, les changements de doctrine, l'évolution constante des enjeux et des buts de guerre et les transformations sociétales, des constantes existent. (...) Les invariants sont d'abord ceux qui concernent le milieu physique et humain ». « (...) L'effet de taille peut aussi déterminer le mode opératoire de la guerre. (...) Autre invariant, celui de la géographie physique, avec la grande boucle du Dnipro redevenant la ligne de front qu'elle avait pendant les grandes batailles germano-soviétiques de 1941 et 1943. (...) Le temps qu'il fait reste un des grands invariants de la guerre en général, et dans

20. François Heisbourg, *Les leçons d'une guerre*, Paris, février 2023, Odile Jacob, p. 57-61.

l'espace russe et ukrainien en particulier. (...) La donnée de départ à la veille de l'invasion, c'est la disproportion entre les belligérants : un peu plus de 140 millions de Russes d'une part, une quarantaine de millions d'Ukrainiens d'autre part. »

Mai

« *La culture générale est la véritable école du commandement.* »
Charles de Gaulle

Lundi 1er mai

La Russie vise les sites industriels ukrainiens en déployant son aviation stratégique. Ce lundi, neuf bombardiers Tu-95 et deux Tu-160 ont décollé de Mourmansk pour atteindre le site industriel de Pavlohrad.

Mardi 2 mai

Tandis que Sam Altman, fondateur de ChatGPT et co-créateur de OpenAI, fond sur la presse pour remporter la guerre des intelligences, Geoffrey Hinton, l'un des développeurs de l'IA que l'on dénomme chez Google, « Monsieur Intelligence artificielle », quitte le groupe américain. Il émet des peurs et des craintes quant au déluge d'innovations que va entraîner l'IA. Un risque pour l'humanité ? Ou bien un scénario plus modéré faisant évoluer l'homo sapiens vers une espèce connectée.

Fiche n°47 : Extraits de l'audition de François Fillon, ancien Premier ministre, par la commission d'enquête sur les « ingérences étrangères »[1]

• **La Russie :** « Il y a une chose qui n'a pas changé, et qui au fond, était la base de la vision qui était celle du général de Gaulle en politique étrangère, c'est la géographie. Nous sommes sur le même continent que la Russie. Et une immense partie de la Russie est européenne. (...) La proximité de la Russie, et de notre pays et de l'Europe, oblige à trouver des modes de relation avec la Russie qui permettent d'assurer la paix et la sécurité. »

• **Ingérences américaines :** « La plupart du temps elles venaient d'un pays ami et allié qui s'appelait les États-Unis. (...) J'ai été écouté avec le président Sarkozy pendant cinq ans par la NSA. (...) La NSA écoutait madame Merkel mais elle écoutait aussi l'ensemble des membres du Gouvernement français et sans doute des autres pays européens. D'ailleurs une pratique assez généralisée parmi les grandes puissances. Mais

1. https://www.assemblee-nationale.fr/dyn/actualites-accueil-hub/ingerences-etrangeres-auditions-de-francois-fillon-et-de-jean-pierre-chevenement

il y a une ingérence américaine qui me pose problème et que je considère comme la plus sérieuse quant à ses conséquences sur la vie économique de notre pays, c'est le principe d'exterritorialité de la justice américaine qui permet à la justice américaine et à l'administration américaine d'intervenir dans les entreprises européennes. (...) J'ai été particulièrement concerné par l'amende de 9 milliards d'euros qui avait été imposée à la BNP (...), il s'agissait de sanctionner des financements que la BNP avait apportés à des entreprises ou des opérations au Soudan alors que le Soudan ne faisait l'objet d'aucune sanction. »

• **Ingérences chinoises** : « L'espionnage chinois. Peut-être vous souvenez-vous d'une affaire retentissante où une délégation d'officiels chinois de haut niveau avait, en visitant Airbus, placé des clés USB pour récupérer des informations sur des ordinateurs.

• **Ingérences de pays musulmans** : « (...) Et puis j'ai été confronté à des ingérences venant de pays comme la Turquie, le Maroc, l'Algérie qui donnent directement des consignes de vote, au moment des élections françaises, par l'intermédiaire de responsables chinois. »

• **Russie** : « Je n'ai pas été confronté directement par des ingérences russes. » Ce qui ne signifie pas que la Russie ne mène pas de politique de renseignement en France. Loin de là !

Mercredi 3 mai

Baignant dans l'incertitude des élections présidentielles, Recep Tayyip Erdogan dévoile les avancées technologiques et militaires réalisées par la Turquie. Aux commandes du futur avion de combat de 5e génération, le Kaan, le président turc exalte sa force. En conférence de presse il a précisé que le Kaan est « l'une des plus grandes réalisations de l'industrie de la défense ». Ajoutant que « la Turquie est désormais présente dans tous les domaines : sur terre, en mer et dans les fonds marins, dans les airs et dans l'espace ». Le Kaan doit permettre à l'Armée de l'air turque de remplacer ses F-16 vieillissants, et de combler les blocages quant à l'achat de F-35 et de F-16 Block 70/72 dit « Viper ».

***

À quelques kilomètres d'Ankara, la rencontre entre Ebrahim Raïssi et Bachar al-Assad en Syrie souligne l'amitié entre l'Iran et la Syrie. Le soutien du premier au second.

L'influence exponentielle de la pieuvre iranienne au Moyen-Orient.

Jeudi 4 mai

Dmitri Peskov, porte-parole de Vladimir Poutine, accuse les États-Unis d'être à l'origine d'une attaque par drone organisée contre le Kremlin. Selon lui les « efforts de Kiev et de Washington pour nier toute responsabilité sont totalement ridicules. Les décisions concernant de telles attaques ne sont pas prises à Kiev, mais à Washington. Kiev ne fait qu'appliquer ce qu'on lui demande. » Dmitri Medvedev s'est montré lui bien plus virulent : « Après l'attaque terroriste d'aujourd'hui, il n'y a plus d'autres choix que l'élimination physique de Zelensky et de sa clique. »

Depuis le début du conflit, la menace aérienne en provenance des drones a pris une proportion grandissante. Pour les forces ukrainiennes, elle se traduit par l'usage de Bayraktar

TB2, de drones suicides et de drones navals – les Ukrainiens ont organisé une offensive contre une escadre présente à Sébastopol en octobre 2022.

Pour l'*air power russe*, c'est l'usage massif de drones iraniens Shahed-136 plutôt que le déploiement de Su-27, Su-35 ou Su-57, qui prévaut.

Fiche n°48 : Liste non exhaustive des drones utilisés par les forces en présence dans la guerre russo-ukrainienne

Russie :
- Shahed-131
- Shahed-136
- Lancet
- Geranium
- Sirius
- Forpost-R
- Gorizont S-100
- Orlan-10 et 30
- Geran-2
- Granat-1
- Granat-2
- Tachyon
- Merlin-VR
- TU-143
- KBLA-IVTs
- KUB-BLA

Ukraine :
- Bayraktar TB-2
- Punisher
- Beaver
- Black-Hornet
- Scan Eagle
- Phoenix Ghost
- Backfire
- UJ-22
- TU-141
- TU-143
- Leleka-100
- A1-CM Furia
- Flyeye
- RQ-11 Raven
- RQ-20 Puma
- Quantix Recon

Samedi 6 mai

Charles, fils de la reine Elizabeth, prince de Galles, est devenu Charles III, roi du Royaume-Uni, le 8 septembre 2022. Chef du Commonwealth, il est également le gouverneur suprême de l'Église d'Angleterre. Ce samedi 6 mai, avec son épouse, la reine Camilla, ils sont couronnés au sein de l'abbaye de Westminster. Comme le prononçait l'archevêque de Canterbury Justin Welby : « God Save The King ! »

***

La lutte entre les puissances pour l'IA, est aussi une lutte interne entre les grandes entreprises. Aux États-Unis, Google, Amazon, Meta et Microsoft, ceux que l'on dénomme les géants de la tech, déploient leurs armes pour attirer, acheter et dominer le champ de l'IA. Dans ce combat des cerveaux, c'est Microsoft qui tire à ce jour son épingle du jeu. La société investit des milliards d'euros et notamment dans OpenAI, la start-up à l'origine de ChatGPT.

En Chine, l'équivalent des GAFAM se livre à une bataille parallèle, avec pour seule autorité régulatrice, le Parti communiste. Mais que l'on soit Alibaba, Baidu, Tencent ou Huawei : la volonté pour la domination nationale et mondiale s'est munie des mêmes uniformes.

Les rivalités ne vont cesser de s'exacerber à mesure que le risque de confrontation entre les deux nations grandit.

Dimanche 7 mai

Dans une vidéo, Evgueni Prigojine avait menacé de quitter Bakhmout le 10 mai 2023. Ce 7 mai, après avoir reçu la promesse du Kremlin que des munitions lui seraient fournies, le dirigeant de la société Wagner annonce poursuivre les opérations au service de la Russie. « On promet de nous donner toutes les munitions et les armements dont on a besoin pour poursuivre les opérations. On nous jure que tout le nécessaire sera fourni à nos flancs pour que l'ennemi ne les perce pas et on nous dit qu'on peut agir à Artiomovsk comme on l'estime nécessaire. »

Prigojine a assuré que Wagner agirait désormais en coordination avec le commandement des forces en Ukraine, dont l'autorité militaire est le général Sourovikine.

Enfin, reste à savoir si les forces tchétchènes de « l'Akhmat » assisteront Wagner dans sa lutte pour la prise de Bakhmout. C'est ce que laissait penser un courrier en date du 6 mai adressé par Prigojine à Poutine. Les troupes de Ramzan Kadyrov pourraient se déployer à l'intérieur de Bakhmout et participer aux combats urbains.

***

La Syrie de Bachar al-Assad fait son grand retour au sein de la Ligue arabe.

Fiche n°49 : La Ligue arabe

La Ligue arabe est une organisation régionale fondée le 22 mars 1945 au Caire par six pays que sont l'Irak, la Syrie, le Liban, l'Égypte, la Transjordanie, l'Arabie Saoudite et le Yémen. Elle compte désormais vingt-deux membres.

Parmi les autres pays membres : la Libye (1953), le Soudan (1956), le Maroc (1958), la Tunisie (1958), le Koweït (1961), l'Algérie (1962), Bahreïn (1971), les Émirats arabes unis (1971), Oman (1971), le Qatar (1971), la Mauritanie (1973), la Somalie (1974), l'Organisation de libération de la Palestine (1976), Djibouti (1977) et les Comores (1993).

Son rôle ? Favoriser les relations diplomatiques entre les États membres et prendre des décisions coordonnées sans que ces dernières s'imposent aux États qui ne seraient pas signataires. Le plus important accord reste celui relatif à la mise en place d'un marché commun, lequel a été paraphé par tous les membres en 1964.

Lundi 8 mai

En ce jour qui marque pour l'imaginaire européen, la fin des combats de la Seconde Guerre mondiale, et pour la France, une victoire sur l'Allemagne, nous retiendrons les mots du général de Gaulle : « La guerre est gagnée ! Voici la Victoire ! C'est la Victoire des Nations Unies et c'est la Victoire de la France ! (...) Tandis que les rayons de la Gloire font une fois de plus resplendir nos drapeaux, la patrie porte sa pensée et son amour d'abord vers ceux qui sont morts pour elle, ensuite vers ceux qui ont, pour son service, tant combattu et tant souffert ! Pas un effort de ses soldats, de ses marins, de ses aviateurs, pas un acte de courage ou d'abnégation de ses fils et de ses filles, pas une souffrance de ses hommes et de ses femmes prisonniers, pas un deuil, pas un sacrifice, pas une larme, n'auront donc été perdus ! (...) Honneur ! Honneur pour toujours, à nos armées et à leurs chefs ! Honneur à notre peuple, que des épreuves terribles n'ont pu réduire, ni fléchir ! Honneur aux Nations Unies, qui ont mêlé leur sang à notre sang, leurs peines à nos peines, leur espérance à notre espérance et qui, aujourd'hui, triomphent avec nous. Ah ! Vive la France ! »

Fiche n°50 : Extrait du discours de François Mitterrand, Berlin le 8 mai 1995

« Je ne suis pas venu célébrer la victoire dont je me suis réjoui pour mon pays en 1945. Je ne suis pas venu souligner la défaite, parce que j'ai su ce qu'il y avait de fort dans le peuple allemand, ses vertus, son courage, et peu m'importe son uniforme, et même l'idée qui habitait l'esprit de ces soldats qui allaient mourir en si grand nombre. Ils étaient courageux. Ils acceptaient la perte de leur vie. Pour une cause mauvaise, mais leur geste à eux n'avait rien à voir avec cela. Ils aimaient leur patrie. Il faut se rendre compte de cela. L'Europe, nous la faisons, nous aimons nos patries. Restons fidèles à nous-mêmes. Relions le passé et le futur et nous pourrons passer l'esprit en paix le témoin à ceux qui vont nous suivre. »

Mardi 9 mai

Ce 9 mai 2023, jour du 78e anniversaire de la victoire de la Russie soviétique sur l'Allemagne nazie, le président Poutine s'est exprimé de la place Rouge, à la nation. Poursuivant sa stratégie de communication organisée contre l'Occident, il a pris le parti de fustiger une guerre « collective » menée contre la Russie.

« Nous célébrons la victoire. Une journée pour laquelle nos aïeux qui sont glorifiés par leur nom ont combattu pour la patrie et ont sauvé notre pays du nazisme. La civilisation est de nouveau à un tournant. Une guerre a été lancée contre notre patrie. Mais nous avons repoussé le terrorisme international, et nous protégerons les habitants du Donbass, en assurant notre sécurité. Pour nous, pour la Russie. (...) Comme l'ensemble des peuples de ce monde, nous souhaitons un avenir qui soit pacifique, libre et stable. Nous considérons que toute idéologie de supériorité est répugnante, criminelle et mortelle. Cependant, l'élite politique occidentale continue à affirmer son rôle prépondérant et exclusif. Cette élite divise les sociétés, provoque des conflits et se permet de renverser les régimes. Ces élites sèment la haine, la russophobie (...), refusent les valeurs traditionnelles qui ont été transmises dans les familles pour mieux imposer leur volonté, leur droit, leurs règles. Ils ont oublié ce pour quoi les résistants se sont battus et ont résisté au nazisme. Ils ont oublié ceux qui ont sacrifié leur vie pour libérer les peuples d'Europe. Nous voyons que dans certains pays, on détruit les monuments des soldats soviétiques. On crée un culte pour les nazis et leurs complices. (...) Leur objectif est de parvenir à l'effondrement et à la destruction de notre pays, d'effacer les résultats de la Seconde Guerre mondiale, de briser définitivement le système de sécurité mondiale et le droit international, et d'étrangler tout centre de développement souverain. (...) L'Ukraine est l'otage d'un renversement du pouvoir, avec la mise en place d'un régime criminel qui a mis en place les plans de l'Occident. (...) Il est très important que les dirigeants des pays de la CEI se soient réunis ici à Moscou aujourd'hui. J'y vois une attitude reconnaissante à l'égard de l'acte de bravoure de nos ancêtres, qui ont combattu et gagné ensemble ; tous les peuples de l'URSS ont contribué à la victoire commune. (...) Les batailles qui décident du sort de notre patrie sont toujours devenues un moment patriotique et sacré. Nous sommes fidèles aux préceptes de nos ancêtres, nous comprenons clairement ce que signifie être digne de la grandeur de leurs réalisations militaires, laborieuses et morales. (...) Nous sommes reconnaissants à tous ceux qui se battent sur le front. (...) Il n'y a rien de plus sacré que le travail militaire. C'est de vous que dépend l'avenir de notre pays, de notre État et de notre peuple. »

Mercredi 10 mai

Les États-Unis annoncent avoir neutralisé un logiciel russe malveillant : le logiciel Snake. L'opération *Medusa* amenant à sa déstructuration, a été menée avec la coordination de plusieurs instances, dont le FBI et les agences de cybersécurité américaines. Washington désigne le FSB comme étant directement impliqué dans un espionnage intensif mené depuis vingt ans. C'est l'unité du Centre 16 du Service fédéral de sécurité de la Fédération de Russie (FSB) qui est spécifiquement évoquée. Le communiqué[2] de Merrick Garland, ministre américain de la Justice, indique que depuis « près de vingt ans,

2. https://www.justice.gov/usao-edny/pr/justice-department-announces-court-authorized-disruption-snake-malware-network

cette unité, désignée dans les documents judiciaires sous le nom de "Turla", utilise des versions du logiciel malveillant Snake pour voler des documents sensibles sur des centaines de systèmes informatiques dans au moins cinquante pays, appartenant à des gouvernements membres de l'Organisation du traité de l'Atlantique nord (Otan), à des journalistes et à d'autres cibles présentant un intérêt pour la Fédération de Russie. Après avoir volé ces documents, Turla les a exfiltrés par l'intermédiaire d'un réseau secret d'ordinateurs infectés par Snake aux États-Unis et dans le monde entier. (...) Pendant deux décennies, ce logiciel malveillant a permis aux services de renseignement russes de compromettre des systèmes informatiques et de voler des informations sensibles, ce qui a porté préjudice non seulement au gouvernement des États-Unis et à ses alliés, mais aussi à des organisations du secteur privé. Cette action devrait rappeler à la Russie et à toute autre nation hostile désireuse de voler des informations que le FBI et ses partenaires sont unis dans leurs efforts pour protéger nos pays. »

Snake fonctionne « comme un implant numérique qui s'installe sur le système informatique ciblé et permet d'en prendre le contrôle à distance. »

Si la Russie n'est pas parvenue à remplir ses objectifs d'annexion de l'Ukraine, il y a un domaine où elle démontre depuis plusieurs années qu'elle est active, tout comme les États-Unis : c'est celui de la cyber.

Fiche n°51 : Les services de renseignement russes

Les trois grands services de renseignement russes sont le SVR, le FSB et le GRU.

Le Service des renseignements extérieurs (SVR), est responsable du renseignement à l'extérieur des frontières russes. C'est le pendant de la DGSE en France.

Le FSB est le successeur du KGB. Il est le plus important service de renseignement russe. Il est chargé des politiques d'espionnage, de lutte contre le terrorisme, des luttes d'influence et de la sécurité intérieure globale. La politique poutinienne est marquée par la culture du KGB. De nombreux membres du cercle le plus proche de Poutine sont d'anciens membres du KGB. C'est le cas notamment de Sergueï Narychkine, de Nikolai Patrouchev, de Sergueï Ivanov, de Sergueï Tchemezov ou d'Igor Setchine. Le patriarche Kirill serait lui aussi un ancien membre du KGB.

Le GRU est le troisième grand organe du renseignement russe. Ce service est rattaché à l'État-major des forces armées de la Fédération. Les agents du GRU sont particulièrement investis dans le renseignement technique ou d'origine humaine à des fins militaires, ainsi que dans la guerre informationnelle. Le GRU exerce un rôle déterminant dans la formation de cybercombattants.

Vendredi 12 mai

Le Royaume-Uni annonce avoir pris la décision de livrer des missiles franco-britanniques, Storm Shadow, aux forces ukrainiennes. Avec ces missiles, d'une portée avoisinant les 500 km, elle pourrait envisager d'atteindre le territoire russe et notamment la Crimée où est amarrée la flotte russe en mer Noire. Ces armes vont surtout servir dans un cadre territorial strict, et permettre à de potentielles offensives armées d'être appuyées dans la profondeur. L'objectif étant de toucher des dépôts et lignes de ravitaillement. Reste à savoir sur quelle machine ils seront installés. MiG-29 ? Su-24MR ?

Dimanche 14 mai

Zelensky est reçu par Olaf Scholz. Dans le livre d'or de la présidence allemande, Zelensky a écrit un mot qui marquera les relations bilatérales : « Dans la période la plus difficile de l'histoire moderne de l'Ukraine, l'Allemagne s'est révélée être notre véritable amie et notre allié fiable, qui se tient résolument aux côtés du peuple ukrainien dans la lutte pour la défense de la liberté et des valeurs démocratiques. » Le président ukrainien[3] vient d'obtenir de l'Allemagne une nouvelle aide militaire de 2,7 milliards d'euros. Elle comprend : quatre systèmes de défense antiaérienne Iris-T, trente chars Leopard 1, quinze chars antiaériens Gepard, plus de deux cents drones de reconnaissance et des Marder.

Mardi 16 mai

En février dernier, la Russie annonçait se retirer du traité New Start. Arguments du président Poutine : l'élargissement de l'Otan vers la Russie et le déploiement de nouveaux systèmes de défense en Pologne et Roumanie. Cependant, c'est à partir de 2026 que la fin d'exécution de ce dernier doit avoir lieu. Aussi, les États-Unis viennent de rendre public, en application de New Start, le nombre de missiles balistiques intercontinentaux (662) et le nombre d'ogives déployées (1 419). Rappelons que New Start fixe trois plafonds qui contraignent les deux grandes puissances nucléaires à ne pas déployer plus de 1 550 ogives, limitent le nombre de lanceurs à 800 et à 700 le nombre de missiles intercontinentaux et missiles mer-sol balistiques.

***

Depuis l'Islande où se tient le Conseil de l'Europe, Emmanuel Macron a plaidé pour l'ouverture d'une centaine de « centres de santé mentale » en Ukraine. La guerre fait des ravages, notamment psychologiques. L'initiative est une première. Elle est la bienvenue tant les chocs post-traumatiques sont délétères chez les soldats.

Mercredi 17 mai

La Maison-Blanche a-t-elle donné son aval pour la formation d'une coalition internationale de pays fournisseurs de F-16 à l'Ukraine et formant des pilotes ukrainiens ? C'est une certitude. Sinon, le Premier ministre britannique Rishi Sunak, et son homologue Mark

3. https://www.spiegel.de/politik/deutschland/ukraine-bundesregierung-schnuert-neues-waffenpaket-hilfe-fuer-die-fruehjahrsoffensive-a-220880d8-c19a-4785-a97b-8c2e94e68366

Rutte, ne se seraient pas permis une telle affirmation au cours du Conseil de l'Europe qui se tenait hier à Reykjavik. Une telle coalition, si elle a bien lieu, verra plusieurs pays mettre à disposition des F-16, et d'autres, former les pilotes. Les États-Unis, les Pays-Bas, le Danemark et peut-être la Belgique, seront fournisseurs. La France, le Royaume-Uni et le Danemark en tête, seront des pays formateurs. Emmanuel Macron, lundi soir, et Ben Wallace aujourd'hui ont donné leur aval à de telles dispositions. L'Allemagne à l'inverse, grande vorace des intérêts économiques, dit rester en retrait d'un tel dispositif. Selon Pistorius, le ministre de la Défense allemand, la Luftwaffe n'a ni les moyens techniques, ni les moyens humains... attendons qu'elle se range comme elle sait le faire. Au sens que l'Allemagne commence toujours par dire « non » puis « oui ».

Jeudi 18 mai

Le drone tactique Patroller pourrait devenir un véritable outil de l'*air power* français. La France va se doter prochainement de vingt-huit machines – avec quatre ans de retard sur le calendrier initial, et le ministre des Armées a déjà annoncé qu'une partie sera destinée à l'appui-feu. Se référant aux enseignements de la guerre au Haut-Karabagh et de celle d'Ukraine, le ministère des Armées favorise donc une mutation du produit de Safran en « drone tueur ». Peu cher en comparaison d'un Reaper ou d'un Eurodrone, le Patroller qui peut s'étendre sur un rayon d'action de 150 km, dispose d'une autonomie de 15 heures et il peut atteindre une altitude proche de 6 500 m. Nos besoins en « drones tueurs » sont forts et nous attendons beaucoup d'un retour du programme Neuron.

Vendredi 19 mai

Du Japon, où se déroule le G7, le président américain Joe Biden vient d'autoriser la livraison d'avions de chasse F-16. Les États-Unis, les Pays-Bas, le Danemark et la Pologne seront les quatre pays moteurs.

Samedi 20 mai

« Le 20 mai 2023, aujourd'hui à midi, Bakhmout a été prise dans sa totalité ». Prigojine annonce contrôler Bakhmout. Des vidéos circulent sur les réseaux sociaux, illustrant le drapeau russe flottant au-dessus de la ville. Poutine, le chef du Kremlin, s'est empressé de saluer la prise de ce haut lieu stratégique du Donbass. Pourtant, quelle place peut-on donner à cette information, tandis qu'il y a encore deux jours, le même Prigojine disait ne pas pouvoir livrer la ville aux forces conventionnelles russes avant plusieurs jours. Cette annonce ne vise-t-elle tout simplement pas à contrebalancer les déplacements de Zelensky au Japon et à atténuer l'impact médiatique du G7 ? Les porte-voix du Kremlin savent se faire entendre quand il faut semer la zizanie dans les esprits.

Lundi 22 mai

De Balard aux commissions parlementaires dédiées à la Défense, l'information circulait. Le président de la République veut obtenir pour la France, un poste de commandement de corps d'armée au sein de l'Alliance atlantique. Une information qui corrèle avec les positions prises par le général Burkhard en fin d'année 2022, lorsque ce dernier réfutait l'avenir d'une « armée européenne », privilégiant une alliance de défense plus large, autour non pas du groupe Ramstein, mais de l'Otan : « Faut-il une armée européenne ? La question est sous-jacente quand on évoque l'Europe de la Défense et ma réponse sera factuelle : décider d'engager des militaires en opération, c'est décider que des gens peuvent mourir et donner la mort. (...) Si l'on en arrive à une armée européenne, c'est qu'une fusion politique aura eu lieu. Dans le schéma communautaire actuel, je pense que ce n'est pas possible. (...) Plusieurs pays européens, qu'il faut voir tels qu'ils sont et non tels qu'on aimerait qu'ils soient, estiment, probablement à juste titre, que leur sécurité collective passe par l'Otan, et qu'en cette matière l'Union européenne est dans un deuxième champ ». Si l'Europe peut être un moteur des défenses souveraines et du continent européen, c'est bien à travers l'Otan que le pouvoir politique français veut consolider la place de la France. Si tel est notre avenir, alors le choix du Président d'obtenir un commandement de 60 000 hommes sera jugé par l'histoire comme lucide. L'inverse sera vrai aussi.

Mardi 23 mai

Un corps expéditionnaire composé de Russes et d'Ukrainiens – répondant de la légion « Liberté de la Russie » et du corps des volontaires russes (RVK) – a mené une attaque sur Belgorod. À partir de deux chars et de plusieurs véhicules légers, la quarantaine d'hommes armés a pris possession de bâtiments.

Fiche n°52 : Extraits de l'audition d'Éric Trappier, président-directeur général de Dassault Aviation, par la Commission des affaires étrangères, de la défense et des forces armées du Sénat[4]

• **Un carnet et des livraisons à venir :** « L'entreprise Dassault Aviation est concernée par deux grands volets de la LPM : le Rafale et la surveillance maritime. Dans ce dernier domaine, nous poursuivons la modernisation de l'Atlantique 2. La LPM programme la livraison de trois avions de renseignement et de guerre électronique Archange. La livraison des avions de surveillance maritime, à base de Falcon 2000, y figure également, selon un calendrier à confirmer. Vous l'avez mentionné, Monsieur le Président, la cible pour les Rafale est fixée à 137. Nous sommes en train de livrer la tranche dite 4T2, qui a été longtemps bloquée. Je tiens à rappeler que ce décalage n'est pas une conséquence de l'export mais le résultat d'une décision exclusivement budgétaire. Ce retard de livraison, décidé par le Gouvernement et accepté par le Parlement, nous conduit à la situation actuelle. Comme 12 avions ont été pris sur le stock français au bénéfice de la Grèce, une commande complémentaire a été effectuée : 12 appareils seront livrés à ce titre, et 28 au titre de la 4T2, soit en tout 40 avions. Un premier avion a été livré, conformément au contrat, en fin d'année dernière. Nous livrerons ensuite 13 avions cette année, puis 13 en 2024, 12 en 2025 et 1 en 2026, ce qui viendra clôturer notre carnet de commandes actuel pour la France. »

• **Cadences de production :** « Une nouvelle commande de 42 avions doit intervenir en 2023, soit 30 avions prévus de très longue date et 12 avions pour compenser les appareils d'occasion vendus à la Croatie et pris sur les stocks de l'Armée de l'air

4. https://www.senat.fr/compte-rendu-commissions/20230522/etran.html#toc2

française. Les échéances de livraison de ces 42 avions sont en cours de discussion. Les appareils arriveront pour l'essentiel à partir de 2029 mais quelques unités pourraient être livrées un peu plus tôt, en 2027 et 2028. Pour répondre à l'une de vos questions : oui, nous pourrions livrer plus tôt ! Nous avons augmenté la capacité des chaînes de fabrication du Rafale, en passant de moins d'un appareil à trois appareils par mois. »

• **Programme SCAF :** « Vous avez évoqué le programme SCAF pour lequel nous nous trouvons dans la phase 1B qui a démarré en début d'année avec nos partenaires allemands et espagnols, en particulier pour ce qui concerne le pilier 1 "avion". Nos activités de développement sur ce projet sont concentrées à Saint-Cloud dans notre bureau d'études où nous accueillons des équipes partenaires. Notre travail sur le pilier 1 est réalisé en parallèle avec le pilier 0 du programme SCAF qui recouvre le travail réalisé en commun par les trois pays partenaires pour déterminer les besoins opérationnels après 2040. Notre travail sur les technologies est en adéquation avec les simulations réalisées par les militaires sur leurs besoins opérationnels dans le cadre du pilier 0. Je ne reviens pas sur les autres piliers du programme qui sont pris en charge prioritairement par d'autres acteurs. Notre objectif est de faire voler un démonstrateur, qui ne pourra être construit qu'après la passation d'un nouveau contrat correspondant à la phase 2. À l'inverse, dans le cas du projet du nEUROn, pour lequel six pays étaient impliqués c'est-à-dire un nombre important de sociétés, un seul contrat couvrait toute l'activité depuis la décision de lancer le projet jusqu'à la campagne d'essais en vol. La renégociation régulière de nouveaux contrats dans le cadre du SCAF nous expose à des discussions fréquentes avec nos partenaires qui eux-mêmes doivent fréquemment négocier avec leur Parlement. Je suis très confiant sur notre capacité à développer en commun un démonstrateur. Nous ne sommes pas encore entrés dans la phase qui consistera à développer en commun un programme capacitaire et opérationnel. Étant donné la vitesse actuelle de progression du programme, le passage à un programme capacitaire se fera largement après 2040 ce qui justifie l'importance de continuer à moderniser le Rafale pour qu'il continue à être opérationnel entre 2030 et au moins 2050. »

• **Programme nEUROn :** « Sur le nEUROn, le but était d'avoir un drone de combat. Je veux juste rappeler qu'il y a plusieurs sortent de drones. Il y a les petits drones, dont on entend beaucoup parler en Ukraine. Il y a les drones de surveillance, comme le Reaper que la France a acheté. Selon mon interprétation, ces drones sont efficaces dans un milieu où l'on contrôle le ciel. Si vous prenez l'engagement américain au-dessus de la Syrie et de l'Irak, les drones Reaper opèrent parce que le ciel est sous la main américaine et des alliés. Il n'y a pas d'ennemis qui tirent sur les drones Reaper. De même, ces systèmes sont efficaces en Afrique parce que leur mission consiste à traquer les terroristes dans leurs véhicules : il n'y a pas de chasseurs de combat qui viennent tirer sur les Reaper. Or tous les drones de surveillance ont des ailes très longues, ils volent très lentement et sont donc des cibles de choix les premiers jours de la guerre. Rappelez-vous qu'en Géorgie tous les drones ont été abattus le premier jour. Il n'y avait plus de drone géorgien en moins de 24 heures, à cause de la chasse russe. Ainsi, ces drones de surveillance interviennent efficacement dans un contexte très occidental, où on prend le contrôle du ciel. On l'a vu dans toutes les guerres, que ce soit en Irak, en Libye : une fois l'espace aérien sous contrôle, les opérations terrestres débutent et les drones de surveillance interviennent. (...) Enfin, il y a les drones accompagnateurs ou les drones de combat. Il s'agit de drones qui vont opérer avec l'avion de combat, dans lequel se trouve physiquement un pilote. Là aussi, il peut y avoir une grande diversité de drones.

Il peut y avoir des petits drones accompagnateurs, ce qu'on appelle des *remote carrier* en anglais. D'ailleurs, il y a des travaux là-dessus avec le SCAF, qui ont été confiés à Airbus. Il peut également y avoir le drone de type nEUROn. Il s'agit quasiment d'un avion de combat qui opère en liaison avec le Rafale. En ce qui concerne la suite du nEUROn, notre idée est de poursuivre dans ce domaine des drones de combat. À ce stade, je ne sais rien vous dire de plus parce que c'est l'État qui a la main sur ce sujet. Nous sommes encore dans des phases d'études et rien n'est contractualisé, loin s'en faut. »

• **Les défis du programme Tempest :** « Sur le SCAF et le Tempest, le jour où la Grande-Bretagne, fidèle alliée de l'Amérique, et le Japon, non moins fidèle allié de l'Amérique, feront un avion de combat concurrent des Américains, ce jour-là effectivement je m'inquiéterai. À ce stade, j'ai peut-être tort, il faut être modeste dans ce domaine, mais je ne suis pas inquiet. L'alliance autour du SCAF me paraît beaucoup plus sérieuse que l'alliance autour du Tempest. Des briques existent, mais ces pays feront-ils vraiment un avion de combat concurrent de celui des Américains, concurrent du futur NGF ? Si oui, avec quel budget ? Les Anglais sont meilleurs que nous en communication, cela ne fait aucun doute. S'agissant d'une fusion entre SCAF et Tempest, je rappelle qu'il est déjà difficile de faire le SCAF à trois. Fusionner les deux projets supposerait de se reposer les mêmes questions : qui est leader ? »

Jeudi 25 mai

Alexandre Loukachenko, en déplacement à Moscou, s'est plu à annoncer la livraison des premières ogives russes à la Biélorussie. Le Président, sous tutelle des volontés du Kremlin, évoque un décret signé la veille par Vladimir Poutine.

Dans le même temps, Prigojine transfère Bakhmout aux forces conventionnelles russes. Wagner va se concentrer sur Khromove.

Vendredi 26 mai

Le Royal United Services Institute (Rusi), un *think tank* britannique, sort un rapport sur la guerre russo-ukrainienne et plus précisément sur l'armée russe. Un rapport qui s'éloigne quelque peu des images parfois tronquées des médias occidentaux. Que la Russie connaisse des faiblesses dans le domaine du commandement, du renseignement, de la coordination de ses forces, ou des forces morales : c'est un fait. Que la Russie soit en phase de perdre la face : c'est une image biaisée. Le rapport est strict sur ses fins : l'armée russe n'est pas l'armée américaine, et il ne fallait pas s'attendre à une « opération spéciale » de type *Enduring Freedom.* Cependant, la Russie s'adapte au conflit russo-ukrainien, et ses armées ont réussi une mutation doctrinale en raison des conclusions tirées de la nature de la guerre.

Fiche n°53 : Extraits du rapport du Royal United Services Institute (Rusi) « Hachoir à viande : Les tactiques russes au cours de la deuxième année de son invasion de l'Ukraine »[5]

• **Modification doctrinale :** « Le niveau des pertes russes en 2022, notamment lié à la

5. https://static.rusi.org/403-SR-Russian-Tactics-web-final.pdf

confrontation des armées russes aux systèmes de l'Otan auxquels elles n'avaient jamais fait face auparavant, a entraîné une modification significative des opérations russes par rapport à la doctrine du pays. »

• **Nouvelles tactiques** : « Les tactiques de l'infanterie russe sont passées d'une approche de déploiement de groupes tactiques de bataillons uniformes (...) au déploiement de divisions stratifiées et spécialisées par fonction en troupes de ligne et d'assaut. Celles-ci sont organisées en groupements en fonction des missions à accomplir. L'infanterie de ligne est largement utilisée pour les opérations de maintien au sol et les opérations défensives. L'infanterie projetable est utilisée pour des escarmouches continues afin d'identifier les positions de tir ukrainiennes, qui sont ensuite ciblées par l'infanterie spécialisée, ou pour identifier des points faibles dans les défenses ukrainiennes pouvant faire l'objet d'une offensive. Les pertes sont très inégalement réparties entre ces fonctions. La principale faiblesse des unités d'infanterie russes est leur faiblesse morale, qui se traduit par un manque de cohésion et de coopération entre les unités. »

• **L'importance du génie militaire russe** : « Le génie russe s'est révélé être l'une des branches les plus solides de l'armée russe. Les ingénieurs russes ont construit des obstacles complexes et des fortifications de campagne sur l'ensemble du front. Il s'agit notamment de tranchées et de bunkers de commandement renforcés de béton, d'enchevêtrements de fils de fer, de hérissons, de fossés antichars et de champs de mines complexes. Les mines russes sont plurielles et intègrent des mines antichars et des mines antipersonnel, ces dernières étant souvent dotées de plusieurs mécanismes de déclenchement afin de compliquer l'ouverture de brèches. Ces défenses représentent un défi tactique majeur pour les opérations offensives ukrainiennes. »

• **La cavalerie russe** : « Les blindés russes sont rarement utilisés pour tenter une percée (...) ils sont largement employés dans une fonction d'appui-feu pour délivrer des tirs précis contre les positions ukrainiennes. La Russie a commencé à utiliser le camouflage thermique sur ses véhicules et, grâce à une série d'autres modifications et tactiques, techniques et procédures (TTP), a considérablement réduit la détectabilité des chars à distance de sécurité. »

• **La Russie excelle dans la guerre électronique** avec des systèmes couvrant « chaque 10 km de front. Ces systèmes sont fortement axés sur la défaite des UAV » et il semble que « les systèmes russes de guerre électronique parviennent également à intercepter et à décrypter en temps réel les systèmes de communication tactique Motorola cryptés sur 256 bits, largement utilisés par les forces armées ukrainiennes. »

• **L'aviation** : « L'aviation russe reste bloquée dans ses usages, allant de salves de S-8 lancées contre des points de formation ukrainiens à des bombes FAB-500 lancées depuis une altitude moyenne à des distances allant jusqu'à 70 km. L'armée ukrainienne note que la Russie dispose d'un stock important de FAB-500 et qu'elle les modernise systématiquement avec des kits. »

• **Conclusion** : « Les forces armées russes ont réussi à adapter leurs tactiques aux défis actuels, ainsi qu'à corriger de nombreuses lacunes qui avaient éclaté au grand jour au cours des premiers mois de la guerre. » L'armée russe a intériorisé ses erreurs pour s'améliorer dans ses approches doctrinales et éviter un niveau de perte élevé du début de l'*opération spéciale*.

Samedi 27 mai

« Mais alors, dans le temps tout fait penser que la Chine commence à s'éveiller, ne serait-elle toujours qu'une belle au bois dormant ? Où est le rêve, où est l'éveil ? Question ambiguë, question sans réponse » écrit Alain Peyrefitte dans son ouvrage *Quand la Chine s'éveillera... le monde tremblera.*

L'ordre du monde est pressé par la Chine. Dominé par les États-Unis depuis la chute de l'URSS, le 25 décembre 1991, l'ordre mondial de l'après-guerre froide, se voit bousculé par une Chine obsédée par sa puissance et sa place sur l'échelle des nations. Cette puissance passe par la réalisation d'une obsession. Celle de Xi Jinping : reprendre Taïwan. Ainsi, le chef suprême de l'empire du Milieu réaliserait le vieux rêve de refonder l'espace territorial et économique de la dynastie manchoue.

Dimanche 28 mai

Une quarantaine de drones Shahed-136 de fabrication iranienne ont frappé l'Ukraine dans la nuit de samedi à dimanche. C'est la plus importante du genre depuis le début du conflit.

Fiche n°54 : Extraits de la conférence du secrétaire à la Défense Lloyd J. Austin III et du chef d'État-major des armées américaines, le général Mark A. Milley

• **Lloyd Austin :**

o « Aujourd'hui, l'un des besoins les plus urgents de l'Ukraine est la défense aérienne au sol, et ce groupe de contact continuera à travailler d'arrache-pied pour aider l'Ukraine à défendre son ciel. Ces dernières semaines, la Russie a intensifié ses bombardements sordides sur les villes et les infrastructures ukrainiennes, et la cruauté du Kremlin ne fait que souligner la nécessité pour l'Ukraine de se doter d'une architecture de défense aérienne terrestre plus solide. (...) Au cours de la réunion d'aujourd'hui, plusieurs alliés et partenaires ont également discuté des projets de formation des pilotes ukrainiens aux avions de combat de quatrième génération, notamment le F-16. La planification et la mise en œuvre de cette formation constitueront une entreprise de grande envergure, mais la coordination de ce groupe de contact y contribuera. Je tiens tout particulièrement à remercier le Danemark et les Pays-Bas, qui ont décidé de prendre la tête d'une coalition européenne pour assurer la formation des forces ukrainiennes aux F-16. » De plus, « les membres du Consortium du char Leopard ont discuté des progrès réalisés dans la mise en place d'un centre de maintenance et des efforts qu'ils déploient pour assurer les ressources de cet important programme pour les années à venir. »

• **General Mark Milley :**

– « Le peuple ukrainien reste déterminé et son esprit est inébranlable. La bataille de Bakhmout n'en est qu'un exemple. Pendant neuf mois consécutifs, l'Ukraine s'est défendue avec succès et a infligé un coût énorme aux forces russes. Et cela grâce au courage des Ukrainiens et à leurs compétences tactiques et opérationnelles. (...) Cette semaine, le président des États-Unis a rendu public le 38e programme d'aide des

États-Unis, qui comprend des Himars supplémentaires, des munitions, des obus d'artillerie, des systèmes anti-armes et des véhicules de soutien supplémentaires. Ces munitions, véhicules et armes renforceront les capacités offensives et défensives de l'Ukraine. Ils permettent aux Ukrainiens de mettre en danger les forces et les lignes d'approvisionnement russes. Ils augmentent le coût de la guerre d'agression que la Russie continue de mener. (...) Le moyen le plus rapide et le moins coûteux de contrôler cet espace aérien était de le faire à partir du sol. On peut le faire soit depuis les airs, soit depuis le sol. La fourniture de systèmes de défense aérienne intégrés efficaces à basse altitude, à courte portée, à moyenne altitude, à moyenne portée, et à haute altitude, à longue portée, est le moyen le plus efficace de refuser la supériorité aérienne aux Russes, et c'est exactement ce qu'ils ont fait. Si l'on considère les F-16, dix F-16 coûtent 1 milliard de dollars. Si l'on ajoute les coûts de maintien en condition opérationnelle, on obtient un milliard de dollars supplémentaire. On parle donc de 2 milliards de dollars pour dix avions. Les Russes possèdent 1 000 chasseurs de quatrième et cinquième génération. Par conséquent, si vous voulez affronter la Russie dans les airs, vous aurez besoin d'un nombre substantiel de chasseurs de quatrième et cinquième génération. (...) À l'avenir, les F-16 ont clairement un rôle à jouer. L'Ukraine mérite une Armée de l'air compétente. Il faudra beaucoup de temps pour mettre sur pied une force aérienne de la taille, de la portée et de l'échelle nécessaires.

– « (...) nous avons demandé aux Ukrainiens de ne pas utiliser de matériel fourni par les États-Unis pour des attaques directes contre la Russie. Pourquoi ? Ce n'est pas une guerre entre les États-Unis et la Russie. Ce n'est pas une guerre entre l'Otan et la Russie. C'est une guerre entre l'Ukraine et la Russie, et nous soutenons, fournissons, aidons à former, conseillons et assistons l'Ukraine. Mais il ne s'agit pas d'un conflit direct entre les États-Unis et la Russie. »

Lundi 29 mai

La Darpa va-t-elle réussir à développer un nouveau type de navire de guerre, fonctionnant non pas avec des hélices, mais bien à partir de la magnétohydrodynamique, autrement dit, des fluides conducteurs de l'électricité ? C'est sur ce dessein, celui de maîtriser les courants électriques et la propulsion par aimants, que bûche en tout cas l'agence américaine avec le programme PUMP (*Principles of Undersea Magnetohydrodynamic Pumps*).

Mardi 30 mai

Recep Tayyip Erdogan réélu pour cinq ans à la tête de la Turquie. Le Président, à la tête de l'AKP, a obtenu 52,2 % des suffrages, contre 47,8 % pour Kemal Kiliçdaroglu. Point de surprise. Cela explique le peu de soutien de la part des chefs des exécutifs occidentaux apporté à Kemal Kilicdaroglu durant la campagne. Erdogan est calife en son royaume. La nation turque rêve de bousculer l'Europe et d'établir un pouvoir religieux fort sur d'anciennes conquêtes ottomanes. En Grèce, en Syrie, en Libye, en Méditerranée, dans l'Europe des Balkans : il faut s'attendre à du mouvement. Le nationalisme religieux va prospérer durant les cinq, dix et quinze prochaines années.

Joe Biden prend la Turquie à son propre jeu : la fourberie. Si la Turquie n'obtiendra pas de F-35 en raison de l'achat de S-400 de conception russe, Ankara a porté son dévolu sur le F-16 Viper. Or Joe Biden, pressé de voir la Suède rejoindre l'Otan, vient de décider de la clé des diverses avancées. Si Erdogan accepte la candidature de la Suède à l'Otan, alors Biden et le Congrès donneront leur approbation pour la vente de quarante F-16 de dernière génération ainsi que les kits nécessaires à la modernisation de ceux de l'Armée de l'air turque.

Mercredi 31 mai

Fiche n°55 : Extrait de *Poutine la stratégie du désordre jusqu'à la guerre*[6] d'Isabelle Mandraud et Julien Théron

« Trente ans après la chute de l'URSS, le monde postsoviétique reste un terrain mouvant, marqué historiquement par les manipulations démographiques et territoriales de l'ère stalinienne. À l'exception des Pays baltes, qui ont réussi leur transition démocratique et économique en intégrant les institutions européennes et otaniennes, les anciennes républiques soviétiques sont embourbées dans les problèmes de territoires, de gouvernance et de corruption. Le Kremlin entend maintenir sous sa coupe l'ensemble de ces États pourtant souverains, et même aller plus avant en restaurant un ensemble cohésif sous une domination plus franche. Au-delà, des outils politiques et économiques de l'étranger proche, tels que l'UEE et l'OTSC, sont de nature dans l'esprit du président russe, à intégrer à l'avenir des pays comme la Syrie, l'Iran ou le Venezuela, ses alliés de l'étranger distant. »

6. Isabelle Mandraud, Julien Théron, *Poutine, la stratégie du désordre jusqu'à la guerre*, Tallandier, 2022, 352 pages.

Juin

« Les généraux en chef sont guidés par leur propre expérience ou par leur génie. La tactique, les évolutions, la science de l'ingénieur et de l'artilleur peuvent s'apprendre dans les traités à peu près comme la géométrie ; mais la connaissance des hautes parties de la guerre ne s'acquiert que par l'expérience, l'étude de l'histoire des guerres et des batailles des grands capitaines. Apprend-on dans la grammaire à composer un chant de L'Iliade, une tragédie de Corneille ? »

Napoléon Bonaparte

Jeudi 1er juin

L'Europe de la défense a bien souvent été perçue par nos voisins comme une vaste lubie française. Une idée restée sans considération de la part des Anglais, des Allemands, des Belges ou des Hollandais qui préfèrent aux intentions tricolores, le parapluie américain. Le bouclier otanien.

Aussi, au forum sur la sécurité globale de Globsec, le président Macron semble avoir évolué sur ses horizons. Il a indiqué qu'un « pilier européen au sein de l'Otan est indispensable. C'est le seul moyen pour être crédible pour nous-mêmes, d'être crédible dans la durée, de prendre notre part de dépendance. Et de prendre cette part légitime du fardeau qui est le nôtre. Parce que, qu'on le veuille ou non, notre géographie ne changera pas. Nous habiterons la même place, et la Russie restera la Russie avec les mêmes frontières géographiques. »

L'Europe de la défense comme idée ou force indépendante de Washington, est définitivement morte pour le XXIe siècle. Si c'est « à nous, Européens, dans l'avenir d'avoir notre propre capacité à nous défendre et à gérer nos voisinages », il en ira d'une défense large, coalisée, impliquant bien plus que les membres de l'UE et les États-Unis d'Amérique. L'avenir est à une coalition bien plus étendue, de type groupe de Ramstein, qui de l'Europe à l'Afrique, des Amériques à l'Asie forme une puissance globale. Une puissance partenariale de communauté de valeurs.

***

Nvidia dépasse les 1 000 milliards de dollars de capitalisation boursière : c'est tout un signe. L'intelligence artificielle est au centre de cette capitalisation. C'est aussi le signe de la haute valeur ajoutée donnée aux semi-conducteurs. À l'inverse, Meta ou Tesla sont redescendues d'un étage. Pour le reste, Apple se porte bien, comme Microsoft : deux entreprises qui durent dans le temps grâce à des investissements cohérents et une organisation solide. Deux points forts pour la réalisation du principe économique d'anticipation. Quant à Ford et Taylor, ils ont leurs successeurs.

Fiche n°56 : Qu'est-ce que les semi-conducteurs ?

Les semi-conducteurs sont des matériaux permettant la fabrication de composants électroniques tels que les microprocesseurs. Ils ont des caractéristiques uniques, comprises entre les conducteurs (métaux) et les isolants (verre).

Aujourd'hui, tout comme les métaux rares, les semi-conducteurs sont au cœur d'une lutte entre les États, notamment les États-Unis, la Chine et Taïwan. L'île asiatique, voisine du géant chinois, domine le marché des semi-conducteurs...

TSMC ou UMC sont les deux premières entreprises qui surplombent ce marché. Leurs principaux partenaires économiques se dénomment entre autres, Apple ou Intel. Ce type d'entreprise a en effet besoin de semi-conducteurs pour réaliser la production de composants tels que les puces électroniques ou les microprocesseurs. Des technologies que l'on retrouve ensuite dans tous les matériels de haute technologie tels que les voitures, avions, ordinateurs...

Aujourd'hui, 80 % de la production dépend d'entreprises asiatiques.

Les plus grandes entreprises de production de semi-conducteurs :
- TSMC (Taïwan)
- UMC (Taïwan)
- SMIC (Chine)
- Samsung (Corée du Sud)
- Global Foundries (États-Unis)
- Powerchip (Chine)
- VIS (Taïwan)
- Hua Hong Semi (Chine)
- Tower Semiconductor (Israël – États-Unis)
- PSMC (Taïwan)

Vendredi 2 juin

Dans une tribune commune publiée dans le journal *L'Opinion*[1], le général de Saint-Quentin et Cédric O défendent un accroissement de la coopération public-privé pour aboutir à des ruptures technologiques rapides et pour un usage efficient des fonds européens et d'État. Comme François Heisbourg et bien d'autres que nous sommes, ils s'interrogent également sur les apprentissages de la guerre qui tonne à l'Est.

Pour eux, si les drones modifient le rapport de force dans la guerre russo-ukrainienne, le principal enseignement est à tirer du côté du C2, pour Command and control. « Si les Ukrainiens ont pu aussi efficacement stopper l'offensive russe du printemps 2022, c'est probablement plus encore grâce à la supériorité de leurs moyens de renseignement et de coordination que du fait de l'abnégation de leurs soldats. La profusion de capteurs, la

1. Tribune de Cédric O et Grégoire de Saint-Quentin, « *Une nouvelle coopération public-privé pour préparer les guerres de demain* », *L'Opinion*, 2 juin 2023.

connexion offerte par la constellation *Starlink* et la capacité à rassembler, analyser et fusionner un flot continu d'informations par l'algorithmie mettent en lumière les nouveaux facteurs clés de supériorité, parmi lesquels la maîtrise de l'intelligence artificielle (IA), qui permet de démultiplier l'emploi des capacités opérationnelles. L'évolution prévisible vers une autonomie réelle des drones et des essaims de drones – avec les questions éthiques que cela soulève – ou encore les immenses changements potentiels apportés par l'IA générative pour la fonction C2 changent la manière de faire la guerre, mais aussi de la préparer, de la diriger et de la superviser. »

La France, comme les nations de l'Europe, doit revoir leur mode de production. Leur modèle industriel ne peut, dans son organisation actuelle, faire face aux défis que lance notamment la Chine. « En dépit d'une histoire séculaire, la rupture technologique que vont affronter nos armées est sans précédent par la vitesse de son évolution et par la rapidité des changements qu'elle implique pour nos modèles d'opérations et d'acquisition. L'ampleur de ce défi amènera sans nul doute à imaginer aussi de nouveaux modes de coopération public-privé. Prolonger les usages existants relèverait du combat d'arrière-garde et pèserait *in fine* sur la préservation de notre souveraineté. C'est certainement l'autre grand enseignement de la guerre en Ukraine. »

Fiche n°57 : Qu'est-ce que l'intelligence artificielle ?

L'intelligence artificielle (IA) relève du domaine informatique. Elle a pour objectif de créer des machines, composées d'éléments algorithmiques, ayant la capacité de réfléchir comme l'intelligence humaine, voire de la dépasser – Sam Altman n'a jamais caché son ambition de créer une IA surpassant les limites de l'intelligence humaine.

L'IA a connu plusieurs cycles. Ceux-ci ont été détaillés par le docteur Laurent Alexandre dans son ouvrage *La guerre des intelligences, à l'heure de ChatGPT*[2]. Le premier a débuté avec les programmes faits d'algorithmes. Suivi de la période dite du « deep learning ». Aujourd'hui nous connaissons le temps de l'IA générative. Et les grandes sociétés œuvrent déjà sur l'IA dite forte, qui pourra générer elle-même du contenu de façon autonome à l'horizon 2030.

Les sujets de l'IA et de la super intelligence artificielle font nous interroger sur l'homme et l'avenir des sociétés. En effet, ce sont des thématiques qui pourraient chambouler les champs philosophiques, éthiques, juridiques, technologiques, de la défense et de la sécurité.

Parmi les plus grandes entreprises de l'IA : Microsoft et OpenAI, Apple, Google, Amazon, Facebook, Baidu, Alibaba, Tencent, Xiaomi...

---

2. Dr Laurent Alexandre, *La guerre des intelligences*, Paris, JC Lattès, 2023, 473 pages.

Samedi 3 juin

Le site *Oryx* est une source sérieuse. Selon ses données, la Russie aurait perdu plus de 2 000 chars en Ukraine. Cette dernière serait également en difficulté quant à sa garnison de drones. Pour l'Ukraine, qui dépend des importations et livraisons d'armements étrangères, les données indiquent la perte de nombreux Bayraktar TB2. Lesquels ont fait les frais des forces de défense antiaérienne russes.

Dimanche 4 juin

Fiche n°58 : L'analyse de Michel Goya et de Jean Lopez sur le conflit russo-ukrainien

Plongée dans un passage du dernier livre de Michel Goya, écrit en commun avec l'historien Jean Lopez, *L'ours et le renard. Histoire immédiate de la guerre en Ukraine*[3]. Dans le chapitre 2, à la question de Jean Lopez, « Peut-on décrire à peu près ce qui s'est passé le 24 février 2022 », Michel Goya répond : « Le 24 février, les Russes lancent une grande opération dans le plus pur style des "offensives à grande vitesse" définies dans les années 1970 et dernier avatar de l'art opératif russo-soviétique. *A posteriori*, en analysant l'ensemble des mouvements de troupes, il semble à peu près acquis que l'*opération militaire spéciale* se donnait deux objectifs principaux à atteindre le plus vite possible : prendre Kiev et encercler les forces ukrainiennes dans le Donbass. » Il ajoute : « Alors que les colonnes blindées commencent leur mouvement, les forces russes tentent de paralyser tout le système nerveux ukrainien – réseaux de commandement et de communication, défense aérienne, bases et dépôts – par une combinaison d'attaques électroniques, de frappes de missiles, de raids aériens et de coups de main. Les grandes infrastructures, en revanche, et notamment les voies ferrées, ne sont pas visées : sans doute les assaillants souhaitent-ils les préserver en vue de la phase de stabilisation après l'intervention initiale. Dans le cyberespace, la société Microsoft a identifié de nombreuses attaques avant même le 24 février, avec un pic le jour J visant à détruire le réseau de communication ukrainien et entraver celui de l'énergie. C'est un échec : près de 90 % des tours de téléphonie mobile fonctionnent toujours et la société américaine SpaceX (...) contribue à maintenir Internet via son réseau satellitaire *Starlink*[4]. »

Lundi 5 juin

Avancée vers Bakhmout, offensive dans le district de Velyka Novosilk, détachement sur Soledar. L'Ukraine lance plusieurs opérations de déstabilisation. L'Ukraine mène une guerre de partisans, une « petite guerre » qui déboussole l'ennemi. Il faut, pour l'Ukrainien, se libérer de l'*homo sovieticus*.

3. Michel Goya et Jean Lopez, L'ours et le renard. Histoire immédiate de la guerre en Ukraine, Perrin, 2023, 347 pages.
4. Ibid. p. 125-126.

Fiche n°59 : Extrait de *Théorie du partisan* de Carl Schmitt

« Toutefois, l'introduction du service militaire obligatoire fait que toutes les guerres sont désormais, par définition, des guerres du peuple, et ceci entraîne bien vite des situations difficiles et mêmes insolubles pour le droit classique de la guerre, celle d'une levée en masse plus ou moins improvisée, par exemple, ou celle des corps de volontaires et des francs-tireurs. (...) Quoi qu'il en soit, la guerre demeure limitée en principe, et le partisan reste en dehors de ces limites. Le partisan moderne n'attend de son ennemi ni justice ni grâce. Il s'est détourné de l'hostilité conventionnelle de la guerre domptée et limitée pour se transporter sur le plan d'une hostilité différente qui est l'hostilité réelle, dont l'escalade, de terrorisme en contre-terrorisme, va jusqu'à l'extermination[5]. »

Mardi 6 juin

« Les hommes font leur histoire eux-mêmes ; mais ils ne la font par arbitrairement, dans des conditions choisies par eux : ils la font dans des conditions données, directement héritées du passé. La tradition de toutes les générations mortes pèse d'un poids très lourd sur le cerveau des vivants[6]. »

***

Le barrage de Nova Kakhovka a fait l'objet d'un bombardement. Il est difficile à cette heure de tirer des conclusions sur l'origine du tir. Est-ce la Russie ? Mais alors comment comprendre un tel geste à la vue des conséquences : celle de mettre en difficulté ses troupes déployées en aval. Est-ce l'Ukraine ? Qui retardera alors ses aptitudes à mener une offensive dans le Sud avec cette difficulté à traverser le Dniepr, à agir dans la région de Kherson et mettra en danger sa population – 16 000 à 30 000 personnes concernées. Le premier choix paraît le plus raisonnable, mais impossible de valider cette thèse pour le moment. Sauf, à ce que l'état-major russe ait anticipé le lancement de l'offensive ukrainienne ? Fort probable. En tout cas, de nombreux soldats russes gisent dans la boue, de nombreux Ukrainiens voient leurs maisons s'affaisser.

***

6 juin 1944 : le général James McConville, chef d'État-major de l'Armée de terre américaine, fait une comparaison entre ce qui se déroule en Ukraine et l'opération *Overlord*. « La liberté n'est pas gratuite ». Au-delà de la liberté, c'est l'esprit, le patriotisme, les valeurs et forces morales qui définissent les premières vertus d'une nation.

Mercredi 7 juin

Aux États-Unis, alors que les représentants négocient le budget de l'année fiscale 2024, des élus républicains de la Chambre des représentants souhaitent que la Chine, plutôt que l'Ukraine, redevienne la priorité des États-Unis. Le président de la commission des forces

5. Carl Schmitt, *Théorie du partisan*, Paris, Champs classiques, p. 213.
6. Karl Marx, *Le 18 Brumaire de Louis Bonaparte, I.*

armées, Mike Rogers veut augmenter le budget des armées au-delà des 886 milliards de dollars fixés par l'accord sur le plafond de la dette. « Pour moi, tout tourne autour de la Chine » a-t-il déclaré. Aux yeux de nombreux Républicains, la Chine est désormais le seul et unique défi des États-Unis pour ce siècle. Pour réussir, l'Amérique doit triompher sur plusieurs axes : celui des hommes, celui de l'organisation et du financement de son complexe militaro-industriel, celui de l'IA et de l'autonomisation de son armée, celui des hommes, celui des alliances, celui du dollar...

Jeudi 8 juin

« Nous pouvons totalement affirmer que cette offensive a commencé. (...) Cela est démontré par l'utilisation de la réserve opérationnelle. Les troupes ukrainiennes n'ont atteint leur objectif sur aucun des champs de bataille. (...) Nous assistons à des pertes importantes de troupes ukrainiennes. Lors des opérations, les pertes sont de l'ordre de 3 100 soldats par jour. Elles dépassent largement les statistiques standards. Les chiffres sont impressionnants. (...) Toutes les tentatives de contre-offensive menées jusqu'à présent ont échoué, mais le régime de Kiev dispose encore d'un potentiel offensif[7]. » La Russie fait face au choc. Depuis le début de l'année 2023, la Russie est passée dans une stratégie défensive. Laquelle, nous dit Clausewitz dans *De la guerre*, doit permettre de faire face au « choc ». Résister. Encaisser. Refouler. Et « préserver » les territoires conquis.

Fiche n°60 : Extrait de *De la guerre*[8], Livre VI, chapitre 1 : L'attaque et la défense

« Qu'est-ce que le concept de défense ? Parer un choc. Quelle en est la caractéristique ? L'attente de ce choc. Cette caractéristique rend une action défensive. À la guerre, c'est tout ce qui distingue la défense de l'attaque. Une défense absolue est complètement contraire à la nature de la guerre, car, en ce cas, un seul camp ferait la guerre : la défense ne peut être que relative. Cette caractéristique ne sert qu'à penser le concept en totalité, non dans tous ses aspects. Un engagement secondaire est défensif si nous attendons l'avance et la charge ennemies ; une bataille où nous attendons l'attaque, c'est-à-dire l'apparition de l'ennemi devant nos positions, sous notre feu ; une campagne où nous attendons que notre théâtre de guerre soit envahi. Dans tous ces cas de figure, l'attente et la parade correspondent à l'idée générale sans toutefois entrer en conflit avec la nature de la guerre : il peut être avantageux d'attendre la charge qui se rue sur nos baïonnettes, sur nos positions ou notre théâtre de guerre. Mais pour faire vraiment la guerre, il faut rendre à l'ennemi des coups qu'il donne, l'action offensive menée dans le cadre d'une guerre défensive recevra l'appellation de "défensive" ; en d'autres termes, c'est du sein de nos positions ou de notre théâtre de guerre que nous lançons cette offensive. (...) Que vise la défensive ? À préserver. Préserver est plus facile qu'avancer. »

---

7. Poutine.
8. Clausewitz, De la guerre, Perrin, 2006, p. 261.

En Russie, la concurrence autour de Poutine est glaçante : règne l'esprit de cour.

Des concurrences, et des luttes d'ego. L'une perdure depuis plusieurs années, celle opposant Choïgou à Prigojine.

Fiche n°61 : Prigojine vs Choïgou

Le premier est un fidèle de Poutine depuis les années 1990. Il a dirigé le parti qui mena le chef du Kremlin à la victoire en 1999. En tant que ministre de la Défense depuis 2012, il mena la professionnalisation de l'armée russe. Le second, Prigojine, était en prison durant la décennie qui suivit la chute de l'URSS : condamné pour proxénétisme. Il fonda par la suite la société Concord, mena tout un *business* dans la restauration de luxe, devint le serviteur du Kremlin avant de fonder la société Wagner. Aujourd'hui, ces deux têtes mènent des incursions diplomatiques pour avoir le consentement de Poutine. Comme toujours dans l'histoire des régimes autoritaires, le dictateur se plaît de ses inimitiés. Il les flatte. Les utilise. S'en sert à bon escient pour sa gloire et réaliser ses intentions. Les volontés de l'*homo sovieticus* et de sa barbarie continuent depuis la chute du tsar Nicolas II. Ajoutez à ces deux noms, Valeri Vassilievitch Guerassimov, et vous aurez le panel de la violence russe.

La mer de Glace fond, le froid quitte la planète bleue, et dans l'inconstance de la météo qui s'annonce ténébreuse pour les espèces vivantes, l'homme, espèce humaine trop humaine, prépare l'après. Aux plans russes, l'Amérique répond tardivement, mais répond. Ainsi, les États-Unis viennent de mener un exercice opérationnel dénommé Northern Edge 23-1. Dans le golfe de l'Alaska, les marins américains et canadiens se préparent à protéger leurs ZEE, à contrôler les navires des puissances étrangères qui sont de plus en plus nombreux, notamment en provenance de Russie et de Chine, ainsi qu'à s'assurer de la liberté de navigation – principe clé pour justifier légalement la présence de navires de guerre. Point d'orgue de cette année : la présence de l'USS Zumwalt. Navire au coût unitaire au-dessus du milliard d'euros. Navire qui va servir à tirer des conclusions sur les technologies de dernière génération et à orienter les industriels dans le cadre de la réorganisation maritime que va réaliser l'US Navy d'ici 2045.

Fiche n°62 : Communiqué de presse de l'Élysée : « Désignation de Jean-Yves Le Drian comme représentant personnel au Liban[9] »

« Dans l'esprit d'amitié qui lie la France au Liban, le président de la République continue d'agir en faveur d'une solution à la crise institutionnelle et la mise en œuvre des réformes nécessaires au relèvement de ce pays. Il a désigné M. Jean-Yves Le Drian, ancien ministre, comme son représentant personnel afin d'échanger avec l'ensemble

9. https://www.elysee.fr/emmanuel-macron/2023/06/08/designation-de-jean-yves-le-drian-comme-representant-personnel-au-liban

de ceux qui, au Liban comme à l'extérieur, peuvent contribuer à une sortie de l'impasse. À cette fin, M. Jean-Yves Le Drian, se rendra prochainement au Liban puis rendra compte et fera des propositions d'action à la ministre de l'Europe et des Affaires étrangères et au président de la République. »

— —

Vendredi 9 juin

« Les passions qui inclinent les hommes à la paix sont la crainte de la mort, le désir des choses nécessaires à une vie agréable, l'espoir de les obtenir par leur industrie. Et la raison suggère des clauses appropriées d'accord pacifique, sur lesquelles on peut amener les hommes à s'entendre[10]. »

***

« Contrairement à la guerre froide, nous avons maintenant trois grandes puissances dans le monde : les États-Unis, la Chine et la Russie. Il n'est pas dans notre intérêt de voir la Chine et la Russie former une alliance militaire stratégique, et nous devrions faire ce qui est en notre pouvoir pour assurer que cela ne se produise pas[11]. »

Samedi 10 juin

L'enquête allemande portant sur le sabotage des gazoducs Nord Stream 1 et 2 semble privilégier la Pologne comme terre de préparation de l'opération[12]. Au centre de l'enquête : un yacht. L'*Andromeda*. Les enquêteurs germaniques auraient retracé l'intégralité de ses déplacements, et des traces ADN d'un soldat ukrainien auraient été identifiées.

Dimanche 11 juin

« Puisqu'aucun homme n'a une autorité naturelle sur son semblable, et puisque la force ne produit aucun droit, restent les conventions pour base de toute autorité légitime parmi les hommes[13]. »

***

Le président Emmanuel Macron s'est entretenu avec le président iranien, Ebrahim Raïssi. L'Iran est un allié clé de la Russie. L'État islamo-nationaliste très influent au Moyen-Orient qui a signé son retour sur la scène internationale en paraphant un accord avec l'Arabie Saoudite, est notamment le premier fournisseur étranger d'armements à l'État russe. Les services de renseignement américains ont récemment dévoilé un accord passé entre la Russie et l'Iran pour la construction d'une usine de drones sur les terres moscovites.

En appelant son homologue iranien, le président français souhaite retisser des liens diplomatiques avec la Perse. Attention, l'Iranien est malin dans les négociations. C'est un joueur d'échecs. Nul doute qu'il a choisi son bloc.

10. Thomas Hobbes, *Leviathan*, I, 13.
11. Pensées du général Mark Milley, chef d'État-major des armées américaines, exprimées dans le *Foreign Affairs*.
12. https://www.wsj.com/articles/nord-stream-sabotage-probe-turns-to-clues-inside-poland-4ed20422
13. Jean-Jacques Rousseau, *Du contrat social*, I, 3.

L'Allemagne ne jouera pas la carte de l'Europe. Un accord de gouvernement va lier l'Allemagne et Israël pour la conception du système de défense antimissile Arrow 3 et son déploiement sur le sol allemand. Arrow 4 est en cours de développement, et la Bundeswehr pourrait profiter des dernières avancées technologiques menées en commun par Israël et les États-Unis d'Amérique.

***

Interview de Jean-Yves Le Drian sur France 2. « L'événement des plus important dans les semaines qui se sont passées, c'est lorsque l'Arabie Saoudite et l'Iran ont fait une sorte de paix » sous l'égide chinoise. « Cela veut dire que la Chine joue son rôle dans les relations internationales. » Cela signifie que « l'Iran trouve son intérêt » à un tel accord, alors que ces deux nations sont opposées au Yémen.

« Ce qui est le plus positif sur mes dix ans, c'est que l'Europe s'est affirmée. Elle s'est affirmée sur la souveraineté politique. (...) S'est affirmée aussi dans le domaine de la défense ».

Lundi 12 juin

Les forces ukrainiennes poursuivent leurs offensives sur différents fronts. Trois zones principales sont identifiées. Bakhmout concentre la plupart des efforts. L'objectif est de pousser les forces conventionnelles russes à reculer et à se défaire des mercenaires Wagner. Zaporijia est également ciblée par les soldats ukrainiens. Enfin, l'oblast de Donetsk fait l'objet d'avancées. Mais les lignes défensives sont solides. La Russie a renforcé son front durant plus d'un an. Entre dents de dragons, mines, tranchées, soldats et une puissante artillerie. Les efforts sont intenses, mais les pertes sont élevées pour l'Ukraine. Kiev ne pourra maintenir une telle cadence sur plusieurs mois. L'offensive est une obligation. Elle doit être menée et soutenue pleinement par l'Occident. Mais attention à l'épuisement des forces et à ce qu'on appelle : le retour de bâton.

L'Institut of War[14] indique que « les forces russes ont probablement fait sauter le barrage de la centrale hydroélectrique de Kakhovka afin de raccourcir leurs lignes défensives dans l'oblast de Kherson. » Autrement dit, pour affaiblir l'effet de la contre-offensive ukrainienne. Ce qui confirme le rôle des services de renseignement russes. Lesquels ont eu écho du lancement de l'offensive. « Si les changements de terrain dus à l'inondation du Dniepr n'empêchent pas les Ukrainiens de traverser le fleuve dans les semaines et les mois à venir, les forces russes pourraient avoir du mal à défendre l'oblast de Kherson ».

***

Entre Prigojine et Choïgou : la lutte de pouvoir continue. Le second autorise la création, d'ici le 1er juillet 2023, de formations de volontaires. Ainsi, les citoyens russes volontaires vont pouvoir signer des contrats individualisés avec des unités de volontaires formatrices, sous l'égide du ministère de la Défense. L'objectif est de créer des groupes de forces interarmées et de soumettre Wagner au pouvoir politique. Evgueni Prigojine voit cela comme une dépossession de son entreprise. Montée des tensions en perspective.

14. https://www.understandingwar.org/backgrounder/russian-offensive-campaign-assessment-june-11-2023

Mardi 13 juin

C'est rare pour être souligné, tant Poutine maîtrise ses prises de parole. Il vient d'évoquer publiquement les faiblesses de l'armée russe. Le président russe a reconnu qu'il « est clairement apparu que plusieurs choses manquaient » à l'armée russe dont « des munitions de haute précision, des équipements de communication, des drones. » Concluant : « Il était possible d'être mieux préparé à cela ».

***

Les États-Unis réinvestissent les organisations internationales, dont l'Unesco. Pourquoi ? Parce qu'on pèse plus à l'intérieur qu'à l'extérieur, lorsqu'on est la première puissance économique mondiale. De plus, une lutte est engagée entre deux visions du monde. L'une répond des États-Unis, du libéralisme et de la démocratie. L'autre de la Chine, du marxisme adapté à l'économie de marché et de l'autoritarisme. Réintégrer l'Unesco, c'est peser sur ses missions et concurrencer l'influence chinoise dans les institutions.

De plus, certaines hypothèses se développent aux États-Unis et en Europe, indiquant que la Chine pourrait ne pas dépasser économiquement la puissance américaine. Un essoufflement économique égal à celui qui toucha le Japon ?

Mercredi 14 juin

Catherine Colonna, ministre de l'Europe et des affaires étrangères, fustige les opérations d'ingérence numérique russe en France. Qu'en est-il ? Plusieurs quotidiens français ont fait l'objet d'attaques cyber. Il s'agit des journaux *20 Minutes*, *Le Parisien*, *Le Monde* et *Le Figaro*. On parle alors de « typosquattage ». Le ministère des Affaires étrangères français, autrefois dirigé par Jean-Yves Le Drian, a aussi été touché par un site miroir.

Quelles sont les mains derrière de telles actions ? Des usines à trolls particulièrement actives en Russie depuis 2013, ainsi que les ambassades, centres culturels russes et évidemment, les services de renseignement dont surtout, le GRU. La stratégie de contournement russe illustre sa toute-puissance dans ce domaine qu'elle privilégie depuis la décennie 2000. L'Estonie avait été l'un des premiers pays à faire l'objet de telles attaques en 2007. Puis au cours de la décennie 2010, se sont multipliées les divulgations de fausses informations que ce soit à propos du vol MH17, de la teneur du conflit syrien, de la révolution Euromaïdan ou de l'opération menée en Crimée. Tout cela en dit long sur la guerre de communication menée par Poutine contre l'Occident.

***

« Nous avons des missiles et des bombes que nous avons reçus de la part de la Russie. » Alexandre Loukachenko officialise l'arrivée d'armements nucléaires tactiques sur son territoire. La Biélorussie, qui n'a jamais été vue par Moscou comme un État indépendant, devient donc un État nucléarisé militairement. En Europe, on vit dans un climat rappelant l'idée de Thomas Hobbes : « La guerre de chacun contre chacun[15]. »

15. Thomas Hobbes.

Jeudi 15 juin

L'Allemagne, la République tchèque et la Norvège sont intéressées par le Leopard IIA8. À trois, ces pays vont passer une commande à KMW pour un total de chars compris entre 123 et 177 exemplaires. Une aubaine pour l'industrie militaire allemande, particulièrement attractive dans le domaine des blindés terrestres. En réussissant à replacer son char sur le marché européen, face au K2 Black Panther et au KF-51 Panther, KMW restera donc l'acteur numéro 1 des chars lourds pour les années à venir. Si en tant qu'Européens nous ne pouvons que nous satisfaire de disposer de tels modèles industriels sur notre continent, il est naturel en tant que Français de s'interroger sur le MGCS, sa bonne tenue calendaire et son modèle de développement dans une ère où de nombreux pays tendent à favoriser l'achat de matériels issus de programmes développés dans les années 1990. En tout cas, l'Agence norvégienne du matériel de défense (NDMA) en formulant une offre d'achat de 54 nouveaux chars, s'aligne sur la politique de réapprovisionnement de Berlin. L'Italie pourrait également acheter une centaine de chars Leopard. L'Allemagne prendrait pied en Europe du Sud et ouvrirait la voie à l'adhésion de l'Italie au programme MGCS...

Vendredi 16 juin

La France, les Pays-Bas ou le Danemark définissent à travers des documents tels que le *Livre blanc* ou la *Revue nationale stratégique*, leur politique de sécurité. L'Allemagne n'avait pas mené un tel travail depuis 1949. C'est désormais chose faite.

Le chancelier Olaf Scholz vient de présenter un document de 76 pages, dans lequel il présente les enjeux, défis et opportunités de la 4e puissance économique mondiale. Au fil des pages, on retrouve les principes fondamentaux allemands de ces dernières années : l'attachement à l'Otan, une volonté indéfectible de se servir de l'UE à des fins nationales et l'identification des États-Unis d'Amérique comme premier partenaire. Pour Olaf Scholz, accompagné de ses ministres des Affaires étrangères (Annalena Baerbock), de la Défense (Boris Pistorius), des Finances (Christian Lindner) et de l'Intérieur (Nancy Faeser), l'Allemagne doit rester fidèle aux ambitions proposées au peuple allemand en 2022 : disposer d'un budget de la défense représentant 2 % de son PIB ; engager des achats sur étagère de matériels militaires pour la Bundeswehr avec le fonds spécial de 100 milliards d'euros ; favoriser une politique de long terme avec le complexe militaro-industriel dans des dossiers clés tels que le cyber, l'IA, le spatial, l'aviation et les véhicules blindés terrestres ; et maintenir l'approche diplomatique comme première flèche de la politique étrangère allemande pour promouvoir les valeurs démocratiques et libérales. L'intérêt du document est d'élargir la vision sécuritaire de l'Allemagne à une approche globale. La sécurité allemande ne dépend pas seulement des moyens militaires et diplomatiques. Elle impose de prendre en compte les infrastructures d'importance vitale, les besoins énergétiques de l'Allemagne, les besoins en matières premières, les besoins en électricité, les besoins en gaz, pétrole, métaux rares, en médicaments, en télécommunication... de considérer les infrastructures nationales, les routes et le réseau ferroviaire comme partie prenante de la politique de sécurité. Et enfin, d'intégrer la bonne gestion des finances publiques comme le sacro-saint d'un État sûr et autonome. L'hybridité des menaces conduit à penser par arborescence. Et comprenons : l'ère de la paix et de la guerre froide est définitivement terminée. L'ère de l'IA, de la lutte contre la Chine et la Russie est proclamée. Même s'il faut déguiser les pensées par l'usage de la langue pour ne pas mettre en danger les relations bilatérales avec Pékin, premier acheteur d'automobiles allemandes, tout est dit avec ce passage : « La Chine tente par différents moyens de remodeler l'ordre international existant basé sur des règles, revendique de plus en plus offensivement une suprématie régionale et agit toujours en contradiction avec nos intérêts et nos valeurs. » Si la Russie « actuelle représente pour l'heure la plus grande menace pour la paix et la sécurité dans l'espace euroatlantique », le véritable défi mondial pour l'Occident est la Chine.

Fiche n°63 : Les métaux rares et terres rares

Les métaux rares sont des minerais devenus stratégiques pour les États. Il s'agit par exemple du cobalt, du bismuth, du gallium, du silicium, du palladium, du tantale, du lithium... Ces minerais ont des propriétés uniques, notamment semi-conductrices et magnétiques, qui les différencient des métaux dits abondants que sont le fer, le cuivre, le zinc, l'aluminium... Parmi les métaux rares, il y a les « terres rares ». Les terres rares forment un groupe de 17 métaux. Quelques noms de terres rares : scandium, lanthane, cérium, samarium, néodyme, europium, gadolinium... Si le charbon fut la clé de la révolution industrielle, ces métaux sont au centre des enjeux du dit « capitalisme vert » en raison de leurs propriétés.

En effet, les États ont de plus en plus besoin de métaux rares pour assurer leurs développements économiques, technologiques et numériques. Ces métaux, devenus précieux à partir des années 1970, sont au centre des nouvelles politiques d'autonomie et de souveraineté.

C'est la raison pour laquelle l'exploitation de terres rares se fait croissante. À ce jour, aucun plan de transition énergétique ou écologique sérieux ne fait abstraction de la place des métaux rares et des terres rares. Sans métaux rares, ni portables, ni ordinateurs, ni voitures électriques, ni avions de combat ou navettes spatiales. Sans exploitation des métaux rares, il est tout simplement impossible de répondre aux enjeux de domination technologique, de transition numérique, de l'intelligence artificielle et du développement de nouvelles énergies décarbonées.

Tous les deux à trois ans, ils font l'objet d'un rapport de la part de la Commission européenne qui liste les matières premières jugées « critiques » pour les politiques européennes. Et en mars 2023, l'UE a annoncé un *Critical Raw Material Act*.

L'État clé pour les métaux rares est à ce jour la Chine. Pékin est leader sur l'exploitation, le traitement, la consommation et l'exportation des métaux rares.

La géopolitique des métaux rares est à l'œuvre. L'Ukraine est un exemple. Le pays dispose de minerais tels que le lithium ou le cobalt. Des métaux rares dont la Russie est friande pour sauvegarder sa souveraineté militaire.

D'autres nations sont identifiées comme étant des États ressources. Les États-Unis, l'Inde, le Brésil, l'Argentine, la Turquie, le Rwanda, ou l'Afrique du Sud entre autres.

Pour en savoir plus sur ce sujet, vous pouvez lire les publications de la Direction générale du marché intérieur, de l'industrie, de l'entrepreneuriat et des PME de la Commission européenne (GROW), ainsi que le livre de Guillaume Pitron, *La guerre des métaux rares.*

Samedi 17 juin

L'Allemagne valide le plus important investissement étranger sur son territoire. Il s'agit de l'entreprise américaine Intel. Elle va investir plus de 30 milliards d'euros pour développer deux usines de fabrication de puces à Magdebourg. Comme nous l'écrivions sur le réseau twitter : « L'Allemagne, c'est la première puissance économique d'Europe, le pays de l'industrie, le pays aux finances stables : un pays rassurant pour investir... »

Dimanche 18 juin

Thierry Breton garantit l'Ukraine d'un effort accru de l'UE, alors que la contre-offensive rencontre une résistance rude de la part des forces russes. « Nous allons accroître l'effort en matière de livraison d'armes et de munitions, car il s'agit d'une guerre de haute intensité où elles jouent un rôle crucial. Nous nous organisons comme si cette guerre allait durer encore plusieurs mois, voire davantage. » Le Fedef doit financer une partie de ces livraisons. « Dans les douze mois qui viennent un million d'armes de gros calibre : 155 mm, 152 mm, 122 mm, 120 mm, c'est-à-dire des calibres aux normes Otan et aux normes des anciens pays du bloc soviétique car ces armements sont encore utilisés par les Ukrainiens. »

Lundi 19 juin

L'image la plus importante de la journée est la franche poignée de mains entre le secrétaire d'État américain et le président chinois Xi Jinping. Le président de la Chine est venu à la rencontre du diplomate et a indiqué que « les deux parties ont fait des progrès et sont parvenues à des terrains d'entente sur certains points spécifiques. (...) J'espère que par le biais de cette visite, le secrétaire d'État Blinken apportera un résultat positif à la stabilisation des relations entre la Chine et les États-Unis. »

Blinken a abordé avec Wang Yi, son homologue chinois, le cas de Taïwan. « Nous ne soutenons pas l'indépendance de Taïwan, et continuons de supporter une résolution pacifique avec la Chine. » Pour Wang Yi, pas de changement : Taïwan doit revenir auprès de la mère patrie.

Fiche n°64 : Charles de Gaulle, discours à Strasbourg, avril 1947

Le discours prononcé par de Gaulle en avril 1947, suit celui de Churchill déclamé à l'université de Fulton le 5 mars 1946. Ce dernier annonçait la mise en place d'un « rideau de fer » et le désir illimité de la Russie à tirer profit des « fruits de la guerre » pour étendre sa puissance et sa doctrine à travers le monde. Le climat d'alors, rappelle étrangement celui que nous vivons actuellement entre les États-Unis et la Chine, même si l'ère a changé.

« Nous nous trouvons désormais dans un univers entièrement différent de celui où notre pays avait vécu pendant des siècles. (...) Notre planète, telle qu'elle est aujourd'hui, présente deux masses énormes, toutes deux portées à l'expansion, mais entraînées par des dispositions essentiellement différentes et, du même coup, par des courants idéologiques opposés. L'Amérique et la Russie, si on a le droit d'espérer qu'elles ne deviendront pas ennemies, sont automatiquement rivales. D'autant que le rapetissement de la Terre, par la suite de l'évolution technique, les met partout en contact, c'est-à-dire, en garde, et que l'invention de moyens de destruction terribles introduit dans leurs relations un élément acrimonieux d'inquiétude, sinon d'angoisse (...). »

— —

L'annonce vient du président de la République : la Belgique rejoint le programme SCAF en tant que nation observatrice. Éric Trappier s'était opposé à un tel choix lors de commissions parlementaires. Le choix est donc politique. Il répond à trois points évoqués par le chef des armées : amener l'industrie européenne à se développer de manière commune ; standardiser le matériel européen ; et partager et réduire les coûts en produisant plus.

— —

Fiche n°65 : Extraits du discours du président Emmanuel Macron, chef des armées, au Bourget[16]

• **Nature de la guerre** : « la guerre en Ukraine nous rappelle brutalement à la fois le caractère vital de la défense aérienne mais aussi ses dilemmes : que protéger quand on ne peut protéger tout le territoire ? Quel équilibre entre l'offensif et le défensif ? »

• **Approche stratégique** : « (...) quand on parle de défense anti-aérienne, on aurait tort de se précipiter sur la question capacitaire. La question est d'abord stratégique et elle consiste à savoir quel est l'état des menaces, quelle est la réalité de ce qu'on peut défendre et quelle est la stratégie qu'on veut poursuivre ? Ensuite, qu'est-ce que nous sommes en capacité, nous Européens, de produire et qu'est-ce que nous devons ensuite acheter ? »

• **Le territoire et son espace** : « Sur un vaste territoire comme celui de l'Europe, il serait totalement illusoire, voire dangereux, de croire qu'on puisse établir des sortes de bulles impénétrables derrière lesquelles on pourrait se croire en sécurité. L'analogie tacite avec l'"Iron Dome" israélien n'est pas vraiment opérante parce qu'on parle d'un territoire qui est 200 fois plus grand. Avec, si on voulait une protection complète et étanche, quelque chose qui serait techniquement infaisable, économiquement insoutenable et stratégiquement contestable. Nous devons donc faire des choix. Et nos choix ont une part d'interdépendance. »

• **Un ensemble global de protections** : « La guerre en Ukraine façonne notre perception immédiate, c'est totalement légitime, mais je pense qu'on doit au moins éviter deux erreurs à cet égard. La première, c'est qu'à chaque menace correspond une réponse technique spécifique. Je crois que ce serait faux et vous le savez aussi bien si ce n'est mieux que moi. Notre défense est globale, la défense aérienne l'est aussi et

16. https://www.elysee.fr/front/pdf/elysee-module-21387-fr.pdf

donc une protection efficace, ce n'est pas une catégorie de protection. Ce n'est pas un modèle industriel, même si on a besoin d'un ensemble. Non, c'est qu'il s'agisse de la menace représentée par les drones, les missiles balistiques ou le détournement d'avions commerciaux à des fins terroristes — on le voit bien — la réponse à cela, c'est un ensemble qui ne se limite même pas à la seule défense sol-air. »

• **Attention à la sur-réaction :** « La deuxième erreur serait de penser que nous sommes tous exposés de la même manière que l'Ukraine. C'est faux et je pense que ça peut nous conduire à faire deux erreurs. D'abord, à surréagir. Cette guerre a quelque chose, il faut bien le dire, aussi de daté en quelque sorte. Elle arrive. C'est un énorme choc géographique, stratégique. Mais elle ne doit pas nous faire oublier les nouvelles menaces et l'intensité qu'auront des menaces très crédibles et qui peuvent faire très mal utilisant et alliant d'ailleurs le cyber et le spatial et d'autres. Et donc n'ayons pas une myopie uniquement à la lumière de ce que nous vivons en Ukraine. Mais surtout, ne nous mettons pas à oublier ce qu'est l'Alliance. Et là aussi, nous ne sommes pas tous exposés comme l'Ukraine parce que nous sommes membres de l'Alliance, contrairement à l'Ukraine. Et donc nous avons déjà une protection qui a son caractère dissuasif et je le rappelle, l'Alliance est qui plus est nucléaire. Et la France y contribue grandement. Et donc frapper le territoire de l'Alliance aurait des conséquences considérables pour l'agresseur. »

• **L'Europe :** « Mon troisième point, c'est l'équation stratégique pour l'Europe. L'agression russe en Ukraine exige de penser aux paramètres d'une paix durable au-delà de cette guerre. Si nous décidons que nous allons remettre en cause l'équilibre trouvé au sommet de Chicago sur la défense antimissile balistique ; si nous décidons que nous allons développer des capacités qui peuvent impacter l'équilibre de la dissuasion nucléaire de membres de l'OTAN ; ce doit être dans un cadre collectif délibéré et dont nous avons pensé les implications, le potentiel de déstabilisation ou peut-être de négociations à terme. »

• **Industrie :** « Je sais que vous en avez parlé. Les discussions de ce jour ont amplement montré qu'il y avait de nombreuses solutions européennes sur tous les segments clés : capteurs de détection, systèmes de commandement et de conduite et bien sûr les effecteurs comme les missiles, les avions de combat ou les systèmes sol-air. (...) Mais l'équation industrielle est aussi une équation de souveraineté. Et ce que montre l'Ukraine, c'est que nous ne pouvons donner avec certitude à Kiev que ce que nous avons et que ce que nous produisons. Et ce qui nous vient de tiers non-européens est moins maniable, d'évidence : sujet au calendrier, aux files d'attente, aux priorités, parfois aux autorisations des pays tiers. En dépendant trop de l'extérieur, comme je l'ai dit à Bratislava, on se prépare les problèmes de demain. Et vous le voyez bien en ayant cité l'interopérabilité, je le dis très clairement, cette volonté de développer plus fortement une BITD européenne ne contrevient pas à l'interopérabilité. Elle dit juste deux choses : quand on a une tension au même moment, nos amis américains peuvent avoir d'autres priorités et livrent leurs capacités au rythme de ce que sont leurs besoins et leurs autres priorités. »

Mardi 20 juin

La fin de la Minusma est arrêtée au 30 juin. C'est officiel. Le retrait des soldats sous bannière de l'ONU devrait se faire sur une bonne année. Qui pour remplacer la Minusma ? Wagner ? Patriot ? La Chine ? Ce qui est bien avancé, c'est le processus de « somalisation » du Mali.

Mercredi 21 juin

Prigojine s'est presque fait silencieux ces derniers jours. Voilà qu'il signe un message sur la boucle Telegram : « L'ennemi occupe Piatykhaty, le nord de Robotyné, et Urojaïné, ce qui veut dire que de grands pans de territoire ont été perdus au détriment de l'ennemi. » Le dirigeant de la société Concord s'octroie des phrasés dénonçant le voile de l'illusion de l'autorité politique qui loge au Kremlin. La Russie perdrait du terrain en Ukraine sans que la conscience populaire en soit informée. « Tout cela est complètement caché à tout le monde. Un jour la Russie se réveillera et s'apercevra que la Crimée est ukrainienne. C'est une trahison directe des intérêts de la Fédération de Russie (...) Tout ce que fait le commandement de l'*opération militaire spéciale* aujourd'hui, c'est cacher les faits pour rendre à Moscou des beaux rapports. »

Il est certain que l'Ukraine avance – doucement –, notamment à l'ouest de Zaporijia. L'oblast de Donetsk est aussi l'objet d'intenses combats. Depuis le 4 juin, jour officiel du lancement de la contre-offensive, que ce soit dans le camp ukrainien ou russe, silence radio sur les pertes matérielles et humaines. Quelques vidéos de victoires circulent sur les réseaux sociaux, mais le calme plat s'est imposé à la propagande. Pour l'Ukraine, il faut que l'ennemi en sache le moins possible sur les opérations. Pour la Russie, il faut feindre, dissimuler et refouler l'offensive par des attaques. Elles se font par la fortification des frontières et l'usage quotidien de l'artillerie mêlée aux drones Shahed-136 ainsi qu'aux missiles Iskander.

Notons à ce jour l'absence de prises territoriales significatives de l'armée ukrainienne.

Jeudi 22 juin

La Chine installera-t-elle une base militaire sur l'île de Cuba ? Les négociations sont en cours. Pour Washington, une telle initiative est impensable. La doctrine Monroe s'appliquera-t-elle ? Allons-nous nous retrouver dans une situation aux apparences de la « crise de Cuba » ? Les pourparlers pourraient aboutir à l'édification d'une base marine et sous-marine. Mettant l'Amérique à portée du renseignement du parti communiste. L'Amérique latine comme les Caraïbes sont une zone géographique d'influence et de contre-pouvoir pour Xi Jinping.

Fiche n°66 : La doctrine Monroe, discours du 2 décembre 1823, suivi du discours télévisé de J.-F Kennedy, le 22 octobre 1962

Les États-Unis condamnent toute ingérence en Amérique centrale et latine d'origine étrangère. Ce courant de pensée émane d'un discours de politique étrangère prononcé par le président des États-Unis d'Amérique, James Monroe, le 2 décembre 1823.

« Les événements de cet hémisphère nous touchent nécessairement de plus près ; le motif en est bien clair pour tout observateur impartial et informé. Le système politique des puissances alliées est essentiellement différent à cet égard du système politique de l'Amérique. Cette différence vient de celle qui existe entre leurs gouvernements respectifs et notre gouvernement. C'est à la défense de notre gouvernement, conquis au prix de tant de sang et de ressources, mûri par la sagesse de nos citoyens les plus éclairés, et sous lequel nous avons joui d'une félicité sans exemple, que toute la nation est dévouée. Nous devons cependant à la bonne foi et aux relations amicales qui existent entre les puissances alliées et les États-Unis, de déclarer que nous considérerions toute tentative de leur part pour étendre leur système à quelque partie de cet hémisphère, comme dangereuse pour notre tranquillité et notre sécurité. Quant aux colonies existantes ou dépendances des puissances européennes, nous ne sommes pas intervenus et n'interviendrons pas dans leurs affaires. Mais, quant aux gouvernements qui ont déclaré leur indépendance, qui l'ont maintenue, et dont nous avons reconnu l'indépendance, après sérieux examen, et sur des justes principes, nous ne pourrions voir l'intervention d'une puissance européenne quelconque dans le but de les opprimer ou de contrarier d'une manière quelconque leur destinée, que comme la manifestation d'une disposition inamicale à l'égard des États-Unis. Dans la guerre entre ces nouveaux gouvernements et l'Espagne, nous avons déclaré notre neutralité à l'époque de leur reconnaissance, et nous y sommes restés fidèles ; nous continuerons d'y rester fidèles, pourvu qu'il n'y ait pas de changement qui, du jugement des autorités compétentes de notre gouvernement nécessite aussi de notre part un changement indispensable à leur propre sécurité. Les derniers événements en Espagne et au Portugal montrent que l'Europe est encore troublée. La preuve la plus forte de ce fait important, c'est que les puissances alliées ont jugé convenable, d'après des principes qu'elles ont adoptés, d'intervenir par la force dans les troubles de l'Espagne. Jusqu'où peut s'étendre une telle intervention, d'après le même principe ? C'est là une question à laquelle sont intéressées toutes les puissances indépendantes dont les gouvernements diffèrent de ceux des puissances alliées, et aucun n'y est plus intéressé que les États-Unis. La politique que nous avons adoptée à l'égard de l'Europe, dès le début des guerres qui ont si longtemps agité cette partie du globe, est toujours restée la même, elle consiste à ne jamais nous interposer dans les affaires intérieures d'aucune des puissances de cette partie de la Terre ; à considérer le gouvernement "de facto" comme le gouvernement légitime à nos yeux ; à établir avec ce gouvernement des relations amicales, et à les conserver par une politique franche, ferme et courageuse, en admettant, en toute circonstance, les justes réclamations de toutes les puissances, mais en ne souffrant les injures d'aucune. Il est impossible que les puissances alliées étendent leur système politique à une partie de ce continent, sans mettre en danger notre paix et notre bonheur ; et aucune d'entre elles ne peut croire que nos frères du Sud, s'ils le pouvaient, l'adopteraient de leur propre gré. Il nous serait donc également impossible de rester spectateur indifférent de cette intervention, sous quelque forme qu'elle eût lieu. À présent, si nous considérons la force et les ressources de l'Espagne et celles des nouveaux gouvernements de l'Amérique, ainsi que la distance qui les sépare, il est évident que l'Espagne ne pourra jamais parvenir à les soumettre. La véritable politique des États-Unis est donc toujours de laisser les parties à elles-mêmes, dans l'espoir que les autres puissances adopteront la même attitude. »

Le 2 octobre 1962, tandis qu'un navire soviétique chargé de missiles se dirige vers Cuba, le président Kennedy s'adresse à la nation.

« (...) Il est bien évident que nous n'allons pas nous risquer de façon prématurée ou inutile à nous lancer dans une guerre nucléaire mondiale, (...) mais nous sommes bien décidés néanmoins à ne pas reculer devant un tel risque chaque fois qu'il devrait être affronté. (...) Les États-Unis auront pour politique de considérer tout lancement d'un engin nucléaire à partir de Cuba contre une nation quelconque du territoire américain comme une attaque de l'Union soviétique contre les États-Unis, attaque exigeant une riposte sur une grande échelle contre l'Union soviétique. »

Samedi 24 juin

« Prudence, mère de toutes les vertus. »

« La guerre moderne, est une guerre des nations et non plus d'armées : il faut donc agir par la voie psychologique et le gouvernement doit posséder cette arme. Tel est le fait majeur : maintenant la propagande entre officiellement parmi les moyens d'action du pouvoir[17]. »

Tentative de coup d'État ? Putsch ? Renversement de Poutine ? Vacillement du pouvoir ? Effondrement de la Russie ? Manipulation ? Cheval de Troie ? Cette matinée est animée. Prigojine et quelques centaines de soldats de la SMP Wagner ont quitté l'Ukraine pour la Russie. Ils annoncent publiquement vouloir percer vers Moscou, et s'emparer du pouvoir afin de mettre un terme aux « mensonges » et balayer les oligarques, dont Poutine, qui profitent de la Russie pour jouir de leurs menus plaisirs. À partir de camions, de quelques T-90 et de Pantsir-II, les membres de Wagner ont débarqué dans la ville de Rostov-sur-le-Don, là où est installé le commandement des armées œuvrant en Ukraine, là où est installé le commandant Sergueï Sourovikine. Que se passe-t-il réellement ? Comment l'interpréter ? Il est trop tôt pour conclure. Depuis plusieurs mois, Prigojine est en roue libre sur les réseaux sociaux. Il en veut particulièrement à Choïgou. Il veut sa tête. Estime que le ministre des Armées nuit à l'aboutissement de « l'opération spéciale » et ne fournit pas l'armement adéquat à l'accomplissement des missions de Wagner. Et puis, d'ici le 1er juillet, les groupes de volontaires devront avoir signé un accord avec le ministère de la Défense[18]. Ce que refuse Prigojine. « On continue, on ira jusqu'au bout » conclut-il.

En Tchétchénie, Kadyrov apporte son soutien à Poutine en envoyant quelques milliers de soldats sur Moscou. Loukachenko entre en jeu et se mute en médiateur. « Il connaît Prigojine depuis vingt ans » assène Dmitri Peskov. Brouillard et mélange des cartes ?

Sommes-nous vers une fin ? Pour Prigojine ? Pour Poutine ? Le pouvoir russe est chancelant. L'homme fort du Kremlin est bousculé.

En Occident, les diplomaties sont méfiantes. Washington se dit informé depuis quelques jours d'une telle action, mais personne n'ose interpréter formellement ce qui se passe en Russie. Anthony Blinken évoque un « leadership » poutinien affecté, une légitimité érodée et des « fissures réelles » au plus profond du Kremlin.

Pour notre part, si nous postons un tweet en inspiration de Machiavel – « Le prince dont le pouvoir n'a pour appui que des troupes mercenaires, ne sera jamais ni assuré ni

17. Ellul.

18. Par une ordonnance signée le 10 juin, le ministre de la Défense Sergueï Choïgou veut référencer l'intégralité des mercenaires et mettre l'engagement au service de l'État russe.

tranquille ; car de telles troupes sont désunies, ambitieuses, sans discipline, infidèles (...) elles n'ont ni crainte de Dieu, ni probité à l'égard des hommes. » –, aucune conclusion hâtive ne peut être tirée tant Poutine, Prigojine, Lavrov, Loukachenko... sont des spécialistes de la société du spectacle.

Ce soir, en déposant la plume, je peux écrire ces derniers mots socratiques : « ce que je sais, c'est que je ne sais pas. »

Fiche n°67 : Discours de Vladimir Poutine, le 24 juin 2023[19]

« Je lance un appel aux citoyens de Russie, au personnel des forces armées, aux forces de l'ordre et aux services spéciaux, aux soldats et aux commandants qui se battent actuellement sur leurs positions de combat, repoussant les attaques de l'ennemi et le faisant héroïquement – je sais, j'ai encore parlé à tous les commandants ce soir. Je m'adresse également à ceux qui ont été entraînés dans cette aventure criminelle et poussés sur la voie du crime le plus grave, la mutinerie armée, par la tromperie ou la menace.

La Russie mène aujourd'hui une bataille difficile pour son avenir, repoussant l'agression des néonazis et de leurs maîtres. La quasi-totalité de la machine militaire, économique et d'information de l'Occident est dirigée contre nous. Nous nous battons pour la vie et la sécurité de notre peuple, pour notre souveraineté et notre indépendance. Pour le droit d'être et de rester la Russie, un État à l'histoire millénaire.

Cette bataille, où se joue le destin de notre peuple, exige l'unité de toutes les forces, l'unité, la consolidation et la responsabilité. Tout ce qui nous affaiblit, toute forme de discorde, que nos ennemis extérieurs peuvent utiliser et utilisent pour nous miner de l'intérieur, doit être mis de côté.

C'est pourquoi les actions qui divisent notre unité sont, par essence, une apostasie de notre peuple, de nos compagnons d'armes qui se battent actuellement sur la ligne de front. C'est un coup de poignard dans le dos de notre pays et de notre peuple.

C'est exactement le coup qui a été porté à la Russie en 1917, lorsque le pays a combattu pendant la Première Guerre mondiale. Mais la victoire lui a été volée. Les intrigues, les querelles, la politique politicienne dans le dos de l'armée et du peuple ont provoqué le plus grand choc, la destruction de l'armée et la désintégration de l'État, la perte de vastes territoires. Le résultat fut la tragédie de la guerre civile.

Les Russes ont tué les Russes, les frères ont tué leurs frères, tandis que les gains des mercenaires ont été récoltés par toutes sortes d'aventuriers politiques et de puissances étrangères qui divisaient le pays et le déchiraient.

Nous ne permettrons pas que cela se reproduise.

19. https://france.mid.ru/fr/presse/discours_a_la_nation_du_president_russe_vladimir_poutine_le_24_juin_2023/

Nous protégerons notre peuple et notre État de toute menace. Y compris la trahison interne.

Et ce à quoi nous avons été confrontés est précisément une trahison. Des ambitions démesurées et des intérêts particuliers ont conduit à la trahison. La trahison de leur pays, de leur peuple et de la cause pour laquelle les combattants et les commandants de Wagner se sont battus et sont morts aux côtés de nos autres unités. Les héros qui ont libéré Soledar et Artemovsk, les villes et les villages du Donbass, ont combattu et donné leur vie pour la Novorossiya, pour l'unité du monde russe. Leur nom et leur gloire ont également été trahis par ceux qui tentent d'organiser la rébellion, poussant le pays vers l'anarchie et le fratricide. Vers la défaite, finalement, et la capitulation.

Je le répète, toute agitation interne est une menace mortelle pour notre statut d'État, pour nous en tant que nation. C'est un coup porté à la Russie, à notre peuple. Et nos actions pour défendre la patrie contre une telle menace seront difficiles. Tous ceux qui ont délibérément choisi la voie de la trahison, qui ont préparé une insurrection armée, qui ont choisi la voie du chantage et des méthodes terroristes, subiront un châtiment inévitable, répondront à la fois devant la loi et devant notre peuple.

Les forces armées et d'autres organismes gouvernementaux ont reçu les ordres nécessaires et des mesures antiterroristes supplémentaires sont mises en place à Moscou, dans la région de Moscou et dans un certain nombre d'autres régions. Des efforts déterminés seront également déployés pour stabiliser la situation à Rostov-sur-le-Don. Elle reste complexe, le travail des autorités civiles et militaires étant effectivement bloqué.

En tant que président de la Russie et commandant en chef, en tant que citoyen de la Russie, je ferai tout mon possible pour défendre le pays, pour protéger l'ordre constitutionnel, la vie, la sécurité et la liberté de ses citoyens.

Ceux qui ont organisé et préparé le soulèvement militaire, qui ont levé les armes contre leurs compagnons d'armes, ont trahi la Russie. Ils devront en répondre. Et j'exhorte ceux qui sont entraînés dans ce crime à ne pas commettre l'erreur unique, fatale et tragique, à faire le seul bon choix : cesser de participer à des actions criminelles.

Je suis convaincu que nous préserverons et défendrons ce qui nous est cher et sacré, et qu'ensemble avec notre patrie, nous surmonterons toutes les épreuves, nous deviendrons encore plus forts. »

Dimanche 25 juin

Un homme qui se déplace comme dans du beurre avec une colonne de blindés sur les routes russes. Un homme qui proclame vouloir prendre Moscou avant d'annoncer son repli. Un homme qui insulte le président russe sans réaction fondamentale de la part du pouvoir. Un homme qui humilie Poutine, lui qui a fondé son pouvoir sur la force, la peur et le prestige.

Grozny avait fini sous les bombes. La Tchétchénie a été écrasée, comme l'Ossétie du Sud, l'Abkhazie, la Crimée, et une partie de la Syrie. Poutine, depuis son arrivée au pouvoir en 1999, élimine ceux qu'il estime être des « traîtres ». La question sous-jacente à la faiblesse de la réponse est : quels sont les soutiens de Prigojine. Iouri Kovaltchouk ? Vladimir Iakounine ? Sergueï Sourovikine ? Wagner est présent sur tous les territoires avec une trentaine de centres d'entraînement. Wagner est présent au centre de commandement de Rostov. Wagner fait frissonner les autorités.

Ce soir, les forces morales russes sont chancelantes. On est loin de l'esprit de « Sotchi 2014 ».

***

« Ces 24 heures doivent nous convaincre que nous devons soutenir davantage les Ukrainiens. (...) Ils ont la responsabilité du monde pour des années[20]. »

Lundi 26 juin

En Russie, les ingénieurs du chaos font tourner la tête aux commentateurs. Le théâtre bat son plein. Le rideau s'ouvre chaque jour sur des actes emplis de scènes ahurissantes. Après la « trahison » et le « coup de poignard » dans le dos du dimanche matin, Poutine change de visage et intervient à la télévision russe pour aborder les défis industriels de la Russie et l'avenir de la jeunesse. Comme dans une pièce faite d'apartés, apparaissent tour à tour sur les écrans de télévision russes, le Premier ministre russe Mikhail Mishustin, suivi de Sergueï Choïgou. L'un parle d'unité. L'autre inspecte le front ukrainien. Puis, un battement de cils et voilà que c'est au tour de Prigojine d'entrer en scène. Dans une vidéo d'une dizaine de minutes, il assure que Wagner a joué sa survie par ce geste, et que ni lui, ni ses hommes n'avaient l'intention de menacer le Kremlin et l'armée russe. Enfin, parce que rien ne se fait dans la pièce théâtrale poutinienne sans le ministre des Affaires étrangères, ce dernier, Sergueï Lavrov, y est allé de son alexandrin pour indiquer que les mercenaires de Wagner resteraient pleinement opérationnels en Afrique, en Syrie, en Libye et partout où leur présence est assumée.

Il est 21 h 09, le président Poutine prend à nouveau la parole. « Les événements de samedi ont montré qu'une tentative de déstabilisation, tout chantage étaient voués à l'échec. Il y a eu une démonstration de la société et du pouvoir exécutif, une position de soutien de l'ordre a été prise par des associations, par le monde religieux. Quasiment toute la société russe a été unie. Toutes les décisions ont été prises pour protéger l'ordre constitutionnel et la vie de nos concitoyens, dans tous les cas la rébellion aurait été maîtrisée. Personne ne peut ne pas comprendre cela. Ceux qui ont fait ce pas criminel pour diviser le pays, ont connu des pressions de l'extérieur, ce sont des traîtres à la nation. Les ennemis de la Russie et les nazis de Kiev auraient voulu ces résultats, ils voulaient que les soldats russes s'entretuent » alors qu'ils « ont été utilisés contre leurs frères d'armes avec qui ils ont combattu ensemble. C'est pour cela que nous avons essayé d'éviter un bain de sang. Je remercie les soldats et dirigeants de Wagner qui se sont arrêtés. » Leurs « actes n'ont pas été acceptés par la société ». Aujourd'hui vous « avez la possibilité d'aider la Russie en signant le contrat avec le ministère de la Défense et de revoir vos camarades partis en Biélorussie. Ma promesse sera tenue. Le choix vous appartient, et je suis persuadé que ce sera le choix des soldats russes qui ont compris leur erreur. Je suis reconnaissant au président biélorusse Loukachenko. » Mais « ce sont nos concitoyens qui ont

20. François Hollande, dans l'émission *C dans l'air.*

joué un rôle décisif en apportant leur soutien au pouvoir exécutif. Ce soutien nous a permis de tenir devant cette épreuve très difficile pour notre nation. »

Ce soir, à contrario de toutes ses interventions qui avaient précédé l'*opération spéciale* en Ukraine, Poutine reconnaît Wagner comme un outil du pouvoir légitime russe. Il concède l'existence réelle d'une tentative de coup d'État, et indique que les ennemis de la patrie à la tête de cette rébellion seront sanctionnés. Wagner rentrera dans les rangs en intégrant le ministère des Armées et son siège à Saint-Pétersbourg aura encore un rôle fort à jouer dans les années à venir.

Quant à Prigojine, ses jours sont comptés. La flèche d'Héraclite frappera bientôt.

Mardi 27 juin

Le ministre allemand de la défense, Boris Pistorius, annonce qu'en raison des troubles qui se déroulent en Russie, l'Allemagne va déployer 4 000 soldats en Lituanie pour rassurer cet État voisin de l'ours blessé. C'est presque autant d'hommes que la France en a déployé au Sahel lors de l'opération *Barkhane*. Mais au sein de l'Union européenne, tous les dirigeants n'ont pas la même analyse. Viktor Orban, proche de Poutine, considère que les analystes occidentaux doivent prendre du recul sur l'affaire Wagner : « Si » une telle percée a pu se produire « c'est un signe évident de faiblesse. Mais si c'est réglé en 24 heures, c'est un signe de force. » Le Premier ministre hongrois s'en est pris ensuite à l'Ukraine, estimant le pays mafieux aux autorités politiques fragiles. « Ils n'ont pas d'argent, ils n'ont pas d'armes » et ne peuvent se « battre que parce que nous les soutenons ». Ajoutant que si la guerre dure, l'Ukraine tombera...

Cette affaire n'est pas terminée, ni en Russie, ni en Europe.

***

Hors Europe, la Chine, la Corée du Nord, l'Iran, le Qatar et d'anciennes républiques socialistes soviétiques[21] ont exprimé clairement leur soutien à Poutine, au nom de la stabilité internationale.

***

Poutine rend officiel à la télévision nationale, le financement de Wagner par l'État russe. « Entre mai 2022 et mai 2023, l'État a versé 86,262 milliards de roubles » au groupe Wagner. Un tel financement justifie la reprise en main de cette organisation paramilitaire par le ministère de la Défense sous les ordres de Choïgou. Cela nous rappelle cette réflexion : « Le droit en lui-même est impuissant ; dans la nature règne la force. Mettre celle-ci au service du droit, de manière à fonder le droit au moyen de la force, c'est le problème que doit résoudre l'art politique[22]. »

Le président russe s'est également exprimé devant un parterre de militaires : « Vous avez protégé la constitution, la vie et la sécurité de notre peuple. Vous avez sauvé notre patrie de la tourmente. En fait, vous avez arrêté une guerre civile. » Un discours qui prolonge celui de la veille lorsqu'il assumait : « Dès le début des événements, sur mon ordre direct, des décisions ont été prises pour éviter une effusion de sang. (...) C'est précisément ce résultat, une guerre entre frères, que voulaient les ennemis de la Russie. (...)

21. Kassym-Jomart Tokaïev, président du Kazakhstan, a même invité le président russe à se rendre dans son pays.
22. Artur Schopenhauer, *Parerga et Paralipomena*, II, 127

Ceux qui ont fait ce pas criminel pour diviser le pays (...) ce sont les ennemis de la Russie qui voulaient que les soldats russes s'entretuent. »

La France est une puissance militaire. Elle ne se place pas sur le podium du nombre, ni n'égale les États-Unis ou la Chine. Mais la France a des talents. La France sait faire du matériel de qualité. Chars, avions, navires de guerre, pôle cyber, spatial... elle le prouve chaque jour. Le 26 juin, elle a prouvé à nouveau au monde entier son ingénierie en faisant voler un démonstrateur du planeur hypersonique VMAX tiré depuis le centre d'essai de la DGA, à Biscarosse. « Ce premier démonstrateur contenait de nombreuses innovations technologiques embarquées. Son essai en vol, sur une trajectoire à longue portée très exigeante, constituait un défi technique inédit qui prépare l'avenir de notre feuille de route nationale hypervélocité[23]. » Le programme VMAX est porté par ArianeGroup. Il doit ouvrir le chemin de la maîtrise du vol hypersonique.

Fiche n°68 : Extraits du rapport de l'Ifri « La France dans l'Otan : de l'allié difficile au contributeur essentiel »[24], par Guillaume Garnier

• **L'Otan du sommeil au réveil** : « (...) l'épisode de la "mort cérébrale" a déclenché toute une séquence débutant par un « processus de réflexion », lui-même suivi du projet "Otan 2030" visant une nécessaire remise à plat des buts de l'Alliance, l'amélioration de son fonctionnement et l'évaluation des moyens pour faire face aux défis. Depuis lors, d'autres crises internes du même ordre que celles décrites ont émaillé le quotidien de l'Alliance, notamment la crise de l'Aukus ou le départ de l'Afghanistan sans concertation des États-Unis aboutissant au chaos sur place et à la fin précipitée et humiliante de Resolute Support Mission (RSM). »

• **Concept stratégique 2022** : « Des trois tâches fondamentales définies par l'Otan – dissuasion et défense, prévention et gestion des crises, sécurité coopérative –, la priorité est clairement accordée à la première. La dimension nucléaire de l'Alliance est réaffirmée avec force : elle est "la garantie ultime de la sécurité des alliés" (§29). Ce point est essentiel pour la France qui constatait une dangereuse perte de culture nucléaire collective. »

• **Renforcement de la réactivité et de la masse** : « Aussi, autant que l'on puisse en juger à ce jour, il n'est nullement question de revenir à la posture de guerre froide, immobilisant des moyens militaires considérables dans un dispositif défensif robuste et fixé dès le temps de paix. Le projet de "New Force Model", dont le principe mais non les détails ont été fixés à Madrid, vise en revanche à accroître le volume de forces disponibles sur court préavis en cas de crise ou de conflit à l'Est, à hauteur de 100 000 hommes en dix jours (tier 1), renforcés par 200 000 (tier 2) en dix à trente jours, puis par 500 000 autres à horizon six mois (tier 3). »

• **Le défi chinois** : « La Chine étant désormais identifiée comme le défi stratégique structurant pour ce siècle, les États-Unis cherchent à mobiliser l'ensemble de leurs alliés sur le sujet. Si leurs alliés de la région Asie-Pacifique et par ailleurs tous partenaires de l'Otan (Japon, Corée du Sud, Australie et Nouvelle-Zélande) sont les premiers

23. https://www.defense.gouv.fr/dga/actualites/tir-dessai-du-demonstrateur-technologique-planeur-hypersonique-vmax
24. https://www.ifri.org/sites/default/files/atoms/files/garnier_strategie_fr_otan_juin2023_revu.pdf

concernés, Washington veille à ce que l'Otan ne se détourne pas entièrement du problème. »

• **Otan – UE :** « À défaut d'avoir pu convaincre les Européens d'agir dans le sens d'une défense plus autonome, la France prône une meilleure coopération Otan-UE et une complémentarité entre les deux organisations, idée reprise dans les capitales d'Europe de l'Ouest hors Royaume-Uni. »

• **Conclusion et enseignements pour la France :** « Dans cette perspective, la France doit définir un rôle à la mesure de son poids militaire, conforme à ses intérêts de sécurité, réaliste quant à sa situation de départ (culture de ses armées, programmation capacitaire déjà actée, relations partenariales préexistantes) et apparaissant légitime à ses alliés pour entraîner ses "meilleurs amis" (...). La France ne sortira par le haut de cette transition otanienne qu'en consentant un effort de défense à la hauteur des enjeux : il y a à l'évidence un sujet de densification et de robustesse de ses capacités militaires, sans lesquelles elle ne pourra répondre aux scénarios conflictuels les plus exigeants, cœur de métier de l'Otan. Il y a, en parallèle, une nécessité d'agréger des partenaires proches, non seulement pour mettre sur pied des formations de taille critique, mais au-delà pour créer des liens militaires forts, structurants dans la durée, générant ainsi une interopérabilité pouvant être utile dans une coalition ad hoc. »

Mercredi 28 juin

« N'interrompez jamais un ennemi qui est en train de commettre une erreur[25]. »

Les analyses se succèdent. Sur notre blog, nous livrons la nôtre en cinq points.

• Poutine savait qu'un putsch allait avoir lieu et en considération, cela signifie que les services de renseignement, certains membres du Minarm et ses appuis financiers ont été verrouillés.

• La tentative du coup d'État a échoué, et confirme la solidité de la société russe, unie derrière son chef. Si une telle « épée » à l'image de Wagner ne peut entraîner une rébellion de la société, qui le pourra ?

• Wagner va muter, et quitter les mains de Prigojine pour devenir un outil d'État. Le pouvoir de Prigojine tombe et son influence aussi.

• Des tentatives de coup d'État comme celle-ci : tous les hommes politiques en veulent. À 7 h 45 le coup d'État militaire débute. À 19 h 00, les putschistes sont dans leurs casernes : fermez le ban !

• Poutine va pouvoir réaliser ce qu'il sait faire à merveille : réécrire l'histoire. Sortir en chef victorieux. En César.

***

25. Napoléon Bonaparte.

Le langage de Poutine et de Prigojine livre aux yeux du monde l'esprit du caïd, l'argot, le mat, le langage des voleurs, des prisonniers et des mafieux.

Fiche n°69 : Extraits du « long télégramme » de Kennan, 22 février 1946

En 1946, George F. Kennan fait parvenir un long télégramme au secrétaire d'État James F. Byrnes pour présenter le soviétisme, le stalinisme et le communisme. À partir de cela, il propose à l'administration américaine d'adapter sa politique étrangère. L'Amérique doit prendre en compte la volonté expansionniste de l'Union soviétique qui cherche à s'étendre par les semences de son idéologie.

« (...) Le pouvoir soviétique, contrairement à celui de l'Allemagne hitlérienne, n'est ni schématique ni aventureux. Il ne travaille pas selon des plans fixes. Il ne prend pas de risques inutiles. Il est imperméable à la logique de la raison et très sensible à la logique de la force. C'est pourquoi il peut facilement se retirer – et c'est généralement ce qu'il fait lorsqu'il rencontre une forte résistance à n'importe quel endroit. Ainsi, si l'adversaire dispose d'une force suffisante et s'il se montre clairement prêt à l'utiliser, il n'a que rarement à le faire. Si les situations sont correctement gérées, il n'y a pas besoin d'épreuves de force engageant le prestige.

Par rapport à l'ensemble du monde occidental, les Soviétiques restent de loin la force la plus faible. Leur succès dépendra donc réellement du degré de cohésion, de fermeté et de vigueur que le monde occidental pourra rassembler. Et c'est là un facteur sur lequel il est en notre pouvoir d'influer.

Le succès du système soviétique, en tant que forme de pouvoir interne, n'est pas encore définitivement prouvé. Il reste à démontrer qu'il peut survivre à l'épreuve suprême du transfert successif du pouvoir d'un individu ou d'un groupe à un autre. La mort de Lénine a été le premier transfert de ce type et ses effets ont ébranlé l'État soviétique pendant quinze ans. Après la mort ou la retraite de Staline, ce sera le deuxième transfert. Mais même cela ne sera pas le test final. Le système interne soviétique sera désormais soumis, en vertu des récentes expansions territoriales, à une série de contraintes supplémentaires qui ont déjà lourdement pesé sur le Tsardom. Nous sommes convaincus que jamais, depuis la fin de la guerre civile, la masse du peuple russe n'a été émotionnellement plus éloignée des doctrines du parti communiste qu'elle ne l'est aujourd'hui.

En Russie, le parti est devenu un grand appareil d'administration dictatoriale qui, pour l'instant, connaît un grand succès, mais il a cessé d'être une source d'inspiration émotionnelle. Ainsi, la solidité interne et la permanence du mouvement ne doivent pas encore être considérées comme assurées.

Toute la propagande soviétique au-delà de la sphère de sécurité soviétique est fondamentalement négative et destructrice. Il devrait donc être relativement facile de la combattre par un programme intelligent et réellement constructif. »

Jeudi 29 juin

Ce qui deviendra dans les livres d'histoire, le chapitre « Wagner », poursuit son écriture. Poutine a chargé le FSB, le GRU et le SRV d'identifier les traîtres responsables de la tentative de renversement du pouvoir. Si le cercle proche de Poutine, Sergueï Choïgou et Valeri Guerassimov n'ont pas à s'inquiéter, il en est tout autrement pour Sergueï Sourovikine, commandant adjoint des opérations de l'armée russe en Ukraine. Ce dernier vient d'être arrêté pour collusion avec Prigojine. Ayant choisi le camp de la mutinerie, Sourovikine en subira les conséquences. La Sibérie devrait être une place d'avenir.

***

Airbus Defence and Space mènera l'étude pour le développement et la conception du futur avion de transport tactique européen.

Vendredi 30 juin

Le secrétaire général de l'Otan, Jens Stoltenberg, fait un mandat apprécié par ses pairs, cela lui vaut de le prolonger d'un an. Et ce, à la demande des représentants des États membres. Son poids médiatique et son engagement en faveur du réveil de l'Alliance les ont poussés à s'unir autour de sa personne.

Juillet

« *Tout se conquiert, toute se mérite. Si rien n'est sacrifié, rien n'est obtenu.* »
Hélie de Saint-Marc

Samedi 1er juillet

La contre-offensive ukrainienne en « pause opérationnelle ». Quelques gains territoriaux obtenus depuis le 4 juin. Les forces ukrainiennes, actives à Bakhmout, le sont également à Rozdolivka, aux abords de Donetsk et à Zaporijia. La contre-offensive prendra du temps, elle sera « coûteuse » en vies humaines et en matériels.

À Kiev, le commandement s'émeut des impatiences occidentales. Valeri Zaloujny, commandant en chef des armées ukrainiennes se plaint de la lenteur des livraisons d'armes et de la qualité de certains matériels – tel que l'AMX-10 – qui ne sont pas adaptés à l'offensive. De plus, Zaloujny demande que la coalition occidentale organisée pour la livraison de F-16 accélère sa prise de décision : l'Ukraine doit reprendre le contrôle des airs. Les pertes ukrainiennes sont importantes. Sans F-16, sans drones, la contre-offensive s'épuisera.

Zaloujny[1] demande aussi plus d'obus. L'artillerie russe décime les forces ukrainiennes. Sur certaines zones d'opérations, les Russes tirent « dix fois » plus d'obus que les forces conventionnelles ukrainiennes. Comment avancer sous une telle masse de feu ? Ajoutez à cela, les mines antipersonnel, et vous comprendrez pourquoi l'Ukraine peine à reprendre ses territoires et à faire reculer les soldats de Poutine. « Ce n'est pas un spectacle que le monde entier regarde, sur lequel il fait des paris ou quoi que ce soit d'autre. Chaque jour, chaque mètre est donné par le sang. »

Dimanche 2 juillet

« Nous ne savons plus parler de ce qui ne va pas, encore moins entreprendre d'y remédier[2]. »

Lundi 3 juillet

« On gagne sa vie par ce que l'on reçoit ; on construit sa vie par ce que l'on donne[3]. »

1. https://www.washingtonpost.com/world/2023/06/30/valery-zaluzhny-ukraine-general-interview/
2. Tony Judt, Contre le vide moral. Restaurons la social-démocratie, éditons Héloïse d'Ormesson, 2011.
3. Churchill.

Fiche n°70 : Être ambassadeur à Berlin : d'André François-Poncet à Claude Martin

Claude Martin, ambassadeur français, qui fut ambassadeur en Chine puis en Allemagne, sort un nouvel ouvrage : *Quand je pense à l'Allemagne, la nuit*[4]. Fort de près de 1 000 pages, il livre ses pensées sur l'âme allemande, la relation franco-allemande et la façon dont elle a évolué d'un président français à un autre, depuis 1958. Les pages sont écrites avec un style romantique rappelant Goethe. Et les idées sont lucides. Sur notre relation franco-allemande il indique dans une interview qui synthétise en quelque sorte la finalité de son ouvrage : « Tous les ambassadeurs de France en Allemagne l'ont noté avant moi. Il arrive toujours un moment où les Allemands nous disent, soit avec amertume, soit avec ironie, qu'elle soit gentille ou non : vous vous prenez pour un "Grand". Alors qu'ils savent bien que nous avons été battus en 1940 comme eux l'ont été en 1945, et que la victoire d'alors revient, à l'Ouest, d'abord aux Américains et aux Britanniques. D'ailleurs, ils n'ont pas du tout cette attitude vis-à-vis de Washington et même de Londres. C'est ainsi que se pose la question du siège permanent de la France au Conseil de sécurité des Nations unies, réservé aux grands vainqueurs de la Seconde Guerre mondiale. Alors que nous avons toujours été favorables à ce que l'Allemagne obtienne un siège permanent au Conseil de sécurité, les Allemands aimeraient que la France offre plutôt le sien à l'Union européenne[5]. » Avec sa plume rappelant *Les malheurs du jeune Werther*, il note : « Il n'y a pas de couple franco-allemand. Ou alors c'est un couple à la Maupassant, entre deux partenaires qui ne se connaissent pas, vivent ensemble en menant chacun leur vie, et sont liés par un mariage de raison qui ne tient pas très bien. Les couples peuvent être formés par deux dirigeants, pas par deux pays. » Quant à savoir si Emmanuel Macron se différencie de Mitterrand ou Chirac, le sentier est ténébreux puisque l'homme est incompris : « Les Allemands ont ainsi eu beaucoup de mal à comprendre ses discours de la Sorbonne ou d'Athènes sur l'Europe ». Emmanuel Macron est brillant et les Allemands n'aiment pas le brio. De lui, ils disent : « C'est un Français... ». Ainsi va la vie entre deux peuples voisins. Ainsi se poursuit le roman-fleuve de l'histoire de deux peuples si différents au destin si commun...

— —

France, ô ma France très belle, que ce nom inspire ta jeunesse ; Gloire aux héros éternels ; Par les beautés de leurs rayons, du Soleil éclairant des morts : adieu Léon Gautier !

Mardi 4 juillet

L'Algérie, puis la Turquie. Les pays nationalo-islamistes profitent de la guérilla urbaine qui s'étend comme une tache d'huile sur la France, pour animer les passions et tendre un peu plus le cordon enter l'État et les communautés. Erdogan, bien installé sur son trône, n'a pas hésité une seconde pour évoquer une « oppression » des musulmans et un racisme « institutionnel ». L'ogre turc se plaît en bon tribun de second rang à souffler sur les braises en parlant d'un pays basé sur la « suprématie de l'homme blanc ». Au-delà des élans

4. Claude Martin, Quand je pense à l'Allemagne, la nuit, éd. de l'Aube, 22 mars 2023, 924 pages.
5. https://www.lopinion.fr/international/claude-martin-entre-la-france-et-lallemagne-une-succession-de-rendez-vous-manques

d'hilarité que l'on peut avoir sur ses propos, la France doit rappeler son ambassadeur et peser pour isoler ce pays qui menace chaque jour la Grèce ; et se plaît à devenir le *hub* oriental de la vente du gaz russe, de la livraison en armes de la Russie et de la redistribution des mercenaires de l'Orient vers l'Europe et l'Afrique. Quel drôle de pays fourbe qui fut si bien compris par Byron, Hugo et Chateaubriand. L'Europe n'a rien à attendre des Turcs si ce n'est qu'artifices, déloyauté et tromperie.

Fiche n°71 : L'Enfant de Victor Hugo

« Les Turcs ont passé là.
Tout est ruine et deuil.
Chio, l'île des vins, n'est plus qu'un sombre écueil,
Chio, qu'ombrageaient les charmilles,
Chio, qui dans les flots reflétait ses grands bois,
Ses coteaux, ses palais, et le soir quelquefois
Un chœur dansant de jeunes filles.

Tout est désert. Mais non ; seul près des murs noircis,
Un enfant aux yeux bleus, un enfant grec, assis,
Courbait sa tête humiliée ;
Il avait pour asile, il avait pour appui
Une blanche aubépine, une fleur, comme lui
Dans le grand ravage oublié.

(...) Veux-tu, pour me sourire, un bel oiseau des bois,
Qui chante avec un chant plus doux que le hautbois,
Plus éclatant que les cymbales ?
Que veux-tu ? fleur, beau fruit, ou l'oiseau merveilleux ?
– Ami, dit l'enfant grec, dit l'enfant aux yeux bleus,
Je veux de la poudre et des balles. »

Mercredi 5 juillet

En Russie, la purge au sein du système militaire et des sociétés militaires privées se fait petit à petit. Poutine a mis le FSB sur les rangs. Lequel analyse l'intégralité des échanges téléphoniques de Prigojine et de ses plus fidèles serviteurs. Il est également chargé de fouiller les ordinateurs, serveurs, clés USB, et d'analyser tous les messages envoyés par Wagner et ses mercenaires basés à Saint-Pétersbourg. Le général Sergueï Sourovitkine fait naturellement l'objet d'une attention particulière, lui qui a été rétrogradé en janvier 2023 et qui est connu pour ses liens étroits avec Prigojine.

Désormais, toute personne qui partagera ou propagera les idées de Prigojine, ou fera preuve de complaisance à son égard, sera considérée comme « traître à la patrie ». L'affaire est loin d'être terminée. La Biélorussie ne sera pas une terre de tout repos...

Jeudi 6 juillet

Le chancelier Olaf Scholz prévoit une diminution du budget de l'État de 7 % en 2024. Le budget de l'État allemand s'élèvera à 445,7 milliards d'euros, contre 485,7 milliards d'euros en 2023. Lors des débats, le libéral Christian Lindner a plaidé pour que l'Allemagne respecte la règle d'or qui encadre ses dépenses et recettes. Ce retour à l'orthodoxie budgétaire post-crise russo-ukrainienne, garantira néanmoins un budget de la défense en augmentation. Ainsi, 51,8 milliards d'euros seront consacrés à la défense, auxquels il faudra ajouter des fonds exceptionnels issus du fonds spécial de 100 milliards d'euros. Pour autant, la réjouissance est limitée, puisque la plupart des crédits ne concerneront non pas l'achat de matériel, le recrutement, le déploiement de nouvelles formations ou la préparation opérationnelle, mais la hausse des salaires des fonctionnaires du ministère des Armées. L'Allemagne première puissance militaire d'Europe ? Le continent peut encore patienter.

On apprend également ce jeudi que la commission défense du Bundestag vient d'approuver l'achat de 60 machines CH-47F Block II, les fameux Chinook, pour succéder aux CH-53. Montant du contrat : 7,2 milliards d'euros. Des hélicoptères lourds dont aurait besoin la France. Mais aucun projet d'achat, ni de location, ni de développement n'existe à ce jour.

***

Retour à l'eau pour le sous-marin *Perle*. Les tests et préparatifs sont terminés, le SNA est à nouveau opérationnel. Il a subi une phase intense de travaux suite à l'incendie qui s'était déclenché en juin 2020.

Vendredi 7 juillet

Erdogan jongle dans les relations internationales. Il n'a pas d'amis. Il n'a pas d'alliés. Il n'a pas de codes prédéfinis. Ce vendredi, le sultan turc valide la vente de Bayraktar TB-2 à l'Ukraine, tout en marchant à la droite de Poutine. Puis, d'un éclair de génie pour satisfaire Washington, il se dit favorable à l'adhésion de l'Ukraine à l'Otan. L'Ukraine « l'a mérité ».

Fiche n°72 : Extraits du discours d'hommage du président, Emmanuel Macron, à Léon Gautier

• « Il y a quatre ans, ici même, il fut demandé à Léon Gautier ce qui avait traversé son esprit au petit matin du 6 juin 1944, quelques secondes avant de poser le pied sur la côte normande et d'affronter l'ennemi. "Ce jour-là, disait Léon Gautier, nous avions décidé que nous ne rembarquions pas". Ce "nous" désignait les 177 du commando Kieffer ».

• « Ils avaient voué leurs 20 ans, effacer la défaite de 40. Ils étaient déterminés à faire le sacrifice de leur jeune vie pour qu'une vieille histoire, l'histoire de la France, continue de s'écrire. Et ce 6 juin 1944, mort ou vivant, pas un ne rembarqua. Léon Gautier était l'un de ces Français ordinaires résolus à accomplir l'extraordinaire, incarnation de cet esprit de résistance si français et, au fond, si républicain. »

• « En février 1940, il voulut s'engager pour défendre la France. Alors, âgé de 17 ans, il ne pouvait servir que dans la Marine, la seule armée qui acceptait les mineurs. Alors, va pour la Marine pourvu qu'il puisse y prouver sa bravoure ! Sur le cuirassé *Courbet*, il participa à la défense de Cherbourg. En juin, dans la débâcle, Léon Gautier fut envoyé dans un camp de ralliement à Douvres. Mais entendant l'appel du général de Gaulle, il choisit de le rejoindre. À Londres, dès les premières semaines, Léon Gautier rentra dans les rangs des forces navales françaises libres. Il embarqua d'abord sur le *Gallois*, navire accompagnant les convois transatlantiques. Et lors de sa première sortie, un autre bâtiment de l'escorte fut touché. Interdiction était faite aux navires d'interrompre leurs courses. Les naufragés étaient abandonnés à leur sort dans les nappes de gazole en flammes. Ses corps à la mer qu'il vit de ses yeux, Léon Gautier ne les oublia jamais. Volontaire pour le danger, toujours, Léon Gautier fut encore sous-marinier sur le *Surcouf*, sous la menace des torpilles allemandes, à bord d'un bâtiment qui pouvait se transformer en cimetière marin. Rejoignant le 1er régiment de fusiliers marins en janvier 1941, Léon Gautier se rendit au Congo, puis en Syrie. Mais ces théâtres d'opérations étaient trop loin des combats, car par-dessus tout, Léon Gautier voulait combattre. Alors, en juillet 1943, il intégra le 1er bataillon de fusiliers marins commando. C'était le commando de Philippe Kieffer, le commando de toutes les exigences. La sélection se passait dans un camp d'entraînement. Chaque épreuve, lorsqu'elle était manquée, valait élimination, les exercices étaient à balles réelles. Et dans ces montagnes d'Écosse, les volontaires étaient forcés de contempler des tombes, le cimetière était factice mais les aspirants ne le savaient pas. Après ces semaines intenses de courses, de tirs, de courses encore, Léon Gautier reçut le béret vert des commandos. L'adolescent qui se destinait au métier de carrossier était devenu l'un des leurs, il était prêt. Ce fut en mai 1944 que les 177 du Number 4 Commando rejoignirent le camp secret de Titchfield dans le sud de l'Angleterre. Ils attendaient la promesse d'une aube, les côtes françaises et la libération du pays. Enfin, ce fut le 6 juin. La veille encore, ils ignoraient où ils débarqueraient. Au petit matin, pourtant, ils allaient deviner les longues plages encombrées de barbelés et de mines, ces dunes estompées dans les vapeurs dissimulant les bunkers de Rommel qui formaient le terrible mur de l'Atlantique. C'était la patrie chez eux, chez nous, nos plages, notre terre. »

• « Léon Gautier était là, avec ses sourcils broussailleux, son treillis et son éternel béret vert de commando. Léon Gautier était là, avec son sourire de jeune homme et son humilité non feinte. Il n'avait fait que son devoir et au fond, l'amour de la France était pour lui une évidence. Léon Gautier était là et avec lui, tous les commandos de toutes les générations, ici à Ouistreham ou ailleurs, et la foule des anonymes qui l'appelaient et le célébraient, lui, le dernier des premiers à rester parmi nous. Léon Gautier était là, comme il le fut dès le premier jour. Et Léon Gautier est encore là, qui nous regarde avec la simplicité bienveillante de celui qui a servi la patrie et rétabli la République et avec lui, les 176 autres de Kieffer et au-delà, tous les bérets verts, cette cohorte de bravoure qui, aux côtés de nos alliés, avait libéré la France et qui, depuis, la défend et la sert jusqu'au sacrifice ultime. Léon Gautier est là face à nous et tout son destin nous indique le chemin de salut pour notre patrie. »

Samedi 8 juillet

Zelensky s'est montré indomptable depuis le début du conflit sur l'art qui vise à maîtriser les techniques et méthodes de la propagande. Fin lecteur d'Edward Bernay, il sait que dans une lutte sanguine entre États, l'image et les symboles comptent. C'est la raison pour laquelle le président Volodymyr Zelensky s'est rendu sur l'île des Serpents pour le 500e jour de guerre. Ukrainienne, puis occupée par les forces russes, l'île des Serpents a vu le drapeau ukrainien refaire surface. Zelensky s'est adressé à son peuple pour lui dire qu'il formait ensemble, rassemblés, la patrie du « courage ».

Dimanche 9 juillet

Succès commercial pour la Chine en Irak. Bagdad se détourne de Washington et opte pour le JF-17 pour équiper son Armée de l'air. L'avion sino-pakistanais remplacera les F-16 produits par General Dynamics.

Lundi 10 juillet

L'Ukraine pourrait devenir membre de l'Otan. Mais cette adhésion ne sera acceptée et soumise au vote des membres qu'après la guerre russo-ukrainienne. En effet, Jens Stoltenberg, en présence d'Olaf Scholz, a confirmé l'intention de la majorité des membres de l'Alliance sur l'adhésion à long terme de l'Ukraine. Mais par résultante, il a refroidi les attentes du peuple ukrainien en justifiant la position de l'Otan avec l'argument suivant : une adhésion précipitée fait peser le risque d'une entrée en guerre de l'Otan face à la Russie. Transformant le conflit régional en conflit mondial. De ces intentions, la Russie cherchera à maintenir une guerre perpétuelle pour condamner toute adhésion.

***

Un peu plus loin, à Ankara, Erdogan continue l'écriture de sa pièce théâtrale. C'est du Marivaux aux couleurs ottomanes. Ainsi, se plaît-il muni de son armure, à soumettre l'adhésion de la Suède à l'Otan à la condition suivante : que la Turquie puisse adhérer à l'UE. Qui l'eut cru ! Lui qui menace quotidiennement la Grèce. Lui qui ne respecte pas les accords de Berlin. Lui qui a balayé bien des principes européens devant sa porte. La filouterie n'a pas de prix pour les ennemis du salut. La ruse bien sale, c'est le procédé d'Erdogan : on propose ce qu'on ne peut avoir, cela valide le point mort des négociations. Mais cela, c'était la partie comique de la pièce, puisque dans les heures qui ont suivi ces premiers procédés d'un style cornélien, dans un alexandrin bien placé à la Racine, le président turc a annoncé qu'il soumettrait prochainement l'adhésion de la Suède à son Parlement. La Suède, sans fin tragique, sera donc le 32e État à adhérer à l'Otan. Pour sceller la nouvelle, le Premier ministre suédois Ulf Kristersson et le président Erdogan se sont serré la main. Tout un symbole pour ces deux pays si éloignés.

***

La guerre qui oppose les hommes du général Abdel Fattah al-Burhane et celles du général Mohamed Hamdane Daglo, ruine le Soudan au point de le rapprocher de plus en plus d'une « guerre civile totale ». Ce sont les conclusions d'analystes de l'ONU. Ils évoquent la mort de 3 000 civils en à peine trois mois.

L'Igad, ce groupe de pays d'Afrique de l'Est composé du Soudan du Sud, de la Somalie, du Kenya et de l'Éthiopie, a formulé plusieurs propositions afin de ramener les belligérants à la table des négociations, mais les signaux restent sans réponse...

Mardi 11 juillet

En marche vers le sommet de Vilnius, Emmanuel Macron s'est arrêté devant la presse. « Compte tenu de la contre-offensive qui est menée par l'Ukraine, j'ai pris la décision d'accroître les livraisons d'armes et d'équipements, et de permettre d'avoir des capacités de frappe dans la profondeur des Ukrainiens. Tout en gardant la clarté et la cohérence de notre doctrine, c'est-à-dire permettre à l'Ukraine de défendre son territoire. Et donc nous avons décidé de livrer de nouveaux missiles. » La livraison concernera des missiles Scalp. Produit par MBDA, le Scalp a été utilisé à de nombreuses reprises lors de l'opération *Chammal*, pour lutter contre l'EI. C'est au cours de l'opération *Hamilton* qu'il se fit une renommée publique, lorsque cinq Rafale ont bombardé un site d'armes chimiques à proximité de Homs, le 14 avril 2018. L'armée ukrainienne dispose déjà de son pendant britannique, le Storm Shadow, qui a été majoritairement utilisé à Louhansk, dans le Donbass. Ces missiles Scalp vont permettre de renforcer la contre-offensive, de faire peser un climat de peur en Crimée, et pour le président Macron, d'officialiser leur présence après que des images ont circulé sur les réseaux sociaux.

***

En Russie, Viktor Bondare juge l'attitude turque indécente. Sa décision de valider l'adhésion de la Suède, mais bien plus, l'annonce de l'installation d'une usine de Bayraktar TB2 en Ukraine, démontre l'inconstance ottomane.

Jeudi 13 juillet

La nomination par Ursula von der Leyen de Fiona Scott Morton en tant que nouvelle économiste en chef de la direction générale de la concurrence de l'UE pose évidemment problème. Après les affaires Airbus, BNP Paribas et les ouvrages très détaillés de Marc Endeweld et de Frédéric Pierrucci, une telle décision est inadmissible de la part de l'exécutif européen. L'intéressée est proche des milieux politiques américains et notamment du parti démocrate, ancienne cadre de l'administration Obama, lobbyiste pour Amazon, Apple et Microsoft... le fait de la choisir est déraisonnable et déraisonné. C'est un coup de poignard aux volontés de souveraineté, d'autonomie stratégique, de boussole européenne...

Vendredi 14 juillet

« Malheureux, souviens-toi de ta patrie, si toutefois il est dans ta destinée de survivre et de rentrer dans ta haute demeure et dans la terre de la patrie[6]. »

Samedi 15 juillet

L'Inde valide auprès de la France, l'achat de 26 Rafale qui armeront le porte-avions

6. Homère, *L'Odyssée*, chant X, vers 471-473, traduction Leconte de Lisle.

INS *Vikrant*, ainsi que l'achat de trois sous-marins Scorpène qui se joindront à la gamme des 6 commandés en 2005, tandis que le Royaume-Uni ne pourra exporter d'Eurofighter Typhoon en Arabie Saoudite : l'Allemagne refuse de donner son accord en raison de la guerre au Yémen. La souveraineté ? Ça ne se négocie pas.

***

« Sans cesse le progrès, roue au double engrenage / Fait marcher quelque chose en écrasant quelqu'un » écrivit Victor Hugo dans *Les Contemplations.*

Dimanche 16 juillet

« Le combat de l'Ukraine est un marathon, pas un sprint » déclare le secrétaire américain à la Défense Colin Kahl. Cela signifie que l'Occident doit organiser son économie, son industrie, ses armées et son aide à l'Ukraine en pensant le temps long. « Le temps long » évoqué à plusieurs reprises par le chef d'État-major Thierry Burkhard.

Lundi 17 juillet

Donald Trump avait décrié la faiblesse des budgets militaires des vieilles nations du continent européen. Le général Mark Milley, chef d'État-major des armées fait de même du Japon. Au regard du défi chinois, il recommande à Tokyo de doubler ses dépenses militaires sur cinq ans. Le Japon doit mettre le paquet sur l'achat de missiles sol-air, de missiles de croisière, de moyens aériens et d'outils permettant des attaques en profondeur. La Chine ne doit pas devenir la puissance « dominante » au point que sa force ne soit plus « contenable ».

***

Israël reconnaît officiellement le Maroc comme pays souverain sur le Sahara. C'est par une lettre diplomatique que Benjamin Netanyahou a fait part de l'engagement de la nation hébraïque envers le roi Mohammed VI. Une décision historique qui relève d'un véritable intérêt stratégique dans la lignée des accords d'Abraham. Pendant ce temps en Iran, la police des mœurs signe son retour. Reprise des contrôles à l'égard des femmes ne portant pas le voile, le hijab...

Mardi 18 juillet

La nomination de Fiona Scott enflamme le Parlement. Et c'est une juste révolution. Comment la Commission peut-elle nommer une lobbyiste américaine à un poste aussi influent qu'est celui d'économiste en chef de la Direction de la concurrence de la commission européenne. Comment ne peut-elle pas reconsidérer cette décision ? Et surtout, comment en est-on arrivés là ? La souveraineté européenne constamment mise en péril. Manquerait-il une boussole à nos représentants ? Le président de la République s'est dit ce soir « attaché à l'autonomie stratégique ». Qu'il use de toute son influence pour que ce choix qui le rend « dubitatif » mute pour devenir cohérent avec les discours derniers des chefs d'État européens.

Mercredi 19 juillet

L'Arabie Saoudite s'est rapprochée de l'Iran sous l'égide de la Chine. L'Arabie Saoudite tranquillisée sur son Est, oriente son regard vers l'Ouest, et tombe sur la Turquie. Et comme un geste historique, valide auprès d'Ankara un contrat portant sur l'achat de drones à l'entreprise Haluk Bayraktar. La presse turque évoque le « plus grand contrat d'exportation de défense et d'aéronautique » que l'entreprise ait connu. On parle de l'achat d'un modèle Bayraktar TB2 évolué. Mais la conclusion n'est finalement pas tant les drones, mais les liens diplomatiques qui se tissent de capitale en capitale. Car derrière l'accolade de Recep Tayyip Erdogan au prince héritier Mohammed ben Salmane, s'ouvre une stratégie. Iran, Arabie Saoudite, Turquie, Syrie, Qatar, Émirats... le monde oriental se rassemblerait-il ?

Jeudi 20 juillet

Pour tenir face à la Russie, laquelle parie sur les horloges, les États membres de l'UE vont mettre sur pied un « Fonds de défense de l'Ukraine » qui pourrait atteindre 20 milliards d'euros sur quatre ans. Il serait spécifiquement dédié à l'achat de matériels militaires. L'annonce est venue du Service européen pour l'action extérieure (SEAE). Ce nouveau fonds indique l'ambition de porter un effort complémentaire à ceux réalisés avec la Facilité européenne pour la paix (FEP) et de la production d'obus de 155 mm annoncée cette année par Josep Borrell. Reste à convaincre la Hongrie.

***

Alexeï Navalny est condamné à dix-neuf ans de prison.

Vendredi 21 juillet

De son palais et avec une attitude nonchalante, Poutine s'est ri de la contre-offensive ukrainienne. D'un air arrogant, méprisant, tel un parrain de la mafia, il s'est dit confiant pour la Russie. Confiant dans la réussite de l'opération spéciale. Considérant que « l'Ukraine a perdu des dizaines de milliers de soldats, que son potentiel mobilisable sera bientôt épuisé » tout comme le « matériel occidental ». N'oubliant pas d'envoyer un message à l'Occident et aux autorités de Kiev : « Le monde entier voit que les équipements occidentaux si vantés, et soi-disant invulnérables, brûlent, et, sur le plan tactique et technique, sont même inférieurs à certains armements de production soviétique. » L'approche indirecte serait-elle en train de réussir ?

Enfin, depuis quelques semaines, les autorités polonaises font circuler leur intention de s'impliquer directement dans le conflit en envoyant des troupes sur le sol ukrainien. Poutine ne s'était pas exprimé jusqu'alors sur ces intentions. C'est désormais chose faite puisqu'il a clairement lancé un avertissement à Varsovie. « Les dirigeants polonais s'attendent probablement à former une coalition sous le parapluie de l'Otan et à intervenir directement dans le conflit en Ukraine (...) il est bien connu qu'ils rêvent également de s'approprier les terres de Biélorussie. Mais la Biélorussie fait partie de l'Union, et agresser la Biélorussie serait agresser la Fédération de Russie. (...) Après tout, la situation est évidente : si des unités polonaises pénètrent, par exemple, dans Lviv ou d'autres territoires de l'Ukraine, elles y resteront. Et elles y resteront pour toujours. » La Russie et la Biélorusse sont liées par deux traités d'union signés en 1997 et 1999. Si les deux pays sont souverains, ces deux traités ont vocation à orienter la Biélorussie vers une annexion par la Russie, ou à une fusion des deux pays selon l'interprétation qu'on en fait.

De plus, Vladimir Poutine s'est amusé à présenter l'histoire telle qu'il la conçoit, en *homo sovieticus.* « C'est grâce à l'Union soviétique, et à la politique menée par Staline, que la Pologne a obtenu d'importantes terres à l'Ouest, autrefois appartenant à l'Allemagne. C'est exactement ce qui s'est passé. Les territoires occidentaux de la Pologne actuelle ont été un cadeau de Staline aux Polonais. Nos amis de Varsovie l'ont-ils oublié ? Nous leur rappellerons. » Le président russe estime que la Pologne manigance sous couvert du parapluie américain, pour s'emparer de terres ukrainiennes. Dans les actes, il nous semble que ce soit Poutine qui agence les territoires d'Europe de l'Est depuis 2008...

Dimanche 23 juillet

De Saint-Pétersbourg, Poutine se montre accompagné d'Alexandre Loukachenko. Comme pour illustrer l'unité de deux nations qui ne font qu'une.

Lundi 24 juillet

Dans ces heures qui précèdent l'ouverture du sommet Russie-Afrique, Poutine s'est voulu rassurant. La Russie remplacera grain par grain, les céréales perdues d'Ukraine. Selon le président russe, Moscou connaît une belle année de production. Son agriculture se porte bien et ses alliés n'ont pas à s'inquiéter outre-mesure. Ainsi, la promesse de fournir aux États africains les céréales et engrais dont dépend leur développement, a calmé l'agitation des marchés.

Pourtant, si l'on en croit les derniers chiffres, la récolte céréalière russe devrait être en 2023 inférieure de 20 % à celle de 2022. Mais la production de blé, quant à elle, devrait atteindre un haut niveau. Or, le blé est la céréale la plus exportée par la Russie.

Mardi 25 juillet

La guerre en Ukraine pèse sur la société russe, bien plus que le pouvoir ne se plaît à le dire. La Russie a subi des restrictions technologiques majeures en considération des sanctions occidentales. L'économie a dû être réorientée vers la guerre, avec un besoin de production de matériels militaires et d'obus. Elle a dû mener des combats diplomatiques pour maintenir ses accords bilatéraux et garantir l'image de son chef suprême quelque peu décrédibilisée avec la tentative de putsch de la SMP Wagner. Enfin, il y a la place de l'humain et l'appel du soldat. Le chant du départ russe. Après une mobilisation de 300 000 bras en 2022, la Russie va élargir le service militaire aux citoyens âgés de 18 à 30 ans, tandis que jusqu'alors, les tranches d'âges concernées étaient celles de 18 à 27 ans. La levée en masse est un indicateur des guerres de haute intensité autrement et simplement appelées : les guerres entre États. Le Kremlin est en guerre pour plusieurs années. Il s'organise pour durer et s'assure par l'étalage de prédispositions de lois et d'outils préventifs, de pouvoir maintenir une politique nationaliste et une politique étrangère cohérente avec ses plans, ambitions et amitiés lointaines.

Mercredi 26 juillet

Fiche n°73 : La guerre économique selon le président Pompidou

La guerre économique est un rapport de force auquel se livrent les États et leurs entreprises. Elle implique de nos jours une hybridité des moyens (espionnage économique, jeu des marchés, déstabilisation, guerre psychologique, cyberattaques, usage du droit national et international, sanctions économiques...) pour finalement devenir une « guerre totale » pour le « triomphe » sans l'épreuve du feu militaire.

Pompidou, dans la lignée de de Gaulle, avait très bien saisi la notion de guerre économique dont parlait Bernard Esambert. Ainsi, nous pouvons lire dans *Entretiens et discours* : « (...) il faut que notre appareil économique, industrie, commerce, agriculture prenne une mentalité, j'ose le dire, agressive, qu'il se porte à l'attaque, qu'il se porte à la conquête des marchés extérieurs, qu'il ait le goût d'aller se battre sur le terrain des autres exactement comme les autres dès maintenant viennent se battre sur notre terrain. (...) Il faut comprendre que l'État doit avoir une vue économique d'ensemble et ensuite utiliser à plein, et susciter au besoin les initiatives ces industriels répondant à nos objectifs généraux. (...) Nous avons dans les domaines les plus avancés (...) conquis notre place dans le peloton de tête des nations. Non par un vain désir de prestige, mais par la conviction que le monde moderne est dominé par le progrès scientifique et technique et qu'un pays qui ne consent pas l'effort intellectuel et financier nécessaire pour être dans le train est condamné irrémédiablement à la médiocrité et à la dépendance. (...) Notre civilisation traverse une crise spirituelle. Les mutations économiques, l'accélération du progrès scientifique et technologique, l'ébranlement des croyances (...) et la course éperdue vers le progrès matériel (...) ne fournissent pas toutes les réponses à une humanité désorientée. » La guerre économique est une guerre totale qui inclut les armes, la monnaie, les industries, les multinationales, les commerces, les artisans, les éleveurs... tout ce qui définit le corps d'un État-Nation. Tout ce qui vit en lui.

L'industrie, c'est la clé de la grandeur. Et si les emplois manufacturiers ne pèsent plus lourd au sein de l'économie française, il y a un domaine qui tire son épingle du jeu : celui de l'industrie militaire. Quand les ondes radio font circuler une possible nouvelle commande de Rafale par le Qatar – 24 avions de Dassault Aviation seraient en lice pour compléter les 36 Rafale commandés et livrés précédemment –, le ministère des Armées fait savoir que le montant total des commandes passé – pour la seule partie exportation – auprès des entreprises françaises qui composent le complexe militaro-industriel tricolore, s'élève à hauteur de 26,97 milliards d'euros. Vous l'aurez compris, l'industrie militaire française se porte à merveille. *Boostée* par le Rafale qui fait florès en Europe, au Moyen-Orient et en Asie.

Pour le reste du catalogue, la concurrence sur les marchés est rude. Canons, navires, sous-marins, équipements d'infanterie... la loi Moore comme les offres des autres nations concurrentes, rendent les réussites difficiles. Mais cette même loi Moore autant que le savoir-faire de Dassault aviation ont épuisé les concurrents dans ce domaine qu'est l'aéronautique. « Eurêka ! » pour Dassault qui a survécu.

Aussi, nous ne pouvons passer au-dessus de ce point : il y a dans cette entreprise qu'est Dassault Aviation, un ensemble de puissances internes liant activités, progrès, recherche, développement et organisation qui servent un modèle abouti. Ce dernier doit inspirer pour ladite politique de réindustrialisation de la France. En effet, pour les années à venir, un effort plus grand reste à faire dans les domaines de l'énergie, de l'aéronautique et de l'informatique. À ces axes clés des années 60-70, il faut ajouter ceux de la numérisation (IA, 5G, robotisation...). C'est alors que nous pourrons supporter les entraves du commerce et rejoindre le bal des puissants dominé par la Chine, les États-Unis, l'Allemagne et l'Inde.

Jeudi 27 juillet

En Chine, lorsqu'un ministre se retire, cela prend une tournure internationale inégalée. Il faut dire que dans le cas de Qin Gang, ministre des Affaires étrangères, le communiqué de l'agence Xinhua indique qu'il a été « démis de son poste de ministre des Affaires étrangères ». Il est de fait porté disparu depuis presque un mois et demi ; son départ est le signe d'une désapprobation directe de Xi Jinping. Aux rumeurs d'espionnage et aux liaisons dangereuses, viendront se coupler bien des spéculations. Selon les précisions du spécialiste de la Chine Antoine Bondaz[7], si Qin Gang est rétrogradé et remplacé par Wang Yi, il reste un maillon du système chinois. Ses erreurs le rétrogradent mais ne le bannissent pas. « Il n'est plus ministre mais reste le conseiller d'État. Qin Gang n'est pas complètement démis ni purgé. C'est ça qui est étonnant. Est-ce qu'il va revenir dans quelques semaines ? Est-ce qu'on attend pour avoir un nouveau ministre et un nouveau conseiller d'État ensuite ? On a beaucoup d'incertitudes. Cela confirme en tout cas l'énorme opacité du régime chinois. Ce qui nourrit les rumeurs. Le but, c'est qu'on ne puisse pas comprendre le système de prise de décision. » À Pékin, on essaie de faire en sorte que les réponses ne dépassent pas la muraille de Chine.

Vendredi 28 juillet

Coup d'État au Niger. Mohamed Bazoum démis, c'est le général Abdourahamane Tchiani, chef de la garde présidentielle, qui prend les rênes du pays. Les coups d'État se succèdent au sein de l'ancien G5 Sahel. Notre pays perd petit à petit ses intérêts. Les fruits des opérations *Serval* et *Barkhane* s'évaporent. Et si la Côte d'Ivoire, le Nigéria et le Gabon suivaient ?

Samedi 29 juillet

Les États-Unis, l'Union européenne et la France ne reconnaissent pas la légitimité du général Abdourahamane Tchiani. La France coupe toutes ses aides au développement : telle est la décision prise lors du Conseil de défense tenu à l'Élysée. Mais soyons certain d'une chose : nous pourrons invoquer la constitution nigérienne, Mohamed Bazoum ne reviendra pas.

Pourtant, pour la France, le Niger c'est l'uranium. C'est le lien fort avec le système nucléaire français et notamment la société Orano – anciennement Areva qui fut dirigée par Anne Lauvergeon. Perdre le Niger, c'est perdre une source de richesses pour les

7. https://www.lesechos.fr/monde/chine/chine-le-ministre-des-affaires-etrangeres-qin-gang-limoge-1965069

intérêts français : richesses géographiques, économiques, militaires – nous disposons sur place de près de 2000 soldats –, humaines et politiques.

Dimanche 30 juillet

Les dirigeants de la Communauté économique des États de l'Afrique de l'Ouest (Cédéao), posent un ultimatum aux putschistes pour un retour au respect de la Constitution et de la légitimité du président Bazoum. Durée : une semaine. Un recours à la force n'est pas exclu par les membres de la Cédéao. La France se tient prête. Le 2e REP est en alerte.

***

L'Amérique touchée par un virus informatique ? C'est ce que laisse entendre *The New York Times*. Ce dernier relate les propos de membres des services du renseignement américain selon lesquels un ou des programmes informatiques auraient été déployés par la Chine aux États-Unis afin de bloquer les infrastructures d'importance vitale en cas de conflit. Dans le même genre, en 2010, la NSA avait conçu Stuxnet, un ver informatique, qui avait bloqué les centrifugeuses iraniennes et retardé le programme nucléaire iranien.

***

Voir des représentants chinois et russes entourer Kim Jong-un lors d'un défilé militaire faisant la gloire de la Corée du Nord atomique tandis que le Conseil de sécurité de l'ONU condamne fermement la possession d'une telle arme par Pyongyang… C'est bien le livre de l'autoritarisme et de l'alliance des pays dictatoriaux qui s'écrit.

Lundi 31 juillet

« En temps de guerre, la vérité est si précieuse qu'elle devrait toujours être protégée par un rempart de mensonges[8]. »

***

En Biélorussie, Wagner devient un partenaire de premier ordre. Son rôle : former et instruire l'armée biélorusse – notamment en tenant compte du Retex de l'Ukraine – et jouer l'Arlequin de la « peur », de la « crainte » et de la « menace » à l'encontre de la Pologne et des États baltes. Wagner c'est l'État russe. Wagner c'est la flèche de déstabilisation de l'Europe. « Le financement de tout Wagner est entièrement assuré par l'État » avait déclaré Poutine. Quant à Prigojine, il continue ses enregistrements et demande que « tous les mercenaires » de Wagner se rendent en Biélorussie avant le 5 août.

Fiche n°74 : Discours de Jack Sullivan[9]

Le discours de Jack Sullivan est une synthèse de la vision américaine à l'international. Il synthétise les grands choix et orientations du pays pour les années à venir qui doivent lui permettre de faire face aux défis, notamment, le défi chinois. *Le Grand Continent* l'a traduit et mis à disposition sur son site Internet[10].

8. Churchill.
9. Jake Sullivan dans Fracture de la guerre étendue de l'Ukraine au Métavers, Gallimard, mai 2023, p. 113-127.
10. https://legrandcontinent.eu/fr/2022/11/01/jake-sullivan-la-guerre-technologique-entre-washington-et-pekin/

« Nous considérons que notre stratégie comprend quatre piliers : le premier, investir dans notre économie scientifique et technologique ; le deuxième, faire émerger les meilleurs talents en sciences, technologies, ingénierie et mathématiques ; le troisième, protéger notre avantage technologique ; le quatrième, approfondir et intégrer nos alliances et partenariats. (...) Nous pensons aussi que trois domaines technologiques seront d'une importance particulière au cours de la prochaine décennie : les technologies informatiques, incluant la microélectronique, les systèmes d'information quantique et l'intelligence artificielle ; les avancées dans les équipements informatiques, le design algorithmique ; et les jeux de données de grande taille qui permettent de nouvelles découvertes dans pratiquement tous les champs scientifiques. (...) Cela m'amène au premier pilier de notre stratégie technologique : ranimer le moteur du dynamisme américain en matière de technologie et d'innovation, en particulier dans ces secteurs fondamentaux. (...) Au cours du seul mois passé, le président Biden a signé le *Chips and Science Act*, un décret présidentiel sur l'avancement de l'innovation dans les biotechnologies et la biofabrication, ainsi que l'*Inflation Reduction Act* (IRA). Le *Chips Act* investit 52 milliards de dollars pour restaurer le leadership américain dans la recherche, le développement et la production de semi-conducteurs, et pour réduire notre dépendance excessive envers des puces produites à l'étranger. Il s'agit d'un investissement supérieur au coût réel du projet Manhattan, il autorise également la plus importante augmentation depuis 1950 du financement annuel fédéral en faveur de la recherche scientifique fondamentale en soixante-dix ans. (...) L'*Inflation Reduction Act* a à peine besoin que je m'étende sur son impact. Il s'agit du plus grand investissement en faveur du climat et des énergies vertes de l'histoire américaine. (...) Le deuxième pilier porte sur le développement, l'attraction et la rétention des meilleurs talents ; la voie la plus simple pour atteindre cet objectif consiste à nous assurer que les États-Unis restent la destination préférée des meilleurs scientifiques de la planète. (...) Le troisième pilier consiste à protéger nos avantages technologiques et à empêcher nos concurrents de voler la propriété intellectuelle américaine et d'utiliser nos technologies contre nous ou contre leurs propres citoyens. (...) Le quatrième et dernier pilier, c'est l'approfondissement de notre coopération avec nos alliés et partenaires, vraie marque de fabrique de l'administration Biden. De la transformation du G7 en comité de pilotage du monde libre (...) au lancement d'un partenariat de sécurité innovant et de grande envergure sur des technologies avancées dénommé Aukus, nous sommes en train d'approfondir notre réseau unique d'alliances et de partenariats et de provoquer un alignement stratégique, de l'Atlantique au Pacifique. »

Août

« *Partout où il y a une volonté, il y a un chemin.* »
Pierre Schoendoerffer

Mardi 1er août

Communiqué de l'Élysée : « Compte tenu de la situation à Niamey, des violences qui ont eu lieu contre notre ambassade avant-hier et de la fermeture de l'espace aérien qui laisse nos compatriotes sans possibilité de quitter le pays par leurs propres moyens, la France prépare l'évacuation de ses ressortissants et des ressortissants européens qui souhaiteraient quitter le pays. Cette évacuation débutera dès aujourd'hui. » Pour évacuer les Français, estimés à 850, l'armée française a fait décoller trois avions de Solenzara : des A400M et A330 MRTT. Pour les 2 000 soldats présents au Niger, comprenant les forces conventionnelles, les forces spéciales du COS et les membres de la DGSE : pas d'évacuation à l'ordre du jour.

Mercredi 2 août

Le Mali, le Burkina Faso et le Niger ont vu leurs autorités légitimes remises en cause par des coups d'État. Sans compter la Guinée dont le pouvoir politique a subi le même sort. Ajoutons à cela, le développement de slogans antifrançais, un sentiment pro-russe qui s'étend à travers le continent et des tentatives de mobilisation d'un dit « Sud global » par l'axe sino-russe.

Fiche n°75 : Du « Tiers-Monde » au « Sud global »

Le terme « Tiers-Monde » est apparu en pleine guerre froide, dans un papier pour *L'Observateur* d'Alfred Sauvy. Ce dernier écrit alors : « Nous parlons volontiers de deux mondes en présence, de leur guerre possible, de leur coexistence, etc., oubliant trop souvent qu'il en existe un troisième, le plus important, et en somme, le premier dans la chronologie. C'est l'ensemble de ceux que l'on appelle, en style Nations unies, les pays sous-développés. (...) Ce qui est important à chacun des deux mondes, c'est de conquérir le troisième ou du moins de l'avoir à son côté. Et là viennent tous les troubles de la coexistence (...). Ce Tiers-Monde ignoré, exploité, méprisé comme le Tiers-État, veut, lui aussi, être quelque chose. »

Aujourd'hui, nous évoquons désormais ledit « Sud global ». L'invention de ce qualificatif renvoie aux régions les moins développées économiquement, partageant des défis similaires, et se trouvant en grande majorité au sein de l'hémisphère sud. Ce « Sud global », un groupe hétérogène, dont l'expression se fait ressentir à travers les débats ayant lieu à l'ONU. Notamment lors du vote de mars 2022 condamnant la guerre en Ukraine. Ledit « Sud global » ne se joignant pas au bloc occidental pour condamner l'opération russe et prendre des sanctions.

Néanmoins, ces expressions sont à relativiser tant elles sont simplistes devant la complexité du monde.

Jeudi 3 août

La France est liée au Niger par des accords de « coopération dans le domaine de la sécurité et de la défense ». Si les putschistes veulent y mettre un terme, pour Paris, leur autorité illégitime rend caduque toute décision. Parmi les différentes ententes répondant du domaine de la défense et de la sécurité, il y a un accord de 2015 sur la présence militaire française au Niger. Présence justifiée au nom de la lutte contre le « terrorisme », clé des politiques internationales occidentales des décennies 2000 et 2010.

Une page Sahel pourrait bientôt se tourner pour la France...

Vendredi 4 août

La DGSE n'a-t-elle rien vu venir au Niger ? Facile à dire. Difficile de le croire.

Samedi 5 août

Omniprésent depuis la tentative de putsch de Wagner, Poutine semble « lieutenant de dieu[1] » en son royaume. Après avoir rendu hommage à Hélène Carrère d'Encausse, il n'a pas hésité à décrier la contre-offensive ukrainienne et à indiquer que la guerre ne cessera qu'avec la capitulation de Kiev.

À la guerre, tant que les diplomates n'ont pas remplacé les baïonnettes, le final reste incertain.

Dimanche 6 août

La Pologne va déployer 10 000 soldats à sa frontière avec la Biélorussie. La crainte ? Wagner.

Pour ce pays qui a mené des achats de matériels majeurs, avec entre autres des chars M-1, des K2 coréens, des systèmes Himars, des hélicoptères AW149, des batteries sol-air Camm, des sous-marins dans le cadre du programme Orka... la présence de Wagner fait peser un risque d'insécurité – provocation militaire et aide aux passages d'immigrés illégaux.

Lundi 7 août

L'US Marine Corps officialise son premier escadron de MQ-9 Reaper. C'est un total de 18 machines qui est attendu pour 2025. Les drones et l'autonomisation des moyens sont à l'avant-

1. Référence à Bossuet, *Politique tirée de l'Écriture sainte.*

garde de la politique américaine pour l'emporter contre la Chine dans un éventuel conflit. La technologie ? C'est pour l'administration Biden, les « faucons » et le Pentagone, la clé.

Mercredi 9 août

La Cédéao s'autorise le droit d'user de la force pour protéger et rétablir l'autorité légitime du président Bazoum. En France, comme en 2013, le 2e REP, le 1er REC et le 17e RGP, entre autres, sont d'alerte. Les moteurs tournent, vite équipez-vous...

Jeudi 10 août

Les États-Unis, le Japon et la Corée du Sud vont resserrer leurs liens en établissant des sommets annuels trilatéraux afin de traiter du cas de la Chine. L'armée populaire de Chine est le défi commun de ces trois nations. Les États-Unis réfléchissent toujours à la création d'une sorte d'Otan asiatique.

C'est une information clé de l'année 2023.

Vendredi 11 août

La campagne de désinformation menée au Niger est un parallèle de ce qu'on a connu au Mali et au Burkina Faso. Objectifs : décrédibiliser les Forces françaises au Sahel (FFS) et faire peser l'intégralité des maux (économiques, politiques, éducatifs...) sur la France.

Dimanche 13 août

William Lai, le vice-président taïwanais, s'est posé sur le sol américain. La Chine se dit furieuse, outragée, et répondra par des « mesures fermes » selon les autorités du parti communiste. Taïwan est considérée par le PCC comme une province rebelle dont le territoire n'a pas encore été réunifié à la mère patrie. Ses représentants sont dénommés par Pékin, « séparatistes » et « indépendantistes ».

Lundi 14 août

Le ministre Sébastien Lecornu alerte sur les dénégations occidentales qui se refusent à voir la présence expansionniste du « terrorisme » islamiste en Afrique de l'Ouest. « L'Ukraine rend myope ». L'Occident « ne parle plus du tout de lutte contre le terrorisme » par suivisme américain, alors que les GAT gagnent du terrain au Mali, au Burkina Faso, au Niger, en Guinée... Il assume : « La réalité est que la France est particulièrement influente en Afrique. Et elle est très exposée justement parce qu'elle est influente. Et parce qu'elle est très exposée, elle fait l'objet de manœuvres de déstabilisation. Il ne faut pas s'y tromper. Lorsque la junte a fait un coup d'État au Mali, elle a cessé de lutter contre le terrorisme. Aujourd'hui, 40 % du territoire malien est livré à des groupes armés terroristes qui menacent de reconstituer une forme de califat. La situation est fragile aussi au Burkina Faso. Le sujet n'est donc pas uniquement un sujet d'influence, mais bien de sécurité collective. On ne peut pas ne pas voir qu'un foyer terroriste majeur est à nouveau à un jet de pierre des rives de la Méditerranée[2]. »

2. https://www.varmatin.com/defense/-un-foyer-terroriste-majeur-a-un-jet-de-pierre-de-la-mediterranee--856522

Mais difficile d'évoquer l'influence française – incarnée au Niger par la présence de ses entreprises, les partenariats économiques et le soutien au président Bazoum – sans parler de la position américaine. Washington a choisi de ne pas soutenir une intervention de la Cédéao soutenue par Paris. Bien au contraire, la secrétaire d'État adjointe américaine, Victoria Nuland, a rencontré des représentants de la junte pour stabiliser la situation et protéger les intérêts militaires américains en Afrique de l'Ouest, concentrés sur la base d'Agadès. Si le Niger ne représente pas un danger pour l'importation d'uranium et le secteur énergétique français, il représente un atout géographique et géopolitique sérieux.

Mardi 15 août

Pour les 254 ans de Napoléon, né le 15 août 1769, retenons une de ses pensées : « L'art d'être tantôt très audacieux et tantôt très prudent est l'art de réussir. »

Mercredi 16 août

Ukraine.

Allons-nous entrer dans des négociations ? Nous orientons-nous vers un cessez-le-feu dans les mois à venir ? Aucun de ces deux scénarios n'est évoqué clairement. Pour autant, le directeur de cabinet du secrétariat général de l'Otan, Stian Jenssen, s'est permis de divulguer publiquement un scénario – dont nous avons déjà parlé – qui serait envisagé au sein de l'Otan : l'acceptation de pertes de terres ukrainiennes contre l'adhésion de l'Ukraine à l'Otan et la fin du conflit. Le risque : la Russie ne s'arrêtera pas là. La Géorgie et la Moldavie sont dans le viseur.

Au sein de l'Alliance, on s'inquiète de la tournure des événements. L'Ukraine est en difficulté. Vit sous perfusion occidentale. Et l'Occident lui-même vacille entre les intérêts des uns tournés vers l'Indopacifique, des autres vers le continent africain, ou encore des autres vers la Russie et la Turquie. Dans ce jeu à grande échelle, la loi du plus fort, la loi du profiteur-payeur, s'imposera.

Jeudi 17 août

Hossein Amir-Abdollahian, chef de la diplomatie iranienne, est en Arabie Saoudite pour multiplier les axes de travail avec le royaume saoudien. En rétablissant leurs relations le 10 mars dernier par la médiation de la Chine, l'Iran et l'Arabie Saoudite ouvrent la porte d'un scénario contraire aux intérêts américains.

Vendredi 18 août

En institutionnalisant ses relations avec la Corée du Sud et le Japon, les États-Unis tracent les traits d'un Otan de l'Asie, au sein de laquelle viendront s'ajouter l'Australie et la Nouvelle-Zélande. Un « alignement stratégique de l'Atlantique au Pacifique » tel que le préconise Jack Sullivan.

Dimanche 20 août

« Tactile et charmeur, Kissinger était à la fois le plus intellectuel et le plus politique des diplomates » selon Dominique Moïsi.

Lundi 21 août

Les États-Unis demandent à leurs ressortissants de quitter la Biélorussie.

Mardi 22 août

« Les armes en étaient les monnaies et leurs parités, le commerce et ses entraves, tandis que les entreprises fournissaient le plus gros des troupes et débarquaient de plus en plus fréquemment à l'étranger grâce au corps d'élite des multinationales[3]. »

***

Apache pour la Pologne. F-15 EX pour l'Indonésie. F-35 pour la Roumanie. Missiles Tomahawk, drones, avions et sous-marins pour l'Australie. Non, l'hyperpuissance américaine ne faiblit pas. L'Amérique domine la concurrence internationale en Asie, en Europe, en Afrique et sur les pôles. La République des ingénieurs se porte bien outre-Atlantique.

***

Sommet des BRICS ou le fantôme de la lutte pour l'hégémonie mondiale. Lula, Sergueï Lavrov, Narendra Modi, Xi Jinping et Ramaphosa se rencontrent en Afrique du Sud où le président Poutine n'a pu se rendre, en raison d'un mandat d'arrêt de la Cour pénale internationale. Cela n'a pas empêché l'hôte du Kremlin de s'exprimer depuis Moscou.

Ce groupe de pays, créé en 2009, veut poser les bases d'un multilatéralisme et peser dans les organisations internationales. Les BRICS c'est 42 % de la population mondiale. S'ils pèsent de plus en plus dans le système international, rappelons que 70 % du PIB des BRICS relève de la Chine, et que l'Inde assume une neutralité politique en relations internationales.

Fiche n°76 : Des BRICS au BRICS+

Les BRICS est un groupe de cinq pays que sont le Brésil, la Russie, l'Inde, la Chine, l'Afrique du Sud. Le 24 août 2024, ces pays qui se sont regroupés en 2009 sous leur forme actuelle, ont décidé de s'agrandir, ouvrant la voie à de nouveaux acteurs pour former les « BRICS + ».

Ces nouveaux États sont l'Arabie Saoudite, l'Égypte, les Émirats arabes unis, l'Éthiopie et l'Iran.

En 2024, le prochain sommet sous ce nouveau format se tiendra en Russie, à Kazan.

Quel rôle pour les BRICS ? Ce groupe de cinq puis dix États hétéroclites vise à concurrencer le G7. L'objectif est de promouvoir une coopération économique et d'influer sur la scène internationale à travers des accords sur les valeurs et normes sur lesquelles les peuples de ce monde doivent s'entendre. Les BRICS se réunissent

3. Bernard Esambert.

régulièrement à travers des sommets où les sujets de politique internationale sont traités, faisant l'objet de communiqué commun.

Les BRICS participent de ce type de moyen dont disposent les États pour influer sur l'ordre et la gouvernance mondiale.

Mercredi 23 août

« La guerre est la continuation de la politique par d'autres moyens. » Le chef de l'armée américaine, le général Mark Milley, le fait savoir : l'Ukraine ne répond pas aux attentes de Washington. Tenue à distance de Melitopol, trop éloignée de Tokmak. Présente à Kherson, Bakhmout, Koupiansk... Mark Milley fustige l'absence de concentration des forces.

***

Evgueni Prigojine figure parmi les victimes du crash du jet privé appartenant à la société militaire Wagner. L'ancienne tête politique du groupe Concord rejoint la liste des personnalités mises à mort par le régime de Poutine. Tout comme Dmitri Outkine, un des membres fondateurs du groupe Wagner.

Fiche n°77 : Liste non exhaustive d'assassinats, tentatives d'assassinat et d'empoisonnement ayant eu lieu en Russie entre 1998 et 2023

Parmi les noms ci-dessous, nombreux sont ceux qui font encore l'objet de débats, faute de preuves concrètes, quant aux origines du ou des assassins et commanditaires. Cependant, des spéculations, allégations et faisceaux d'indices révèlent un lien fort entre la mort ou la tentative d'assassinat des personnes citées et le monde politico-financier.

- 1998 : Galina Starovoitova, députée militant pour les droits de l'homme, est assassinée.
- 2006 : Anna Politkovskaïa est assassinée dans le hall de son immeuble, le jour d'anniversaire de Vladimir Poutine.
- 2006 : Alexandre Litvinenko est tué par un empoisonnement au polonium 210.
- 2009 : Anastassia Baburova et Stanislav Markelov sont tués par balle.
- 2009 : Sergueï Magnitsky.
- 2009 : Natalia Estemirova est tuée par balle.
- 2013 : Mikhaïl Beketov meurt sur son lit d'hôpital après avoir été tabassé.
- 2015 : Boris Nemtsov est tué par balle.
- 2018 : Serguei Skripal, victime d'une tentative d'empoisonnement par des agents du GRU par l'usage du Novitchok.
- 2020 : Alexeï Navalny fait l'objet d'une tentative d'empoisonnement au Novitchok.
- 2023 : Evgueni Prigojine meurt dans le crash d'un avion d'affaires.

Jeudi 24 août

Les BRICS viennent d'autoriser l'élargissement dès le 1er janvier 2024, de leur groupe à six autres membres que sont l'Iran, l'Argentine, l'Égypte, l'Éthiopie, l'Arabie Saoudite et les Émirats arabes unis.

***

Les *24* ont un rôle dans l'histoire de Vladimir Poutine. Le 24 février 2022, Poutine envahit l'Ukraine. Le 24 juin 2023, Wagner tente un coup d'État. Ce 24 août, au lendemain de la mort de Prigojine, Poutine évoque « un homme talentueux » qui a « commis des erreurs dans sa vie ». « Je le connaissais depuis 1990. » Poutine, c'est César regardant la tête de Pompée.

Vendredi 25 août

La Russie et l'Iran publient des photos de nouveaux drones ressemblant au MQ-9 Reaper américain. Pour le drone iranien, Mohajer-10, la copie est flagrante. Reste à connaître les caractéristiques réelles du drone.

***

Le président russe signe un décret obligeant les mercenaires de la SMP Wagner à prêter serment à la Russie. Si ces derniers souhaitent continuer à combattre au nom de l'État russe, tout comme les soldats des forces conventionnelles, ils doivent jurer fidélité et loyauté à la Fédération.

Lundi 28 août

Fiche n°78 : Extraits du discours du président Emmanuel Macron à la Conférence des ambassadrices et des ambassadeurs[4]

• **Perte de puissance des États européens :** « En effet, je considère que le contexte international se complique et fait courir le risque d'un affaiblissement de l'Occident et plus particulièrement de notre Europe. Il nous faut être lucide, sans être excessivement pessimiste dans ce contexte. D'abord, il y a une dilution objective de notre population, de notre richesse produite, de notre part dans les échanges mondiaux. C'est plus vrai, encore, depuis la crise de 2008-2010. C'est le fruit de l'émergence de grandes puissances internationales qui s'imposent. Ça a été renforcé par la crise énergétique, notre Europe n'étant pas productrice d'énergies fossiles, en tout cas à court terme, ça vient consolider aussi des stratégies que nous poursuivons. »

• **Vers un ordre nouveau :** « Une forme de montée d'une politique du ressentiment, qui se nourrit ici de l'anticolonialisme réinventé ou fantasmé, là d'un anti-occidentalisme instrumentalisé, la dénonciation d'un double standard que nous avons parfois

4. https://www.elysee.fr/emmanuel-macron/2023/08/28/conference-des-ambassadrices-et-des-ambassadeurs-le-discours-du-president-emmanuel-macron

nourri – il faut bien le dire – en ajustant le droit international à ce que nous pensions, et en oubliant que la souveraineté des peuples était un des préalables à notre action, et une contestation croissante du Conseil de sécurité des Nations unies, puis également de beaucoup de nos organisations internationales. Nous ne pouvons pas ne pas l'entendre. Et du Fonds monétaire international à la Banque mondiale et au-delà, de plus en plus de pays, de manière de plus en plus désinhibée, considèrent que ces structures sont de moins en moins légitimes à leur imposer telle ou telle règle et que d'ailleurs, elles ont été créées dans un monde où ces pays n'existaient pas, ce qui est vrai, et qu'elles représentent un ordre passé, mais qu'elles ne reflètent pas la réalité géopolitique, encore moins démographique et peut-être parfois militaire, d'aujourd'hui. »

• « Ceci se traduit, sans qu'on doive en majorer la réalité, par des symptômes comme par exemple ce que nous avons vu ces derniers jours avec une tentative d'élargir le sommet des BRICS. Il faut rester lucide sur la réalité de ce qu'il emporte. Néanmoins, il témoigne une volonté de faire émerger un ordre alternatif, en tout cas quelque chose qui viendrait se substituer à ce qu'on appelait jusqu'alors un ordre international, vu comme trop occidental, ou en tout cas aux règles devenues moins légitimes. Tout ça, dans un contexte croissant de tensions sino-américaines, qui, il faut bien le dire, bouscule aussi notre droit international, puisqu'il s'est traduit ces derniers mois par une remise en cause patente de notre ordre commercial international ; la première et la deuxième puissance commerciales, décidant de fait de ne pas respecter les règles commerciales jusqu'alors établies, ce qui est un fait nouveau, mais enfin qu'on ne peut pas non plus totalement ignorer. Une forme de nouveau protectionnisme monte, il est là. »

• **La défense des intérêts français** : « D'abord, si on veut défendre, bien et proprement nos intérêts, nous devons avoir une politique de sécurité et de stabilité dans le contexte nouveau, en particulier de la guerre en Ukraine. Ensuite, je voudrais revenir sur notre stratégie d'indépendance européenne et la poursuite de nos intérêts économiques, technologiques et stratégiques. Ensuite, je voudrais développer, devant vous, le fait que la France, dans ce contexte, doit chercher à être une puissance partenariale de confiance, à la fois sur le plan géographique, mais pour refonder cette gouvernance internationale. Je voudrais terminer par quelques mots sur notre politique de rayonnement et d'influence en cohérence avec cette stratégie. Tout ceci s'inscrit, vous le voyez, en continuité avec les propos que j'ai pu tenir devant vous ces dernières années et l'action que vous conduisez avec beaucoup d'engagement. »

• **La paix en Ukraine** : « Ça ne peut pas être un cessez-le-feu reconnaissant l'État de fait, parce que ce serait préparer la guerre de demain, voire pire. Mais, c'est bien une paix durable, c'est-à-dire respectueuse de la souveraineté du peuple ukrainien et du droit international. »

• **La France au Sahel** : « Nous avons de fait une implication sécuritaire parce qu'il y avait des risques terroristes – et qu'il y en a toujours – et parce qu'il y a une demande de la part d'États souverains pour que nous venions les aider. C'est dans ce cadre qu'ont été décidées d'abord l'opération *Serval* puis l'opération *Barkhane*. Je le dis avec beaucoup de force parce que si on l'oublie aujourd'hui, si on cède aux arguments inadmissibles de cette alliance baroque des prétendus panafricains avec les néo-impérialistes, on vit chez les fous. La France est intervenue dès 2013 parce que des États nous ont demandé d'intervenir, parce qu'ils étaient en train d'être simplement coupés en deux. Si la France n'était pas intervenue, si nos militaires n'étaient pas tombés au champ d'honneur en Afrique, si *Serval* puis *Barkhane* n'avaient pas été décidées, nous ne parlerions pas aujourd'hui ni de Mali, ni de Burkina Faso, ni de Niger. Ces États n'existeraient plus aujourd'hui dans leurs limites territoriales. Je peux vous le dire avec certitude. Et donc, quand j'entends parfois même des responsables politiques français nous expliquer que *Barkhane* serait une défaite, je le dis, ne prenez pas les arguments de l'ennemi ; parce qu'à ce moment-là, vous desservez tout le monde. (...) Notre politique est simple : on ne reconnaît pas les putschistes, on soutient un président qui n'a pas démissionné, aux côtés duquel nous restons engagés, et nous soutenons l'action diplomatique de la Cédéao et militaire quand elle le décidera, dans une approche de partenariat qui est celle que j'ai présentée en février dernier. »

• **La lutte pour les métaux rares :** « D'abord, il y a une prédation sur les ressources et matériaux rares. Il ne faut pas être naïf, les Chinois l'ont commencée avant nous. On les regardait jouer au Go, on se demandait quel était le jeu ; maintenant, on est en train de comprendre. Mais il y a des matériaux rares et des ressources sur lesquels nous, Français et Européens, nous devons avoir accès pour diversifier et ne pas dépendre. Ensuite, sur deux grands sujets, les industries vertes et les nouvelles technologies dont l'intelligence artificielle, il y a un moment d'investissement massif et de réallocation des forces productives qui va déterminer beaucoup de choses de nos capacités à être indépendants, à bâtir des emplois dans nos pays, mais y compris à avoir des technologies civiles et militaires souveraines dans l'avenir. »

Mardi 29 août

Un troisième soldat français vient de tomber en moins d'une semaine en Irak. Il s'agit du sergent Nicolas Mazier, un commando parachutiste de l'air n°10. Dans une mission d'appui aux forces irakiennes – comme celles faites régulièrement par les soldats français dans le cadre de l'opération *Chammal* –, son groupe a été pris à partie. Sous les obus et les tirs ennemis, le sergent Nicolas Mazier, tireur d'élite haute précision (THP), a été mortellement touché. Quatre autres de ses camarades ont également été blessés, dont un actuellement en état d'urgence absolue. La perte de ce commando est une blessure pour la France, une blessure pour sa famille et ses proches. Comme nous l'écrivions en fin de matinée sur Twitter : dans la vie, il y a une race d'hommes que l'on vénère, composée par « ceux qui meurent, se battent et rêvent de la France. Par le sabre et l'esprit. Ceux qui croient à la rédemption de l'homme par la vertu, par l'exercice, par l'odeur de l'effort et la jouissance commune du pas cadencé comme l'écrivait si bien Lartéguy. Ceux qui donneront chaque minute passante pour cette terre, ce drapeau, ce pays que nous aimons tant. » *Sicut aquila.*

Fiche n°79 : Les forces spéciales françaises[5]

En France, le Commandement des opérations spéciales (COS), qui est un état-major interarmées, est créé en 1992 avec l'aval du ministre de la Défense Pierre Joxe, pour pallier les insuffisances militaires françaises rencontrées au cours de la guerre du Golfe.

5. Thomas Hernault, *L'évolution de la doctrine d'utilisation des forces spéciales françaises*, L'Harmattan, 2015, 198 pages.

Les forces spéciales sont un outil du politique, qui vise à pouvoir mener des actions spéciales à haute valeur ajoutée sur des théâtres d'opérations. Elles viennent et agissent en complémentarité des forces conventionnelles et non en concurrence.

Les unités répondant du COS, peuvent mener des missions en dehors de cette entité, autrement dit, des missions dites conventionnelles.

Unités de l'Armée de terre pouvant répondre du COS :
Commandement des forces spéciales terre (COM FST).
- 1er régiment de parachutistes d'infanterie de marine (1er RPIMa)
- 4e régiment d'hélicoptères des forces spéciales (4e RHFS)
- 13e régiment de dragons parachutistes (13e RDP)

Unités de l'Armée de l'air pouvant répondre du COS :
Brigade des forces spéciales air (B.F.S.A).
- Commando parachutiste de l'air n° 10 (CPA 10)
- Commando parachutiste de l'air n° 30 (CPA 30)
- Escadron de transport 3/61 Poitou
- Escadron d'hélicoptères 1/67 Pyrénées

Unités de la Marine nationale pouvant répondre du COS :
Force des fusiliers marins et commandos (Forfusco).
- Commando Hubert
- Commando Jaubert
- Commando Trépel
- Commando de Penfentenyo
- Commando de Montfort
- Commando Kieffer
- Commando Ponchardier.

Mercredi 30 août

La Grèce intègre la coalition des pays formateurs des pilotes ukrainiens sur F-16. Si la Grèce, en tension continue avec la Turquie, ne peut livrer de F-16, la patrie d'Achille formera sur la base grecque de Néa Anchíalos, des dizaines de pilotes dont la vocation est de reprendre le contrôle du *air power.*

***

C'est au tour du Gabon. Ali Bongo a été mis en résidence surveillée par l'armée. Un nouveau putsch alors que le Président venait d'être réélu. Pourtant, si de la France à la Chine, de l'Union africaine aux États-Unis, on s'oppose au coup de force qui met fin au régime d'Ali Bongo, au Gabon, ce sont des scènes de joie qui s'étendent à travers le pays. Sur une chaîne nationale, douze militaires se sont exprimés indiquant que « les élections générales du 26 août 2023 ainsi que les résultats tronqués sont annulés. Les frontières sont fermées jusqu'à nouvel ordre. Toutes les institutions de la République sont dissoutes, notamment le gouvernement. » Le général Oligui Nguema est le nouvel homme fort du pays, nommé président temporaire.

Jeudi 31 août

Emmanuel Macron[6] confirme sa position établie à la Conférence sur la sécurité de Munich selon laquelle la Russie doit échouer en Ukraine. Le Président d'interroger « est-ce qu'on peut laisser l'Ukraine être défaite et la Russie l'emporter ? » Et de répondre « non, on ne le peut pas. » La Russie « a provoqué le retour de la guerre territoriale, et nous devons défendre le droit international, la souveraineté des peuples, les frontières. Nous devons tenir dans la durée. Mon souhait, c'est que la contre-offensive des Ukrainiens puisse ramener tout le monde autour de la table de négociation pour faire émerger une solution politique dans des conditions plus favorables. La bonne négociation sera celle que les Ukrainiens voudront ! C'est un peuple souverain. Aurions-nous aimé que des gens de l'extérieur nous expliquent ce qu'il fallait faire en Alsace-Lorraine ? L'Otan et l'Union européenne sont des éléments d'une négociation plus large. À terme, nous aurons à rebâtir une architecture géopolitique de l'Europe. C'est ce que je défendais quand je discutais avec Vladimir Poutine. »

Le temps de poser sa tasse de café pour évoquer le Sahel. Région d'Afrique où sont présents les intérêts français. Région des coups d'État permanents. La France doit-elle soutenir à tout prix le président Bazoum ? « En ce qui concerne le Niger, nous sommes clairs : ce coup d'État est un coup contre la démocratie au Niger, contre le peuple nigérien et contre la lutte antiterroriste. C'est pourquoi nous appelons à la libération du président Bazoum et à la restauration de l'ordre constitutionnel. » Puis le chef de l'État de justifier les opérations *Serval* et *Barkhane*, sans néanmoins prendre le temps de marquer nos défaillances non pas militaires mais partenariales. « Mais si l'on prend de la hauteur, la France a eu raison de s'engager aux côtés d'États africains pour lutter contre le terrorisme. C'est son honneur et sa responsabilité. Si nous ne nous étions pas engagés, avec les opérations *Serval* puis *Barkhane*, il n'y aurait sans doute plus de Mali, plus de Burkina Faso, je ne suis même pas sûr qu'il y aurait encore le Niger. Ces interventions françaises, à la demande des États africains, ont été des succès. Elles ont empêché la création de califats à quelques milliers de kilomètres de nos frontières. Il y a, certes, une crise politique dans beaucoup de pays d'Afrique de l'Ouest. Mais quand il y a un coup d'État et que la priorité des nouveaux régimes n'est pas de lutter contre le terrorisme, la France n'a pas vocation à rester engagée. C'est, il est vrai, dramatique pour les États concernés. »

***

La diplomatie française.

Irène Inchauspé et Muriel Motte commencent leur article pour *L'Opinion* par un magistral : « La diplomatie française a des soucis à se faire en Afrique[7]. » Avec un esprit de synthèse appréciable, les deux journalistes détaillent ensuite les dangers à venir pour les groupes miniers tels qu'Eramet, pétroliers comme TotalEnergies et les entreprises autrement spécialisées dans la chaîne d'approvisionnement « des produits stratégiques pour la transition énergétique ». Le Gabon est le deuxième producteur de manganèse. « Un minerai désormais qualifié d'or gris en raison de son importance croissante dans la composition des batteries de voitures électriques. (…) C'est le quatrième métal le plus utilisé au monde après le fer, l'aluminium et le cuivre. » Mais la conclusion est finalement

6. Interview du président Emmanuel Macron, « Macron la grande explication », *Le Point* n°2664, jeudi 24 août 2023, p. 33-34.

7. https://www.lopinion.fr/economie/uranium-manganese-petrole-la-france-risque-gros-en-afrique

que la France « perd aujourd'hui de l'influence en Afrique au profit de la Russie, de la Chine et de la Turquie. » Sur un continent mondialisé, l'armée française et quelques familles économiques ne suffisent plus à assurer nos intérêts. Du manganèse au Gabon, de l'uranium au Niger, du lithium et du palladium en Ukraine... « la diplomatie minérale » est au centre des défis français.

Septembre

« *Pense à la mort toujours, pour ne la craindre jamais.* »
Sénèque

Vendredi 1er septembre

« À l'égard de toutes les autres choses, il est possible de se procurer la sécurité ; mais, à cause de la mort, nous les humains, nous habitons tous une cité sans murailles[1]. »

Mardi 5 septembre

L'Asie n'est pas exempte de changements.

La Chine tout d'abord. La deuxième économie mondiale est en difficulté. Après Evergrande, c'est un autre géant de l'immobilier qui tremble : Country Garden. 6,7 milliards de dollars de pertes. À l'immobilier vacillant, un taux de chômage des jeunes proche des 20 %, une activité générale qui ne dépasse pas les 1 % au second semestre, des exportations fragilisées, une politique de fermeté renforcée depuis la covid 19 qui limite l'esprit d'initiative, et des investisseurs étrangers qui s'orientent de plus en plus vers l'Inde, le Vietnam et les États-Unis d'Amérique. À tous ces éléments, il faut ajouter l'étatisme de Xi Jinping qui devrait être renforcé. Dans les États autoritaires, les faiblesses des autorités politiques sont souvent couvertes par de nouvelles restrictions des libertés.

De la Chine, il faut s'orienter un peu plus vers l'est. Nous arrivons au Pays du matin calme : la Corée du Sud. Pays ultra-dynamique, à la technologie florissante et aux industriels innovants, mais où le taux de natalité est le plus bas parmi les membres de l'Organisation de coopération et de développement économique (OCDE). Le nombre d'enfants par femme est estimé à 0,70. Un fardeau pour Séoul qui investit des milliards pour connaître une renaissance humaine. L'IA devrait être privilégiée pour pallier l'absence de naissances.

De la Corée du Sud, on prend la mer, et nous arrivons au Japon. L'empire du Soleil levant a engagé depuis l'arrivée de Shinzo Abe, un revirement de sa politique extérieure et militaire. Pour la douzième année consécutive, Tokyo augmente son budget des armées. Il devrait atteindre 48,7 milliards d'euros en 2024. Pour Fumio Kishida, l'attitude de la Chine et les risques de déstabilisation de l'Asie, comme la guerre en Ukraine et le retour de la force dans la résolution des conflits entre grandes puissances, justifient une telle orientation. Et ce n'est pas la publication de la nouvelle carte actualisée de son territoire par la Chine qui va rassurer le Japon – cette dernière présentée par le ministère des Ressources naturelles chinois fait des îles Senkaku, une propriété chinoise.

1. Épicure, *Sentences vaticanes*, 31e maxime.

Mercredi 6 septembre

Retour dans le passé, avec des images dignes de la guerre froide.

Anthony Blinken déjeune à Kiev dans un McDonald's avec Dmytro Kuleba. Quel sens donner à cette image ? Plusieurs.

Le premier, c'est l'américanisation avancée de l'Ukraine. Depuis 2014 et Euromaïdan, les États-Unis ont affirmé leur empreinte sur l'Ukraine. Que ce soit sur la classe politique, dans le secteur du nucléaire ou celui de l'armement.

Le deuxième, c'est le symbole du libéralisme opposé au soviétisme. L'Amérique véhicule la liberté par McDonald's, Coca Cola... pendant que la Russie déferle sur l'Ukraine avec la force, la guerre et la désolation. Aux régimes autoritaires guidés par la Chine et la Russie, le monde démocratique trouvera toujours à ses côtés, les États-Unis d'Amérique. C'est en tout cas ce que souhaite illustrer Blinken qui marche dans les pas « des sommets pour la Démocratie » de Biden.

Le troisième sens, relève de l'économie. En novembre 2022, Olaf Scholz estimait à 800 milliards d'euros, le coût de la restauration et de la reconstruction de l'Ukraine. Les États-Unis ont fourni à ce jour, 43 milliards d'euros d'armements à l'Ukraine. Ils sont les premiers partenaires directs de Kiev. La plupart des marchés leur seront réservés. Lockheed Martin, Coca Cola, Westinghouse : une armée économique se tient prête à déferler au retour de la trêve.

Jeudi 7 septembre

Dix M1 Abrams à la fin du moins. Trente et un avant la fin de l'année. Le char de combat fait son grand retour dans les doctrines d'emploi des forces armées. Au point que les États-Unis font évoluer leur politique. L'armée américaine vient d'annoncer mettre un terme au programme de rénovation M1A2 et passe directement au M1E3 Abrams qui tire les leçons de la guerre russo-ukrainienne et des menaces russo-chinoises à l'horizon 2040-2050. Plus de mobilité, plus de sécurité et plus de force de frappe : le char retrouve son destin d'origine, celui de briser les lignes ennemies. L'ouvrage de Charles de Gaulle *Vers l'armée de métier* quitte les bibliothèques pour reprendre la lumière.

Vendredi 8 septembre

420 000, ce serait selon le Renseignement ukrainien, le nombre de soldats russes présents dans les quatre oblasts occupés par Moscou.

Samedi 9 septembre

Un extrait du livre de Charles de Gaulle, *Le Fil de l'épée* : « Les hommes ne se passent point, au fond, d'être dirigés, non plus que de manger, boire et dormir. Ces animaux politiques ont besoin d'organisation, c'est-à-dire, d'ordre et de chefs. »

Dimanche 10 septembre

Au G20, c'est la confirmation d'un monde multipolaire composé de cinq pôles qui s'élève. Des pôles dénommés États-Unis, Chine, Inde, Russie et Allemagne.

Lundi 11 septembre

« Les relations interétatiques s'expriment dans et par des conduites spécifiques, celles des personnages que j'appellerai symboliques, le diplomate et le soldat... L'ambassadeur et le soldat vivent et symbolisent les relations internationales[2]. »

***

Les États-Unis sont loin d'avoir perdu leur place d'État dominant des relations internationales. Joe Biden agit jour et nuit pour maintenir Washington sur la première place des puissances de ce monde. Ainsi a-t-il fait effet lors du sommet du G20, en proposant un gigantesque projet ferroviaire devant relier l'Europe, le Moyen-Orient et l'Asie. Les États signataires de ce projet international : la France, l'Allemagne, l'Italie, l'Union européenne – qui n'est pas un État, les États-Unis, l'Inde, l'Arabie Saoudite et les Émirats arabes unis. Les États-Unis, l'Inde et l'Arabie Saoudite seraient les trois pays phares de ce futur nœud commercial, qui est en l'état, un ambitieux projet logistique. Il y a les rails, les pipelines, et il y aura les câbles sous-marins. En fait, les États-Unis veulent décrédibiliser le projet de « nouvelles routes de la soie » de la Chine, bloquer l'influence de Pékin en impliquant une Inde volontariste, et éloigner l'Arabie Saoudite de la Chine et de l'Iran.

Mardi 12 septembre

Kim Jong-un est arrivé en Russie. Une rencontre placée sous le dieu de la guerre Arès. Pour les deux pays, le dessein est celui globalement des partenariats économiques, militaires et industriels. Économiques pour libéraliser toujours un peu plus les échanges entre ces deux pays quelque peu isolés sur leur espace régional. Militaires car la Russie a besoin de munitions, d'obus – de 122 mm et 155 mm –, quand la Corée du Nord va vouloir profiter des savoir-faire russes dans les domaines du spatial, du nucléaire, des missiles et des drones. Enfin, industriels, car les deux pays s'engagent sur des partenariats de long terme, avec des rapprochements entre entreprises et l'envoi en Russie de quelque 15 000 ouvriers coréens pour pallier l'absence de main-d'œuvre. Tout cela, résumé par Kim Jong-un : « Nous avons toujours exprimé notre soutien total et inconditionnel à toutes les mesures prises par le gouvernement russe et le président Poutine et je profite une fois de plus de cette occasion pour affirmer que nous serons toujours aux côtés de la Russie en première ligne de la lutte pour l'indépendance et contre l'impérialisme. »

Mercredi 13 septembre

En touchant un SNA russe, le *Rostov-sur-le-Don*, par l'usage d'un missile Storm Shadow, l'Ukraine impose la peur en mer Noire.

Au début du conflit, le 24 février 2022, une trentaine de navires et sous-marins naviguaient en mer Noire. Au cours de l'année 2022, la Russie a pris le contrôle de tout l'espace maritime jusqu'à l'île des Serpents. Puis la Russie a reculé. D'abord avec la perte du croiseur *Moskva*. Puis par la multiplication des attaques par drones ou missiles. Une quinzaine de navires abîmés. La perte de l'île aux Serpents. Le retrait des infrastructures gazières et pétrolières. L'insuffisance des moyens de défense antiaérienne. L'absence suffisamment remarquée de moyens tels que les S-300, S-400 et Pantsir-S1. La Russie en

2. Raymond Aron, *Paix et guerre entre les Nations*, Paris, Calmann-Lévy, 1968, 6e édition, p. 17.

mer Noire est sur le reculoir. La flotte russe est obligée de se cacher, face à un pays sans puissance maritime. Si l'Ukraine n'a pas gagné la bataille de la mer Noire, elle a remporté un nouveau combat, celui d'imposer la crainte aux Russes de Crimée tant que la guerre durera.

Jeudi 14 septembre

Au forum économique à Vladivostok, Vladimir Poutine annonce implicitement son soutien à Donald Trump. L'élection présidentielle américaine s'annonce violente et mondiale.

Vendredi 15 septembre

La 45e flotte navale chinoise se déploie dans le golfe d'Aden. Comme dans un ouvrage de Mahan, la Chine promeut sa politique économique par sa puissance maritime. Elle indique également à l'Iran son amitié et défie l'Amérique dans sa domination des mers et océans.

Samedi 16 septembre

« Quand on parle d'opinion, il faut en distinguer trois espèces : l'opinion des gens éclairés, qui précède l'opinion publique et qui finit par lui faire la loi ; l'opinion dont l'autorité entraîne l'opinion du peuple ; l'opinion stupide et la plus misérable, et qui n'a d'influence que dans les pays où le peuple n'étant compté pour rien, la populace oblige parfois un gouvernement faible de la compter pour quelque chose[3]. »

Dimanche 17 septembre

Ce dimanche, on donne libre cours au grand écrivain français, Sylvain Tesson, qui disserte sur la Russie, l'Ukraine et Sarkozy : « Dieu sait que nous avons été éduqués moralement à ne pas pratiquer l'amalgame, mais là, tout le monde s'autorise à le faire : la babouchka et Wagner, c'est pareil ! C'est insupportable, d'autant que je sens naître une petite voix qui laisse croire qu'il y a un mal intrinsèque dans la russitude. On a déplacé un sujet de géopolitique sur le terrain de la métaphysique, et, par un effet de renversement absurde, on a l'impression d'être dans un roman de Dostoïevski avec le grand inquisiteur : c'est le mal contre le bien, le diable contre le bon Dieu, Moscou contre Kiev. Je voudrais dire quelque chose sur les pages 55 et 56 du livre de Nicolas Sarkozy – je dis le numéro des pages car c'était la date du XXe congrès de Khrouchtchev quand il a déstalinisé. Vous avez fait une analyse sémantique des expressions toutes faites qui servent aujourd'hui d'analyses géopolitiques, notamment celle de "la guerre coûte que coûte". La guerre jusqu'au bout, c'est merveilleux quand on est au XVIIe siècle avec des fleurets mouchetés, c'est esthétique. Mais utiliser ces expressions avec une puissance nucléaire, c'est de la légèreté. Il y a une honte profonde à avouer le désir de résolution diplomatique en vue d'essayer d'arriver à la paix. Je parlerai de syndrome Chamberlain : personne n'a envie d'être le Daladier de son époque. Et on est tellement effaré par cette idée-là que personne n'ose même prononcer le mot de « négociation »[4]. »

3. Condorcet, *Réflexions sur le commerce des blés*.

4. https://www.lefigaro.fr/politique/nicolas-sarkozy-sylvain-tesson-le-pouvoir-la-litterature-la-russie-l-amour-et-dieu-20230917

Lundi 18 septembre

À l'ONU, pour la 78e Assemblée générale, l'État d'Israël dirigé par Benyamin Netanyahou, devrait conclure deux rapprochements. L'un avec l'Arabie Saoudite, ce serait alors une entente historique. L'autre avec la Turquie. La realpolitik est à l'œuvre. Israël veut son État sans la Palestine. Israël veut former un axe d'alliances contre l'Iran. Israël, comme le lion, œuvre sans fermer l'œil !

Fiche n°80 : Préambule de la charte des Nations unies

La charte des nations unies a été signée à San Francisco le 26 juin 1945. Elle définit les principes de l'Organisation des Nations unies – privilégiée par Roosevelt contre les zones d'influences voulues par Staline – qui est chargée de favoriser un équilibre mondial en faisant gagner la « paix » sur la « guerre ». Pour réaliser ses missions, l'ONU peut, entre autres, voter des sanctions et déployer des Casques bleus.

« Nous, peuples des Nations unies, résolus
à préserver les générations futures du fléau de la guerre qui deux fois en l'espace d'une vie humaine a infligé à l'humanité d'indicibles souffrances,
à proclamer à nouveau notre foi dans les droits fondamentaux de l'homme, dans la dignité et la valeur de la personne humaine, dans l'égalité de droits des hommes et des femmes, ainsi que des nations, grandes et petites,
à créer les conditions nécessaires au maintien de la justice et du respect des obligations nées des traités et autres sources du droit international, à favoriser le progrès social et instaurer de meilleures conditions de vie dans une liberté plus grande,

et à ces fins,
à pratiquer la tolérance, à vivre en paix l'un avec l'autre dans un esprit de bon voisinage,
à unir nos forces pour maintenir la paix et la sécurité internationales,
à accepter des principes et instituer des méthodes garantissant qu'il ne sera pas fait usage de la force des armes, sauf dans l'intérêt commun,
à recourir aux institutions internationales pour favoriser le progrès économique et social de tous les peuples,

avons décidé d'associer nos efforts pour réaliser ces desseins.

En conséquence, nos gouvernements respectifs, par l'intermédiaire de leurs représentants, réunis en la ville de San Francisco, et munis de pleins pouvoirs reconnus en bonne et due forme, ont adopté la présente Charte des Nations unies. »

Mardi 19 septembre

Haut-Karabagh : les sirènes hurlent ! Les familles arméniennes se cachent. Les obus tombent, les missiles pleuvent : l'Azerbaïdjan vient d'enfoncer la porte d'une nouvelle opération militaire. Trois ans après la guerre des drones qui visait à faire disparaître toute trace arménienne au Haut-Karabagh, Ilham Aliyev ouvre un nouveau chapitre de sa politique de « nettoyage ».

***

De la rencontre Poutine - Kim Jong-un à celle de Lavrov - Wang Yi, la Russie entretient ses alliances. Si drolatiques que soient les conférences de presse, elles se suivent et se ressemblent. Ainsi, Wang Yi comme Lavrov n'ont pas dérogé aux éléments de langage définis par le Parti communiste chinois et le Kremlin. Main dans la main, drapeaux chevillés au corps, ils ont d'une même voix, déclamé : Washington, c'est le mal. Oui, oui ! Les États-Unis seraient responsables d'actions anti-russes et anti-chinoises qui déstabiliseraient les régions du monde que sont l'Europe et l'Asie. À la bonne heure ! Au chaos américain qui s'étend en domino de continent en continent, la bonhomie russe et la gentillesse chinoise sont là pour ouvrir des guerres et amener la paix. Gardons-nous de remarques, les chevaux seront bien gardés...

À ses compères les cigales, Joe Biden a répondu du haut de la tribune de l'ONU, jour d'ouverture de la 78e Assemblée générale des Nations unies. « Pourtant, pour la seconde année, cette assemblée voit un lourd nuage peser sur elle : une guerre gratuite contre l'Ukraine. (...) Nous soutenons les efforts de Kiev qui cherche une résolution démocratique et juste à la guerre. Mais seule la Russie est responsable, elle est le seul obstacle à la paix. Le prix de la paix ne peut pas être le territoire ukrainien et les victimes ukrainiennes. Nous ne pouvons pas permettre à la Russie de continuer cette agression. (...) La Russie croit que le monde va se lasser et la laisser brutaliser l'Ukraine sans conséquence. Mais je vous pose la question : si nous abandonnons les principes fondateurs de la Charte des Nations unies, quel État membre pourra encore se sentir protégé ? Si nous laissons l'Ukraine être démembrée, l'indépendance des nations est-elle encore garantie ? La réponse est non[5]. »

Vendredi 22 septembre

L'Ukraine vient de frapper un grand coup une nouvelle fois en Crimée. Comme la semaine dernière lorsque les forces conventionnelles de Kiev ont détruit un SNA, la cible atteinte ce matin est exceptionnelle par sa représentation. Il s'agit du quartier général de la flotte russe de la mer Noire.

Samedi 23 septembre

Bachard al-Assad était l'invité d'honneur de la Chine de Xi Jinping. Cinq jours à Pékin, juste avant l'ouverture des 19e Jeux asiatiques.

Dimanche 24 septembre

Le sentiment anti-français s'est répandu au sein de l'Afrique sahélienne. Le piège africain se referme sur la France. Déby, Keita, Bazoum... les chefs d'État tombent, les États s'affaissent.

5. https://www.tf1info.fr/international/en-direct-guerre-ukraine-russie-kiev-armee-ukrainienne-perce-la-defense-russe-dans-l-est-zelensky-a-new-york-pour-s-adresser-a-l-onu-suivez-les-informations-du-19-septembre-2023-2270215.html

La France perd indubitablement de son influence. Un mal pour l'Afrique. Mais surtout, un mal pour nos intérêts économiques et nos investissements directs. Alors ce soir, devant les journalistes de TF1 et de France 2 que sont Anne-Claire Coudray et Laurent Delahousse, le président Emmanuel Macron évoque le départ des soldats français du Niger. *Barkhane* comme le G5 Sahel ne sont plus que passé. « Nous sommes au Niger, parce que, à la demande des pays de la région, nous sommes allés lutter contre le terrorisme. (...) Nous avons été à la demande du Burkina Faso, du Mali et du Niger sur leur sol pour mener cette guerre. Et *Barkhane*, cette opération militaire est un succès. Parce que sans celle-ci, la plupart de ces pays auraient déjà été pris par des califats territoriaux et des djihadistes. (...) Il n'y a plus de Françafrique. Donc quand il y a des coups d'État, nous, on n'interfère pas dans la vie politique du pays. (...) La France a décidé de ramener son ambassadeur. Et donc dans les prochaines heures, notre ambassadeur, avec plusieurs diplomates rentreront en France. Et nous mettons fin à notre coopération militaire avec les autorités du Niger, car elles ne veulent plus lutter contre le terrorisme. (...) C'est la fin de cette coopération. »

1 500 à 2000 soldats doivent être rapatriés. Une décennie de guerre au Sahel, qui se conclut par des victoires, mais aussi, par un triple échec : la défaite sur le terrain de la guerre de l'information ; la propagation d'un sentiment anti-français et la défaillance quant au développement d'États centraux acquis à la cause française.

Aujourd'hui, la France reste présente au Sénégal, en Côte d'Ivoire et au Gabon.

Lundi 25 septembre

« La récente victoire a ouvert de nouvelles possibilités de normalisation complète dans la région. Il faut saisir cette chance. Nous espérons que l'Arménie va accepter la main tendue[6]. » Erdogan et Aliyev jubilent. L'exode des Arméniens du Haut-Karabagh simplifie la future politique d'aménagement du territoire pour le président d'Azerbaïdjan qui n'est autre qu'un vassal des projets de « Grande Turquie » d'Erdogan. Tous deux ont maintenant le regard tourné vers Nakhitchevan et l'annexion du corridor de Zanguezour. En effet, l'union de l'Azerbaïdjan et de cette enclave serait une aubaine pour Aliyev et Erdogan qui veulent fusionner économiquement et territorialement leurs deux pays. Aujourd'hui d'ailleurs, les deux présidents ont déposé les premiers jalons d'un nouveau gazoduc qui doit relier le Nakhitchevan à la Turquie.

Mardi 26 septembre

« Il n'y a rien de plus dangereux pour l'État que ceux qui veulent gouverner les Royaumes par les maximes qu'ils tirent de leurs livres ; ils les ruinent souvent tout à fait par ce moyen, parce que le passé ne se rapporte pas au présent et que la constitution des temps, des lieux et des personnes est différente[7]. »

Mercredi 27 septembre

Anne Seften et Christophe Moulin interrogent l'auteur de *Carnet de guerre* sur l'année 2025. 2025, année de paix en Ukraine selon Choïgou ? La réponse n'est jamais simple, mais essayons d'y voir plus clair sur les intentions russes et leur dite « opération spéciale ».

6. Erdogan.
7. Richelieu.

2025 est une date stratégique pour la Russie. Pourquoi ? Car c'est l'année qui suivra l'élection du futur président américain. C'est l'année qui suivra la réélection de Poutine à la tête de la Fédération de Russie. C'est l'année où les nations européennes peineront à livrer de l'armement à l'Ukraine tout en devant fournir leurs propres armées. C'est l'année des premiers grands effets stratégiques du pivot de la Russie vers l'Asie, avec des accords industriels signés avec la Corée du Nord et des accords énergétiques passés avec la Chine. Ainsi que des accords militaires paraphés avec l'Iran et l'Inde, notamment dans les domaines des drones et des avions de combat. C'est l'année où les effets de « l'économie de guerre » organisée par Moscou vont pleinement se faire ressentir, là où l'Europe semble naïve et inconsciente sur la réorganisation russe. Enfin 2025, ce sera une année clé pour la formation des nouvelles générations de soldats russes annoncée par Poutine, avec la prise en compte du Retex de ces trois années guerre.

Ainsi, disons que 2025 est une date prévisionnelle jugée comme stratégique, couronnée d'incertitudes...

Jeudi 28 septembre

Présent à un salon de l'armement organisé en Ukraine, le ministre Sébastien Lecornu représente une France qui veut prendre sa part à l'effort de guerre contre la Russie. Selon le ministre, la France doit guetter les opportunités. « La guerre va durer et les cessions de matériels au sein des armées françaises – mais pas que françaises – ont par définition des limites. Est-ce qu'on va continuer à le faire ? Oui, parce que grâce à notre programmation militaire, on va retirer plein de vieux matériels de l'armée française – au bénéfice de matériels beaucoup plus neufs – qu'on va pouvoir donner à l'Ukraine, et à d'autres pays qui sont des pays partenaires. Néanmoins, si on veut durer, on doit être capable de "brancher" directement les industriels français à l'armée ukrainienne. Cela a un intérêt aussi pour l'avenir parce que si la guerre devait s'arrêter vite, ce que je souhaite, l'armée ukrainienne aura besoin de se reconstruire, aura besoin de se défendre[8]. » Des industriels allemands ont déjà indiqué vouloir installer des usines en Ukraine. On pense ici à Rheinmetall et à la production de chars KF-51. Outre-Manche, plusieurs industriels se tiennent prêts. En France, Arquus pourrait localiser sur place une usine de production de VAB. Quant à Nexter, l'intérêt serait de rapprocher les chaînes de production des zones de conflictualité, afin de simplifier la partie MCO, notamment pour les canons Caesar.

Enfin, il y a les marchés de l'après-guerre. Les opportunités financières. « Le déminage, par exemple. L'Ukraine va être un champ de mines au sens strict du terme. Cela veut dire que même pour percer la ligne de front, il faut déminer. Et demain, une fois la guerre terminée, pour reprendre une activité dans ce grand pays agricole, il faudra être en capacité de déminer les champs. Cela veut dire qu'il y a un marché pour le déminage et la France a une expertise particulière. Vous avez dans cette délégation un industriel français qui produit des drones terrestres, des robots en quelque sorte, qui sont capables d'avancer sur le champ de bataille et de déminer en protégeant le démineur. Ça, c'est évidemment l'avenir. C'est un marché sur lequel on doit se mettre. »

8. Interview de Sébastien Lecornu par Paul Barcelonne, « Vente d'armes à l'Ukraine : "Ce sont des opportunités pour l'industrie française, il faut assumer", selon Sébastien Lecornu », sur https://www.francetvinfo.fr/monde/europe/manifestations-en-ukraine/grand-entretien-vente-d-armes-a-l-ukraine-il-faut-assumer-selon-sebastien-lecornu_6089385.html

Fiche n°81 : Extraits de l'audition de M. Sébastien Lecornu, ministre des Armées, portant sur « les rapports 2023 du gouvernement au Parlement sur les exportations d'armement et les exportations des biens à double usage de la France »[9]

• **Record historique de ventes d'armes :** « L'année 2022 a effectivement été marquée par des prises de commandes d'armements historiques – 27 milliards d'euros, en grande partie liés à l'aviation de chasse et au Rafale. Plus intéressant peut-être est le fait que, sur les 600 entreprises disposant de licences à l'export, les licences relatives à des "petits contrats", inférieurs à 200 millions d'euros, totalisent 4 milliards. Si "petit contrat" ne rime pas forcément avec PME, on note cependant une inflexion dans ce domaine, intéressante pour le financement de l'innovation. »

• **Ventes d'armes et partenaires stratégiques :** « L'Indopacifique nous fournit d'autres partenaires : l'Inde, dont le Premier ministre Modi a été l'invité d'honneur du défilé du 14-Juillet de cette année ; les Émirats arabes unis, qui deviennent un partenaire de défense de premier plan, notamment avec notre base militaire à Abou Dhabi ; l'Indonésie. Si la France de la période gaullienne se disait "alliée mais non alignée", ces trois pays parlent de multi-alignement, ce qui consiste pour eux à ne pas forcément choisir entre Washington et Pékin. Acheter des armes à la France, c'est aussi acheter une diplomatie connue dans le monde entier, susceptible de créer une ambiance particulière dans L'Indopacifique, ce qui me rend optimiste pour l'avenir. »

• **La BITD :** « Quelques chiffres illustrent la place de la BITD dans notre économie : neuf grands groupes ; 4 000 PME en tout, sous-traitantes ou spécialisées à l'export ; 200 000 emplois de haute technicité, non délocalisables et répartis sur l'ensemble du territoire français, essentiellement dans l'Hexagone – pas assez en outre-mer. Globalement, depuis 2017, environ 35 000 emplois ont été créés dans ce secteur. La tendance est à nouveau favorable mais les difficultés de recrutement et de fidélisation soulèvent la question de la répartition de la valeur. Pour ce qui est de la répartition territoriale, cinq régions motrices se distinguent : l'Île-de-France, avec 30 000 emplois directs ; la Nouvelle-Aquitaine, avec 12 500 emplois ; l'Occitanie, avec 10 000 emplois ; la Provence-Alpes-Côte d'Azur, avec 13 500 emplois ; la Bretagne, avec 8 800 emplois, dont pratiquement 5 000 dans le seul département du Finistère. »

• **Attaché d'armement :** « Autre domaine dans lequel nous pouvons progresser – plusieurs parlementaires m'avaient saisi en ce sens –, le réseau des attachés de défense et des attachés d'armement. On ne peut pas tout demander au corps diplomatique ; pour contrôler et entretenir un dialogue efficace avec les pays vers lesquels nous exportons, les ambassadeurs ont besoin d'un conseiller militaire. C'est un métier de comprendre le fonctionnement des armes. C'est la raison pour laquelle un important redéploiement doit être opéré. »

• **Pologne et guerre en Ukraine :** « Avant la guerre en Ukraine, il y avait un grand froid avec la Pologne ; depuis qu'elle a commencé, nos exportations reprennent, avec notamment un marché de satellites qui a pu être signé entre le ministre de la Défense polonais et Airbus Defence and Space, fin 2022. »

• **Les outils européens pour investir le champ de la défense et de l'industrie :** « Le programme européen d'investissement dans le domaine de la défense (EDIP), l'instrument visant à renforcer l'industrie européenne de la défense au moyen

9. https://www.assemblee-nationale.fr/dyn/16/comptes-rendus/cion_def/l16cion_def2223096_compte-rendu.pdf

d'acquisitions conjointes (Edirpa) et l'action de soutien à la production de munitions (ASAP). Ces mécanismes, pour leur première grande utilisation, vont bénéficier à la France, puisqu'avec Chypre, la Hongrie, la Belgique et l'Estonie, nous faisons l'acquisition de 1 000 missiles Mistral. »

• **Un concurrent au MGCS ? :** L'Allemagne « n'est pas engagée dans un projet visant à concurrencer le MGCS : c'est une *fake news*. En réalité, la Commission européenne a lancé un appel à projets pour un montant de 30 millions d'euros, afin de produire des briques technologiques qui seront à la disposition de chaque État membre. On a pu lire dans la presse que c'était un projet concurrent du MGCS, mais vous savez bien que l'on n'a pas un char pour 30 millions... Les entreprises allemandes ont répondu à cet appel à projets et je crois que les entreprises françaises vont y répondre aussi. »

Vendredi 29 septembre

Lavrov est aussi rusé que la déesse grecque, Athéna. Mais bien peu disposé aux dons de Cassandre. Et pourtant. Le ministre des Affaires étrangères russes, le maître de la diplomatie se veut ouvert. La négociation est possible, seulement, elle ne peut aboutir qu'avec le respect des nouvelles réalités territoriales de l'Ukraine et en prenant en compte les demandes de l'ultimatum du 15 décembre 2021. Si Washington accepte, alors Moscou songera à un traité de paix. Ou bien la Russie souhaite-t-elle un état de guerre permanent ?

Samedi 30 septembre

Vaste déploiement de troupes serbes à la frontière avec le Kosovo.

Victoire de l'ancien Premier ministre Robert Fico en Slovaquie, partisan de relations fortes avec la Russie slave, lors d'élections législatives avancées.

Attaque du camp de Dioura, dans la région centre de Mopti au Mali, par les forces Touareg.

Disons comme Richelieu, qu'en politique extérieure, il faut dormir sans fermer les yeux « qu'on doit avoir continuellement ouverts pour prévoir les moindres inconvénients qui peuvent arriver[10]. »

10. Richelieu

Octobre

« *Aimez le métier militaire plus que tout autre. À la passion : oui, passion est le mot.* »
Prince de Ligne

Dimanche 1er octobre

Les Français commencent à quitter la base de Niamey. À l'inverse, les forces américaines présentes sur la base française, sont repositionnées à Agadez. Pour elles, pas de départ anticipé. Les nouvelles autorités nigériennes ont même confirmé leur intention de maintenir leur collaboration avec Washington. Les États-Unis se refusent d'ailleurs à l'usage du terme « coup d'État », ce qui les obligerait à rompre leurs relations économiques avec le régime militaire du général Tchiani.

Lundi 2 octobre

« Monsieur, le gouvernement actuel est l'art de faire régner l'opinion publique. L'opinion ? Mais c'est la plus vicieuse de toutes les prostituées À vous entendre, hommes de morale et de politique, il faudrait sans cesse préférer vos lois à la nature, l'opinion à la conscience. Allez, tout est vrai, tout est faux ! Si la société nous a donné le duvet des oreillers, elle a certes compensé le bienfait par la goutte, comme elle a mis la procédure pour tempérer la justice, et les rhumes à la suite des châles de Cachemire[1]. »

Fiche n°82 : Extraits de l'audition Sébastien Lecornu, ministre des Armées, sur « le projet de loi de finances 2024 »[2]

• **Introduction** : « Le budget prévu pour 2024 s'élève à 47,2 milliards d'euros, soit une augmentation de 3,3 milliards. Il s'agit de la marche la plus haute depuis 2017. Les crédits ont progressé de 46 % de 2017 à 2024 et de 7,5 % de 2023 à 2024. »

• **Coût des Opex** : « S'agissant de la préparation opérationnelle, qui est l'activité des forces hors opérations extérieures (Opex), elle bénéficie de 1,4 milliard d'euros supplémentaires, soit pratiquement la moitié de la marche de 3,3 milliards. »

• **Dissuasion nucléaire** :

– « L'année 2024 sera celle des premiers rendez-vous importants pour la modernisation de ses composantes, dont le sous-marin nucléaire lanceur d'engins de troisième

1. Honoré de Balzac, *La Peau de chagrin*, dans *Œuvres complètes*, t.14, Veuve Houssiaux, 1874, p. 45.
2. https://www.assemblee-nationale.fr/dyn/16/comptes-rendus/cion_def/l16cion_def2324002_compte-rendu

génération (SNLE 3G) pour la force océanique stratégique (FOST) et les missiles ASMP-A (air-sol moyenne portée améliorée) pour les forces aériennes stratégiques (FAS). Les crédits augmenteront de 750 millions d'euros. Nous sommes à un point de pivot entre plusieurs générations de matériels ; il est normal que les autorisations d'engagement (AE) et les crédits de paiement (CP) soient au rendez-vous. »

– « En 2024, la préparation opérationnelle des forces bénéficiera de 1,4 milliard d'euros supplémentaires. Des équipements majeurs seront livrés, notamment treize Rafale, un sous-marin nucléaire d'attaque (SNA), une frégate de défense et d'intervention (FDI), 138 véhicules blindés Griffon et 103 véhicules blindés Serval. »

• **Char Leclerc** : « Le 5e régiment de dragons de Mailly-le-Camp recevra trois chars Leclerc rénovés. En matière d'infrastructures, un nouveau bâtiment dédié à l'instruction a été construit, pour un budget de près de 11 millions d'euros. Comme le char Leclerc rénové ne sert à rien sans ses obus, près de 10 000 obus – sur la tranche de 90 000 obus votée dans la LPM – seront livrés. »

• **Forces sous-marines** : « Nos capacités sous-marines seront aussi renforcées, par la livraison du SNA *Tourville*. Il rejoindra la base navale de Toulon, où sont prévues les installations de maintenance nécessaires à l'accueil de la nouvelle génération de SNA. Des torpilles lourdes Artémis seront par ailleurs commandées. »

• **Spatial** : « En 2024, outre la livraison d'un satellite CSO et d'éléments du programme *Syracuse IV*, des commandes importantes permettront également de préparer l'avenir. »

• **Cyber** : « Le cyber bénéficiera d'un budget de 330 millions d'euros, soit une augmentation de 32 %, qui financera notamment l'achat de chiffreurs radio et l'augmentation des ETP. »

• **Renseignement** : « Le renseignement bénéficiera de plus d'un demi-milliard d'euros supplémentaires. La direction générale de la sécurité extérieure (DGSE) en sera la première bénéficiaire, à hauteur de 425 millions d'euros, aux côtés de la direction du renseignement et de la sécurité de la défense (DRSD), à hauteur de 51 millions, et de la direction du renseignement militaire (DRM), à hauteur de 65 millions. Les effectifs augmenteront. Quant au programme du Fort-Neuf de Vincennes, il poursuit son cheminement juridique. »

• « Dans l'intelligence artificielle, le ministère des Armées accélérera ses investissements, à hauteur de près de 100 millions d'euros. Beaucoup de choses ont été faites au sein de la base industrielle et technologique de défense (BITD), de la DGA et de la DGSE, voire directement au sein des forces armées. »

– –

Mercredi 4 octobre

La Russie organise un retrait stratégique de sa Marine en Crimée. Pour éviter de nouvelles pertes, après le croiseur *Moskva* et le SNA *Rostov-sur-le-Don*, le Commandement a pris la décision de transférer une dizaine de navires, chalands et sous-marins – dont la frégate *Amiral Makavov*, la frégate *Amiral Essen* – vers le port de Novorossyik dans la région de Krasnodor.

Fiche n°83 : Extraits de l'audition du général d'armée Thierry Burkhard, chef d'état-major des Armées, sur le projet de loi de finances 2024[3]

• **Budget de la défense en 2023 :** « La première [caractéristique du PLF 2024] concerne son montant important : 47,2 milliards d'euros, soit 3,3 milliards d'euros supplémentaires par rapport à 2023. »

• **Un modèle d'armée complet :** « Ce modèle complet nous distingue des autres armées européennes qui ne portent pas les mêmes responsabilités et n'ont pas opéré les mêmes choix. Il nous permet par exemple de conduire dans des délais extrêmement brefs des opérations comme *Sagittaire*, qu'aucune autre armée européenne n'est véritablement capable de mener. »

• **L'Ukraine et l'armement français :** « Les cessions de matériel réalisées dans le cadre de l'aide apportée à l'Ukraine sont compensées. »

• **Une France, une armée, des alliances :** « Au-delà du pivot vers l'est, nous devons faire face à un nouveau type de conflictualité, c'est-à-dire la probabilité ou la possibilité d'être confrontés à une guerre qui nous soit imposée. Comme vous l'avez indiqué, ces éléments recouvrent l'ensemble des champs et nous avons traduit cette orientation dans les trois axes identifiés en termes de cohésion nationale, de partenariats stratégiques et de crédibilité opérationnelle. La cohésion nationale a particulièrement trait aux forces morales, qui sont essentielles. Au-delà, face au risque de guerre, nous devons être bien intégrés dans des organisations de défense collective, mais aussi tisser des liens avec des pays en dehors du cadre de l'Otan. La crédibilité opérationnelle nous incite à accorder une importance particulière à certains domaines comme la défense sol-air, les moyens de franchissement, les moyens d'artillerie, mais également le domaine aérien. Je pense notamment aux missiles anti-radar, par exemple. »

Jeudi 5 octobre

« Il ne s'agit pas d'un conflit territorial ni même de l'établissement d'un équilibre géopolitique régional. La question est bien plus vaste et fondamentale : nous parlons des principes sur lesquels reposera le nouvel ordre mondial[4]. »

En conclusion du forum politique de Valdaï en Russie, Vladimir Poutine a invité son pays, son peuple à bâtir un « nouveau monde ». Un « nouveau monde » éloigné de l'Occident. L'Occident « corrompu ». L'Occident « colonisateur ». L'Occident « dominateur ».

Selon le chef suprême du Kremlin, la Russie n'a d'autres choix que de se tourner vers l'Afrique, l'Orient et l'Asie. L'avenir Occident-Russie est condamné par le tissage d'un nouveau « rideau de fer » dont les fils se sont étendus à travers le continent. Au rejet installé, l'ombre de l'absence d'échanges économiques, culturels et humains entre ces civilisations qui se regardent, qui se ressemblent, et qui malheureusement, s'éloignent.

Ce discours restera clé dans l'histoire Russie-Occident.

3. https://www.assemblee-nationale.fr/dyn/16/comptes-rendus/cion_def/l16cion_def2324003_compte-rendu
4. Discours de Vladimir Poutine, 5 octobre 2023, séance plénière du club Valdaï.

Fiche n°84 : Le « rideau de fer » selon Churchill, discours prononcé au Westminster College, de Fulton dans le Missouri

Le 5 mars 1946, Winston Churchill prononce un discours à l'université de Fulton, où il avertit les nations occidentales sur l'influence soviétique à travers le monde. Ce discours historique évoque les fondements idéologiques du communisme et popularise la notion de « rideau de fer ».

« De Stettin dans la Baltique jusqu'à Trieste dans l'Adriatique, un rideau de fer est descendu à travers le continent. Derrière cette ligne se trouvent toutes les capitales des anciens États de l'Europe centrale et orientale. Varsovie, Berlin, Prague, Vienne, Budapest, Belgrade, Bucarest et Sofia, toutes ces villes célèbres et les populations qui les entourent se trouvent dans ce que je dois appeler la sphère soviétique, et toutes sont soumises, sous une forme ou sous une autre, non seulement à l'influence soviétique, mais aussi à un degré très élevé et, dans beaucoup de cas, à un degré croissant, au contrôle de Moscou. Seule Athènes – la Grèce et ses gloires immortelles – est libre de décider de son avenir dans des élections contrôlées par des observateurs britanniques, américains et français. Le gouvernement polonais dominé par la Russie a été encouragé à empiéter largement et de façon illégitime sur l'Allemagne, et nous assistons actuellement à des expulsions massives de millions d'Allemands dans une mesure atroce et inimaginable. Les partis communistes, qui étaient très faibles dans tous ces États de l'Est européen, se sont vus élevés à une prédominance et un pouvoir bien au-delà de leur importance numérique et cherchent partout à accéder à un contrôle totalitaire. Des gouvernements policiers dominent dans presque tous les cas et, jusqu'à présent, à l'exception de la Tchécoslovaquie, il n'y a pas de vraie démocratie (...). Je ne crois pas que la Russie soviétique désire la guerre. Ce qu'elle désire, ce sont les fruits de la guerre et une expansion illimitée de sa puissance et de ses doctrines. Toutefois, ce que nous devons considérer ici aujourd'hui, pendant qu'il en est encore temps, c'est la prévention permanente de la guerre et la réalisation de conditions de la paix et de la démocratie aussi rapidement que possible dans tous les pays. Nous ne viendrons pas à bout des difficultés et des dangers en se voilant la face. Nous ne les ferons pas disparaître en attendant simplement de voir ce qui va se passer ; nous ne les écarterons pas non plus par une politique d'apaisement. Ce qu'il faut, c'est un arrangement et plus nous tardons à le conclure, plus il sera difficile à trouver et plus les dangers qui nous menacent deviendront importants. »

Vendredi 6 octobre

La Russie va-t-elle reprendre les essais nucléaires en Sibérie ? C'est l'information qu'a laissé circuler Margarita Simonyan, rédactrice en chef de *Russia Today*. Alors qu'elle a été démentie par Dmitri Peskov dans les minutes qui ont suivi sa prise de parole, voilà que l'information ressurgit par l'intermédiaire d'un autre canal. Un canal institutionnel. En effet, Viatcheslav Volodine, président de la Douma, a fait savoir que le traité d'interdiction complet des essais nucléaires (TICE) serait à l'ordre du jour d'un prochain conseil. Pour communiquer, le président de la Douma a dénoncé le rôle des États-Unis, pays non-signataire. Il a ajouté à la manière de Medvedev, que l'Occident menace l'intégrité territoriale de la Russie par ses livraisons d'armes à l'Ukraine. Qu'un danger nucléaire est réel en raison de la présence renforcée des moyens stratégiques de l'Otan en Europe centrale. Qu'il était donc temps pour la Fédération de Russie de reprendre les essais nucléaires. Le premier acte devrait donc être un retrait de la Russie du traité d'interdiction complète des essais nucléaires. Puis, ensuite, viendra l'heure de voir l'atome rayonner dans le ciel de Sibérie. Le soleil noir de l'apocalypse dirait Oppenheimer. Une première depuis 1990. L'année 2023 est bien celle du retour du nucléaire comme moyen de pression dans les relations internationales. Les puissances sont à l'offensive, avec le risque de prolifération...

— —

Fiche n°85 : Dates clés de la relation Occident – Russie

- 1945 : Conférence de Yalta
- 1946 : Discours prononcé à l'université de Fulton par Churchill sur le « rideau de fer »
- 1947 : Doctrine Truman
- 1947 : Plan Marshall
- 1947 : Doctrine Jdanov
- 1948 : Coup de Prague
- 1948 : Blocus de Berlin
- 1949 : Création de l'Alliance atlantique
- 1949 : Le président Harry Truman signe le *Mutual Defense Assistance Act*
- 1953 : Le dégel
- 1955 : Pacte de Varsovie
- 1956 : Crise de Suez
- 1956 : Coexistence pacifique
- 1961 : Mur de Berlin
- 1962 : Crise des missiles de Cuba
- 1963 : Traité de Moscou
- 1968 : Printemps de Prague
- 1972 : Accords SALT
- 1975 : Accords d'Helsinki
- 1977 : Politique des bons sentiments
- 1983 : Discours de Reagan sur « l'empire du Mal »
- 1990 : Accord Start
- 1990 : Rencontre entre James Baker et Gorbatchev
- 1991 : Chute de l'URSS
- 1994 : Mémorandum de Budapest
- 1997 : L'acte fondateur Otan-Russie
- 2002 : Création du Conseil Otan-Russie
- 2002-2008 : Coopération russo-occidentale dans la lutte contre le terrorisme organisé en Afghanistan
- 2007 : Discours de Poutine à Munich
- 2014 : Révolution Maïdan
- 2014 : Annexion de la Crimée

- 2014 : Guerre du Donbass
- 2014 : La Russie identifie l'Otan comme principale menace militaire
- 2014 : Accords de Minsk
- 2016 : Accusation d'ingérences russes dans l'élection présidentielle américaine
- 2016-2020 : Coopération accrue entre les États-Unis et la Russie sous l'ère Trump-Poutine
- 2016-2020 : Coopération intense entre l'Otan et l'Ukraine. Les membres de l'Otan envisagent des négociations en vue du lancement d'une procédure d'adhésion
- 2021 : La Russie déploie des dizaines de milliers de soldats à la frontière ukrainienne
- 2021 : Le 15 décembre, la Russie envoie un ultimatum aux États-Unis
- 2022 : Le 7 février, le président Emmanuel Macron est reçu au Kremlin
- 2022 : Le 24 février, c'est le début de la guerre russo-ukrainienne

Samedi 7 octobre

Une journée rouge. Une journée de sang. Rien de tel depuis la guerre du Kippour. Depuis 7 heures ce matin, en pleines fêtes juives, le Hamas mène une offensive d'une envergure inégalée sur Israël. Tirs de roquettes, infiltrations par mer et terre, prise de bases militaires israéliennes à la frontière avec la bande de Gaza. Des civils massacrés. Des civils et touristes pris en otage. Cinquante ans, jour pour jour, après le lancement de la guerre du Kippour, Israël subit un déluge de haine. Israël et toute la communauté nationale font face à une grave crise géopolitique, militaire et humaine.

Géopolitique car elle induit un rôle majeur de la part du Hamas, du Djihad islamique, du Hezbollah, de l'Iran et de certains pays arabes. Militaire, car la première des réponses sera armée. Et les déclarations publiques sont fermes. Israël est en guerre. Elles permettent d'écrire les premières lignes de projection à venir. Ainsi, la réaction du chef du Cogat, le général de division Ghassan Alian pour qui le « Hamas a ouvert les portes de l'enfer sur la bande de Gaza, le Hamas a pris la décision et le Hamas en portera la responsabilité et en paiera le prix. » Selon le ministre de la Défense israélien, Yoav Gallant, le Hamas « a lancé une attaque brutale contre les citoyens de l'État d'Israël. (...) Nous changerons la réalité du terrain à Gaza au cours des 50 prochaines années. Ce qui était avant ne sera plus. Nous fonctionnerons à plein régime. » Les plus fortes paroles proviennent du Premier ministre Benyamin Netanyahou : « Le Hamas a lancé une guerre cruelle et nous allons gagner cette guerre. Mais le prix est lourd, et c'est une journée difficile. Le Hamas veut nous assassiner. (...) Israël va faire preuve de toute sa force pour éradiquer le Hamas. Nous allons frapper le Hamas dans toute son ampleur. (...) Partout où le Hamas agit, nous allons transformer ces endroits en morceaux de ruine. Je dis aux habitants de Gaza de partir tout de suite car nous allons agir partout et avec toute notre force pour frapper le Hamas. »

Enfin humain. Car ce sont les hommes et les femmes d'Israël qui font face. Pour eux, le combat débute. Leur détermination, leur « virtù » sont une nouvelle fois mises à l'épreuve. Mais les pays arabes n'ont jamais vaincu Israël. Le Hamas, devrait payer cher son massacre. Gaza va changer de visage. La Palestine aussi.

Dans son combat, Tel-Aviv peut compter sur le soutien américain et des États d'Occident. Joe Biden, dans une déclaration solennelle a dit que les États-Unis soutiendront toujours « Israël ». État considéré comme stratégique depuis les accords de Camp David – « C'est le plus grand porte-avions de l'Amérique, il est insubmersible, il ne transporte aucun soldat américain et il est situé dans une région cruciale pour la sécurité nationale des États-Unis[5]. » Déclaration rassurante, quand on sait que la survie d'Israël dépend des États-Unis.

Ce soir, nous nous confirmons dans nos idées : la LPM 2024-2030 est inadéquate à la situation mondiale. Le service militaire comme la formation de la jeunesse française sont deux priorités absolues. Le retour de la « vertu patriotique » est essentiel à l'esprit français. Sans un budget militaire à hauteur de 4 % du PIB, sans service militaire, sans jeunesse combative, sans patriotisme, la France ne passera pas ce siècle. Elle ne pourra surmonter le risque des affaires internationales.

Fiche n°86 : Accords de Camp David

Le 17 septembre 1978, furent signés les accords de Camp David entre le président américain Jimmy Carter et le Premier ministre israélien Menahem Begin.

Ces derniers marquent l'officialisation d'une relation de proximité entre les États-Unis et Israël. En plus d'obtenir un accord de paix entre l'Égypte et l'État hébreu, l'État américain fait le choix de devenir un État protecteur de l'État d'Israël. Cela passe notamment par une coopération rapprochée entre les deux armées, le versement d'une aide annuelle militaire d'environ 3 à 5 milliards de dollars par an, la livraison de matériels militaires, et un rapprochement des industries militaires.

Dimanche 8 octobre

Israël – Hamas : deux camps, deux approches.

Israël, dans un premier temps. Comme nous l'indiquions hier, l'État hébreu vient de déclarer « l'état de guerre ». Une première depuis 1973. Le Conseil national de sécurité a approuvé ce dernier en application de l'article 40 de la loi organique du gouvernement. Ce qui autorise un large usage de la force. Aussi, s'il n'est pas venu l'heure de faire un point sur les éventuelles défaillances des renseignements israéliens, il est bien visible qu'une opération de grande envergure se prépare. D'une à l'autre de 1967 à 1973, de 1973 à 1987, de 1987 à 2000, de 2000 à 2008, de 2008 à 2012, de 2012 à 2014, de 2014 à 2021, de 2021 à 2023... Tsahal veut annihiler le Hamas. L'Armée de l'air à bord de F-35, F-16 et F-15 est en alerte pour prendre le contrôle des airs. Des bombardements et frappes préventives s'annoncent sur Gaza. Notamment contre les batteries d'artillerie. Sur les mers, la Marine doit sécuriser les liaisons logistiques et s'assurer qu'aucun drone ou navire ne viendra entraver la riposte. Sur terre, une armada de Merkava IV, de Caterpillar D9, de blindés plus légers et de fantassins vont investir les lieux. Les unités professionnalisées, spécialisées, et les réservistes vont se déployer dans les rues, éliminer un maximum de « terroristes » du Hamas, détruire les stocks d'armements et prendre le contrôle de Gaza. Tout cela, avec un appui évident des alliés de Tsahal que sont les États-Unis et les Britanniques. Notons qu'en 1967, Tsahal avait annexé des territoires égyptiens, jordaniens

5. Alexander Haig, secrétaire d'État américain sous Reagan.

et syriens. Israël n'ira peut-être pas aussi loin dans les plans, mais elle n'a pas le choix : elle doit prendre le contrôle de Gaza si elle veut détruire l'influence iranienne, détruire le Hamas et rendre plausible l'hypothèse d'une paix. Sujet de discorde : comment administrer Gaza, zone peuplée par plus de 2 millions d'habitants. Une politique d'annexion en prévision ?

Pour le Hamas, le temps est à la « petite guerre ». Harcèlement, tueries, massacres de civils et de soldats israéliens. Faire un maximum de dégâts. Créer un état de peur. Faire vivre une psychose, un sentiment de nouvel holocauste et obtenir le soutien des populations arabes du monde. C'est aussi jouir du soutien de Téhéran, prompt à demander depuis la chute du Chah, la disparition de l'État d'Israël. Abu Obaidah, porte-parole des brigades Izz al-Din al-Qassam remercie « la République islamique d'Iran qui » a « fourni des armes, de l'argent et d'autres équipements. » Le président iranien Ebrahim Raïssi, comme l'avait fait en son temps Ahmed Choukairy premier président de l'Organisation de libération de la Palestine, a apporté le soutien de son pays à l'action palestinienne en usant d'un vocabulaire traditionnel : « L'Iran soutient la légitime défense de la nation palestinienne. Le régime sioniste et ses partisans (...) doivent être tenus pour responsables dans cette affaire ». Le guide suprême Khamenei parle « du cancer du régime sioniste » en phase d'éradication. L'objectif de l'Iran est de casser les accords d'Abraham...

Sur le plan géopolitique, c'est une crise qui met à l'épreuve les nouvelles alliances du Moyen-Orient. Israël s'est rapproché des Émirats arabes unis et de Bahreïn en 2020 avec ces dits accords d'Abraham. Et les diplomates israéliens et d'Arabie Saoudite sont en phase de conclure un accord dans leur lignée. L'institutionnalisation des relations entre Israël et l'Arabie Saoudite est impensable pour Khamenei. Pourtant, si Israël et les monarchies du Golfe résistent à ce conflit, alors une véritable paix pourrait être envisagée. À cette heure, tout est à l'arrêt.

À l'exception des rues des pays arabes qui risquent de s'enflammer.

Fiche n°87 : Dates clés Israël / Palestine

- 1917 : La Déclaration Balfour précise qu'un foyer pour le peuple juif est à entrevoir en Palestine
- 1920 : Mandat britannique sur la Palestine jusqu'en 1948
- 1947 : L'ONU prévoit un plan de partage de la Palestine en trois zones : une arabe, une juive et une autre sous tutelle internationale
- 14 mai 1948 : Création de l'État d'Israël
- 1959 : Fondation du Fatah par Yasser Arafat
- 1964 : Création de l'Organisation de libération de la Palestine (OLP)
- 1967 : Guerre des Six Jours. L'Égypte, la Syrie et la Jordanie sont défaits. Le Sinaï, Gaza et le plateau du Golan passent sous le contrôle de l'État hébreu
- 1973 : Guerre du Kippour
- 1974 : L'ONU reconnaît le droit des Palestiniens à l'autodétermination
- 1976 : Opération *Entebbe*, libération d'otages par des commandos israéliens. Le frère aîné de Benyamin Netanyahou est tué au cours de l'opération
- 1987 : Première intifada
- 1987 : Fondation du Hamas
- 1993 : Accords d'Oslo, signés entre Yasser Arafat et Yitzhak Rabin

- 1995 : Assassinat d'Yitzhak Rabin
- 2000 : Seconde intifada
- 2001 : Ariel Sharon élu Premier ministre israélien
- 2002 : Début de la construction d'un mur séparant l'État d'Israël des territoires autonomes
- 2003 : Feuille de route mise en place par les États-Unis, la Russie, l'UE et l'ONU
- 2008 : Opération *Plomb durci*
- 2012 : Opération *Pilier de défense*
- 2014 : Opération *Bordure protectrice*
- 2017-2021 : Donald Trump reconnaît Jérusalem comme capitale d'Israël
- 26 juillet 2023 : Erdogan reçoit Mahmoud Abbas et Ismaïl Haniyeh
- 7 octobre 2023 : Attaque du Hamas

Lundi 9 octobre

État de siège sur Gaza. Israël mobilise ses réservistes. 150 000 conscrits appelés. Ils pourraient être plus de 400 000 au total. Israël a besoin d'hommes. Le pays va devoir nettoyer poche par poche la bande de Gaza et éliminer les derniers partisans du Hamas sur son sol.

Avant l'intervention terrestre – elle devrait prendre des mois –, l'État-major israélien a validé la mise en place d'un blocus terrestre, maritime et aérien. L'électricité est coupée. La zone géographique de Gaza, 66 km sur 12 km, doit être asséchée de son eau et de ses vivres selon Tsahal. Désunie ou unie, la population devra choisir de se retirer de Gaza – si l'Égypte accepte la mise en place d'un corridor, ce qui est peu probable – ou de tenir dans un monde de feu qui s'annonce apocalyptique. Israël a un objectif politique : « changer le Moyen-Orient ». À commencer plus modestement par la Palestine.

Fiche n°88 : Le Hamas

Le Hamas a été créé en 1987 par des frères musulmans que sont Ahmed Yassine, Abdel Aziz al-Rantissi et Mohammed Taha, trois cadres de l'organisation égyptienne des Frères musulmans. Considéré comme une branche palestinienne de la Société des Frères musulmans, le Hamas est un mouvement politico-religieux et militaire, disposant d'une charte à l'idéologie islamiste prônant l'islamisation de la terre palestinienne et refusant l'existence de l'État d'Israël. La charte du Hamas défend la création d'un État religieux, musulman et nationaliste. Composé d'une branche armée, les brigades Ezzedine al-Qassam, le Hamas est un proxy de l'Iran, au service en partie des mollahs.

Chefs du Hamas :
- Ismaïl Haniyeh, chef du bureau politique
- Yahya Sinwar, leader du Hamas dans la bande de Gaza
- Mohammed Deïf, chef d'État-major des brigades Ezzedine al-Qassam

Nombre de membres des brigades Ezzedine al-Qassam : 20 000 à 30 000

Principaux financeurs étatiques du Hamas :
- Iran
- Qatar
- Turquie
- Syrie

Mardi 10 octobre

On ne fera pas de commentaires acerbes, mais entre les déclarations d'Emmanuel Macron et la prise de position de Joe Biden, on revit les divergences diplomatiques de la guerre russo-ukrainienne. Macron fait du « en même temps » diplomatique, sans clairement trancher en faveur d'une ligne explicite. Une « pendule » disaient les Ukrainiens aux premières heures du conflit. Quand Joe Biden ne mâche pas ses mots et apporte un soutien total des États-Unis à son allié israélien. Les lignes qui suivent retranscrivent quelques extraits du discours de Joe Biden.

« Le Hamas » est un groupe « maléfique » qui « cherche à exterminer le peuple juif ». « Cette attaque a fait ressurgir des mémoires douloureuses, issues d'un millénaire d'antisémitisme ». Dans ce « moment nous devons être d'une clarté parfaite : nous sommes aux côtés d'Israël ». Et « nous ferons en sorte que les Israéliens puissent se défendre. » « Le Hamas ne combat pas au nom du droit du peuple palestinien à l'autodétermination. Le Hamas souhaite exterminer le peuple juif. » Les « pertes de vies innocentes brisent le cœur. Comme toute nation, Israël a le droit de riposter. Elle en a même le devoir. » Joe Biden a dit à Netanyahou qu'il fallait répondre par « la force », « rapidement » et d'une manière « écrasante ». Les États-Unis combattront « le terrorisme » aux côtés de Tsahal. Conclusion : « à quiconque croirait pouvoir tirer profit de la situation, je n'ai qu'un mot : ravisez-vous ! »

Fiche n°89 : Des défaillances des services de renseignement israélien ?

Au-delà des enjeux de politique intérieure qui animent l'État d'Israël depuis plusieurs mois et des orientations prises depuis plusieurs années par les différents gouvernements concernant la question palestinienne, de nombreuses interrogations se font jour quant au rôle des services de renseignement dans l'attaque du 7 octobre 2023. Des voix s'élèvent dans les colonnes de la presse pour « dénoncer » ou faire « remarquer » les failles des différents services de renseignement israéliens que sont le Mossad (renseignement extérieur), le Shin Bet (renseignement intérieur) et l'AMAN (renseignement militaire).

Quelques éléments d'interrogations :
- Pourquoi la surveillance électronique et les différents capteurs n'ont-ils pas alerté les forces de sécurité israélienne ?
- Les signaux forts d'une nouvelle intifada ou d'une attaque provenant du Hamas ou du Hezbollah ont-ils été pris à la légère ?

• Les services de renseignement ont-ils négligé les menaces venant de la bande de Gaza au profit de la Cisjordanie et de l'Iran ?

• L'État d'Israël a-t-il pêché par hubris et trop-plein de confiance en faisant reposer sa sécurité sur les murs, barbelés, drones et le système « Dôme de fer » ?

• Le gouvernement de Netanyahou a-t-il commis des erreurs de choix et d'analyse au détriment de la sécurité d'Israël ?

Mercredi 11 octobre

Netanyahou, le Mossad et le Shin Bet, trop concentrés sur la prise de renseignement en Iran, en Syrie et en Cisjordanie ? C'est en tout cas l'une des hypothèses formulées pour analyser les défaillances techniques et militaires du samedi 7 septembre. La sécurité nationale était la flèche de Benyamin Netanyahou. Ce pourrait être la pointe de sa chute. Héraclite en exergue. Surtout quand le renseignement américain divulgue l'information selon laquelle l'Égypte avait prévenu son voisin d'un risque d'attaques terroristes, trois jours avant. Élie Barnavi, ancien ambassadeur d'Israël en France, évoque une « politique imbécile ». On se gardera de tout jugement.

Fiche n°90 : Extraits de l'audition du général d'armée Pierre Schill, chef d'état-major de l'Armée de terre, sur « le projet de loi de finances 2024 »[6]

• **Sur le MGCS :** « Ce système de combat de char du futur doit se concevoir comme un système européen partagé. Mon intérêt opérationnel repose sur l'interopérabilité, qui se situe au cœur de la soutenabilité du système. Nous convergeons également sur notre définition du char : il ne s'agit pas d'un Leclerc ou d'un Leopard améliorés, mais d'un système fondamentalement nouveau inclus, *ab initio*, dans le *cloud* de combat. Il intégrera une robotisation accrue : certaines plateformes seront pilotées ou pilotables, d'autres seront robotisées. »

• **Sur un char de transition :** « L'EMBT est un "gap filer", c'est-à-dire un système temporaire, permettant de combler un trou entre deux systèmes. Les discussions se poursuivent, car je ne veux absolument pas que nous manquions la marche de ce changement de génération en consacrant trop de ressources à un système intermédiaire. En outre, je dois pérenniser notre capacité blindée lourde pour disposer d'une brigade blindée projetable. À ce titre, la pérennisation du Leclerc représente une étape, symbolisée par la livraison de vingt et un premiers chars modernisés en 2024. Un point d'étape sera effectué en 2025 pour évaluer l'ampleur de la modernisation supplémentaire qui sera nécessaire au char Leclerc, afin d'opérer la jonction calendaire avec le MGCS. »

6. https://www.assemblee-nationale.fr/dyn/16/comptes-rendus/cion_def/l16cion_def2324009_compte-rendu

Jeudi 12 octobre

La guerre totale engagée par Israël se concrétise par une volonté de neutraliser toutes les particules élémentaires affiliées au Hamas : « Le Hamas, c'est Daesh, et nous allons les écraser et les détruire comme le monde a détruit Daesh. (...) Tout membre du Hamas est un homme mort ». Cela passe pour le moment par l'élimination de différents centres de gravité. Les représentants politiques. Les forces commandos du Hamas. Et les zones servant de lieu de repli. Sur un autre palier, géopolitique celui-là, tandis que le ministre israélien se place en orateur pour galvaniser la nation hébraïque, formant par-delà, un cabinet d'union nationale avec l'appui de Benny Gantz, les États arabes voisins jouent un trouble jeu. Le prince Ben Salmane a pris contact avec le président iranien Ebrahim Raïssi. Les deux ennemis traditionnels du Moyen-Orient préparent une coordination de leurs outils diplomatiques. Pour l'Iran, tout est bien ficelé, puisque l'État persan a toujours exprimé sa volonté de torpiller les accords d'Abraham et d'éroder toute alliance entre les peuples arabes et le peuple juif d'Israël.

Fiche n°91 : Opération déluge d'al-Aqsa

Le nom de l'attaque du Hamas sur Israël porte le nom de « Déluge d'al-Aqsa ». Ce nom renvoie à l'imaginaire touchant à l'esplanade des Mosquées, et plus précisément, à l'importance de la mosquée Al-Aqsa, construite au VIIe siècle, avec le dôme du Rocher.

Ce choix de dénomination impose dans l'analyse, le sujet de Jérusalem et de l'autorité de gestion de l'esplanade des Mosquées. Palestiniens et Israéliens luttent pour faire de Jérusalem la capitale de leur État. Jérusalem est le berceau des religions monothéistes.

Pour le peuple d'Israël, Dieu a choisi Jérusalem comme ville de gouvernance des hommes. Pour les musulmans, Jérusalem est le lieu du voyage nocturne du prophète. Elle fait partie de la civilisation islamique, elle est la troisième ville sainte pour l'Islam. Pour les chrétiens, Jérusalem est la ville de la Passion du Christ, où Jésus fut crucifié et où Il ressuscita.

Autre point, n'omettons pas que le drapeau du Hamas représente deux épées devant le dôme du Rocher. Que Jérusalem est considérée comme palestinienne et musulmane. Et que ce sujet de l'esplanade des Mosquées mobilise la jeunesse palestinienne.

Vendredi 13 octobre

Les relations internationales sont un jeu de dupes. En Arabie Saoudite, on décide de suspendre les négociations avec Israël. Pas d'accord d'Abraham bis en vue dans les prochains jours. En Iran, on commence à faire circuler l'idée qu'en cas de guerre longue d'Israël au sein de la bande de Gaza, Téhéran s'octroierait « le droit divin » d'intervenir militairement. En Égypte, on parle avec les différents belligérants, tout en privilégiant une approche commune avec les États-Unis d'Amérique. La Chine se place en puissance « médiatrice de paix », comme elle l'avait fait officiellement en Ukraine. Wan Yi, ministre chinois des Affaires étrangères, évoque le long fleuve qui sépare la Palestine de son État indépendant. « L'injustice historique subie par le peuple palestinien n'a pas été corrigée ». En Turquie, Erdogan joue la carte du père des peuples musulmans en fustigeant l'attitude israélienne et qualifiant sa politique de génocidaire. Au Liban, le Hezbollah crie aux loups. En Syrie, on laisse faire les groupes terroristes qui veulent user de roquettes contre l'État hébreu. Enfin, en Europe, les nations se positionnent aux côtés de l'État israélien, tandis que leurs rues se peuplent de minorités pro-palestiniennes... À Washington, pas de débat : soutien total à Israël.

Fiche n°92 : Différents acteurs militaires et groupes terroristes

Israël :

- Tsahal, forces armées israéliennes : 160 000 soldats et 430 000 réservistes
- Mossad : service de renseignement extérieur

Iran :

- Gardiens de la révolution (Pasdaran) : 200 000 soldats
- Force Al-Qods : unité d'élite d'influence des Gardiens de la révolution

Hamas :

- Brigades Ezzedine Al-Qassam, branche armée du Hamas : 30 000 combattants

Hezbollah :

- La branche militaire du Hezbollah : 100 000 combattants

Djihad islamique palestinien :

- Organisation armée palestinienne :

Fatah :

- Brigade des martyrs d'Al-Aqsa : branche armée du Fatah

Samedi 14 octobre

Les États-Unis déploient un second groupe aéronaval[7] en Méditerranée orientale. L'USS *Eisenhower* rejoindra l'USS *Gerald R. Ford*. Des destroyers viennent de quitter la Virginie pour rejoindre la Méditerranée. De plus, vingt-quatre avions F-15SE et de l'armement ont été positionnés en Jordanie. Les États-Unis veulent dissuader l'Iran de toute intention belliciste. L'Iran, dont le ministre des Affaires étrangères est actuellement au Qatar pour rencontrer Ismaïl Haniyeh.

7. Le second groupe aéronaval est composé de l'USS *Dwight D.Eisenhower*, d'un croiseur de classe Ticonderoga, de trois croiseurs de la classe Arleigh Burke.

À l'aube, l'État hébreu consolide ses préparatifs. « Ce sera une guerre intense et meurtrière[8]. » Comment Israël pourrait s'y prendre ? D'après des plans établis antérieurement, Tsahal pourrait prendre d'assaut le nord de Gaza, pousser la population vers le Sud, mener des opérations spéciales et nettoyer l'espace urbain avec des bulldozers. Puis investir le Sud, zone par zone, avec un quadrillage précis. Ledit « métro de Gaza » serait composé de 400 km à 500 km de tunnels. Pour les briser : bombardements, robots, capteurs, fumées, gaz, déversement d'eau et usage de l'unité spécialisée Yohalam, équipée et entraînée spécialement pour ce type d'opérations.

Fiche n°93 : Métro de Gaza

Entre les analyses des services de renseignement israéliens et les publications diverses fournies par des agences sérieuses telles que La RAND Corporation ou le Moderne War Institute, nous sommes capables d'établir qu'il existe un maillage de réseaux souterrains compris entre 400 et 500 km.

Un réseau sophistiqué, qui dépasse largement la taille des métros de Paris ou de Londres. L'ampleur du réseau donne la mesure de la tâche pour l'armée israélienne.

Dimanche 15 octobre

Incroyable interview de Vladimir Poutine à la télévision chinoise. Il évoque les qualités du président Xi Jinping. Le renard qui flatte le panda. « Il ne prend pas de décisions instantanées, basées sur une conjoncture courtermiste. Il évalue, il analyse et regarde vers l'avenir. C'est ce qui distingue un vrai leader mondial d'une personne ordinaire, qui vient pour cinq minutes se faire remarquer sur la scène internationale et qui disparaît sans qu'on s'en rende compte. Il est sérieux, calme, mais un partenaire d'affaires fiable. Si nous concluons un accord avec lui, nous pouvons être sûrs que nos engagements seront respectés par les deux parties. »

***

Au Haut-Karabagh, le président azerbaïdjanais Ilham Aliyev, se met en scène pour honorer sa conquête territoriale menée sur Stepanakert, la capitale du Haut-Karabagh. Dans une allocution guerrière, il s'est dit fier d'avoir repris ses « terres » historiques. En ce siècle, la violence militaire a quitté la boîte de Pandore. Son usage est désinhibé. Merci Prométhée. Merci Zeus.

Fiche n°94 : Crime de guerre et crime contre l'humanité

Crime de guerre : Violation, dans un conflit armé, des lois et coutumes de la guerre. Notamment des conventions de Genève de 1949.

8. Yoav Gallant, ministre de la Défense israélien.

Crime contre l'humanité : Crime commis dans le cadre d'une attaque « généralisée ou systématique lancée contre toute population civile et en connaissance de cette attaque : meurtre ; extermination ; réduction en esclavage ; déportation ou transfert forcé de population ; emprisonnement ou autre forme de privation grave de liberté physique en violation des dispositions fondamentales du droit international ; torture ; viol, esclavage sexuel, prostitution forcée, grossesse forcée, stérilisation forcée ou toute autre forme de violence sexuelle de gravité comparable ; persécution de tout groupe ou de toute collectivité identifiable pour des motifs d'ordre politique, racial, national, ethnique, culturel, religieux ou sexiste au sens du paragraphe 3, ou en fonction d'autres critères universellement reconnus comme inadmissibles en droit international, en corrélation avec tout acte visé dans le présent paragraphe ou tout crime relevant de la compétence de la Cour ; disparitions forcées de personnes ; crime d'apartheid ; autres actes inhumains de caractère analogue causant intentionnellement de grandes souffrances ou des atteintes graves à l'intégrité physique ou à la santé physique ou mentale[9] » Ces crimes peuvent être causés en dehors d'un conflit armé.

Mardi 17 octobre

En Ukraine, les forces russes poussent pour reprendre l'offensive. Koupiansk, Zaporijjia ou Avdiivka : l'armée ukrainienne subit des attaques quotidiennes de l'infanterie russe mêlée à l'artillerie et aux bombardements aériens. Constatant l'avancée de ses troupes, notamment à Avdiivka, Poutine s'est dit « satisfait » de « l'amélioration des positions » de ses brigades motorisées. Lui qui vient de poser un pied en Chine pour aller écrire une page de l'histoire russe en Asie.

Fiche n°95 : Extraits de l'audition d'Emmanuel Chiva, délégué général pour l'armement, sur « le projet de loi de finances 2024 »[10]

• **Introduction :** « (...) le chef d'état-major de l'Armée de terre a eu l'occasion de revenir sur l'importance de cette année dans le cadre du programme Scorpion : un milliard d'euros de crédits de paiement y sont consacrés, avec la commande de 395 blindés Scorpion et la livraison de 282 de ces blindés. Par ailleurs, 1,5 milliard d'euros de crédits de paiement sera consacré au programme Rafale pour la livraison de treize avions Rafale à l'Armée de l'air et de l'espace. Dans le domaine naval, les sous-marins nucléaires d'attaque Barracuda obtiennent 0,3 milliard d'euros de crédits de paiement. Un sous-marin sera livré en 2024 ainsi que trois bâtiments pour la Marine nationale : deux patrouilleurs outre-mer et une frégate. Dix-huit avions (hors Rafale) seront également livrés : dix Mirage 2000 D rénovés, deux A400M, quatre Atlantique 2 rénovés, deux C-130H modernisés. »

• **Dissuasion nucléaire :** « Nous en avions discuté lors du cycle dédié à la dissuasion nucléaire, les crédits alloués seront consacrés au programme d'équipement des

9. https://www.un.org/fr/genocideprevention/crimes-against-humanity.shtml
10. https://www.assemblee-nationale.fr/dyn/16/comptes-rendus/cion_def/l16cion_def2324013_compte-rendu.pdf

composantes de la dissuasion avec : la poursuite du développement du sous-marin nucléaire lanceur d'engins de troisième génération ; la démarche incrémentale d'évolution de nos missiles balistiques M51 ; la rénovation à mi-vie de la composante aéroportée, le missile ASMPA et son évolution le missile hypersonique ASN-4G ; l'adaptation des moyens de transmission ; les activités militaires du CEA relatives notamment aux têtes nucléaires et au programme Simulation. »

• **Programme 144** : « Par ailleurs, 200 millions d'euros du programme 144 seront consacrés aux études de préparation des futurs systèmes. (...) Le programme 144 permettra d'investir dans des stratégies de rupture, de lancer des démonstrateurs innovants, et de faire face aux enjeux de préparation des futurs systèmes d'armes face aux menaces émergentes. »

• **Accélération vers une augmentation des cadences de production** : « Nous pouvons constater que cette économie de guerre est une réalité, avec l'augmentation des cadences de production et la réduction des délais de production. Nexter doublera la cadence de production des Caesar de 4 à 8 par mois d'ici fin 2024 et, dès aujourd'hui, le délai de production a été réduit de trente à quinze mois entre la commande et la livraison. (...) La cadence de production des radars a également doublé chez Thales, de 12 à 24 radars par an. Outre l'augmentation des cadences, les relocalisations s'inscrivent aussi dans l'économie de guerre. Nous avons conduit une étude assez approfondie sur nos dépendances et les relocalisations nécessaires. Trente-cinq dossiers ont été reçus à ce jour de l'industrie, dont quinze ont été sélectionnés par la DGA et une dizaine nécessite une instruction complémentaire. »

• **Ukraine** :

– « Je voudrais revenir sur l'Ukraine et rappeler que les cessions prises sur le matériel français ne sont plus le vecteur d'action principal. Il s'agira de permettre à notre industrie de devenir fournisseur et partenaire de l'armée ukrainienne. Lors de notre voyage où nous avons emmené plus d'une vingtaine de sociétés, une série d'accords a pu être conclue dans des domaines variés d'intérêt opérationnel pour les Ukrainiens, avec notamment la fourniture de systèmes d'artillerie (six canons Caesar). »

– « En termes de véhicules terrestres, un MOU (*memorandum of understanding*) a été signé par KNDS avec une société industrielle ukrainienne pour l'intégration d'armement sur les véhicules des forces armées ukrainiennes. Par ailleurs, le fabricant des VAB (véhicule de l'avant blindé) Arquus a signé un MOU avec une société ukrainienne pour soutenir les véhicules cédés par les armées françaises. La société Vistory a quant à elle signé un accord avec une société ukrainienne afin de proposer des solutions de fabrication additives de pièces de rechange. »

– –

Mercredi 18 octobre

L'Iran souffle le chaud et le froid. Des ultimatums oraux. Des annonces de préparation à la guerre. Refus de gestes diplomatiques. Puis mutisme absolu. L'Iran ne devrait pas entrer directement en guerre, mais avec une filouterie de joueur d'échecs, l'État persan va se servir de ses proxys pour nuire à Israël. Hamas, Hezbollah, Houthis, groupes armés en Syrie... l'Iran a des alliés. Mais Téhéran n'est pas à l'abri du « hasard de la guerre ». Les événements peuvent s'avérer bien plus sinistres pour cet État que ne semblent le présager les contentements des mollahs.

Fiche n°96 : Court précis de la Palestine

La Palestine est composée de la Cisjordanie (5 860 kilomètres carrés et 3,3 millions d'habitants) et de la bande de Gaza (360 kilomètres carrés et 2,1 millions d'habitants).

La Cisjordanie est divisée en plusieurs zones, certaines administrées par l'Autorité palestinienne (Mahmoud Abbas) d'autres par Israël. Gaza est depuis 2007 sous l'autorité du Hamas (Ismaïl Haniyeh).

Un quart de la population palestinienne active est au chômage. Autrefois la Palestine était une terre agricole. Aujourd'hui, les exportations palestiniennes correspondent essentiellement à la vente de produits manufacturiers. Avec deux pays importateurs clés que sont Israël et la Jordanie.

Entre 140 000 et 160 000 Palestiniens travaillent en Israël, dans des secteurs tel que le BTP.

La Cisjordanie a vu depuis plusieurs années, la politique d'annexion et de colonisation israélienne empiéter sur son territoire. Au total, près de 750 000 Israéliens, dits « colons » vivent sur le territoire cisjordanien.

La ville de Jérusalem, qui concentre des monuments religieux des trois religions monothéistes, est une cité de tensions. L'esplanade des Mosquées est l'espace conquit par les musulmans au VIIe siècle. Là où ils établirent des mosquées et le dôme du Rocher.

Jeudi 19 octobre

Entre Israël et le Hamas, la guerre d'influence emprunte tous les chemins qui mènent à l'opinion publique internationale. Cependant, l'État hébreu n'a besoin que de l'aval des citoyens américains, quand le Hamas dépend du Qatar, de l'Iran, de la Turquie...

Samedi 21 octobre

« Le monde nous regarde. » 105,85 milliards de dollars demandés par Joe Biden pour soutenir l'effort de guerre en Ukraine (61,4 milliards de dollars), approvisionner Israël (14,3 milliards de dollars), contrer l'influence chinoise et protéger les frontières américaines. Sur l'avant-dernier point : Washington est en alarme.

Dimanche 22 octobre

La Suède se remilitarise. La guerre sévit en Ukraine. Le monde des hommes est déstabilisé par les conflits qui se multiplient, les ambitions avouées des « néo-empires » et les défis en tout genre qui se cumulent (conditions climatiques, immigration, islamisme, terrorisme...). +30 % de fonds supplémentaires pour l'armée suédoise pour l'année 2024. La Suède veut être prête. Son industrie militaire qui s'attend à de nouveaux conflits en Europe veut répondre à la demande du gouvernement. Stockholm devrait atteindre les

2 % de son PIB consacrés au budget de la défense, en attendant toujours, que la Turquie lui ouvre les portes de l'Otan.

Lundi 23 octobre

Dupe sur le rôle de l'Iran ? Personne ne l'est. Depuis la création de la République islamique par Rouhollah Khomeini, le guide suprême, Téhéran veut détruire l'État d'Israël. L'Iran islamiste s'est forgé sur cet antagonisme avec l'État hébreu et les États-Unis.

Or, si l'Iran ne pèse que 0,2 % du PIB mondial, la nation perse a une influence forte sur le Moyen et le Proche-Orient. Une influence régionale qui s'étend de l'Irak à la Syrie, du Yémen au Liban... à travers les élites... à travers les groupes armés comme le Hamas, le Hezbollah... à travers des mafias locales... le terreau est bien prêt pour accueillir les semences iraniennes.

Cet ancien pays appelé Perse jusqu'en 1935, se rêve en empire. En nation divine, supérieure et amenée à éclairer le monde musulman. C'est la mystique iranienne. Mais ce pays, où les Pasdaran jouent un rôle essentiel, n'est pas coutumier des aventures folles. Rationnel, gouverné par un pouvoir rusé et pragmatique, l'Iran tire sur les ficelles grâce à l'outil d'influence extérieur qu'est la force Al-Qods. Mais le pouvoir central ne maîtrise pas autant qu'il semble le faire croire, la société iranienne.

Finalement, pour faire tomber le Hamas ou le Hezbollah, Israël sait où est le centre de gravité politique et industriel : à Téhéran. Selon la règle, sans la chute du pouvoir des mollahs, l'État hébreu restera sous le joug du terrorisme. Demain, sous celui de la menace nucléaire.

***

Les 105 milliards d'euros supplémentaires voulus par Joe Biden : un montant pour anticiper et prévoir une guerre avec l'Iran, largement scénarisée ?

Fiche n°97 : Guerre urbaine

Tsahal va intervenir militairement à Gaza, par des opérations maritimes, terrestres, aériennes, cyber... Dans cette guerre de type « asymétrique », le combat urbain va devenir la norme. Cela implique des tactiques bien précises, des doctrines d'emploi des forces méticuleusement adaptées, et un épuisement moral des troupes à prendre en compte.

En guerre urbaine ou en combat urbain, on estime que l'espace réduit où s'affrontent les différents acteurs – dans les rues, immeubles, caves ou tunnels – a un effet égalisateur de technologie. Autrement dit, l'avantage que peuvent avoir des armées telles que Tsahal ou l'armée américaine grâce aux satellites, drones, capteurs... se réduit. La plupart des combats ne sont pas très éloignés du combat au corps à corps. La manœuvre devient difficile.

De plus, selon le colonel Santoni, auteur de *L'Ultime Champ de bataille - Combattre et Vaincre*, la nature de cette guerre fait qu'il faut environ « six à dix assaillants » pour un défenseur. C'est le constat qu'il tire de l'analyse des batailles de Stalingrad, Sarajevo, Kaboul, Bagdad ou Mossoul.

L'armée israélienne est une spécialiste de ce type de guerre. Elle devrait bénéficier également du Retex de l'armée américaine particulièrement impliquée dans la bataille de Mossoul, entre 2016 et 2017, menée contre l'État islamique.

La guerre urbaine, c'est une guerre longue, lente et au coût humain important. Le char et les bulldozers y auront toute leur place. Enfin, une phase de bombardements intense est intrinsèque à ce type de conflit. Aussi, il sera intéressant de pointer le rôle pris par l'intelligence artificielle dans cette guerre, tant l'armée israélienne a un temps d'avance dans ce domaine.

Mardi 24 octobre

Le président français est arrivé en Israël. Il a aussitôt exprimé à l'État hébreu « toutes les condoléances de la France. Ces condoléances sont celles d'un pays ami, éploré devant l'acte terroriste le plus terrible de votre histoire et saisi par votre chagrin et votre douleur. » Puis, mettant ses pas dans ceux de Biden et Scholz, le président français a porté le chant du coq gaulois au-dessus de Tel-Aviv : « Je suis aussi venu vous dire la solidarité de la France dans la lutte contre notre ennemi commun, le terrorisme ; rappeler devant tous le droit légitime d'Israël de se défendre face à ceux qui œuvrent à sa destruction. Cette cause est juste. Point final. Le Hamas est un groupe terroriste dont l'objectif même est la destruction de l'État d'Israël. C'est aussi le cas de Daesh, d'Al Qaïda, de ceux qui leur sont associés dans l'action et dans l'intention. La priorité, votre priorité, mais aussi celle de toutes les démocraties et de la France, est avec vous de vaincre ces groupes terroristes. Nous qui avons été frappés si durement par ces mêmes groupes, voulons vous dire une chose simple : "vous n'êtes pas seuls". C'est pourquoi la France est prête à ce que la coalition internationale contre Daesh, dans le cadre de laquelle nous sommes engagés pour notre opération en Irak et en Syrie, puisse lutter aussi contre le Hamas. Je propose à nos partenaires internationaux – je l'ai évoqué avec vous ce matin – que nous puissions bâtir une coalition régionale et internationale pour lutter contre les groupes terroristes qui nous menacent tous. Je pense que c'est l'intérêt d'Israël, de sa sécurité, celle aussi de plusieurs de vos voisins menacés par ces mêmes groupes ou des groupes voisins. La lutte doit être sans merci, mais pas sans règles, car nous sommes des démocraties qui luttons contre des terroristes ; des démocraties, donc qui respectent le droit de la guerre et assurent l'accès humanitaire, des démocraties qui ne prennent pas pour cible les civils, ni à Gaza, ni nulle part. »

Une coalition. Le terme est sorti. Ambition assumée ? Volonté anticipée et préparée avec le Quai d'Orsay et les monarchies voisines ? Concertation avec nos alliés ? Ou bien simple idée, sortie de derrière les fagots ? On ne badine pas avec la diplomatie. Les erreurs et les défaillances de la France au Liban, en Ukraine, en Afrique ou en Asie laissent planer un sentiment d'hésitation.

Fiche n°98 : Extrait du discours prononcé par François Mitterrand, à la Knesset, le jeudi 4 mars 1982

« Oui, le peuple français est l'ami du peuple d'Israël. Encore marqué du souvenir des années noires et des cruelles épreuves des communautés juives, le peuple français d'un seul cœur a vibré lors de la création de l'État d'Israël. L'holocauste est dans son esprit indissociable de votre renaissance. Il n'a pas cessé depuis lors d'admirer les travaux qui ont été autant de signes de votre vitalité, de votre foi dans l'avenir.

Désormais Israël vit, et nous, la France, nous ne ménagerons pas plus qu'hier nos efforts pour que son droit à l'existence soit universellement admis sans équivoque et donc pour que soit reconnu du même coup son droit à détenir les moyens de cette existence.

(...) On m'a objecté, lorsque j'ai décidé de venir chez vous, que j'approuvais par là l'ensemble des aspects de votre politique. Mais vous ne m'en demandiez pas tant ! Et je me suis étonné de mon côté de cette curieuse façon de mêler ce qui est distinct. De quel pays, oserais-je dire que j'approuve tout ce qu'il fait ? De quel pays exigerais-je qu'il se déclarât en accord sur toute chose avec moi ? Ayons de nos échanges, Mesdames et Messieurs, une conception plus simple et plus saine. (...)

Il est donc normal que j'aie, au nom de la France, une opinion sur les problèmes majeurs de votre région et que je la fasse connaître. Étant admis une fois pour toutes que j'exprime cette opinion dans le respect des droits fondamentaux qui s'imposent à moi comme aux autres et dont le premier me semble-t-il, est pour chacun l'irréductible droit de vivre.

Ce droit, Mesdames et Messieurs, c'est le vôtre. Il est celui des peuples qui vous entourent. Et je pense, bien entendu, prononçant ces mots, aux Palestiniens de Gaza et de Cisjordanie, comme je pense, bien que les réalités juridiques et politiques ne soient pas les mêmes au peuple du Liban. Mais avant de m'engager plus avant dans cette réflexion, je voudrais exposer les raisons pour lesquelles j'ai pris à l'égard d'Israël des positions dont nul n'ignore qu'elles ont été contestées, soit par les uns, soit par les autres. Pourquoi en 1947, membre du gouvernement de mon pays, ai-je été, vous le rappeliez monsieur le Premier ministre hier, pourquoi ai-je été avec Édouard Depreux l'un des deux ministres à plaider et à obtenir asile pour l'*Exodus* ? Parce que je ne supportais pas que ces hommes et ces femmes en quête de libertés fussent chassés de partout, rejetés du droit d'être eux-mêmes par ceux qui avaient plein la bouche de grands mots et de grands principes.

Pourquoi en 1978 ai-je approuvé, seul des responsables des grandes organisations politiques françaises, l'accord de Camp David ? Parce que je pensais que ceux qui se faisaient la guerre avaient aussi le droit de se faire la paix et de se rapprocher pour tenter d'apporter une réponse au problème palestinien.

Pourquoi en 1980 ai-je regretté que la conférence de Venise eût implicitement rejeté au bénéfice d'une négociation globale, la procédure de Camp David ? Parce que je préférais une paix qui se fait peu à peu à une paix qui ne se fait pas du tout. Une négociation réelle à une négociation incertaine et sans récuser pour autant l'accord global, en fin de compte.

Pourquoi, président de la République, ai-je en 1981 refusé d'associer plus longtemps la France au boycott commercial qui frappait Israël ? Parce que ma règle est de ne consentir en aucune circonstance à quelque discrimination que ce soit contre un peuple honorable. Pourquoi ai-je consenti à ce que la France participât à la force neutre du Sinaï ? Parce que nous sommes volontaires chaque fois qu'il convient d'aider un processus de paix.

Pourquoi enfin ai-je accepté l'invitation de MM. Navon et Begin de me rendre en 1982 en Israël ? Nous voici revenus à mon point de départ. Il n'y a pas pour la France d'interdit. Son devoir est de tenir toujours et partout un seul et même langage. Ce développement vous indique la direction qu'il prend.

Pourquoi ai-je souhaité que les habitants arabes de Cisjordanie et de Gaza disposent d'une patrie ? Parce qu'on ne peut demander à quiconque de renoncer à son identité ni répondre à sa place à la question posée. Il appartient, je le redis aux Palestiniens comme aux autres, de quelque origine qu'ils soient, de décider eux-mêmes de leur sort. À l'unique condition qu'ils inscrivent leur droit dans le respect du droit des autres, dans le respect de la loi internationale et dans le dialogue substitué à la violence.

(...) Le dialogue suppose la reconnaissance préalable et mutuelle du droit des autres à l'existence, le renoncement préalable et mutuel à la guerre directe ou indirecte, étant entendu que chacun retrouvera sa liberté d'agir en cas d'échec. Le dialogue suppose que chaque partie puisse aller jusqu'au bout de son droit ce qui, pour les Palestiniens comme pour les autres, peut le moment venu signifier un État. La France approuvera ce qui sera dialogue ou approche de dialogue comme elle observera avec inquiétude toute action unilatérale qui de part ou d'autre retarderait l'heure de la paix. »

Mercredi 25 octobre

Erdogan, membre de l'Alliance atlantique, allié des États-Unis, de la France et de bien des pays occidentaux qui ont perdu des citoyens lors de l'attaque du Hamas, le 7 octobre 2023, s'est déguisé en dictateur stérile comme il aime le faire. Moulé en statue pour un carnaval de la tentation du mal, il s'est fait le représentant d'un monde ignominieux et indigne des alliances européennes et américaines. Ses idéologues lui ont soufflé le mot pour enflammer les passions de ses fidèles. Il sait ce qu'il fait, et il fait ce que les Occidentaux ne comprennent pas, ignorent... Il veut, comme Raïssi et Khamenei, être le représentant des peuples musulmans. Il veut se faire sultan de l'Orient. « Nous n'avons aucun problème avec l'État d'Israël, mais nous n'avons jamais approuvé et n'approuverons jamais les atrocités commises par Israël et la façon dont il agit comme une organisation plutôt que comme un État. Le Hamas n'est pas une organisation terroriste, mais un groupe de libération et de moudjahidines qui se battent pour protéger leurs terres et leurs citoyens. »

Qu'écrivait Giuliano da Empoli dans *Les ingénieurs du chaos* ? « Le Carnaval contemporain se nourrit de deux ingrédients qui n'ont rien de déraisonnable : la rage de certains milieux populaires qui se fonde sur des causes sociales et économiques réelles ; une machine de communication surpuissante, conçue à l'origine pour des fins commerciales, devenue l'instrument privilégié de tous ceux qui veulent multiplier le chaos. »

***

« Il est indispensable de permettre à l'Arménie de protéger ses populations civiles et d'assurer la défense de ses frontières. Demain, nous allons officialiser l'acquisition par l'Arménie d'un certain nombre d'armements auprès d'industriels français, notamment avec la signature d'un contrat qui permettra au pays d'assurer la protection de son ciel[11]. » La France a entendu l'appel de l'Arménie. L'Élysée a reçu les lettres de Sylvain Tesson. Le ministre de la Défense, Sébastien Lecornu, peut annoncer la livraison d'armements à notre allié chrétien qui vit sous la menace militaire de son voisin, l'Azerbaïdjan. Voisin aidé par la Turquie d'Erdogan. Comme avec la Grèce, la France prend plusieurs dispositions. La première est une approche matérielle et industrielle : notre pays a signé un contrat de vente de trois radars de surveillance aérienne GM-200 (Thales) et de missiles sol-air produits par MBDA, ainsi que l'acquisition de jumelles de vision nocturne (Safran). Le but est de renforcer les moyens de défense d'Erevan. Ensuite, le rapprochement stratégique va se concrétiser par un partage du renseignement, la formation d'officiers arméniens en France et l'envoi de militaires sur place pour du soutien et conseils. C'est avec ce type de décision que l'on retrouve la France qu'on aime : celle de l'action, de l'honneur et de l'engagement !

Jeudi 26 octobre

Le conflit russo-ukrainien semble geler sur le front depuis un an désormais. Les villes d'Avdiivka, de Kharkiv, de Robotyne ou de Verbove font l'objet de convoitises, de part et d'autre. Le front est long de plus de 800 km. L'usure morale se fait sentir. La météo va venir bousculer les initiatives. La contre-offensive ukrainienne n'a pas donné de résultats. La profondeur stratégique est à l'avantage de la Russie. Les mois à venir s'annoncent compliqués. Sans un engagement de l'industrie militaire européenne, et sans volonté politique des nations du Vieux Continent, l'Ukraine ne tiendra pas. Il y a un moment où dans l'histoire des guerres et des hommes, la démographie est une qualité. Leçons pour les gens chiches.

Samedi 28 octobre

Erdogan, fidèle serviteur des Frères musulmans, joue son rôle d'anguille diplomatique. Membre de l'Otan mais menaçant la Grèce. Allié de la France, mais autorisant le navire turc *Cirkin* à illuminer le *Jean-Bart*. Partenaire de la Russie, mais éliminant l'un de ses pilotes au-dessus de la Syrie. Poussant les migrants d'Orient vers l'Europe mais maintenant la candidature de la Turquie à l'UE, bloquant l'entrée de la Suède dans l'Otan mais se prononçant pour l'achat de F-35 et de F-16Viper… La Turquie se positionne en appui du Hamas. Erdogan évoque un groupe militaire « libérateur » qui aurait donc la mission

11. https://www.leparisien.fr/politique/sebastien-lecornu-le-hamas-est-une-organisation-terroriste-responsable-datrocites-elle-doit-etre-detruite-21-10-2023-G3O32IU62VCZJNC5JK7LERZJPE.php?ts=1698229500416

« divine » de bouter les juifs hors de Palestine. Erdogan est un sapeur du chaos. Sa place plaît à son peuple qui l'a fidèlement réélu. Elle devrait exécrer les chefs d'État européens, car nous n'avons rien en partage, si ce n'est la base d'Incirlik. Cet après-midi, il l'a prouvé en s'attaquant directement à l'Occident. En parlant d'un retour de la guerre entre le « Croissant et la Croix[12] ». Il est temps de remilitariser l'Europe pour se préparer à la guerre et sauver la paix !

***

Conférence de presse à Tel-Aviv. Le Premier ministre, en présence de Benny Gantz et du chef d'état-major des Armées, annonce le lancement officiel de l'opération terrestre de Tsahal sur Gaza. « Hier soir, les armées israéliennes sont entrées dans Gaza. Les buts sont clairs : l'anéantissement du Hamas et le retour des otages en Israël. (...) Israël mène la guerre entière, la guerre contre la barbarie. Nos Alliés dans le monde occidental, et nos amis dans le monde arabe, ce sera chez eux que la barbarie frappera. (...) Nous pouvons combattre seul face à un ennemi, nous préférons agir ensemble, avec nos Alliés. (...) Nous sommes actuellement devant une crise de l'âme. Nous vivrons et nous vaincrons. (...) Cette guerre, c'est celle de la lumière contre les ténèbres. (...) En votre nom, en notre nom, je prie pour la vie de nos soldats. »

Évoquant une seconde guerre d'indépendance, après celle de 1948, le ministre israélien a pointé la responsabilité de Téhéran dans la politique de déstabilisation de la région du Moyen-Orient. « L'Iran soutient le Hamas. Et je pense que 99 % du budget du Hamas provient de l'Iran. Je ne peux pas vous dire que l'Iran était le micro-détail » de l'opération du 7 octobre mais « sans l'Iran, il n'y a pas de Hamas. » Mais il y a « un axe du mal qui combat le monde libre. »

L'humanité est ce soir comprimée entre le sceptre et l'enclume. La guerre religieuse montre le bout de son visage.

Fiche n°99 : Négociation d'otages

La libération d'otages répond à des principes qui varient selon les contextes. C'est la raison pour laquelle il faut identifier l'ensemble des acteurs. Les acteurs détenteurs d'otages, les acteurs cherchant à libérer les otages, et les acteurs pouvant servir d'intermédiaire (gouvernements, organisations internationales...).

Ensuite, vient le temps de la stratégie, lequel doit prendre en compte la nature des acteurs, c'est-à-dire, leur éthique, leur émotion, leur raison, leur intention. La stratégie doit reposer sur le sentiment du « gagnant-gagnant ». À la stratégie, suit la tactique. Les moyens à déployer en vue de la fin. Quel opérateur engager, quel ton aborder en fonction de l'interlocuteur. Enfin, la négociation pour la libération d'otages nécessite l'entretien du rapport de confiance.

Une négociation est réussie si elle aboutit à la libération d'otages.

12. « Je parle de l'Occident. L'Occident a la plus grande responsabilité dans le massacre de Gaza. L'Occident, je m'adresse à vous. Voulez-vous reprendre le combat entre la Croix et le Croissant ? Si vous faites un tel effort, sachez que les Turcs ne sont pas morts. Ce peuple est debout et avec la même détermination. »

Dimanche 29 octobre

Dans son ouvrage *La guerre du Péloponnèse*, Thucydide écrit : « Si l'on peut y voir clair dans les événements passés et dans ceux qui, à l'avenir, selon la loi des choses humaines, présenteront des similitudes ou des analogies, cela me suffira : les faits que je rapporte constituent un trésor pour toujours, plutôt qu'une production d'apparat pour auditoire du moment. »

Les souvenirs des précédents de 1914, des années vingt et des années trente ressurgissent. Les peuples sont en feu. La fureur gagne les rues. Les masses, les foules semblent vouloir goûter au sang. Le communisme a laissé place à l'islamisme. Le nationalisme s'est éteint en Occident mais il a gagné les habitants du dit « Sud global ». Les nouvelles nations veulent leur revanche sur l'histoire. Si l'Occident ne sauvegarde pas son héritage de puissance, lequel mêle ordre et liberté, autorité et volonté, alors il succombera, comme il le fait actuellement, aux forces démographiques qui grandissent en Afrique, en Asie et en Orient. Jamais nous n'avons eu autant besoin d'un Clemenceau ou d'un de Gaulle.

Lundi 30 octobre

La RAND Corporation[13] ne se trompe pas lorsqu'elle publie un rapport sur le risque nucléaire. Ce dernier est omniprésent, et pas seulement en raison du conflit russo-ukrainien. Corée du Nord, Chine, États-Unis, Iran... la mallette de la dissuasion est dans plusieurs mains. Cependant, « la guerre impossible et la paix improbable » de Raymond Aron semble s'effacer pour le risque probable. Face aux tensions et menaces de plus en plus directes, les États-Unis ont donc pris la décision de développer une nouvelle bombe nucléaire tactique. La B-61-13. Ce nouvel outil atomique, enfant du « soleil » et héritière des travaux d'Oppenheimer, pourra être utilisé à partir d'avions. On pense au F-15 et au bombardier B-21 Raider officiellement en service depuis décembre 2022. « La dissuasion contient l'extrême violence[14]. » La retiendra-t-elle en ce XXIe siècle ?

Mardi 31 octobre

Les Houthis au Yémen lancent plusieurs attaques sur Israël. Drones et missiles balistiques comme instruments de terreur. Si cela n'indique pas une inter-étatisation des hostilités, les Émirats arabes unis ayant notamment annoncé ne pas vouloir rompre leurs liens avec l'État hébreu, cela indique une régionalisation avancée du conflit, avec un rôle prépondérant de l'Iran et de ses proxys. La tectonique des plaques est en mouvement.

13. https://www.rand.org/content/dam/rand/pubs/research_reports/RRA2800/RRA2807-1/RAND_RRA2807-1.pdf
14. Raymond Aron.

Novembre

« Soyez optimiste, l'optimiste seul réalise ; il est à la base de toutes les victoires. »
Général de Montsabert

Mercredi 1er novembre

Jusqu'en 2022, la classe politique allemande s'est restreinte dans l'usage de certains termes. Depuis le 24 février de cette même année et l'ouverture du front russo-ukrainien, la notion de puissance a refait surface, au point que le ministre de la Défense Boris Pistorius a lâché la phrase suivante : « Nous devons nous réhabituer à l'idée que le danger d'une guerre pourrait menacer l'Europe. Nous devons nous préparer à la guerre[1]. » Se préparer à la guerre. Qui veut la paix, prépare la guerre. Gagner la guerre avant la guerre. Tous ces axiomes impliquent une société, une nation, un État résolument tourné vers les enjeux de défense. Aussi, nous ressortons des vestiges antiques un texte de nos Anciens. Des pensées tirées d'une œuvre de Végèce : *Traité de l'art militaire.*

« À la guerre, ce qui détermine ordinairement la victoire, c'est moins la quantité d'hommes et la bravoure dénuée d'expérience que l'art développé par l'application. Les moyens qui assurèrent au peuple romain la soumission de l'univers ne sont autres évidemment que la pratique des armes, la science des campements, l'habitude de la guerre. » Face aux dangers « il a suffi de faire un choix éclairé des recrues ; de leur enseigner, pour ainsi dire, la jurisprudence des armes ; de les fortifier par des exercices quotidiens ; de les initier, sur le terrain de manœuvre à toutes les éventualités présumables de combats et des batailles ; d'infliger à la paresse de sévères châtiments. Car le savoir militaire alimente l'audace du soldat ; nul n'appréhende d'exécuter ce qu'il est sûr de connaître à fond. » Pour faire la guerre, il faut avoir appris à la faire. Pour sauver sa terre, il faut être apte à combattre. La guerre a ses lois qu'il faut enseigner. Théorie, exercice, pratique... ce triumvirat sémantique évitera bien des surprises stratégiques.

Jeudi 2 novembre

Le commandant en chef des armées ukrainiennes, Valeri Zaloujny, admet publiquement que la guerre est dans une « impasse ». Que la contre-offensive lancée en juin 2023 n'a pas porté les fruits attendus. Après cinq mois, les objectifs militaires ne sont pas remplis. L'Ukraine a progressé de 17 kilomètres. On se croirait revenus à l'âge de la guerre de Crimée de 1854. On revit 1914. « Tout comme lors de la Première Guerre mondiale, nous avons atteint un niveau technologique tel que nous nous trouvons dans une impasse[2]. »

1. Boris Pistorius.
2. https://www.economist.com/europe/2023/11/01/ukraines-commander-in-chief-on-the-breakthrough-he-needs-to-beat-russia

Il n'y aura certainement pas de « percée ». « Nous voyons tout ce que fait l'ennemi et il voit tout ce que nous faisons. » La technologie annihile tout effet de surprise, et pourtant « nous devons exploiter la puissance des nouvelles technologies » pour prendre le dessus sur l'adversaire.

« La guerre, à son stade actuel, évolue progressivement vers une forme de position. » La politique défensive russe, faite de tranchées, de mines, d'artillerie, de dents de dragon, a ruiné les espoirs d'un conflit court. En effet, si la technologie occidentale a permis à l'Ukraine de résister à la puissance démographique russe, la puissance démographique russe et la profondeur stratégique vont permettre à Moscou de tenir, d'épuiser les Ukrainiens, et peut-être, de reprendre l'offensive.

***

La Russie soviétique était « un système » disait Henry Kissinger. La Russie de Poutine est un système. Illustration.

En février 2023, le président Poutine annonçait que la Russie suspendait sa participation au traité New Start. Il allait même un peu plus loin, en demandant à ses autorités militaires de se préparer à de nouveaux « essais d'armes nucléaires ».

En octobre 2023, Margarita Simonyan, à la tête de la chaîne d'information et de propagande RT, indiquait la reprise à venir d'essais nucléaires en Sibérie. De tels propos n'eurent pu être lâchés publiquement sans une coordination avec des membres du pouvoir.

Puis ce fut autour de la Douma d'évoquer le sujet. Le 18 octobre, la Chambre basse adopta finalement un projet de loi révoquant la ratification par la Russie du traité d'interdiction des essais nucléaires (TICEN).

En signant ce 2 novembre un décret d'application de la loi, Poutine conclut donc un long chemin d'équilibriste.

Le dernier essai russe remonte à l'année 1990. Si Poutine assure que la Russie ne reprendra son activité nucléaire que si, et seulement si les États-Unis effectuent un essai nucléaire, il est difficile de le croire, tant le mensonge et la ruse tout autant que le chaos font partie de son art. Le prince est méticuleux, sûr de ses buts.

Vendredi 3 novembre

Hassan Nasrallah, autorité suprême du Hezbollah, était attendu au perchoir. De son discours, il ressort de la retenue. Le Hezbollah n'est pas capable d'agir seul. Toute initiative dépendra de la volonté de puissance de l'Iran. « Nous devons être réalistes » a-t-il asséné devant ses fidèles fanatiques. Son groupe armé n'a pas les moyens de mener une guerre frontale avec les États-Unis et Israël. Il a en mémoire la guerre de 2006 où le coup porté par Tsahal au Hezbollah fut cinglant. Alors, « patience et longueur de temps » semble être la voie empruntée pour le moment.

Fiche n°100 : Charles de Gaulle, discours de Bayeux, 1946

« Les dictatures sont de sombres spectacles faits d'assemblages douteux, où se rythment des partitions parfois douteuses, parfois sublimes, toujours mensongères, rarement justes. Et pourtant qu'est la dictature, sinon une grande aventure ? Sans doute ses débuts semblent avantageux. Au milieu de l'enthousiasme des uns et de la résignation des autres, dans la rigueur de l'ordre qu'elle impose, à la faveur d'un décor éclatant et d'une propagande à sens unique, elle prend d'abord un tour de dynamisme qui fait contraste avec l'anarchie qui l'avait précédée. Mais c'est le destin de la dictature d'exagérer ses entreprises. À mesure que se font jour parmi les citoyens l'impatience des contraintes et la nostalgie de la liberté, il faut à tout prix leur offrir en compensation des réussites sans cesse plus étendues. La nation devient une machine à laquelle le maître imprime une accélération effrénée. Qu'il s'agisse de desseins intérieurs ou extérieurs, les buts, les risques, les efforts dépassent peu à peu toute mesure. À chaque pas se dressent, au-dehors et au-dedans, des obstacles multipliés. À la fin le ressort se brise. L'édifice grandiose s'écroule dans le malheur et dans le sang. La nation se retrouve rompue, plus bas qu'elle n'était avant que l'aventure commençât. »

— —

Samedi 4 novembre

« Il arrive un moment, peut-être toutes les six à huit générations, où le monde change en très peu de temps. Nous y sommes. Ce qui se passera ces deux ou trois prochaines années va déterminer ce quoi ressemblera le monde pour les cinq ou six prochaines décennies[3]. » Les propos de Joe Biden sont intenses après ceux portés hier par Hassan Nasrallah, le chef du Hezbollah. Une déclaration bienvenue, à l'heure où les États-Unis incarnent seuls la puissance occidentale. Sentant l'Europe sur la béquille, voyant la France devenir un second Canada à la diplomatie faiblarde, les États-Unis comptent sur leur étoile. Preuve en est d'Antony Blinken muté en Thomas Edward Lawrence, faisant le tour des nations orientales pour s'assurer des bonnes amitiés. Preuve en est de l'arrivée du second groupe aéronaval américain en Méditerranée orientale, organisée autour de l'USS *Eisenhower*. À l'épreuve du feu, la force est l'instrument de la diplomatie. « Il n'y a qu'un secret pour mener le monde, c'est d'être fort, parce qu'il n'y a dans la force ni erreur, ni illusion : c'est le vrai mis à nu » dixit Napoléon. En Europe, les peuples se bercent d'illusions, tanguant un jour du côté d'un ouvrage de Guy Debord sur la société du spectacle, un autre, vers un écrit de Philippe Muray sur l'*homo festivus*.

— —

Fiche n°101 : Discours du président Jimmy Carter, le 22 mai 1977

Les déclarations de Joe Biden rappellent timidement le discours du président Carter du 22 mai 1977.

« Le monde connaît aujourd'hui la mutation la plus profonde et la plus rapide de toute son histoire. (...) C'est un monde nouveau qui appelle, de la part des États-Unis, l'application d'une politique nouvelle (...).

Tout d'abord, notre politique doit refléter l'engagement fondamental pris par notre peuple de promouvoir la cause des droits de l'homme.

3. https://www.whitehouse.gov/briefing-room/speeches-remarks/2023/11/02/remarks-by-president-biden-and-president-gabriel-boric-of-chile-before-bilateral-meeting/

Ensuite, elle doit être fondée sur une étroite coopération entre les démocraties industrielles ; en effet, nous sommes attachés aux mêmes valeurs et, ensemble, nous pouvons contribuer à améliorer le mode de vie de tous. »

Dimanche 5 novembre

« La forme des batailles change avec les matériels, la philosophie de la guerre ne change pas. Elle ne changera pas aussi longtemps que ce sont des hommes qui feront la guerre, parce qu'elle découle de leur nature comme les règles de la morale ou les lois de l'économie politique. Cette philosophie de la guerre, il faut que les officiers de la patrie de Napoléon en soient pénétrés. C'est elle qui inspire l'action aux jours qui conviennent et, après tout, c'est de vos œuvres que sera pétri l'avenir[4]. »

Lundi 6 novembre

Les nations de l'Union européenne n'ont livré que 300 000 obus sur un million promis par Josep Borrell. La remilitarisation tarde. Les nouveaux programmes d'armements sont hors soute. L'avion UE n'a pas trouvé sa boussole. La Facilité pour la paix, le Fonds de défense européen… les outils comblent l'armoire, mais la poussière se fait reine sur le dos des États membres.

Mardi 7 novembre

L'attrition. La guerre d'usure. En augmentant son budget de la défense de 68 % et en consolidant ses programmes partenariaux avec ses voisins et alliés coréen, chinois et iranien, Poutine veut remporter la guerre d'Ukraine quoi qu'il en coûte. Quand on l'interroge sur « l'opération spéciale », il répond ? « Nous n'avions pas le choix. » En Russie, on sait que si la guerre s'arrête, l'Ukraine rejoindra l'UE puis l'Otan. Cela est inconcevable. Tout a commencé à Maïdan. Cela se terminera là-bas.

Mercredi 8 novembre

12 000 fusils pour l'Ukraine. Verney-Carron, devenue filiale de Cybergun, remporte un contrat de 36 millions d'euros. Le groupe stéphanois ne fait pas florès auprès de l'État français, mais quelques politiques bien placés se sont battus pour promouvoir le savoir-faire de l'entreprise auprès des conseillers politiques de Zelensky et de son chef d'État-major. Au total, ce seront 10 000 VCD 15, 2 000 fusils de précision VCD 10 ainsi que 200 lance-grenades qui prendront place au sein des forces conventionnelles ukrainiennes.

Après les fusils produits en France, bientôt des munitions de 9 mm ?

Jeudi 9 novembre

Forum sur la paix à Paris. La diplomatie de la France s'effondre un peu plus chaque

4. De Gaulle, *Lettres, notes et carnets* (1919-juin 1940), Paris, Plon, 1980, p. 118.

jour. L'État est vertigineux. Comme lors de la Présidence du Conseil de l'UE (PCUE), comme avec l'Afrique, comme au début du conflit russo-ukrainien, Emmanuel Macron enchaîne les discours, les déplacements, les conférences. *La double inconstance.* « Des remerciements à coups de bâton ! Je ne suis pas friand de ces compliments-là. » Après l'annonce tonitruante et non concertée d'une coalition militaire internationale, le 24 octobre dernier, après les grandes aventures en Cisjordanie, en Jordanie, en Égypte et en Israël, après l'annonce d'un PHA puis d'un second, le président français demande finalement la fin des combats. La peur des loups islamistes sur le territoire français.

Assumons, dans la lignée de Nicolas Baverez, que la diplomatie française est en « état de mort cérébrale[5] ». Notre pays semble être devenu en format grandeur nature, le coq de la basse-cour. Nous chantons, chantons. Continuons de chanter, nous finirons en cigale.

Vendredi 10 novembre

Traité sur les forces conventionnelles : c'est terminé pour la Russie. Poutine n'en voulait plus. Il avait signé un décret en mai dernier à ce titre. La Russie n'est donc plus liée au FCE. Conséquences ? Aucune. La véritable question est dans les causes, non dans les conséquences. Le temps a reculé pour faire revivre Fulton, le télégramme de Kennan et l'ère Jdanov.

Fiche n°102 : La doctrine Jdanov – communiqué officiel portant la création du Kominform

En réponse au plan Marshall et à la politique du containment définie par Truman en mars 1947, Andrei Jdanov officialise le 22 septembre 1947 la « doctrine Jdanov » et organise le Kominform « bureau d'informations communiste » qui a pour but d'organiser la coopération des partis communistes de neuf pays, dont ceux de France et d'Italie.

« Ainsi deux camps se sont formés dans le monde : d'une part, le camp impérialiste et antidémocratique, qui a pour but essentiel l'établissement de la domination mondiale de l'impérialisme américain et l'écrasement de la démocratie, et d'autre part, le camp anti-impérialiste et démocratique, dont le but essentiel consiste à saper l'impérialisme, à renforcer la démocratie, à liquider les restes du fascisme. (...) C'est pourquoi les partis communistes doivent se mettre à la tête de la résistance – dans tous les domaines : gouvernemental, politique, économique et idéologique – aux plans impérialistes d'expansion et d'agression. »

Samedi 11 novembre

Les États musulmans se sont réunis à Ryad. Ben Salmane, Raïssi, Erdogan, Al-Assad... tous s'opposent à la notion de légitime défense dans le cas de l'offensive israélienne sur Gaza. La condamnation est unanime. Le président iranien, Ebrahim Raïssi est allé plus

5. https://www.lefigaro.fr/vox/monde/nicolas-baverez-la-diplomatie-francaise-en-État-de-mort-cerebrale-20231030

loin. L'Iran, premier partenaire financier du Hamas et premier partenaire militaire, demande que toute l'énergie de cette rencontre se conclue par la livraison d'armements aux Palestiniens. Qui s'y risquera, tant l'avenir du Hamas à Gaza est compté.

Dimanche 12 novembre

Les forces israéliennes occupent Gaza nord. Elles viennent de couper l'accès à la Méditerranée et veulent couper les tunnels qui rejoignent le Liban.

Lundi 13 novembre

Dans le royaume d'Occident, les dettes sont devenues les fardeaux de ce siècle. En France, elle atteint 3 000 milliards d'euros, soit 113 % du PIB – pour un déficit de 3,25 %. Aux États-Unis, la somme est tout aussi rocambolesque : 34 000 milliards de dollars, soit 100 % du PIB. La France a l'euro. Les États-Unis, le dollar. Là est toute la différence. Washington va pouvoir continuer de s'endetter avec un risque appauvri à court terme, recevant l'approbation de l'agence de notation Moody's, quand, en comparaison, Paris nage en eaux troubles. La France est veuve de son économie. Machine malade de ses déficits chroniques. Machine mourante de l'absence de choix politiques et économiques stricts. Le pays d'Emmanuel Macron, comme celui qui fut gouverné par Louis XVI, vit sur un trésor vide de deniers, tandis que les prélèvements sont au plus haut, que la croissance se fait rare, que l'inflation est bien présente et que les menaces se font « tous azimuts ». Calonne, Turgot, Necker, Lemaire... même combat.

Mardi 14 novembre

« Le nouvel ordre mondial post-occidental que souhaite la Chine ne serait pas marqué par la disparition de l'Occident, mais par sa mise en minorité sur les grands enjeux internationaux et, en premier lieu, ceux d'intérêts fondamentaux pour Pékin. La Chine est assurément dans une stratégie de coalition qui s'adresse en premier lieu au pays du "Sud". Par cette stratégie, elle espère marginaliser les oppositions sur les dossiers sensibles dans les enceintes multilatérales. De fait, les pays qui soutiennent aux Nations unies les positions chinoises sur le Xinjiang, Hong Kong et autres enjeux liés aux droits de l'homme, sont pour la plupart des États non occidentaux et non démocratiques. Dans cette stratégie de coalition, la Russie occupe naturellement une place centrale, et cette place s'est consolidée au cours de l'année écoulée[6]. »

Ukraine, Russie, Israël, Palestine, Iran... la guerre se fait caméléon, pour muter selon les régions du monde, faisant presque oublier le risque d'invasion de Taïwan par la Chine. Aux États-Unis, Pékin reste l'ennemi numéro 1. Les sondages réalisés par la société Gallup le prouvent : l'avènement d'un monde post-occidental est inconcevable. Et l'origine du désordre, l'origine du mal, le fameux venin du chaos et de la nuisance à l'hyperpuissance américaine, est à trouver du côté du serpent chinois. L'empire du Milieu est l'enjeu du siècle ! Pour répondre au défi, une commission mandatée par le Congrès vient de proposer au Pentagone d'organiser un partenariat militaire entre les États-Unis et Taïwan afin de former les forces conventionnelles et spéciales taïwanaises sur le sol américain. Le dessein est de faire de Taïwan, le Royaume-Uni d'Asie : le « porte-avions » américain

6. Alice Ekman, *Chine-Russie, le grand rapprochement*, Paris, Tracts Gallimard, novembre 2023, p. 39-40.

terrestre dans le Pacifique, comme l'est Israël au Moyen-Orient. En formant l'armée taïwanaise selon les doctrines américaines, en inculquant les prédispositions occidentales et otaniennes aux soldats, par le bon usage du matériel américain selon les manuels existants, les États-Unis veulent se garantir de l'absence de « décalage » entre la préparation à la guerre qui s'anticipe, et l'épreuve du feu qui sera. Les deux armées doivent être formées, éduquées et entraînées à agir en commun. « Ainsi, celui qui désire la paix devrait préparer la guerre. Celui qui désire la victoire devrait entraîner soigneusement ses soldats. Celui qui désire des résultats favorables devrait combattre en se fiant à ses habiletés et non à la chance[7]. »

Mercredi 15 novembre

« Connais ton ennemi et connais-toi toi-même ; eussiez-vous cent guerres à soutenir, cent fois vous serez victorieux. Si tu ignores ton ennemi et que tu te connais toi-même, tes chances de perdre et de gagner seront égales. Si tu ignores à la fois ton ennemi et toi-même, tu ne compteras tes combats que par tes défaites. »

***

La rencontre entre Joe Biden et Xi Jinping rassure le monde. Pourtant, derrière ces images d'apparat, les deux pays se livrent une guerre économique totale. Ces deux nations représentent plus de 40 % du PIB mondial, plus de 40 % des émissions de gaz à effet de serre et plus de 1 150 milliards de dollars de dépenses en armements militaires.

Fiche n°103 : L'analyse de Raymond Aron sur le risque d'une nouvelle guerre mondiale durant la guerre froide

« Selon les moments, je l'ai redoutée plus ou moins. Le plus souvent, je doutais qu'il y eût un très grand danger de guerre générale pendant ces années. Je l'ai écrit, au début de la guerre froide, dans mon livre *Le Grand Schisme* publié en 1948. Le premier chapitre avait pour titre : « Paix impossible, guerre improbable ». La rivalité en Europe et dans le monde entre les Soviétiques et les Occidentaux durerait pendant ces années. Un accord véritable entre les deux mondes n'était pas prévisible, il était même très improbable. Mais, d'un autre côté, ni les États-Unis ni l'Union soviétique n'avaient le désir ou l'intérêt de recourir à la guerre, c'était l'âge nucléaire[8]. »

Jeudi 16 novembre

Le complexe de « Massada ».

Israël à la recherche d'une conquête de l'opinion publique ? Improbable. Impossible. Israël ne s'intéresse pas à l'opinion publique internationale. Ce qui importe à l'État hébreu, c'est le soutien américain. Les dirigeants israéliens sont assez conscients des haines qui sévissent sur les continents. Ils sont conscients de leur singularité.

7. Végèce.
8. Raymond Aron, *Le Spectateur engagé*, entretiens avec Jean-Louis Missika et Dominique Wolton, Julliard, 1981

Samedi 18 novembre

« Je conclus donc que les hommes, qui s'obstinent à tenir toujours la même route, sont heureux tant que leur conduite s'accorde avec la fortune ; mais sont malheureux quand elle vient à changer et qu'ils ne veulent pas changer aussi. Au reste, je tiens qu'il vaut mieux être impétueux que circonspect, parce que la fortune est une femme, de qui l'on ne saurait venir à bout qu'en la battant et en la tourmentant. Et on voit par expérience qu'elle se laisse plus dompter aux gens féroces qu'aux gens froids ; et qu'elle est toujours amie des jeunes gens, parce qu'ils sont moins circonspects, plus violents et plus hardis[9]. »

Dimanche 19 novembre

Un missile M51.3 a été tiré avec réussite par la Direction générale de l'armement. Peu d'informations fuiteront, mais c'est une bonne chose pour la politique de dissuasion nucléaire française.

Lundi 20 novembre

Les Houthis, cette milice plus puissante que l'armée conventionnelle du Yémen, se sont emparés d'un navire, le *Galaxy Leader*. Au-delà de la saisie et des risques encourus par l'équipage, se posent l'intrigue de l'Iran, celle du droit et celle de la menace.

L'Iran, car c'est le pays financeur de ces groupes armés. Du droit, car comment négocier et user du droit avec des milices qui n'ont aucune reconnaissance au sein de l'Organisation des Nations unies. Enfin, de la menace, car les groupes armés terroristes et les mafias sont en train d'étendre leurs actions pour menacer clairement la liberté de circulation terrestre, aérienne et maritime. Or, le commerce se fait par les voies maritimes.

Mardi 21 novembre

Des munitions, des munitions, encore des munitions. L'armée ukrainienne et son chef d'État-major des armées, Zaloujny, lancent un appel pressent à l'Occident.

Mercredi 22 novembre

« Nous conduisons également des réflexions sur la dronisation d'avions de combat dans le cadre du SCAF. Celui-ci concerne un avion de nouvelle génération doté d'un *cloud* de combat et intégrant deux ailiers dronisés. » Emmanuel Chivas confirme un drone résultant des études du Neuron. Ce dernier viendra en appui du Rafale au standard F5 et du New Generation Fighter qui découlera du programme SCAF.

Jeudi 23 novembre

Zelensky pourra-t-il rester président ukrainien ? Sa cote de popularité chute. Il reste pourtant le symbole de l'Ukraine en armes. De l'Ukraine résistant à l'ours russe.

9. Frédéric II, *Anti-Machiavel, ou Essai de critique sur le Prince de Machiavel.*

Vendredi 24 novembre

Accord trouvé entre Israël et le Hamas : treize personnes, otages depuis le 7 octobre 2023, ont été libérées et remises à la Croix-Rouge.

Samedi 25 novembre

L'Ukraine reprend la route des mers en envoyant des cargos chargés en céréales. En 2023, l'Ukraine aura marqué le conflit russo-ukrainien par son audace, en mettant l'armée russe à l'amende en mer Noire.

Dimanche 26 novembre

931 soldats russes morts ou blessés par jour selon le renseignement britannique. Avdiivka en boucherie. Pourquoi cette ville est si importante ? Elle serait la conclusion de la prise du Donbass, la maîtrise de Donetsk.

Lundi 27 novembre

La France ne peut se « payer le luxe » de mettre son armée au service de missions intérieures telles que la gestion des « grèves ». Prise de position franche du ministre Lecornu, devant la montée des appels au déploiement de l'armée française sur le territoire national. « Les valeurs militaires existent parce qu'il y a une finalité de mission. Et la finalité de la mission, c'est potentiellement de tirer sur ordre. »

Mardi 28 novembre

17 drones Sistema Remotamente Tripulado de Altas Prestaciones (Sirtap) pour l'Espagne. Le drone de renseignement d'Airbus entre dans la phase d'industrialisation. Une bonne nouvelle pour l'industrie européenne.

Mercredi 29 novembre

Mort d'Henry Kissinger, conseiller national de Sécurité puis secrétaire d'État auprès du président Nixon.

Fiche n°104 : Henry Kissinger

Henry Kissinger fut l'un des plus grands diplomates de l'histoire de la diplomatie mondiale. Né en Allemagne – à Furth en Bavière –, le futur diplomate américain a eu un parcours marqué par l'ère des États totalitaires et de l'antisémitisme, qui contraignirent sa famille à quitter l'Allemagne nazie, d'abord pour l'Angleterre puis pour New York.

En 1954, il publia une thèse remarquée intitulée Paix, légitimité et équilibre. Une étude du sens politique de Castlereagh et Metternich, avant de faire un passage flamboyant à Harvard. Avec un style très XVIIIe siècle, il rejoignit le Council on Foreign Relations (CFR) en 1955 qui lui permit de fréquenter l'élite américaine et de se pencher « précisément sur l'articulation entre politique étrangère et dissuasion nucléaire », note Gérard Araud dans sa biographie. Pris sous son aile par Nelson Aldrich Rockefeller, Kissinger fut ensuite chargé d'une mission d'étude sur le Vietnam au profit du président Johnson (1964), avant de devenir en 1968 sous la présidence Nixon, conseiller à la Sécurité nationale.

Avec Nixon, il chercha à mettre un terme à la guerre du Vietnam en offrant l'illusion que son pays en était sorti grandi. À ces fins, il s'inspira de la politique mise en place par le général de Gaulle en Algérie.

Dans les actions diplomatiques d'Henry Kissinger, nous pouvons citer : son influence dans la politique étrangère américaine à l'encontre d'Allende et de Castro ; son déplacement à Pékin en juillet 1971 pour préparer la visite de Richard Nixon et ouvrir une nouvelle relation entre l'Amérique et la Chine ; une certaine indifférence à l'égard de la France ; une certaine crainte sur l'avenir de l'Allemagne.

Puis, en tant que secrétaire d'État, il agit pour que les États-Unis deviennent les arbitres de la guerre du Kippour et arment l'État hébreu qui faisait face aux pays arabes – approvisionnés par l'URSS.

Hubert Védrine et Gérard Araud, auteur de *Henry Kissinger le diplomate du siècle*[10], s'inscrivent en héritage de ce diplomate qu'ils citent régulièrement comme un chantre de la realpolitik.

Kissinger fut un réaliste. Il refusa « l'irrealpolitik » et promut la défense d'un Occident défenseur de ses valeurs, proactif dans les relations internationales, et s'opposant sans faille au communisme.

10. Gérard Araud, *Henry Kissinger, le diplomate du siècle*, Paris, Tallandier, 2021, 331 pages.

Décembre

« L'honneur, c'est la poésie du devoir. »
Alfred de Vigny

Vendredi 1er décembre

« Staline ne peut pas renoncer à l'Ukraine et aux débouchés sur la mer Noire sans voir s'effondrer son œuvre, son régime, et toute l'économie soviétique[1]. » Simple relecture de l'histoire.

Samedi 2 décembre

Hier, la trêve dans la bande de Gaza a pris fin. Direction Khan Younès pour Tsahal. Du nord vers le sud, l'armée israélienne va segmenter la nouvelle zone de combats. Manœuvre sur manœuvre, l'armée au sol va devoir user de tous ses moyens, car les combats s'annoncent intenses. Les troupes du Hamas sont concentrées au sein de la population.

Dimanche 3 décembre

La Russie est un pays « inépuisable » : hommes, énergie, produits manufacturés, armements... Le scénario de la chute ukrainienne reste probable – comme bien d'autres d'ailleurs. Attention à la chute de petites pierres qui entraîne l'avalanche dans la montagne...

Lundi 4 décembre

« Celui qui dominera l'intelligence artificielle dominera le monde » déclara Poutine en 2017.

***

Vladimir Poutine est conscient de la guerre des intelligences qui s'installe sur le thème de l'IA. Depuis quelques années déjà, il se bat pour une IA russe. Pour le développement d'une stratégie nationale russe. L'IA est un outil de puissance au service de la domination, et il craint une avancée occidentale, surtout américaine, dans ce domaine. « La domination monopolistique de technologies étrangères en Russie est inacceptable, dangereuse et inadmissible. (...) Certains modèles d'IA générative fonctionnent souvent de manière très

1. Jacques Benoist-Méchin, *Ukraine, le fantôme de l'Europe.*

sélective et partiale, ils ne prennent pas en compte la culture russe, allant parfois jusqu'à l'ignorer et l'annuler tout simplement. » Quoi de plus dangereux pour le nouveau tsar que de dépendre de Sam Altman, de ChatGPT, du projet Neuralink d'Elon Musk ou de ceux développés par la Chine, on pense à Kai-Fu-Lee. Malheureusement, nous l'énoncions sur différents réseaux sociaux et chaînes d'information, la guerre en Ukraine va ralentir la recherche russe. Poutine, des victoires limitées dans une guerre illimitée, subira des défaites. Elles ne seront pas d'ordre militaire, mais scientifique et intellectuel. En IA, qu'elle soit générative ou forte, tout retard semble difficilement rattrapable.

Mardi 5 décembre

« Je ne sais pas ce qu'il en est, mais en Lettonie, il y avait 40 % de la population qui était russophone ». Poutine est judoka. Il prend chaque faiblesse de ses ennemis pour en faire une force. En Lettonie, le risque de déstabilisation existe. Les populations russophones seront une clé.

Jeudi 7 décembre

Le Pdg de Dassault Aviation est allé à la rencontre des journalistes défense de l'AJD. En entrecoupant les informations de plusieurs d'entre eux[2], on peut établir un compte rendu des échanges.

• **Le Rafale se porte bien, il reste l'épine dorsale de Dassault** : « Notre carnet de commandes est plein jusqu'en 2032-2033, mais cela ne nous empêche pas d'en prendre de nouvelles. »

• **Augmentation des cadences de production, sans passer en économie de guerre :** Dassault pourrait passer à une « cadence de quatre, sans agrandir l'usine » si les besoins venaient à s'exprimer.

• **L'aéronautique pose le sujet du temps long :** « L'aviation de combat est une affaire de temps long. Il faut savoir anticiper les besoins des forces armées à une échéance qui n'est pas celle d'aujourd'hui mais qui est de vingt ou trente ans. »

• **Les défenses antiaériennes :** « La problématique aujourd'hui est de pouvoir opérer dans des espaces très bien défendus. Le but est de pouvoir pénétrer ces défenses sol-air. On y travaille avec les capacités de l'avion, avec la discrétion, les contre-mesures... »

• **L'Allemagne, un partenaire ambigu** : « Il semblerait aujourd'hui qu'il y ait une problématique d'exportation, posée par les Allemands, qui fait que le Rafale, qui s'est vendu dans les pays voisins, commence à avoir de l'attractivité. »

• **Version marine du New Fighter Generation :** « Dès les premiers coups de crayon du démonstrateur, il faudra tenir compte de ces impératifs. On ne navalise pas un avion de combat, on conçoit dès le départ un avion capable d'équiper un porte-avions. On fera comme pour le Rafale. »

• **Le NGF équipé d'un laser :** « Ce n'est pas de la science-fiction, c'est de la science, mais pour l'instant on n'y est pas. Il faudrait gérer des énergies extraordinaires et dans un avion tout est compliqué. Les volumes sont petits, le moteur produit l'énergie pour que l'avion puisse voler. Pour l'instant, on ne prévoit pas ce type d'armement. »

2. https://www.lefigaro.fr/international/furtivite-drones-les-defis-de-l-avion-du-futur-20231205 ; https://www.bfmtv.com/economie/entreprises/defense/armement-veto-allemand-sur-les-exportations-le-patron-de-dassult-en-dit-plus-sur-le-scaf_AV-202312050508.html; https://www.lopinion.fr/international/dassault-le-rafale-est-encore-la-pour-trente-ans

Vendredi 8 décembre

Erdogan en Grèce, reçu par le Premier ministre Kyriakos Mitsotakis. Visite de courtoisie et d'apaisement après ces dernières années houleuses en déclarations et offensives diplomatiques. Pour le président turc, c'est le moyen de se montrer sur la scène internationale en ami des membres de l'Otan, sans mettre de côté ses ambitions territoriales, militaires, énergétiques, et institutionnelles. Pour le ministre grec, dont l'armée vole désormais sur Rafale et bientôt sur F-35, c'est le sentiment d'une courte trêve. Deux voisins territoriaux, amis plutôt que frères, car on ne choisit pas sa famille…

Samedi 9 décembre

La frégate multimission (Fremm) *Languedoc* a ouvert le feu pour abattre deux drones houthis, alors qu'elle patrouillait en mer Rouge. Ce sont deux missiles Aster 15 qui ont été utilisés. D'une portée d'une trentaine de kilomètres, ce missile produit par MBDA est destiné à des fins plutôt défensives.

Dimanche 10 décembre

L'offensive terrestre dans la bande de Gaza a coûté la vie à 100 soldats israéliens.

Lundi 11 décembre

Vous le savez, la Turquie, cet adversaire de l'intérieur, joue la carte de la négociation pour valider ou non l'adhésion de la Suède à l'Alliance atlantique. Au menu : des F-16 Viper contre la sécurité de l'État scandinave. Peu importe pour l'Amérique de Biden, Lloyd Austin vient de signer avec le ministre suédois de la Défense, Pal Jonson, un accord de coopération de défense (DCA) pour autoriser l'installation d'infrastructures militaires américaines sur le territoire suédois. L'Amérique n'abandonne pas l'Europe, elle redéfinit ses priorités et sa manière de les aborder, en attendant le retour de Donald Trump.

***

L'armée israélienne multiplie ses attaques sur Khan Younès et Rafah. Les chars sont entrés dans le centre de la première ville, dont les épais nuages nés de l'irruption des bombes, illustrent les ardents combats. À Rafah, les drones survolent la ville pour orienter le renseignement et préparer la venue des troupes au sol. Dans le Nord, l'armée israélienne continue de fouiller les maisons.

Fiche n°106 : Extrait de l'intervention du ministre des Armées, Sébastien Lecornu, au Sénat[3]

• **Usage d'Aster 15 :** « Deux drones venant du Yémen ont ciblé délibérément la frégate *Languedoc* » en mission en mer Rouge. « Ce sont des missiles Aster 15 qui ont été lancés, en légitime défense, pour détruire les deux drones, pour protéger » la Fremm et l'équipage.

3. https://videos.senat.fr/video.4236302_657703e00a42c.seance-publique-du-11-decembre-2023-apres-midi

• **Un modèle économique et industriel :** Le débat de « la soutenabilité » de l'aide à l'Ukraine est à ouvrir. « De plus en plus d'États amis, alliés (...) posent des exigences précises en matière de délais de livraison. » L'économie de guerre est « aussi la survie de notre modèle d'exportation. »

• **Sur les munitions petits calibres :** « J'ai confié une mission au DGA (...) pour documenter les coûts de la recréation d'une filière en la matière. (...) Et notamment en travaillant de concert avec l'ensemble des environnements concernés par les petits calibres. » Il faut « documenter petit calibre ». Il faut « documenter » le modèle économique. « Je reviendrai devant le Parlement d'ici la moitié 2024 pour donner une orientation définitive sur ce sujet bien connu, intéressant, mais sur lequel je ne veux pas qu'on y aille à l'aveugle parce que si on recrée une filière sans modèle économique et sans débouché avéré, le risque sera d'y mettre de l'argent public et de la voir disparaître à terme, et cela, personne ne le souhaite. »

Mardi 12 décembre

Fin officielle pour la Minusma. L'armée allemande rentre en Europe, les derniers soldats ont quitté Gao après onze ans d'épreuves.

Mercredi 13 décembre

Deux sous-marins inaugurés par un Vladimir Poutine flamboyant ! L'un est un SNA, le *Krasnoyarsk*, de la classe Yasen-M. L'autre un SNLE, l'*Empereur Alexandre III*, de la classe Borei-A. L'un va servir aux opérations spéciales et au harcèlement de l'ennemi par l'usage de missiles de croisière. L'autre est destiné à la dissuasion nucléaire et aux missions en Arctique. Les États ont la politique de leur géographie. Celle de la Russie est immense et va au-delà des mers.

***

La fin de la France au Niger, un chef d'État-major présent au Bénin, des rumeurs qui courent... Le général Thierry Burkhard a tenu à clarifier la situation : « Écoutez ce que je vous dis, regardez ce qui se passe, et vous verrez qu'il n'y a pas de base militaire française au Bénin. On ne me l'a pas demandé, j'arrive à construire des actions de partenariat militaires sans avoir de base militaire au Bénin. (...) Le Bénin n'est pas le point de chute du désengagement de *Barkhane*, pas plus que le Tchad ne l'est. Ces matériels-là repartent en France. » Non, la France n'ouvrira pas de base militaire au Bénin. Oui, la France et le Bénin vont engager une coopération en matière de défense et de lutte anti-terroriste. Oui, la France doit rester active et présente au Sahel, autrefois par le Mali, le Burkina Faso, le Tchad et le Niger. Aujourd'hui à travers le Sénégal, la Côte d'Ivoire, le Gabon et le Bénin...

Vendredi 15 décembre

Vladimir Poutine est engagé dans sa campagne présidentielle. À la télévision, pour le rendez-vous annuel du « bilan de l'année » devant une assistance de journalistes, il a loué une Russie plus forte. Par le sceau des Évangiles et de l'Église orthodoxe russe, il a loué la gloire de la « femme russe », véritable « Gaia » de la société. Selon le président de la

Fédération, il faut refermer la boîte de Pandore pour inverser la courbe des naissances et rendre positif le solde démographique. C'est en enjeu de souveraineté, d'existence et de puissance. La Russie de demain, ce sera aussi la « stabilité du système financier et économique du pays ». Souveraineté industrielle, accès aux métaux rares et aux processeurs, intelligence artificielle et partenariats économiques avec les ex-républiques socialistes soviétiques : l'avenir est loin de l'Occident. L'avenir russe est oriental et asiatique.

Sur la guerre russo-ukrainienne, la « victoire » est une nécessité d'État. Dévoilant un nombre de 617 000 soldats en Ukraine, Poutine s'est dit confiant sur l'avenir de « l'opération spéciale », de la « démilitarisation » et de la « dénazification » de l'Ukraine.

Enfin, un tacle aux Européens par une vie parallèle sordide[4] : « Beaucoup croient qu'ils se comportent comme le général de Gaulle, qui se battait pour les intérêts de la France les armes à la main. (...) Mais en fait, ils se comportent comme le maréchal Pétain qui était un héros de la Première Guerre mondiale, mais qui est devenu un collabo à la Deuxième et s'est soumis à la volonté des occupants. »

Fiche n°107 : La guerre de l'information

La propagande est de tous les temps, de toutes les civilisations. Dans l'Antiquité, Jules César avait écrit *La Guerre des Gaules*. Dans l'ère qui suivit la Révolution française, Napoléon se plut à rédiger par lui-même, certaines des pages du *Courrier de l'armée d'Italie* ou plus tard sous l'Empire, *Les bulletins de la Grande Armée*.

Parmi les grands prodiges de la propagande du XXe siècle, on pense naturellement à Ivy Lee, Edward Bernay ou à Walt Disney.

Dans un ouvrage précieux, David Colon est revenu sur cette lutte à laquelle se livrent les États, celle de l'information. Dans la lignée de son précédent livre, *Propagande, la manipulation de masse dans le monde contemporain*[5], l'auteur détaille les outils et méthodes de manipulation des masses utilisés par les États pour dominer ce que Gustave Le Bon dénomma « la psychologie des foules ».

Au service des guerres, les machines de la propagande tournent à plein régime. De nos jours, cela peut passer par l'usage des nouvelles technologies, le déploiement de trolls et *fake news*, le contrôle des médias, le lancement de campagnes informationnelles, le rôle du *storytelling*, le jeu d'influence des services de renseignement, la désinformation, la création d'événements propres à justifier une guerre ou un usage de la force militaire, l'encadrement de la presse au cours d'un conflit comme cela fut le cas lors de la guerre du Golfe, le rôle des plateformes numériques...

La guerre de l'information, pour reprendre les mots de George Kennan cité par David Colon, c'est « l'emploi de tous les moyens à la disposition d'une nation, en dehors de la guerre », autrement dit de l'usage de la force, « pour atteindre des objectifs nationaux[6]. »

4. La notion « vie parallèle » renvoie à l'ouvrage de Plutarque, biographe de la Rome antique, qui publia un ouvrage *Vies parallèles*. Il s'agit de biographies d'hommes illustres du monde gréco-romain.
5. David Colon, *Propagande, la manipulation de masse dans le monde contemporain*, Paris, Champs histoire, 447 pages.
6. George Kennan dans David Colon, *La guerre de l'information*, Paris, Tallandier, 2023, p. 11.

La propagande sert des intérêts politiques ; elle a pour but de provoquer une action, des comportements et des réactions en vue d'une fin. Les guerres russo-ukrainiennes et israélo-palestiniennes furent deux illustrations de cette lutte intense pour le contrôle des symboles, la maîtrise de l'écriture de l'histoire en cours et la domination de « l'opinion publique internationale ».

Une propagande aboutie, sera celle qui se sera adressée tant à l'individu, qu'aux masses.

Lundi 18 décembre

Les pays scandinaves sont conscients de leurs limites démographiques et donc militaires. La Suède, la Finlande et le Danemark ont signé avec les États-Unis des accords de défense. Ces trois pays autorisent l'armée américaine à déployer des soldats et matériels de défense sur leur sol. En matière de géopolitique, rappelons que le Danemark, c'est aussi le Groenland. Que la Suède, le Danemark et la Finlande, c'est aussi l'Arctique.

Mardi 19 décembre

Pour sauvegarder la liberté de navigation et garantir les échanges économiques entre l'Occident et l'Orient, l'Occident et l'Asie, les États-Unis ont annoncé la mise en place d'une coalition militaire internationale maritime. Cette dernière se dénomme *Opération gardien de la prospérité* ou *Prosperity Guardian*.

Cette force représentera une dizaine de pays dont les États-Unis, la France, l'Espagne, le Royaume-Uni, le Bahreïn, l'Italie, les Pays-Bas, la Norvège, le Canada et les Seychelles. On remarquera l'absence de l'Égypte et de pays arabes.

Lloyd Austin, secrétaire d'État à la défense, a tenu à préciser que « les pays qui cherchent à faire respecter le principe fondamental de la liberté de navigation » face aux menaces répétées des Houthis qui ont tiré à plusieurs reprises ces derniers jours, des missiles balistiques et des drones tueurs sur les navires marchands de nombreuses nations qui transitent légalement dans les eaux internationales, se placeront sous le commandement de la Task Force 153.

Les forces maritimes déployées auront donc pour mission de protéger les navires marchands contre la menace des Houthis, et donc de leur assurer une protection antiaérienne. Cela posera la question des moyens et du coût, quand on sait que le prix d'un missile Aster 15 est de l'ordre de 1 million d'euros.

Jeudi 21 décembre

C'est un effort considérable pour le Japon. Le pays du Soleil levant vient de valider un budget de la défense en hausse de 17 %, soit 50,7 milliards d'euros. Le Japon a l'intention de porter son budget à hauteur de 2 % de son PIB en 2027. Il intensifie l'achat de moyens défensifs qui ont fait leurs preuves en Ukraine, comme les missiles de croisière, les systèmes de lutte antiaérienne, tout en complétant ses stocks de munitions. Le spatial et le cyber ne sont pas épargnés, tout autant que les drones et l'intelligence artificielle.

Vendredi 22 décembre

Après la mer Rouge, c'est un navire en océan Indien qui fait l'objet d'une attaque par drone tueur. Les Pasdaran menacent d'étendre leurs actions jusqu'en Méditerranée.

Samedi 23 décembre

« Aujourd'hui, j'ai informé le président Zelensky de la décision de notre gouvernement de préparer la livraison d'un premier lot de dix-huit avions de combat F-16 à livrer à l'Ukraine » a tweeté le Premier ministre des Pays-Bas, Mark Rutte. Celui qui est l'un des prétendants pour remplacer Jens Stoltenberg à la tête de l'Alliance atlantique, se félicite de voir dix-huit F-16 quitter Amsterdam pour Kiev. Au total, avec la dotation de son voisin danois, c'est 61 avions de combat qui doivent compléter les rangs de l'Armée de l'air ukrainienne. Le gros sujet désormais, en plus des livraisons d'avions, de munitions et d'obus, sera l'accord financier que doit trouver le Conseil européen en février 2024. L'avenir de l'UE en tant qu'allié sérieux de l'Ukraine est en jeu. Si les États membres de l'UE, qui viennent d'ouvrir les négociations pour une adhésion de l'Ukraine, ne sont pas au rendez-vous pour les munitions, alors le soleil couchant aura ses taches[7].

Dimanche 24 décembre

C'est Noël pour les industriels allemands. Après 8,4 milliards d'euros d'exportations d'armements en 2022, l'Allemagne d'Olaf Scholz atteint le palier de 11,4 milliards d'euros en 2023. Les principaux importateurs sont occidentaux : Ukraine, Hongrie, Royaume-Uni, États-Unis, Pologne, Japon et Australie. Leopard, Gepard, Panzerhaubitzen 2000, lance-roquettes, système de défense antiaérienne Iris-T, sous-marins… la liste du matériel vendu est longue.

Lundi 25 décembre

Israël neutralise le général de brigade Razi Moussavi, membre de la Force al-Qods. Proche de Qassem Soleimani – général commandant la Force al-Qods tué en 2020, Moussavi était une haute autorité respectée des Pasdaran. Son influence auprès des proxys de Téhéran était significative. Notamment au Liban et en Syrie. Sa mort est un acte fort de l'État d'Israël envers Téhéran. La guerre est loin d'être terminée. La guerre indirecte s'intensifie entre les deux nations, avant la confrontation finale.

Mardi 26 décembre

Moscou a achevé l'envoi de missiles Iskander-M à capacité nucléaire en Biélorussie.

7. Référence aux propos de Voltaire sur Louis XIV : « Nul n'est parfait ici-bas ; le soleil lui-même a ses taches. »

Fiche n°108 : Leçons de la guerre en Ukraine pour la France

Les leçons de la guerre russo-ukrainienne sont à analyser à l'aune de sa nature. Elles sont nombreuses et celles que nous présentons n'en forment qu'une infime partie. Elles sont d'ordres militaire, diplomatique et énergétique. Confirmées avec l'impact des conflits au Haut-Karabagh et au Moyen-Orient.

MILITAIRES :

• **Forces morales :** Les forces morales ou le caractère de la population. Ce sont les forces morales, exprimées par une combativité exemplaire, qui ont permis à l'Ukraine de résister. L'Ukraine a fait preuve d'une résilience et d'une cohésion qui doivent servir et inspirer les politiques patriotiques françaises.

• **Service militaire ou instances de formation de la population :** La Russie comme l'Ukraine ont formé leur population au maniement des armes. Les guerres à venir, tout au moins celles anticipées de nature étatique, imposent à la France de rétablir une formation de sa population à l'état de guerre.

• **Le commandement :** Le commandement russe a péché par mensonge. La loyauté et la franchise doivent guider nos soldats. Dire la vérité à ses chefs, à ses hommes, à sa population, c'est garantir le lien de confiance et entrevoir l'effort commun à fournir.

• **La préparation opérationnelle :** Elle est indispensable à la bonne conduite des opérations. Faute de « préparation opérationnelle » suffisante, l'armée russe a rencontré de nombreuses difficultés au début du lancement de « l'opération spéciale ». Elle en rencontre encore.

• **La liberté d'action :** La technologie limite la liberté d'action dans le conflit russo-ukrainien. Un point qui ne doit pas être négligé pour les armées à tous les niveaux : stratégiques autant que tactiques.

• **La BITD :** L'industrie de défense est une épine dorsale d'un État souverain. L'Ukraine dépend de nations étrangères pour son armement quand la Russie est souveraine et donc autonome.

• **Les munitions :** La Russie comme l'Ukraine sont consommateurs de munitions. La guerre pose la question de la consommation, des moyens disponibles, des stocks, du bénéfice de disposer d'une filière en état de guerre.

• **Le rôle des drones :** Ces derniers ont pris une place prédominante dans les conflits, notamment en Ukraine. La France doit sérieusement investir le champ des drones tueurs et de renseignement.

• **La défense sol-air :** Nul n'aura omis de remarquer sa place dans le conflit en question, tant les livraisons occidentales ont nui à l'aviation russe. Un rapport parlementaire mis en extrait dans l'ouvrage détaille les besoins en volumétrie, en ressources humaines et en matériels de la France.

• **Entre qualité et quantité :** La haute intensité induit de pouvoir disposer de matériels en masse, afin de répondre à la problématique du nombre et de l'étendue spatiale qu'imposent la géographie et la démographie, mais également du matériel de qualité pour dominer l'adversaire par la précision et les attaques en profondeur à haute valeur ajoutée sur les centres d'intérêt vitaux.

• **L'équipement des troupes conventionnelles :** Les forces conventionnelles russes sont trop faiblement équipées. Au-delà des problématiques relevant du commandement et des forces morales, c'est une faille qui traduit de lourdes pertes. En France, l'insuffisance du programme 146 (l'équipement des forces) est réelle.

• **La place de l'intelligence artificielle :** L'IA ne touche pas que la société civile, elle se joint aux évolutions de l'art de la guerre. Le conflit russo-ukrainien n'en est pas exempt. Il faut également regarder du côté de l'armée israélienne, en avance dans ce domaine.

• **La maîtrise de mers :** La mer d'Azov, la mer Noire sont à la Russie et à l'Ukraine ce que sont la mer Méditerranée, les océans Pacifique et Atlantique pour la France. Il faut être puissant sur mer et sur terre. De la mer découle la plupart des échanges économiques. L'enjeu des céréales fut un marqueur de la guerre russo-ukrainienne et de la nécessité de se garantir une liberté de navigation.

• **La maîtrise des fonds marins :** Le déploiement de sous-marins, le placement des câbles sous-marins, ou le cas d'étude « Nord Stream 1 et 2 » rappellent, entre autres, l'importance des fonds marins.

• **Le changement d'échelle :** Tous les milieux et espaces font l'objet de luttes. La cyber, la guerre de l'information... L'hybridité des moyens oriente vers une approche globale.

• **L'Europe de la défense :** L'idée, séduisante soit-elle, semble avoir été abandonnée par le chef des armées, qui privilégie désormais un rôle européen au sein de l'Otan.

DIPLOMATIQUES :

• **L'instrument militaire comme moyen de puissance diplomatique :** L'absence d'un outil militaire important réduit les efforts diplomatiques. Au début du conflit russo-ukrainien, malgré son déplacement en Russie le 7 février 2022, le président Macron n'a pas été considéré comme un interlocuteur clé, faute de « puissance française ».

• **La constance, c'est le sceau de la crédibilité :** Les flottements français ont créé un état d'incompréhension chez certains de nos alliés. L'inconstance amène aux tourments et à l'agitation.

• **Consolider nos alliances**

ÉNERGÉTIQUES, MÉTAUX ET SEMI-CONDUCTEURS :

• **Approvisionnements :** Le conflit de réveiller l'impératif besoin de diversifier les approvisionnements en matières premières, matières fossiles et métaux rares.

• **Semi-conducteurs :** L'UE comme la France ont un sérieux retard dans ce domaine, alors qu'elles étaient dominantes dans les années 1990. Pas de guerre moderne ou de société moderne sans semi-conducteurs.

Mercredi 27 décembre

Passe d'armes entre Erdogan et Netanyahou. Le président turc compare le Premier ministre israélien à « Hitler », évoquant un ministre « plus riche que Hitler » ayant tué « 20 000 Gazaouis. » Netanyahou lui rétorque qu'un chef d'État qui « commet un génocide contre les Kurdes et qui détient le record mondial d'emprisonnements de journalistes opposés à son régime » n'est pas le bienvenu pour donner des leçons de morale.

***

Décès de Jacques Delors. Homme politique engagé en faveur de l'intégration économique européenne, qui participa à l'adoption de l'Acte unique prévoyant la création d'un marché unique et d'un espace européen libre de frontières.

Fiche n°109 : Préambule de l'Acte unique européen

« ANIMÉS de la volonté de poursuivre l'œuvre entreprise à partir des traités instituant les Communautés européennes et de transformer l'ensemble des relations entre leurs États en une union européenne (...),

RÉSOLUS à mettre en œuvre cette Union européenne sur la base, d'une part, des Communautés fonctionnant selon leurs règles propres et, d'autre part, de la coopération européenne entre les États signataires en matière de politique étrangère et à doter cette union des moyens d'action nécessaires,

DÉCIDÉS à promouvoir ensemble la démocratie en se fondant sur les droits fondamentaux reconnus dans les constitutions et lois des États membres, dans la convention de sauvegarde des droits de l'homme et des libertés fondamentales et la charte sociale européenne, notamment la liberté, l'égalité et la justice sociale,

CONVAINCUS que l'idée européenne, les résultats acquis dans les domaines de l'intégration économique et de la coopération politique ainsi que la nécessité de nouveaux développements répondent aux vœux des peuples démocratiques européens pour qui le Parlement européen, élu au suffrage universel, est un moyen d'expression indispensable.

CONSCIENTS de la responsabilité qui incombe à l'Europe de s'efforcer de parler toujours davantage d'une seule voix et d'agir avec cohésion et solidarité afin de défendre plus efficacement ses intérêts communs et son indépendance, ainsi que de faire tout particulièrement valoir les principes de la démocratie et le respect du droit et des droits de l'homme, auxquels ils sont attachés, afin d'apporter ensemble leur contribution propre au maintien de la paix et de la sécurité internationales conformément à l'engagement qu'ils ont pris dans le cadre de la charte des Nations unies,

DÉTERMINÉS à améliorer la situation économique et sociale par l'approfondissement des politiques communes et par la poursuite d'objectifs nouveaux et à assurer un meilleur fonctionnement des Communautés, en permettant aux institutions d'exercer leurs pouvoirs dans les conditions les plus conformes à l'intérêt communautaire,

CONSIDÉRANT que les chefs d'État ou de gouvernement (...) ont approuvé l'objectif de réalisation progressive de l'Union économique et monétaire,

CONSIDÉRANT l'annexe aux conclusions de la présidence du Conseil européen de Brême des 6 et 7 juillet 1978 ainsi que la résolution du Conseil européen de Bruxelles du 5 décembre 1978 concernant l'instauration du système monétaire européen (SME) et des questions connexes et notant que, conformément à cette résolution, la Communauté et les banques centrales des États membres ont pris un certain nombre de mesures destinées à mettre en œuvre la coopération monétaire. »

Vendredi 29 décembre

« On peut observer, en effet, que les conducteurs d'hommes – politiques, prophètes, soldats – qui obtinrent le plus des autres s'identifièrent avec de hautes idées et en tirèrent d'amples mouvements. Suivis de leur vivant en vertu des sujétions de la grandeur plutôt que de l'intérêt, leur renommée se mesure ensuite moins à l'utilité qu'à l'étendue de leur œuvre. Tandis que, parfois, la raison, les blâmes, le sentiment les glorifie. Napoléon dans le concours des grands hommes, est toujours avant Parmentier[8]. »

Dimanche 31 décembre

L'année se finalise. Carillonne l'heure du bilan et des perspectives.

La guerre russo-ukrainienne tout d'abord. Nous orientons-nous vers un effondrement de l'Ukraine ? Un état gelé des relations entre les deux États ? Vers une lutte continue, une guerre permanente, ne permettant ni la paix, ni l'adhésion de l'Ukraine à l'UE, ni son adhésion à l'Otan, ni un retour à la normale des relations entre les nations du Vieux Continent et la Russie ?

La Russie : la guerre en Ukraine comme entraînement ? Une ambition globale désinhibée de toutes limites à l'usage de la force ? La Russie ou le concept de la guerre continue ? La Russie et son président faisant l'objet d'un mandat d'arrêt...

Le conflit israélo-palestinien. Aujourd'hui concentré sur Gaza, et quelques zones aux frontières de l'État d'Israël – au Liban, en Syrie et en Cisjordanie –, il est couvert d'aléas internationaux. Régionalisation, régionalisation institutionnalisée, guerre ouverte avec l'Iran... Les portes de l'enfer sont pré-ouvertes, les rues arabes bouillonnent, les élites politiques du Moyen-Orient agissent de stratégies, de tactiques et de scénarios mouvants.

Quel impact de la politique « des bons sentiments » engagés entre l'Iran et l'Arabie Saoudite ?

La relation États-Unis / Chine : le piège de Thucydide ? Une guerre certaine ? Comme la guerre « résulte d'un dessein politique, il est naturel que ce motif initial dont elle est issue demeure la considération première et suprême qui dictera sa conduite » écrivait Carl von Clausewitz dans *De la guerre*. Avons-nous ici un dessein partagé ? Avec un tel conflit, le degré de violence serait si élevé, tant il n'y aurait pas de limites à sa manifestation, qu'il guiderait les hommes vers l'apocalypse. La Chine, par son « amitié sans limite » avec la Russie et son rapprochement avec l'Iran, comme les États-Unis avec leur nouveau sommet annuel incluant la Corée du Sud et le Japon, s'y préparent.

Taïwan. L'invasion viendra-t-elle en 2024 ? 2025 ? 2027 ? 2049 ? Comment cette guerre transformera-t-elle le monde ? Nos sociétés ? Les relations entre peuples et acteurs de ce globe.

L'Inde, devenue le caducée d'Hermès, jonglant entre les blocs, les alliances, les pays... et ses intérêts.

L'Arménie survivra-t-elle aux volontés meurtrières de ses voisins avides de conquêtes ?

Le Sahel, comme l'Afrique de l'Ouest vont-ils tomber dans un chaos islamique ? L'islamisme poursuit son avancée comme la tache d'huile de Gallieni, ou la théorie des dominos d'Eisenhower. Jusqu'à quelle fin ? 2023 fut en tout cas marquée par de nombreux coups d'État.

8. Charles de Gaulle, *Le Fil de l'épée.*

La prolifération nucléaire : endormie, elle semble se réveiller. À la fin de la décennie, l'Iran, la Turquie, l'Arabie Saoudite et la Corée du Sud seront-ils des États nucléarisés ? Le taux de probabilité est élevé.

La place des drones et de l'intelligence artificielle. L'art de la guerre, l'art militaire connaît des transformations rapides et tout aussi perturbantes pour les États, les armées et les sociétés.

L'Occident. Quel Occident, pour un monde perturbé par les alliances qui s'agglutinent autour de la Chine ? Le dollar, le droit international, l'ordre et la stabilité à l'occidentale tomberont-ils devant les volontés de Xi Jinping, de Poutine, de Raïssi et d'Erdogan ? L'Occident n'a plus le monopole de la force, il lui faut se remilitariser, se réarmer intellectuellement, matériellement et physiquement. Face à cela, l'endurance stratégique !

L'Union européenne. Dépassée, incapable de se substituer aux États-Unis dans le soutien à l'Ukraine. Divisée. Son organisation comme son rôle semblent mener le Vieux Continent à la submersion. Dans une note[9], l'ancien Premier ministre, Édouard Balladur, pose les jalons d'une nouvelle Union européenne. Réveil et choc des réalités en perspective ? L'UE tiendra-t-elle face aux défis auxquels vont faire face les États de l'Europe de l'Est, de la Méditerranée et de l'Europe de l'Ouest ? Tous les systèmes européens se sont effondrés pour un jour renaître selon les principes de leur siècle.

L'Allemagne. Le pays d'outre-Rhin a engagé un virage. Puissance économique, l'Allemagne fera privilégier ses intérêts économiques sur toute autre considération, et fait de son partenariat avec les États-Unis la clé de voûte de sa sécurité. « Tournant allemand », le « Zeitenwende » ne doit pas être analysé comme une illusion, notamment pour l'approche diplomatique et économique française vis-à-vis de son voisin.

Enfin, la France. Quelle France pour demain ? Quelles leçons sur le plan énergétique, militaire, alimentaire, spatial, cyber, numérique... ses hommes et femmes amenés à gouverner, tireront-ils de ces conflits, de ces défis, de ces risques, de ces périls, et des opportunités que leur offrent sa terre, son industrie, ses ingénieurs, sa ZEE... ? Vassalisation ? Indépendance ? Autonomie stratégique dans un bloc occidental ? Puissance d'équilibre ? Puissance partenariale ? Membre actif de l'Otan ? Demain, quels partenariats en Afrique ? Quelle « diplomatie minérale » face à la concurrence chinoise, russe et turque ?

Nous repassons sans cesse par les chemins de nos pères. Il suffit donc d'observer leurs bonnes pratiques, de les réitérer et de méditer la notion de continuité historique, comme de relire les principes philosophiques qui définissent une nation. Si nation ils veulent. À cela, la période 1960 est inspirante. La France doit réapprendre à penser sur dix, vingt, trente ans. Sur une ou deux générations.

2023 s'éteint, 2024 s'ouvre. « Les hommes font l'histoire, mais ils ne savent pas l'histoire qu'ils font[10]. » Une telle pensée suffit pour conclure ce *Carnet de guerre 2023.*

9. https://www.fondapol.org/etude/leurope-et-notre-souverainete/
10. Raymond Aron

ANNEXES

« *Aimez la France ! Elle mérite. Soyez en conscients.* »
Pierre de Villiers

Annexe 1

De l'opération Barkhane aux Forces françaises au Sahel (FFS)

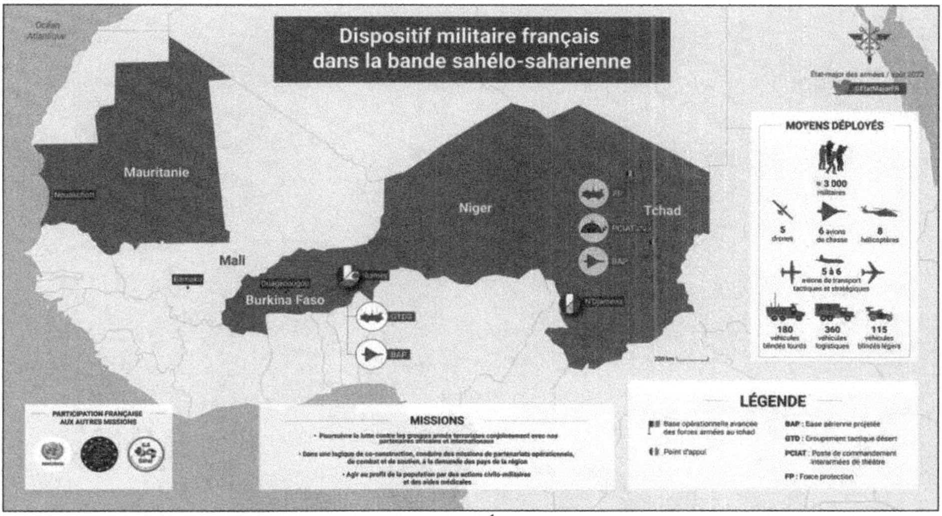

© Ministère des Armées, État-major des armées

L'opération *Barkhane* est une opération extérieure menée par les armées françaises au Sahel depuis le mois d'août 2014. Elle a succédé à l'opération *Serval*, qui avait été lancée le 11 janvier 2013 par le président François Hollande. Elle s'étend sur cinq pays : la Mauritanie, le Mali, le Burkina Faso, le Niger et le Tchad.

Le 10 juin 2021, le président Emmanuel Macron a annoncé la fin de l'opération *Barkhane* sous la forme qu'on lui connaît depuis 2014. La France mène, depuis, une politique de réorganisation de sa présence au Sahel en redéployant notamment ses troupes vers le Niger et le Tchad, ayant identifié le golfe de Guinée comme lieu à haut risque. Malgré son départ programmé du Mali, la France n'envisage pas de départ définitif du Sahel.

Le 1er juillet 2022, la Task force *Takuba* a officiellement pris fin.

Le 15 août 2022, les dernières forces françaises ont quitté le Mali.

Le 9 novembre 2022, le président Emmanuel Macron a proclamé la fin définitive de l'opération *Barkhane*.

Aujourd'hui, la France est encore présente au Sahel, avec des forces déployées au Tchad. En 2023, la France a quitté le Niger à la demande des nouvelles autorités politiques qui ont démis le président Mohamed Bazoum du pouvoir. Quelques éléments nationaux sont également sur le territoire du Bénin.

Annexe 2

Opération Chammal

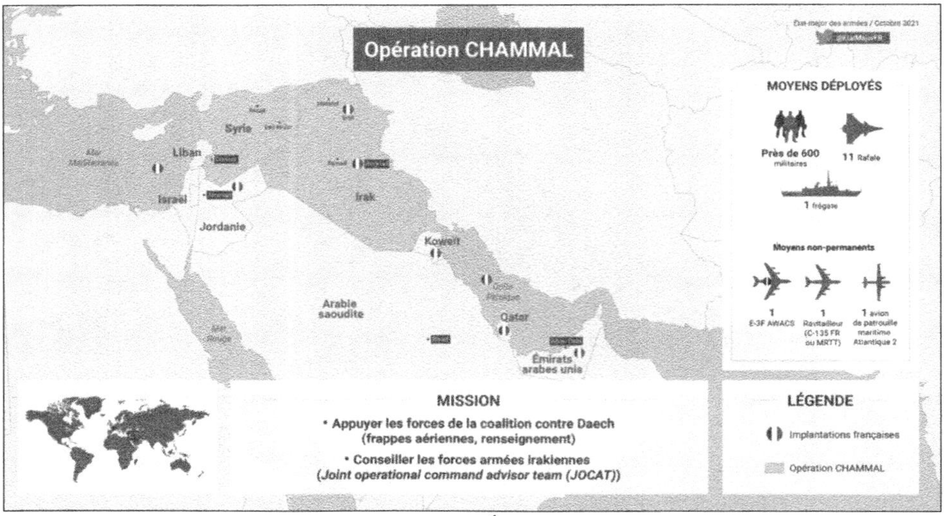

© Ministère des Armées, État-major des armées

L'opération *Chammal* a été lancée le 19 septembre 2014. Elle est le volet français de l'opération interalliée *Inherent Resolve* (OIR). La France apporte son soutien au gouvernement irakien dans sa lutte contre le terrorisme et l'État islamique au Sahel. Depuis le 8 septembre 2015, suite à une décision prise par le président de la République François Hollande, la zone d'intervention des forces françaises a été étendue à la Syrie.

Types de missions des forces françaises :

• La Task Force *Montsabert* mène des missions de formation et d'aide à la planification des opérations conduites par les forces de sécurité irakiennes (FSI) aux ordres de Bagdad.

• La Task Force *Wagram* appuie militairement les FSI, notamment à travers l'usage du Canon CAESAr.

• De plus, les forces spéciales, répondant du commandement des opérations spéciales (COS), mènent des actions particulières.

• Des actions commandos sont également réalisées.

• Enfin, la DGSE agit dans l'ombre.

Annexe 3

Mission Aigle

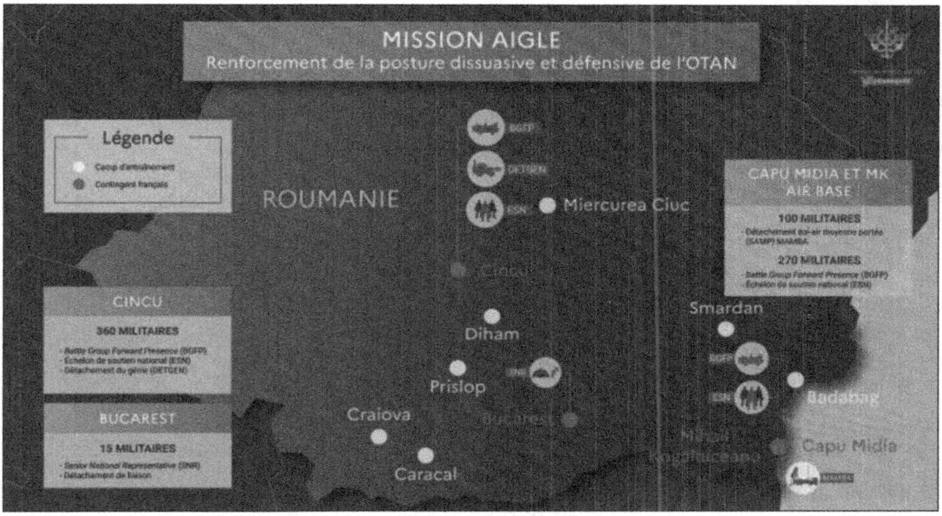

© *Ministère des Armées*

Le 28 février 2022, en considération de l'invasion russe en Ukraine, la France a déclenché la mission *Aigle* afin de renforcer la posture de l'Otan à l'est de l'Europe.

La France a déployé un groupement tactique interarmes organisé autour de soldats du 93e régiment d'artillerie de montagne, du 126e régiment d'infanterie, du 27e BCA, du 2e régiment étranger de génie et du 4e régiment de chasseurs. Nation-cadre, la France a vu son dispositif évoluer. De nouvelles unités ont relevé celles présentes dès les premiers jours de l'*opération spéciale russe.*

En mai 2022, un système de défense sol-air de dernière génération Mamba est venu compléter le dispositif.

En octobre 2022, la France a renforcé ses capacités en déployant un escadron de chars Leclerc et une compagnie renforcée de véhicules blindés de combat d'infanterie.

En 2023, la mission *Aigle*, le 68e régiment d'artillerie d'Afrique a rejoint la Roumanie, après avoir suivi une formation de coordination des appuis-feu (CAF), validant une procédure de tir à partir de l'observation de drones.

Aujourd'hui, le dispositif français s'articule autour de 500 à 700 soldats.

Annexe 4

Opération Héphaïstos

© *Ministère des Armées*

Depuis 1984, la France engage des militaires chaque été pour une période de trois mois (fin juin à fin septembre) dans le cadre de l'opération *Héphaïstos*. Elle vise à lutter contre les feux de forêts dans des zones identifiées à risque.

En 2022, entre cinquante et cent soldats français ont été déployés dans vingt-trois départements du sud de la France.

Ils ont porté assistance aux unités de sécurité civile et aux pompiers dans la lutte.

Cela a conduit à mobiliser trois hélicoptères et une vingtaine de véhicules.

Annexe 5

Autres opérations ou présence de l'armée française en 2023

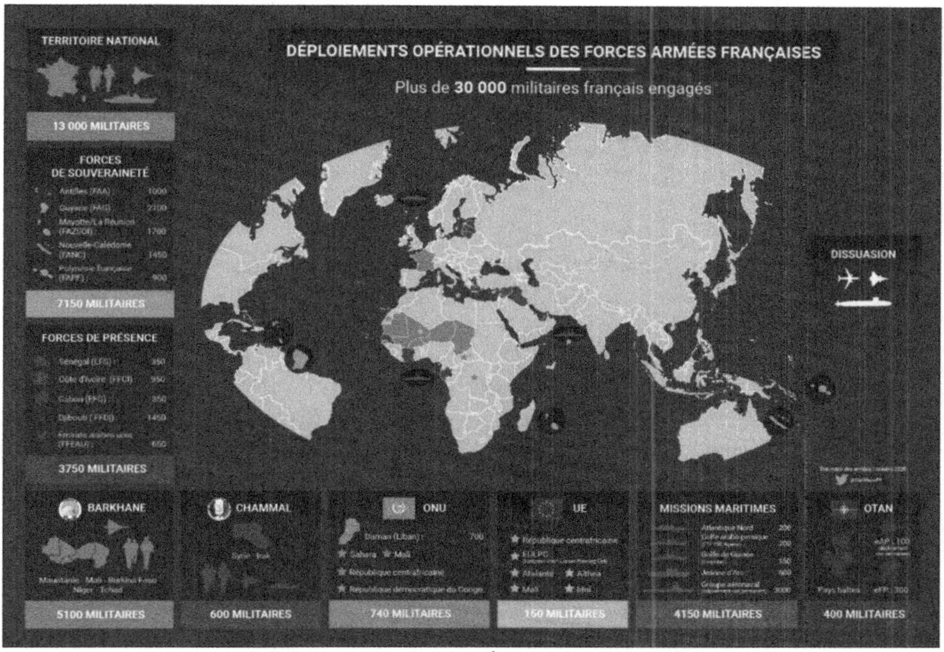

© *Ministère des Armées, État-major des armées*

Opération *Althea* : opération de l'Union européenne en Bosnie-Herzégovine.

Opération *Atalante* : EU-Navfor Atalanta est une opération qui a été lancée en novembre 2008 afin de lutter contre la piraterie au large des côtes somaliennes.

***enhanced Vigilance Activities* :** Mission de défense aérienne et de « réassurance de l'Otan » lancée à la suite de l'ouverture du conflit russo-ukrainien, sur le flanc oriental de l'Europe. Mission Otan impliquant des Rafale et MRTT. Quatre territoires concernés : la Croatie, la Roumanie, la Bulgarie et la Pologne.

Opération *Daman* : contribution française à la Force intérimaire des Nations unies au Liban (Finul). Le nombre de soldats varie entre 700 et 900. Tel que le précise le ministère des Armées, les forces françaises sont le bras armé de la Force Commander Reserve (FCR), qui doit être en mesure d'intervenir rapidement sur toute la zone d'action de la Finul.

Forces françaises en Côte-d'Ivoire : depuis 2002, la force *Licorne* est chargée de maintenir un contexte sécuritaire en Côte-d'Ivoire. Depuis le 1er janvier 2015, on parle désormais des Forces françaises en Côte-d'Ivoire (FFCI). L'effectif français est de 900 soldats.

Force multinationale et observateurs au Sinaï : depuis 1982, la France déploie deux observateurs français au Sinaï pour contrôler l'application des traités de paix de Camp David et de Washington, par l'Égypte et Israël.

Monusco : Mission de l'Organisation des Nations unies pour la stabilisation en République démocratique du Congo qui a succédé à la mission de l'Organisation des Nations unies en République démocratique du Congo, lancée suite à la résolution 1279 du Conseil de sécurité du mois de novembre 1999.

Minul : Mission des Nations unies au Liberia mise en place en 2003 par la résolution 1509 du Conseil de sécurité. Son but est de faire respecter les accords de cessez-le-feu dans le pays en question.

Opération *Minurso* : opération de maintien de la paix au Sahara occidental. Elle a été lancée en 1991 par la résolution 690 du Conseil de sécurité. Une dizaine d'observateurs français y sont présents.

Opération *Onuci* : opération des Nations unies en Côte-d'Ivoire, qui a été mise en place par la résolution 1528 du Conseil de sécurité, en février 2004. Elle est commandée par l'officier français Didier L'Hôte.

Opération *Baltic* : depuis 2004 et à la demande des Pays baltes, l'Organisation du traité de l'Atlantique nord (Otan) assure une mission de police du ciel pour le compte des trois États que sont la Lituanie, l'Estonie, et la Lettonie.

Annexe 6

Les opérations extérieures européennes

• **EUFOR** ***Althea*** : opération lancée en 2004. Elle succède à une force otanienne de maintien de la paix en Bosnie-Herzégovine présente depuis décembre 1996. Objectif : faire respecter les accords de Dayton.

• **EUTM** ***Mali*** : mission qui vise à former l'armée maliene. Sa zone d'activité a été élargie, depuis son lancement en 2013. Elle est étendue au G5 Sahel. Elle a pris définitivement fin en 2023.

• **EUNAVFOR** ***Atalanta*** : opération navale lancée en 2008 pour assurer la lutte contre la piraterie au large de la Somalie.

• **EUTM** ***Somalia*** : lancée en 2010, elle vise à former l'armée somalienne.

• **EUNAVFOR** ***Irini*** : depuis 2020 elle assure le contrôle de l'embargo sur les armes et lutte contre le trafic de pétrole en Libye.

• **EUTM** ***Mozambique*** : mission de formation européenne, lancée en 2021 afin d'apporter un appui aux troupes conventionnelles du Mozambique.

Annexe 7

Communauté du renseignement français

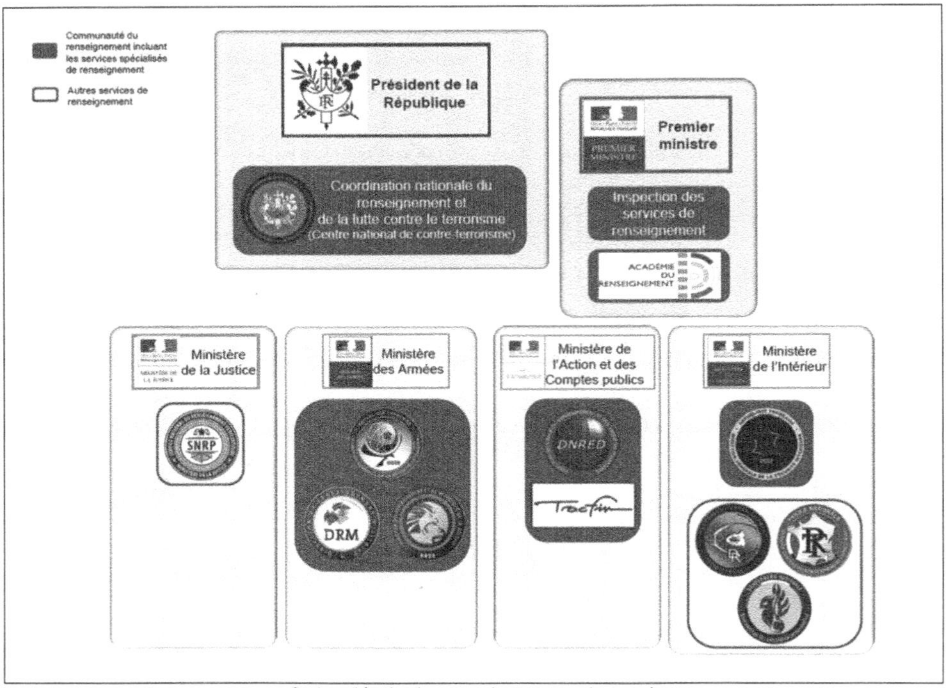

© *Académie du renseignement français*

En France, les services de renseignement sont constitués de :

- la Direction générale de la sécurité extérieure (DGSE)
- la Direction du renseignement et de la sécurité de la Défense (DRSD)
- la Direction du renseignement militaire (DRM)
- la Direction générale de la sécurité intérieure (DGSI)
- la Direction nationale du renseignement et des enquêtes douanières, Tracfin (service de renseignement rattaché aux ministères financiers).

Évolution :

- 2008 : Instauration de la notion de communauté du renseignement dans *Le Livre blanc sur la défense et la sécurité nationale* de 2008.
- 2008 : Nicolas Sarkozy fait installer à l'Élysée un « coordonnateur national du renseignement ».
- 2015 : Loi n° 2015-912 du 24 juillet 2015 relative au renseignement. Elle définit le cadre légal dans lequel les services de renseignement français peuvent recourir à différentes actions, notamment celui de l'accès à l'information (recueil de renseignement).

La Commission nationale de contrôle des techniques de renseignement (CNCTR) succède à la Commission nationale de contrôle des interceptions de sécurité (CNCIS). Elle donne un avis sur chaque nouvelle technique de renseignement et peut demander que lui soient transmises des données sur leur mise en œuvre.

• 2017 : Le président Emmanuel Macron renforce le Conseil de défense et de sécurité qui se tient chaque semaine au PC *Jupiter*, avec la participation des directeurs de la DGSE et de la DGSI.

• Le décret du 14 juin 2017 : mise en place de la Coordination nationale du renseignement et de la lutte contre le terrorisme (CNRLT).

• 2021 : loi du 30 juillet 2021 relative à la prévention d'actes de terrorisme et au renseignement. Elle confirme les mesures de la loi SILT de 2017 et ouvre la voie au renseignement d'ordre satellitaire en offrant un cadre légal à l'interception des communications satellitaires.

Annexe 8

La Direction générale de la sécurité extérieure

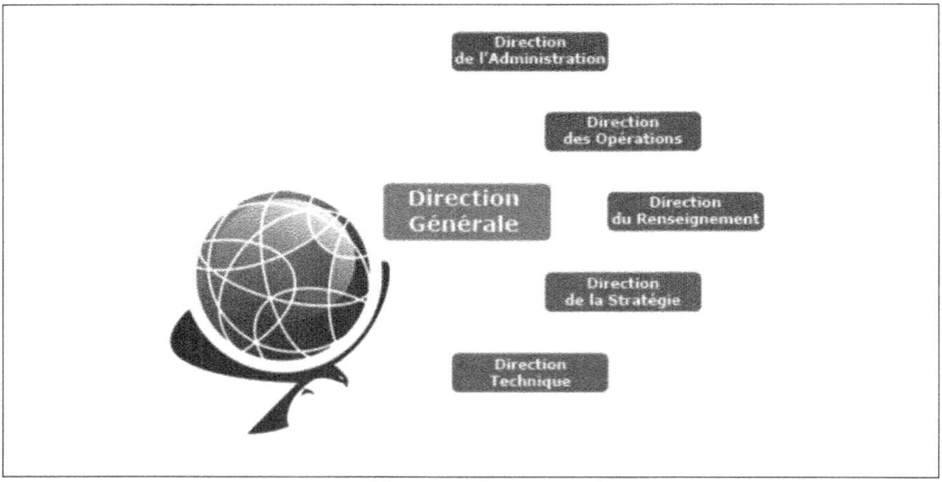

© DGSE, ministère des Armées

Ministre responsable : Sébastien Lecornu

Directeur général de la sécurité extérieure : Bernard Emié (puis Nicolas Lerner à partir du 21 décembre 2023)

Présentation : la DGSE est au service de l'État. Elle a pour objectif de protéger les intérêts de la France. Son champ opératif se situe à l'extérieur du territoire.

Missions : selon les lignes du ministère des Armées, la DGSE a pour mission, « hors du territoire national, de rechercher, collecter, exploiter et mettre à la disposition du Gouvernement des renseignements relatifs aux enjeux géopolitiques et stratégiques ainsi qu'aux menaces et aux risques susceptibles d'affecter la vie de la Nation. Elle contribue à la connaissance et à l'anticipation de ces enjeux ainsi qu'à la prévention et à l'entrave de ces risques et menaces ».

Elle peut pour cela « recourir aux techniques de renseignement pour le recueil des renseignements relatifs à la défense et à la promotion des intérêts fondamentaux de la Nation comme l'indépendance nationale, l'intégrité du territoire, la défense nationale, les intérêts majeurs de la politique étrangère, l'exécution des engagements européens et internationaux de la France, la prévention de toute forme d'ingérence étrangère, les intérêts économiques, industriels et scientifiques majeurs de la France, la prévention du terrorisme, la prévention de la criminalité et de la délinquance organisées, la prolifération des armes de destruction massive ».

Annexe 9

Budget de la défense 2023

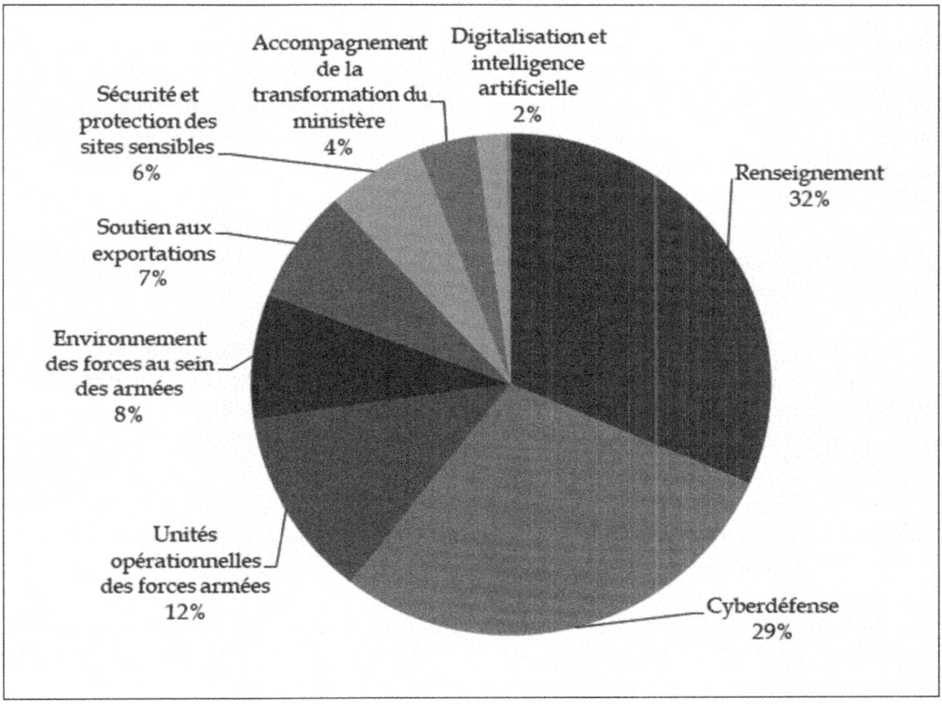

© *Commission des finances du Sénat*

En 2023, le budget des armées a été porté à 43,9 milliards d'euros. Il a connu une hausse de 7,3 % par rapport à l'année précédente (2022), soit 3 milliards d'euros supplémentaires. C'est 12 milliards de plus qu'en 2017. Il représente plus de 1,90 % du PIB français.

L'objectif est d'atteindre 50 milliards d'euros à l'horizon 2025 selon les orientations de la LPM 2014-2027.

Annexe 10

Les principaux programmes d'armements

Scaf : le Système de combat aérien du futur (Scaf) est un programme industriel européen mené par trois partenaires que sont la France, l'Allemagne et l'Espagne. La Belgique va rejoindre officiellement le programme en 2025. Il sera composé de systèmes d'armes que sont un chasseur de nouvelle génération, des drones et un *cloud* de combat. Devant répondre aux besoins capacitaires des armées des trois nations, l'avion de nouvelle génération doit entrer en service à l'horizon 2045. Le premier prototype est attendu en 2029. Côté français, il remplacera les Rafale de l'Armée de l'air et les Rafale Marine chargés de la mission de dissuasion nucléaire. Pour les Allemands et Espagnols, le futur avion de combat devra relever les Eurofighter et F/A-18 Hornet. Les principaux industriels concernés sont Dassault Aviation, Airbus, Safran, MBDA et Thales.

MCGS : Main Ground Combat System (MGCS) est un projet industriel mené en partenariat par la France et l'Allemagne. Il doit aboutir à la livraison d'un tout nouveau modèle de char de combat pour 2035. Ce dernier remplacerait alors les chars Leclerc et les Leopard II. Les principaux industriels concernés sont Nexter, Rheinmetall et Krauss-Maffei Wegmann.

A400M : avion de transport européen ; le projet a été mené par Airbus Military, branche défense d'Airbus. La France a commandé une cinquantaine d'exemplaires de cet avion de transport tactique.

NH90 : hélicoptère européen conçu par NHIndustries et connu sous le nom de Caïman. En France, il est utilisé par la Marine nationale et l'Armée de terre, respectivement en version navale et en version *Tactical Transport Helicopter.*

Tigre : programme franco-allemand, l'hélicoptère EC665 Tigre est développé par Airbus Helicopters. La France doit porter ses Tigre au standard Mk3 lors de sa rénovation à mi-vie.

Frégate de défense et d'intervention (FDI) : programme conduit en coordination par les industriels français Naval Group, Thales et Safran. Doit aboutir à la mise à l'eau de bâtiment de haute mer de 4 500 tonnes, équipé de missiles Exocet, d'Aster 15/30 et de torpilles anti-sous-marines MU90. La France disposera de cinq FDI à l'horizon 2029. Le programme a pris du retard. La première frégate, l'*Amiral Ronarc'h*, devait effectuer ses premiers essais en mer en 2023, mais la mise à l'eau a finalement été reportée à 2024.

Frégate multimission (Fremm) : le programme franco-italien de frégates multimissions (Fremm) a été conduit par Naval Group et Fincantieri.

Multinational Space-based Imaging System for Surveillance, Reconnaissance and Observation (Musis) : programme visant à doter la France, l'Allemagne, la Belgique, l'Espagne, l'Italie et la Grèce, de moyens d'observation spatiale communs. Les nations coopérantes peuvent partager les images de précision grâce à la composante spatiale optique (CSO).

Missile antinavire (ANL) : programme de coopération franco-britannique qui vise à doter les hélicoptères de missiles permettant de lutter contre des menaces de surface rapides. Résulte du traité de Lancaster House signé en 2010 entre Paris et Londres. On le retrouvera sur les futurs hélicoptères Guépard de la Marine nationale.

Missiles FMAN et FMC : programme franco-britannique visant à offrir aux deux marines, des missiles de croisière de nouvelle génération, succédant aux actuels Scalp-EG.

Drone Male européen ou Eurodrone : programme de drone Male développé par la France, l'Espagne, l'Italie et l'Allemagne, visant à présenter les premiers exemplaires en 2028. Il doit permettre aux nations européennes de disposer d'un outil souverain, complément du Reaper américain. Le contrat est estimé à 7,1 milliards d'euros. Les industriels au projet sont : Airbus Defence and Space GmbH, Dassault Aviation, Leonardo et Airbus DS SAU.

Jaguar et Griffon : résultante du programme Scorpion (Synergie du contact renforcée par la polyvalence et l'infovalorisation), la LPM 2019-2025 prévoyait de doter l'armée française de 936 véhicules blindés Griffon et de 150 engins blindés de reconnaissance et de combat Jaguar. Finalement, la LPM 2024-2030 a fait évoluer les commandes. Sont attendus 1 437 Griffon et 238 Jaguar à l'horizon 2030. Le Griffon de 24,5 tonnes viendra remplacer les VAB. Il est destiné au transport de combattants. Le Jaguar, 25 tonnes, viendra en remplacement des AMX10RC et Sagaie.

SNA Classe Suffren : issus du programme Barracuda, les sous-marins de type Suffren doivent remplacer les six SNA de classe Rubis. Plusieurs missions : sûreté de la ZEE française, frappe en profondeur, opérations spéciales, protection du groupe aéronaval, soutien à la sûreté de la force océanique stratégique (FOST).

Projet Titan : projet capacitaire et structurant de l'Armée de terre, il s'inscrit dans la « vision stratégique 2030 » présentée par le général Burkhard en 2020, alors chef d'État-major de l'Armée de terre. Le programme d'armement Titan doit fournir à l'Armée de terre les aptitudes d'interopérabilité de systèmes de commandement pour un conflit de haute intensité. Autrement dit, il vise à doter l'Armée de terre de hautes capacités organisées autour d'une composante lourde d'armements que sont notamment le MGCS, le Tigre Mk3, le programme d'artillerie CIFS... Ce matériel lourd devra pouvoir être mis en réseau avec d'autres moyens que sont la robotique, les drones et/ou avec le segment dit « médian » issu du programme Scorpion : véhicules Jaguar, Griffon, VBCI... Titan doit permettre de faire la guerre dans une nouvelle ère marquée par le retour de la lutte interétatique.

PA-NG : le programme du porte-avions français de nouvelle génération doit aboutir à la livraison du successeur du porte-avions *Charles-de-Gaulle* à l'horizon 2038. Long de 305 mètres pour un déplacement de l'ordre de 75 000 tonnes, le futur porte-avions sera à propulsion nucléaire, équipé de trois catapultes électromagnétiques réalisées par General Atomics et d'un radar SeaFire. Le PA embarquera l'avion qui découlera du programme Scaf, des Rafale Marine, des avions Hawkeye et des drones.

Annexe 11

Le complexe militaro-industriel français

La notion de complexe militaro-industriel a été utilisée pour la première fois par le président américain, Dwigth David Eisenhower, lors d'un discours de fin de mandat le 17 janvier 1961. En France, le complexe militaro-industriel représente une part importante du tissu industriel national. La France dispose du 6e budget de la défense mondial, et elle est le troisième exportateur d'armements. Parmi les derniers grands contrats d'armements : la vente de Rafale, frégates et canons Caesar.

FILIÈRE NAVALE

• Naval Group : groupe industriel spécialisé dans la construction navale orientée défense. Anciennement DCNS, l'entreprise s'est particulièrement illustrée ces dernières années en construisant les Fremm, les frégates Horizon, le porte-avions *Charles-de-Gaulle*, les porte-hélicoptères d'intervention, les SNA de classe Suffren, et les SNLE de classe *Le Triomphant*. Elle est maître d'œuvre du programme porte-avions français de nouvelle génération (PA-NG).

– Actionnaires : l'entreprise est détenue par l'État français (62,25 %) Thales (35 %) et ses collaborateurs (1,69 %).

– Direction : Pierre-Éric Pommellet.

FILIÈRE AÉRONAUTIQUE

• Dassault Aviation : groupe industriel français spécialisé dans l'aéronautique fondé par Marcel Bloch. Il est à l'origine du développement de plusieurs avions de défense français, que sont notamment le Mirage, le Rafale, les Falcon, ou encore le démonstrateur nEUROn. La firme est chargée de développer l'avion de combat du futur au sein du programme Scaf.

– Actionnaires : Groupe Dassault (62,2 %), Airbus (9,9 %), et une partie en capital flottant.

– Direction : Éric Trappier.

• Thales : groupe spécialiste dans la technologie électronique de pointe à destination de l'aérospatial, du monde maritime et de l'espace cyber.

– Actionnaires : État français (25,7 %), Dassault Aviation (24,3 %), une partie en capital flottant (49,6 %).

– Direction : Patrice Caine.

• MBDA : leader européen du marché des missiles, MBDA est une filiale commune d'Airbus, de BAE Systems et de Leonardo. La société est seconde sur le marché mondial des missiles, derrière Raytheon, mais devant le géant américain Lockheed Martin. La société a réalisé un chiffre d'affaires de 4,2 milliards d'euros en 2022. Elle est connue notamment pour produire le missile Mistral (sol-air), les Aster (surface-air), le Mica NG (air-air) ou le Meteor (air-air). C'est également MBDA qui produit le missile ASMP et ASMP-A à charge nucléaire.

– Actionnaires : BAE Systems (37,5 %) Airbus (37,5 %) Leonardo (25 %).

– Direction : Éric Béranger.

• Safran : l'industriel français est spécialisé dans l'élaboration de moteurs à destination des avions, hélicoptères et fusées relevant de la défense et du spatial. Safran est à l'origine du moteur M88 qui équipe le Rafale, et sera chargé du futur moteur à destination du Scaf. C'est également l'industriel français qui a équipé la fusée *Ariane 5* du moteur Vulcain.

- Statut juridique : société anonyme.
- Direction : Olivier Andriès (directeur).

• Airbus : Anciennement EADS, Airbus est désormais un groupe industriel européen, dont le chiffre d'affaires avoisine les 70 milliards d'euros. La société est dirigée par Guillaume Faury depuis 2019. Sa filiale, Airbus Defence and Space, est, elle, dirigée par Michael Schoelhorn. Elle est chargée de la production des avions de transport militaire A400M Atlas, des A330 MRTT et de l'avion de combat Eurofighter Typhoon.

- Actionnaires : capital flottant (73,68 %), État français (11,0 %), État allemand (10,9 %) et État espagnol (4,17 %).
- Direction : Guillaume Faury.

• Daher : groupe français spécialisé dans la production d'avions mono-turbopropulseurs (Kodiak et le TBM) et la fabrique d'emballages pour le transport de matériels sensibles, notamment à destination de la Défense.

- Actionnaires : CoreDaher (87,5 %), BPI France (12,5 %).
- Direction : Didier Kayat.

FILIÈRE TERRESTRE

• Arquus : connue anciennement sous le nom de Renault Trucks Defense, la société Arquus qui est détenue par Volvo, est spécialisée dans la fabrication de véhicules à destination de l'armée française. La société est notamment à l'origine de la production des véhicules légers Acmat VT4, des VAB ou du Sherpa 5 de l'Armée de terre.

- Actionnaires : Volvo.
- Direction : Emmanuel Levacher.

• Nexter : Nexter est l'héritier de Giat industries. Depuis 2015, la société a fusionné avec l'industriel allemand Krauss-Maffei Wegmann (KMW) pour donner naissance à : Krauss-Maffei Nexter Defense Systems. Nexter est à l'origine de la fabrication des VBCI, du canon Caesar, et du Griffon.

- Statut : filiale de KNDS.
- Direction : Franck Haun.

Annexe 12

Extraits de *La Revue nationale stratégique 2022*

• **Introduction du chef des Armées :** « Ces dernières années ont ramené le tragique dans nos vies et interrogé le destin de notre Nation. Les ambitions révisionnistes exacerbées, l'opportunisme désinhibé, les crises sanitaire et climatique et le retour d'une guerre de haute intensité sur le sol européen nous rappellent l'interdépendance profonde entre scènes nationale et internationale, dans les domaines alimentaire, économique, énergétique. La question de notre souveraineté et de notre résistance dans un monde interdépendant prend un tour nouveau. »

• **La guerre en Ukraine modifie l'architecture de stabilité en Europe :** « L'invasion de l'Ukraine par la Russie, le 24 février 2022, représente un glissement stratégique. D'une part, conjuguée à d'autres évolutions structurantes, elle valide le constat de l'évolution de la menace qui résultait de La Revue stratégique de défense et de sécurité nationale de 2017, actualisée en 2021. D'autre part, elle incite à une adaptation de notre réponse stratégique visant à renforcer nos forces morales et notre résilience, à consolider nos alliances et à accélérer la modernisation de notre outil de défense. »

• « (...) l'accélération de la dégradation globale de notre environnement et la guerre en Ukraine justifient néanmoins une réévaluation de la loi de programmation militaire en cours en s'appuyant sur une définition ajustée d'objectifs stratégiques (OS) structurants décrits dans la présente revue nationale stratégique. »

• **La compétition entre les puissances :** « (...) le renouveau du phénomène de compétition stratégique se décline aujourd'hui au niveau mondial comme régional, dans des configurations qui nous exposent plus visiblement et se généralisent. Les ambitions révisionnistes se sont exacerbées, donnant ainsi lieu, du Sahel au Pacifique, en passant par la Méditerranée orientale, à de nombreuses démonstrations d'opportunisme désinhibé. Nous passons ainsi d'une compétition latente à une confrontation ouverte, de la part de la Russie et, de plus en plus, à une compétition exacerbée avec la République populaire de Chine (RPC). »

• **La Russie :** « Dans la mise en œuvre de son ambition de puissance conçue comme une opposition à ce que la Russie désigne comme "l'Occident collectif", Moscou avait longtemps privilégié une approche plus indirecte, misant en priorité sur un travail de sape politico-diplomatique : guerre de l'information et ingérence, modes d'action difficiles à attribuer, recherche d'un découplage transatlantique, etc. Sans avoir disparu, cette stratégie se double désormais d'une volonté d'engager la confrontation militaire directe, matérialisée par la guerre d'agression déclenchée contre l'Ukraine. »

• **La Chine :** « Au-delà de sa pérennisation au pouvoir, l'objectif du Parti communiste chinois (PCC) et de l'armée populaire de libération (APL) reste de supplanter les États-Unis comme première puissance mondiale. Considérant la puissance américaine et le modèle occidental en déclin, le régime chinois estime que le leadership occidental sur l'ordre international est fragilisé et qu'il peut l'affaiblir encore davantage en mettant à profit son influence nouvelle. À ce titre, le PCC mise sur la passivité d'une majorité de pays non occidentaux à propos de la guerre en Ukraine pour nourrir un discours faisant apparaître une opposition de l'"Ouest contre le reste". Mais au-delà de l'idéologie et de la guerre en Ukraine, cette remise en cause irrigue les domaines politique (propagande sur le déclin de l'Occident), économique et technologique (prédation, guerre commerciale), militaire (croissance de l'arsenal nucléaire, modernisation de l'APL, points d'appui à l'étranger), et diplomatique (...). La nature politique de l'APL et l'intégration civilo-militaire déployée dans les champs technologique, économique mais aussi informationnel autorisent un périmètre d'actions hybrides inédit. Celui-ci n'est contraint en pratique, et à ce stade, que par le choix de la RPC de contester l'architecture de sécurité internationale de l'intérieur. La nature politique de l'APL et l'intégration civilo-militaire déployée dans les champs technologique, économique mais aussi informationnel autorisent un périmètre d'actions hybrides inédit. Celui-ci n'est contraint en pratique, et à ce stade, que par le choix de la RPC de contester l'architecture de sécurité internationale de l'intérieur. »

• **Lutte d'influence** : « Dans un contexte de compétition et de confrontation stratégiques de plus en plus intenses, la position des démocraties libérales est fragilisée parce qu'elles défendent un ordre international dont les fondements (droit international, multilatéralisme, valeurs, etc.) sont ouvertement remis en cause par plusieurs États. (...) Cette situation se manifeste dans le champ de l'influence et des perceptions. Les opérations russes et chinoises dans ce domaine cherchent à fragiliser nos propres systèmes politiques et notre cohésion nationale, tout en alimentant voire en suscitant des effets d'alignement en notre défaveur (...). Nos adversaires parient sur le discrédit d'un discours occidental axé sur les valeurs humanistes et une asymétrie dans le rapport aux normes et dans le respect du droit international humanitaire. »

• **Retour de la guerre interétatique** : « La guerre de nouvelle génération conduite par la Russie se caractérise par le retour d'une stratégie intégrale associant des actions hybrides et des opérations de haute intensité dans la profondeur. Les enseignements de cet engagement majeur sous la voûte nucléaire de l'agresseur soulignent l'enjeu d'une parfaite coordination de la manœuvre interministérielle et interarmées, multimilieux et multichamps (M2MC), ainsi que le besoin de masse et de densité de l'action interarmées. »

• **L'hybridité des actions** : « Les stratégies hybrides ont montré leur impact sur de multiples théâtres. (...) Mettant en œuvre des leviers diversifiés, elles sont déclinées selon la géographie des intérêts des acteurs les mettant en œuvre, leur permettant d'affecter à moindre coût les intérêts de la France, en métropole et en Outre-mer ainsi qu'à l'étranger. Les espaces communs (cyber, spatial, fonds marins et espaces aéromaritimes) font aujourd'hui l'objet d'une compétition de puissance renouvelée. Les actions qui y sont d'ores et déjà menées reflètent l'appropriation par l'ensemble des États d'une grammaire se déclinant dans ces domaines sur tout le triptyque compétition-contestation-affrontement. »

• **L'Europe** : « L'adoption d'une boussole stratégique ambitieuse en mars 2022 constitue une première étape, symbole d'une volonté partagée de renforcer la cohérence dans la définition et la poursuite de nos objectifs stratégiques. Sa mise en œuvre sera déterminante pour renforcer la capacité de l'Union à agir d'ici 2030, en particulier dans le domaine opérationnel et dans les espaces stratégiques contestés. »

• **Otan** : « L'Otan reste aujourd'hui le fondement et le cadre essentiel de la sécurité collective de l'Europe. »

• **Des constats à la définition des priorités de la France** :

– « Notre liberté d'action et la protection de nos intérêts fondamentaux sont assurées en premier lieu par la crédibilité de la dissuasion nucléaire, clé de voûte de notre stratégie de défense. »

– « La protection et la promotion de nos intérêts fondamentaux ne sauraient être limitées à la seule échelle nationale. Nous devons continuer de contribuer activement à la défense des intérêts européens et à notre sécurité collective. »

– « La fonction connaissance-compréhension-anticipation irrigue l'ensemble des autres fonctions stratégiques. Le maintien d'une capacité d'appréciation autonome est une garantie de la prise de décision souveraine. Elle contribue directement à la compréhension des intentions de nos compétiteurs. (...) Les cinq domaines de cette fonction sont le renseignement, la connaissance des théâtres d'opérations, la diplomatie, la prospective et anticipation, la maîtrise de l'information. »

• **Ambition 2030. La France devra :**

– « (...) être capable de défendre son territoire métropolitain et ultramarin, et de protéger et impliquer ses citoyens. Cette ambition permanente s'appuie sur une dissuasion nucléaire indépendante, crédible et cohérente, clé de voûte de notre politique de défense, épaulée par des forces armées conventionnelles robustes. »

– Contribuer « à la défense de l'Europe et à la stabilité aux abords de la Méditerranée, en disposant des capacités de s'engager dans un conflit de haute intensité. »

– Agir « dans le cadre de partenariats équilibrés, pourvoyeurs de sécurité, dans une zone allant de l'Afrique subsaharienne au golfe Arabo-Persique, en passant par la corne de l'Afrique. »

– Contribuer « par son influence et avec ses partenaires à la stabilité de la zone Indopacifique. Elle y défend sa souveraineté et le respect du droit international. »

– Assurer « sa liberté d'action dans les espaces communs (cyber, spatial, fonds marins et espace aéromaritime) et la sûreté de ses voies d'approvisionnement, avec ses partenaires. »

• **La France se fixe dix objectifs :**

– Une dissuasion nucléaire robuste et crédible : « nécessité de conserver une dissuasion nucléaire, robuste et crédible pour prévenir une guerre majeure, garantir la liberté d'action de la France et préserver ses intérêts vitaux, qui ont une dimension européenne. » ;

– Une France unie et résiliente ;

– Une économie concourant à l'esprit de défense ;

– Une résilience cyber de premier rang ;

– La France, alliée exemplaire dans l'espace euro-atlantique ;

– La France, un des moteurs de l'autonomie stratégique européenne ;

– La France, partenaire de souveraineté fiable et pourvoyeuse de sécurité crédible ;

– Une autonomie d'appréciation et une souveraineté décisionnelle garanties ;

– Une capacité à se défendre et à agir dans les champs hybrides ;

– Une liberté d'action et une capacité à conduire des opérations militaires y compris de haute intensité en autonomie ou en coalition, dans tous les champs.

Annexe 13

Le contrôle parlementaire

© *Sénat*

À l'origine, la Constitution de 1958 contraint le Gouvernement à demander au Parlement, l'autorisation de déclarer la guerre. Or officiellement, depuis le 4 octobre 1958, aucun des gouvernements français qui se sont succédé n'a déclaré la guerre. On ne parle donc pas de « guerres françaises » mais bien « d'opérations extérieures ». Ces dernières étant définies par l'article L. 4123-12 II du Code de la défense comme étant une « opération mobilisant des capacités militaires, se déroulant à l'extérieur du territoire français ou des eaux territoriales françaises, quels que soient son objet, sa durée ou son ampleur, y compris les actions numériques, la libération d'otages, l'évacuation de ressortissants ou la police en haute mer ».

En France, le chef des Armées est le président de la République (article 35 de la Constitution). En tant que garant de l'indépendance nationale et de l'intégrité du territoire, il est celui qui peut décider du recours à la force armée. La décision est généralement la résultante d'un conseil de défense composé des chefs d'État-major des Armées, du chef d'État-major particulier du président de la République, ainsi que du Premier ministre, du ministre de la Défense et du ministre des Affaires étrangères. De 1958 à 2008, le pouvoir du Parlement était limité. Que ce soit l'Assemblée nationale ou le Sénat, les deux chambres n'avaient pas de pouvoir de contrôle. Elles n'avaient pour rôle que d'observer et prendre acte des décisions du pouvoir exécutif. En 2008, le gouvernement Fillon, à la demande du président Sarkozy, a souhaité que le Parlement français soit impliqué davantage dans le contrôle des opérations extérieures.

La réforme constitutionnelle du 23 juillet 2008 a consacré un alinéa 2 sur le droit à l'information du Parlement. Article 35 de la Constitution :

« La déclaration de guerre est autorisée par le Parlement.

Le Gouvernement informe le Parlement de sa décision de faire intervenir les forces armées à l'étranger, au plus tard trois jours après le début de l'intervention. Il précise les objectifs poursuivis. Cette information peut donner lieu à un débat qui n'est suivi d'aucun vote.

Lorsque la durée de l'intervention excède quatre mois, le Gouvernement soumet sa prolongation à l'autorisation du Parlement. Il peut demander à l'Assemblée nationale de décider en dernier ressort.

Si le Parlement n'est pas en session à l'expiration du délai de quatre mois, il se prononce à l'ouverture de la session suivante. »

La souplesse du pouvoir exécutif est maintenue, afin d'éviter tout blocage dans le cas où la décision d'intervention est décidée hors session parlementaire, mais dès lors que l'intervention dépasse quatre mois, le Gouvernement doit faire valider l'intervention extérieure par le Parlement s'il souhaite que celle-ci puisse être poursuivie.

Annexe 14

Chefs d'État et leurs ministres

France :
- Chef d'État : Emmanuel Macron
- Première ministre : Élisabeth Borne
- Ministre des Affaires étrangères : Catherine Colonna
- Ministre des Armées : Sébastien Lecornu

Allemagne :
- Chef d'État : Frank-Walter Steinmeier
- Chancelier : Olaf Scholz
- Ministre fédérale des Affaires étrangères : Annalena Baerbock
- Ministre fédérale de la Défense : Boris Pistorius

Royaume-Uni :
- Chef d'État : Charles II
- Premier ministre : Rishi Sunak
- Secrétaire d'État des Affaires étrangères et du Commonwealth : James Cleverly
- Secrétaire d'État à la Défense : Grant Shapps

Italie :
- Chef d'État : Sergio Mattarella
- Première ministre : Giorgia Meloni
- Ministre des Affaires étrangères : Antonio Tajani
- Ministre de la Défense : Guido Crosetto

États-Unis :
- Chef d'État : Joe Biden
- Vice-présidente : Kamala Harris
- Chef du département d'État : Antony Blinken
- Secrétaire à la Défense : Lloyd Austin

Russie :
- Chef d'État : Vladimir Poutine
- Premier ministre : Mikhaïl Michoustine
- Ministre des Affaires étrangères : Sergueï Lavrov
- Ministre de la Défense : Sergueï Choïgou

Chine :
- Chef d'État : Xi Jinping
- Premier ministre : Li Kequiang
- Ministre des Affaires étrangères : Wang Yi
- Ministre des Armées : Chang Wanquan

Inde :
- Chef d'État, présidente de la République : Droupadi Murmu
- Premier ministre : Narendra Modi
- Ministre des Affaires étrangères : Subrahmanyam Jaishankar
- Ministre des Armées : Rajnath Singh

Israël :
- Chef d'État : Isaac Herzog
- Premier ministre : Benyamin Netanyahou
- Ministre des Affaires étrangères : Israël Katz
- Ministre des Armées : Yoav Gallant

Iran :
- Chef d'État : Ebrahim Raïssi
- Premier ministre : /
- Ministre des Affaires étrangères : Hossein Amir Abdollahian
- Ministre des Armées : Amir Hatami

Turquie :
- Chef d'État : Recep Tayyip Erdogan
- Premier ministre : /
- Ministre des Affaires étrangères : Mevlüt Çavu o lu
- Ministre des Armées : Hulusi Akar

G5 Sahel :
- Chef d'État du Niger : Abdourahamane Tchiani
- Chef d'État du Burkina Faso : Ibrahim Traoré
- Chef d'État du Tchad : Mahamat Idriss Déby
- Chef d'État de la Mauritanie : Mohamed Ould El-Ghazaouani
- Chef d'État du Mali : Assimi Goïta

Table des abréviations

AASM : Armement air-sol modulaire

ACMS : Affaires civilo-militaires spéciales

ALAT : Aviation légère de l'Armée de terre

APNM : Association professionnelle nationale de militaires

AQMI : Al-Qaïda au Maghreb islamique

ATL2 : Atlantique 2

BAI : Bureau des actions d'influence

BAP : Base aérienne projetée

BFMC : Bataillon de fusiliers marins commandos

BFST : Brigade forces spéciales terre

BITD : Base industrielle et technologique de défense

BRGE : Brigade de renseignement de guerre électronique

CAOC : Combined Air Operations Centre

CEMA : Chef d'État-major des Armées

CEMAA : Chef d'État-major de l'Armée de l'air et de l'espace

CEMAT : Chef d'État-major de l'Armée de terre

CEMM : Chef d'État-major de la Marine nationale

CFCA : Commandement des fusiliers commandos de l'air

CFM : Compagnie de fusiliers marins

CFMC : Compagnie de fusiliers marins commandos

CIEPCOS : Commissions interarmées d'études pratiques concernant les opérations spéciales

CISPAT : Cellule d'intervention et de soutien psychologique de l'Armée de terre

COFUSCO : Commandement des fusiliers marins et commandos marine

COIA : Centre opérationnel interarmées

COMANFOR : Commandant la force

COS : Commandement des opérations spéciales

COSPE : Communication opération spéciale

CPA : Commando parachutiste de l'air

CRAPS : Commando de recherche et d'action dans la profondeur

CSP : Coopération structurée permanente

CSRM : Conseil supérieur de la réserve militaire

C-SOCC : Composite Special Operations Component Command

DAOS : Détachement ALAT des opérations spéciales

DGA : Direction générale de l'armement

DGSE : Direction générale de la sécurité extérieure

DICOD : Délégation à l'information et à la communication de la défense

DISAC : État d'alerte

DOS : Division des opérations spéciales

DRH-MD : Direction des ressources humaines du ministère de la Défense

DRM : Direction du renseignement militaire

DSV : Dérive sous voile

EHS : Escadrille des hélicoptères spéciaux

EMA : État-major des armées

EMIA : État-major intérarmées

EMM : État-major de la Marine

EOS : Escadrille des opérations spéciales (hélicoptères de l'Alat)

FAMA : Forces armées maliennes

FINUL : Force intérimaire des Nations unies au Liban

FLN : Front de libération national

FOB : Forward Operating Base

FORFUSCO : Force maritime des fusiliers marins et des commandos

INSEE : Institut national de la statistique et des études économiques

GAN : Groupe aéronaval

GAT : Groupe armé terroriste

GBU : Guided bomb unit

GCMA : Groupement de commandos mixtes aéroportés

GCMC : Groupe mixte de créativité

IEI : Initiative européenne d'intervention

JTAC : Joint tactical air controller

JVN : Jumelles de vision nocturne

LFI : Loi de finances initiale

LFR : Loi de finances rectificative

LPM : Loi de programmation militaire

LOLF : Loi organique relative aux lois de finances

MALE : Moyenne altitude longue endurance

MGCS : Main Ground Combat System

MINUSMA : Mission multidimensionnelle intégrée des Nations unies pour la stabilisation du Mali

MOS : Marquage d'opération spéciale

ODESSAA : Observation et destruction de site par appui aérien

OCCAr : Organisation conjointe de coopération en matière d'armement

OCDE : Organisation de coopération et de développement économiques

ONU : Organisation des Nations unies

OPEX : Opération extérieure

OTAN : Organisation du traité de l'Atlantique nord

PA-NG : Porte-avions de nouvelle génération

PESC : Politique étrangère et de sécurité commune

PESCO : Permanent Structured Cooperation

PESD : Politique européenne de sécurité et de défense

PLF : Projet de loi de finances

PRAP : Patrouille de recherche et d'action en profondeur

PSDC : Politique de sécurité et de défense commune

PSYOP : Opérations psychologiques

RAPAS : Recherche aéroportée et actions spéciales

R&D : Recherche et développement

REP : Régiment étranger de parachutistes

RESCO : Recherche et sauvetage de combat

RETEX : Retour d'expérience

RDP : Régiment de dragons parachutistes

RPIMA : Régiment de parachutistes d'infanterie de marine

RSDSN : Revue stratégique de défense et de sécurité nationale

RTPA : Reconnaissance de terrains de poser d'assaut

SAR : Search and Rescue (recherche et sauvetage)

SAS : Spécial Air Service

SAS/B : Spécial Air Service Bataillon

SCAF : Système de combat aérien du futur

SGA : Secrétariat général pour l'administration

SGCP : Sous-groupement de commandos parachutistes

SOTGH : Saut opérationnel à très grande hauteur

UE : Union européenne

URSS : Union des Républiques socialistes soviétiques

VRI : Véhicule rapide d'investigation

Bibliographie indicative

ACKERMAN Galia et COURTOIS Stéphane
Le Livre noir de Vladimir Poutine
Paris, Robert Laffont, 2022, 464 pages

ALEXANDRE Laurent
La guerre des intelligences à l'heure de ChatGPT
Paris, mai 2023, 474 pages

ARAUD Gérard
Nous étions seuls
Paris, 2023, Tallandier, 336 pages

AUZANNEAU Matthieu,
Or noir : la grande histoire du pétrole
Paris, La Découverte, 2021, 892 pages

COLON David
La guerre de l'information
Paris, 2023, Tallandier, 476 pages

EKMAN Alice
Chine-Russie : Le grand rapprochement
Paris, Gallimard, novembre 2023, 64 pages

EKMAN Alice
Rouge vif, l'idéal communiste
Flammarion, 2021, 224 pages

GOMART Christophe
Soldat de l'ombre : au cœur des forces spéciales
Paris, HarperCollins, 2021, 384 pages

GOMART Thomas
Les ambitions inavouées : Ce que préparent les grandes puissances
Paris, Tallandier, 2023, 336 pages

GOURDAULT-MONTAGNE Maurice
Les autres ne pensent pas comme nous
Paris, Bouquins, 2023, 396 pages

GOYA Michel et LOPEZ Jean
L'ours et le renard : Histoire immédiate de la guerre en Ukraine
Paris, Perrin, 2023, 300 pages

GROSSER Pierre
L'autre guerre froide ? La confrontation États-Unis / Chine
Paris, CNRS Éditions, 2023, 388 pages

HEISBOURG François
Les leçons de la guerre
Paris, Odile Jacob, 2023, 208 pages

KAUFFMAN Sylvie
Les aveuglés : Comment Berlin et Paris ont laissé la voie libre à la Russie
Paris, Stock, 2023, 350 pages

KISSINGER Henry
L'ordre du monde
Fayard, 2023, 400 pages

LASSERRE Isabelle
Macron-Poutine, Les liaisons dangereuses
Éditions de l'observatoire, 2023, 188 pages

MANDRAUD Isabelle et THERON Julien
Poutine, la stratégie du désordre jusqu'à la guerre
Paris, Tallandier, 2022, 352 pages

MARTIN Claude
Quand je pense à l'Allemagne
Éditions de l'Aube, 2023, 924 pages

PELLABEUF Arnaud
Adieu Tagab
Les Belles lettres, 2022, 163 pages

PITRON Guillaume
L'enfer du numérique
Paris, Les liens qui libèrent, 2023, 352 pages

PITRON Guillaume
La guerre des métaux rares
Paris, Les liens qui libèrent, 2021, 320 pages

RICHARD Laurent et RIGAUD Sandrine
Pegasus
Paris, Robert Laffont, 2023, 365 pages

SERVENT Pierre
Le monde de demain
Paris, Robert Laffont, 2022, 288 pages

TERTRAIS Bruno
La guerre des mondes
Paris, Éditions de l'observatoire, 2023, 280 pages

THOM Françoise
Poutine ou l'obsession de la puissance
Éditions du Rocher, 2022, 241 pages

VÉDRINE Hubert
Une vision du monde
Paris, Bouquins, 2023, 827 pages

Du même auteur

Collection “CARNET DE GUERRE”

Toute la géopolitique, d’année en année…

Ouvrages disponibles sur

www.editions-jpo.com

Achevé d'imprimer en avril 2024
par la société TIRAGE - 91941 Courtabœuf

Imprimé en France